U0918659

普通话水平测试训练

马显彬◎编著

PUTONGHUA SHUIPING CESHI XUNLIAN

标准发音训练 方音辨正训练 字音识别训练

暨南大学出版社
JINAN UNIVERSITY PRESS

中国·广州

图书在版编目（CIP）数据

普通话水平测试训练/马显彬编著．—广州：暨南大学出版社，2021.1
（2023.2重印）
ISBN 978－7－5668－2896－5

Ⅰ.①普…　Ⅱ.①马…　Ⅲ.①普通话—水平考试—习题集　Ⅳ.①H102－44

中国版本图书馆CIP数据核字（2020）第059713号

普通话水平测试训练
PUTONGHUA SHUIPING CESHI XUNLIAN
编著者：马显彬

出 版 人：张晋升
策划编辑：张仲玲　武艳飞
责任编辑：武艳飞　傅　迪
责任校对：张学颖　林玉翠
责任印制：周一丹　郑玉婷

出版发行：暨南大学出版社（511443）
电　　话：总编室（8620）37332601
　　　　　营销部（8620）37332680　37332681　37332682　37332683
传　　真：（8620）37332660（办公室）　37332684（营销部）
网　　址：http：//www.jnupress.com
排　　版：广州市天河星辰文化发展部照排中心
印　　刷：湛江日报社印刷厂
开　　本：787mm×960mm　1/16
印　　张：20.5
字　　数：387千
版　　次：2021年1月第1版
印　　次：2023年2月第4次
定　　价：52.80元

前　言

由于国家大力推行普通话，当代的年轻人都具有一定的普通话基础，方音没有上一代人那样突出，存在的问题也主要是全国性的普遍问题，例如平翘舌问题、鼻边音问题、前后鼻音问题等。所以，今天的普通话教学与学习有了新的变化，问题减少且集中化，难度降低了，也容易学好了。

笔者一直想编写一本符合语言习得规律的普通话教材。以前编写过一些普通话教材，也有很好的发行量，得到读者的认可，尤其是《普通话训练教程》，出版后每年都在重印，至今发行量高达十几万册。三十多年来笔者一直从事普通话的教学、测试与研究工作，积累了丰富的教学、测试与教材编写经验，对普通话教学与培训有了新的思考与构想，产生了重新编写普通话教材的想法。希望本书能对大家学习普通话以及参加普通话水平测试有所帮助，也希望再次得到大家的认可。

本书延续《普通话训练教程》的优点：教学形式与内容同普通话水平测试紧密结合，完全按照考试需要设计教学形式与内容；对大纲中的17 041个单音节和多音节词语进行分析处理，提取各种字音材料，配合教学与考试需要。

本书也进行了新的尝试，按照最新的国家语言文字规范标准，在教学框架上作了调整。根据实际需要采取三阶段训练法，也就是标准发音训练、方音辨正训练、字音识别训练三个阶段，把这三个阶段训练好，普通话也就学好了。另外，本书还强化了基本音节训练、对比训练等，丰富了训练形式，增大了训练量。本书根据普通话试卷只有汉字没有拼音的特点，对相关训练材料的拼音进行了淡化处理，以突显汉字。

因编写需要，笔者参阅了大量的普通话著作，它们为本书编写提供了有益的参考与指导。由于涉及大量拼音，特地成立编写校对组，负责校对与资料整理工作，马一蔓负责组织工作。在此一并表示感谢！

由于拼音、字表太多，难免有疏漏之处，若带来不便，敬请谅解，并希望及时告诉我们（邮箱：mxb986@163.com），以便更正，谢谢支持！

欢迎大家提出宝贵意见！

马显彬

2020年1月

目　录
CONTENTS

第一章　绪论

第一节　国家推广全国通用的普通话

一、普通话是国语

普通话是我国的国语，各民族都要积极学习和使用普通话。1955 年全国文字改革会议和现代汉语规范问题学术会议确定了现代汉民族共同语的名称及其定义，1956 年国务院颁布了《关于推广普通话的指示》，法定了普通话这一名称，普通话成为现代汉民族共同语的代名词。

1955 年全国文字改革会议和现代汉语规范问题学术会议制定了“大力提倡，重点推广，逐步普及”的推普方针，1956 年国务院颁布了《关于推广普通话的指示》，指出：“在文化教育系统中和人民生活各方面推广这种普通话，是促进汉语达到完全统一的主要方法。”1958 年毛泽东同志发出号召，要求“**一切干部都要学普通话**”，1958 年周恩来同志在《当前文字改革的任务》的重要讲话中指出：“在我国汉族人民中努力**推广以北京语音为标准音的普通话就是一项重要的政治任务**。”1982 年颁布的《中华人民共和国宪法》明确规定“**国家推广全国通用的普通话**”，正式从法律上确定了普通话的国语地位。

1986 年全国语言文字工作会议召开，指出 20 世纪 50 年代提出的推普工作方针是正确的，今后工作的重点应该放在推行和普及方面。1992 年《国家语言文字工作十年规划和“八五”计划纲要》提出了新的推普工作方针：“推广普通话是新时期语言文字工作的首要任务，必须**大力推行，积极普及，逐步提高**。”

1992 年和 1994 年，国家语言文字工作委员会（以下简称“国家语委”）分别颁布了《普通话水平测试等级标准》和《普通话水平测试大纲》，1994 年，国家语委、国家教委、广播电影电视部发布了《关于开展普通话水平测试工作的决定》，指出：“有必要在一定范围内对某些岗位的人员进行普通话水平测试，**并逐步实行普通话等级证书制度**。”经国务院批准，自 1998 年起，每年九月份的第三周在全国各地开展推广普通话宣传周活动。

2000 年颁布的《中华人民共和国国家通用语言文字法》明确指出：“**国家推广普通话**，推行规范汉字。”“凡以普通话作为工作语言的岗位，其工作人员应当具备说普通话的能力。以普通话作为工作语言的播音员、节目主持人和影视话剧演员、教师、国家机关工作人员的普通话水平，**应当分别达到国家规定的等级标准**；对尚未达到国家规定的普通话等级标准的，分情况进行培训。”“学校及其他教育机构以普通话和规范汉字为基本的教育教学用语用字。”

2003 年国家颁布了新的《普通话水平测试大纲》，2004 年国家颁布了《普通话水平测试实施纲要》，指出：“国家推广全国通用的普通话。普通话是以汉语文授课的各级各类学校的**教学用语**；是以汉语传送的各级广播电台、电视台和汉语电影、电视剧、话剧必须使用的**规范用语**；是我国党政机关、团体、企事业单位干部在工作中必须使用的**公务用语**；是不同方言区以及国内不同民族之间人们的**交际用语**。”“掌握和使用一定水平的普通话，是进行现代化建设的各行各业人员，特别是播音员、节目主持人、教师、影视话剧演员以及国家机关工作人员必备的职业素质。因此，有必要**对上述岗位的从业人员进行普通话水平测试，并逐步实行持等级证书上岗制度**。”“普通话水平测试是推广普通话工作的重要组成部分，是使推广普通话工作逐步走向制度化、科学化、规范化的重要举措。推广普通话促进语言规范化，是汉语发展的总趋势。普通话水平测试工作的健康开展必将对社会的语言生活产生深远的影响。”

2004 年开始研究计算机辅助普通话水平测试，2007 年建立“国家普通话水平测试管理系统”，并率先在安徽、上海进行“机器辅助测试”试点，2009 年出台了《计算机辅助普通话水平测试评分试行办法》，“机器辅助测试”在全国逐渐展开。

普通话推广工作取得了显著成就。2012 年教育部、国家语委发布了《国家中长期语言文字事业改革和发展规划纲要（2012—2020 年）》，指出：“**普通话作为国家通用语言逐渐成为国家语言生活的主体语言**。”“10 年前，我国已有超过 50% 人口能用普通话交际，2010 年教育部、国家语委实施的普通话普及情况调查数据显示，在河北、江苏、广西三个样本省区，能用普通话交际的比例均超过 70% 。”

但是，**推广普及普通话的任务仍很艰巨**。2016 年教育部、国家语委《国家语言文字事业“十三五”发展规划》制定了语言文字发展目标：“到 2020 年，**全国范围内普通话基本普及**，语言障碍基本消除；**农村普通话水平显著提高**，民族地区国家通用语言文字普及程度大幅度提高。”并提出了今后的主要任务：“**大力提升农村地区普通话水平**。”“大力提升青壮年劳动力普通话水平，使其具备普通话沟通交流能力。”“**坚持把学校作为国家通用语言文字**

（普通话和规范汉字）**推行普及的主阵地和主渠道。**”使幼儿园孩子“学会倾听并能用普通话进行基本交流”。“加强中小学普通话口语、规范汉字书写、阅读写作及语言文字规范标准等方面的教育教学，提高中小学生国家通用语言文字听说读写能力。”“**强调教师表率作用，在教育教学过程中坚持使用普通话，正确使用规范汉字。**”

二、普通话是教师的职业语言

普通话是教师的职业语言。1986 年《中华人民共和国义务教育法》明确指出：“学校应当推广使用全国通用的普通话。”1989 年《幼儿园管理条例》指出：“幼儿园应当使用全国通用的普通话。”1992 年《中华人民共和国义务教育法实施细则》规定：“实施义务教育的学校在教育教学和各种活动中，应当推广使用全国通用的普通话。师范院校的教育教学和各种活动应当使用普通话。”1995 年《中华人民共和国教育法》规定：“学校及其他教育机构进行教学，应当推广使用全国通用的普通话和规范字。”2000 年教育部《〈教师资格条例〉实施办法》对申请认定教师资格者的普通话水平提出了要求：“普通话水平应当达到国家语言文字工作委员会颁布的《普通话水平测试等级标准》二级乙等以上标准。少数方言复杂地区的普通话水平应当达到三级甲等以上标准；使用汉语和当地民族语言教学的少数民族自治地区的普通话水平，由省级人民政府教育行政部门规定标准。”2010 年《国家中长期教育改革和发展规划纲要（2010—2020 年）》要求“大力推广普通话教学，使用规范汉字”。

第二节 普通话水平测试相关规定与流程

一、普通话水平测试相关规定

（一）应接受普通话水平测试的人员

（1）教师和申请教师资格的人员；

（2）广播电台、电视台的播音员、节目主持人；

（3）影视话剧演员；

（4）国家机关工作人员；

（5）师范类专业、播音与主持艺术专业、影视话剧表演专业以及其他与口语表达密切相关专业的学生；

(6) 行业主管部门规定的其他应该接受测试的人员。

说明:

(1) 社会其他人员可自愿申请接受测试;

(2) 在高等学校注册的港澳台学生和外国留学生可随所在校学生接受测试。但是，测试机构对其他港澳台人士和外籍人士开展测试工作，须经国家语言文字工作部门授权。

(二) 普通话水平测试等级标准与行业要求

1. 普通话水平测试等级标准

(1) 一级普通话。

甲等：朗读和自由交谈时，语音标准，词汇、语法正确无误，语调自然，表达流畅。测试总失分率在3% (97分) 以内。

乙等：朗读和自由交谈时，语音标准，词汇、语法正确无误，语调自然，表达流畅。偶然有字音、字调失误。测试总失分率在8% (92分) 以内。

(2) 二级普通话。

甲等：朗读和自由交谈时，声韵调发音基本标准，语调自然，表达流畅。少数难点音（平翘舌音、前后鼻尾音、边鼻音等）有时出现失误。词汇、语法极少有误。测试总失分率在13% (87分) 以内。

乙等：朗读和自由交谈时，个别调值不准，声韵母发音有不到位现象。难点音（平翘舌音、前后鼻尾音、边鼻音、fu - hu、z - zh - j、送气不送气、i - ü不分、保留浊塞音和浊塞擦音、丢介音、复韵母单音化等）失误较多。方言语调不明显。有使用方言词、方言语法的情况。测试总失分率在20% (80分) 以内。

(3) 三级普通话。

甲等：朗读和自由交谈时，声韵调发音失误较多，难点音超出常见范围，声调调值多不准。方言语调较明显。词汇、语法有失误。测试总失分率在30% (70分) 以内。

乙等：朗读和自由交谈时，声韵调发音失误多，方音特征突出。方言语调明显。词汇、语法失误较多。外地人听其谈话有听不懂的情况。测试总失分率在40% (60分) 以内。

普通话水平划分为三个级别，每个级别内划分两个等次。具体如下:

97分及其以上，为一级甲等;

92分及其以上但不足97分，为一级乙等;

87分及其以上但不足92分，为二级甲等;

80分及其以上但不足87分，为二级乙等;

70分及其以上但不足80分，为三级甲等；

60分及其以上但不足70分，为三级乙等。

2. 相关行业普通话水平等级要求

中小学及幼儿园、校外教育单位的教师，普通话水平不低于二级，其中语文教师不低于二级甲等，普通话语音教师不低于一级。

高等学校的教师，普通话水平不低于三级甲等，其中现代汉语教师不低于二级甲等，普通话语音教师不低于一级；对外汉语教学教师，普通话水平不低于二级甲等。

报考中小学、幼儿园教师资格的人员，普通话水平不低于二级。

师范类专业以及各级职业学校的与口语表达密切相关专业的学生，普通话水平不低于二级。

国家公务员，普通话水平不低于三级甲等。

国家级和省级广播电台、电视台的播音员、节目主持人，普通话水平应达到一级甲等，其他广播电台、电视台的播音员、节目主持人的普通话达标要求按国家广播电影电视总局的规定执行。

话剧、电影、电视剧、广播剧等表演、配音演员，播音、主持专业和影视表演专业的教师、学生，普通话水平不低于一级。

公共服务行业的特定岗位人员（如广播员、解说员、话务员等），普通话水平不低于二级甲等。

（三）普通话水平测试内容范围与题型

说明：普通话水平测试最初还包括选择判断题（10分）。由于普通话与方言的差异主要表现在语音上，词汇和语法差异很小，在实际测试中应试人在选择判断题上基本都能得满分，所以许多省市普通话水平测试都取消了该题，并将命题说话题由30分提高到40分，评分标准也进行了调整。普通话水平测试内容范围也相应作了调整。

普通话水平测试的内容主要为普通话语音。

普通话水平测试的范围是国家测试机构编制的《普通话水平测试用普通话词语表》《普通话水平测试用朗读作品》《普通话水平测试用话题》。

题型如下（原题型及测试内容参见本章的附录四、附录五）：

1. 读单音节字词

共计100个音节（字），不含轻声、儿化音节，限时3.5分钟，共10分。

目的：测查应试人声母、韵母、声调读音的标准程度。

要求：

（1）100个音节中，70%选自《普通话水平测试用普通话词语表》“表一”，30%选自“表二”。

(2) 100个音节中，每个声母出现次数一般不少于3次，每个韵母出现次数一般不少于2次，4个声调出现次数大致均衡。

(3) 音节的排列要避免同一测试要素连续出现。

2. 读多音节词语

共计100个音节（字），限时2.5分钟，共20分。

目的：测查应试人声母、韵母、声调和变调、轻声、儿化读音的标准程度。

要求：

(1) 词语的70%选自《普通话水平测试用普通话词语表》“表一”，30%选自“表二”。

(2) 声母、韵母、声调出现的次数与读单音节字词的要求相同。

(3) 上声与上声相连的词语不少于3个，上声与非上声相连的词语不少于4个，轻声不少于3个，儿化音不少于4个（应为不同的儿化韵母）。

(4) 词语的排列要避免同一测试要素连续出现。

3. 朗读短文

共计1篇，400个音节（字），限时4分钟，共30分。

目的：测查应试人使用普通话朗读书面作品的水平。在测查声母、韵母、声调读音标准程度的同时，重点测查连读音变、停连、语调以及流畅程度。

要求：

(1) 短文从《普通话水平测试用朗读作品》中选取。

(2) 评分以朗读作品的前400个音节（不含标点符号和括注的音节）为限。

4. 命题说话

限时3分钟，共40分。

目的：测查应试人在无文字凭借的情况下说普通话的水平，重点测查语音标准程度、词汇语法规范程度和自然流畅程度。

要求：

(1) 说话话题从《普通话水平测试用话题》中选取，由应试人从给定的两个话题中选定1个话题，连续说一段话。

(2) 应试人单向说话。如发现应试人有明显背稿、离题、说话难以继续等表现时，主试人应及时提示或引导。

（四）普通话水平测试评分标准

注意：读单音节字词题、读多音节词语题、朗读短文题现已全部实行计算机辅助测试，由计算机自动评分，命题说话题主要由测试员评分，此题有的省市现已实现计算机和测试员共同评分。[①]

1. 读单音节字词

（1）语音错误，每个音节扣0.1分。

（2）语音缺陷，每个音节扣0.05分。

（3）超时1分钟以内，扣0.5分；超时1分钟以上（含1分钟），扣1分。

2. 读多音节词语

（1）语音错误，每个音节扣0.2分。

（2）语音缺陷，每个音节扣0.1分。

（3）超时1分钟以内，扣0.5分；超时1分钟以上（含1分钟），扣1分。

3. 朗读短文

（1）每错1个音节，扣0.1分；漏读或增读1个音节，扣0.1分。

（2）声母或韵母的系统性语音缺陷，视程度扣0.5分、1分。

（3）语调偏误，视程度扣0.5分、1分、2分。

（4）停连不当，视程度扣0.5分、1分、2分。

（5）朗读不流畅（包括回读），视程度扣0.5分、1分、2分。

（6）超时扣1分。

4. 命题说话

（1）语音标准程度，共25分。分六档：

一档：语音标准，或极少有失误。扣0分、1分、2分。

二档：语音错误在10次以下，有方音但不明显。扣3分、4分。

三档：语音错误在10次以下，但方音比较明显；或语音错误在10~15次之间，有方音但不明显。扣5分、6分。

四档：语音错误在10~15次之间，方音比较明显。扣7分、8分。

五档：语音错误超过15次，方音明显。扣9分、10分、11分。

六档：语音错误多，方音重。扣12分、13分、14分。

（2）词汇语法规范程度，共10分。分三档：

一档：词汇、语法规范。扣0分。

二档：词汇、语法偶有不规范的情况。扣1分、2分。

三档：词汇、语法屡有不规范的情况。扣3分、4分。

（3）自然流畅程度，共5分。分三档：

一档：语言自然流畅。扣0分。

---

① 未来有可能完全由计算机评分。

二档：语言基本流畅，口语化较差，有背稿子的表现。扣0.5分、1分。

三档：语言不连贯，语调生硬。扣2分、3分。

说话不足3分钟，酌情扣分：缺时1分钟以内（含1分钟），扣1分、2分、3分；缺时1分钟以上，扣4分、5分、6分；说话不满30秒（含30秒），本测试项成绩计为0分。

（五）普通话水平测试等级证书

（1）国家语言文字工作部门发布的《普通话水平测试等级标准》是确定应试人普通话水平等级的依据。测试机构根据应试人的测试成绩确定其普通话水平等级，由省、自治区、直辖市以上语言文字工作部门颁发相应的普通话水平测试等级证书。

（2）测试等级证书由国家语言文字工作部门统一印制，由省级语言文字工作办事机构编号并加盖印章后颁发。

（3）普通话水平测试等级证书全国通用。等级证书遗失，可向原发证单位申请补发。伪造或变造的普通话水平测试等级证书无效。

说明：1997年出台的《普通话水平测试管理办法》（试行）规定普通话水平等级证书有效期为5年，超过期限将重新考核认定。2003年修订的《普通话水平测试管理办法》（正式）废除了普通话水平等级证书有效期的提法，无须重新考核认定，长期有效。

（六）普通话水平测试员

（1）测试员分省级测试员和国家级测试员。测试员须取得相应的测试员证书。

（2）申请省级测试员证书者，应具有大专以上学历，熟悉推广普通话工作方针政策和普通语言学理论，熟悉方言与普通话的一般对应规律，熟练掌握《汉语拼音方案》和常用国际音标，有较强的听辨音能力，普通话水平达到一级。

（3）申请国家级测试员证书者，一般应具有中级以上专业技术职务和两年以上省级测试员资历，具有一定的测试科研能力和较强的普通话教学能力。

（4）申请省级测试员证书者，通过省级测试机构的培训考核后，由省级语言文字工作部门颁发省级测试员证书。

（5）经省级语言文字工作部门推荐的申请国家级测试员证书者，通过国家测试机构的培训考核后，由国家语言文字工作部门颁发国家级测试员证书。

（6）测试机构根据工作需要聘任测试员并颁发有一定期限的聘书。

（7）测试员应遵守测试工作各项规定和纪律，保证测试质量，并接受国家和省级测试机构的业务培训。

二、普通话水平计算机辅助测试流程

【提示】应试者在参加测试前，仔细阅读本“应试指南”，了解计算机辅助普通话水平测试系统的操作程序。

（一）佩戴耳机

（1）请您就座后戴上耳机，并将话筒置于口腔前方。

（2）戴好耳机后请点击“下一步”按钮。

（说明：耳麦为后挂式，考生需注意佩戴。考生戴上耳麦，将麦克风调节到离嘴 2～3 厘米的距离，注意麦克风在左侧）

（二）考生登录

（1）输入您的准考证号后四位（准考证的前几位系统会自动显示）。

（2）单击“进入”按钮继续。

（3）如果输入有误，单击“修改”按钮重新输入。

（三）核对信息

（考生登录成功后，考试机屏幕上会显示考生个人信息）

（1）请仔细核对您的个人信息。

（2）如信息无误，单击“确认”按钮继续。

（3）如准考证号有误，请单击“返回”按钮重新登录。

（4）如其他信息有误，请在考试结束后与监考老师联系更改。

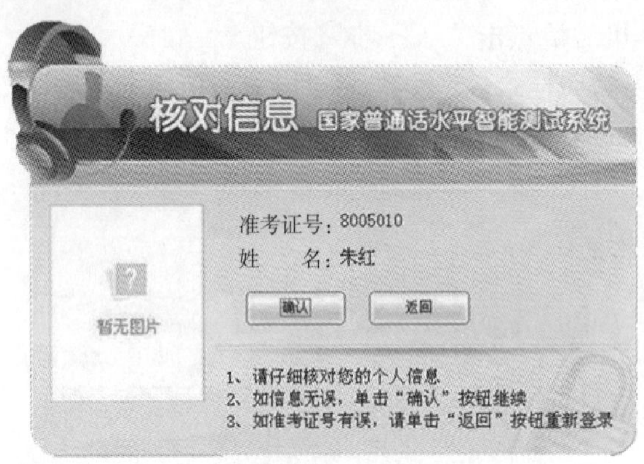

（四）等待考试指令

（确认个人信息后，请按照提示，耐心等待考试指令）

该步骤考生不需操作，只需要等待其他考生确认个人信息后统一开始试音。

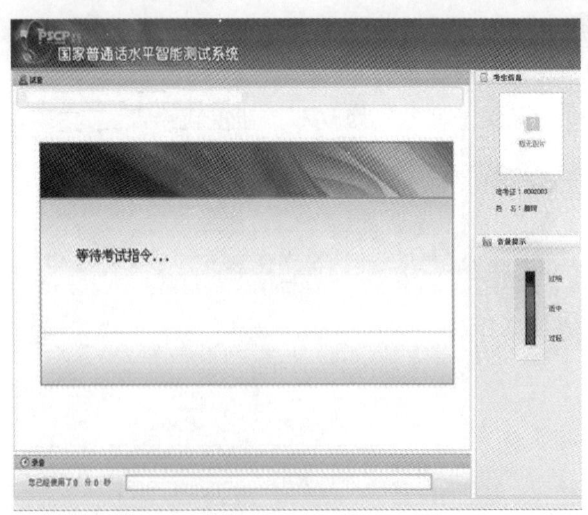

（五）自动试音

（1）请在提示语结束并听到“嘟”的一声后，用正常说话的音量朗读主屏中的个人测试信息。

（2）本系统会自动调节，以适应您的音量，您不用进行任何操作。

（3）试音结束，系统会弹出提示试音结束的对话框。

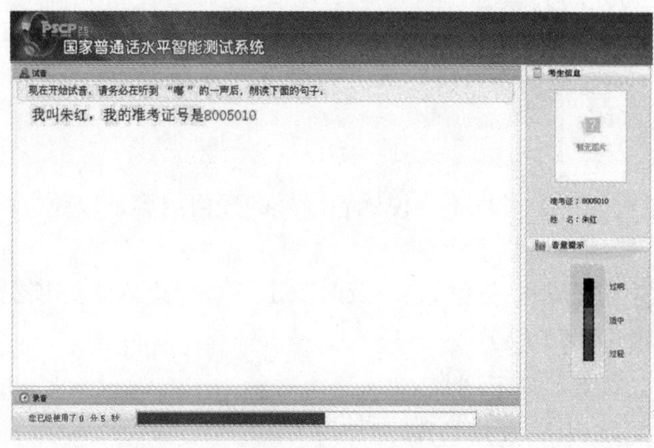

说明：若试音失败，请提高朗读音量重新进行试音。

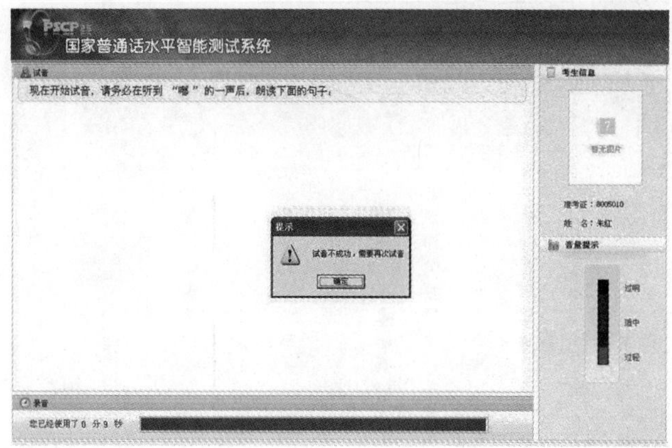

（六）开始考试

提示：

（1）普通话水平测试共有4项题目，系统会依次显示各项内容，您只需根据屏幕显示的试题内容进行录音。

（2）每项试题前都有一段语音提示，请在提示语结束并听到“嘟”的一声后，再开始录音。

（3）录音过程中，应做到吐字清晰，语速适中，音量同试音时保持一致。

（4）录音过程中，请注意主屏下方的时间提示，确保在规定的时间内完成每项测试。

（5）规定时间结束，系统会自动进入下一项试题。

（6）如完成某项试题后时间有余，单击屏幕右下角的“下一题”按钮，可进入下一项试题。

特别提示：

（1）测试过程中，考生不要说试卷以外的任何内容，以免影响考试成绩。

（2）如有疑问，请举手示意。

（注意：考生完成每一题后，应及时点击下一题进入下一项测试，以免录入空白杂音影响测试成绩）

【第一题　读单音节字词】

（1）请在提示语结束并听到“嘟”的一声后，再开始录音。

（2）如完成该项试题后时间有余，单击屏幕右下角的“下一题”按钮，可进入下一项试题。

（注意：测试时第一题试题必须横向朗读）

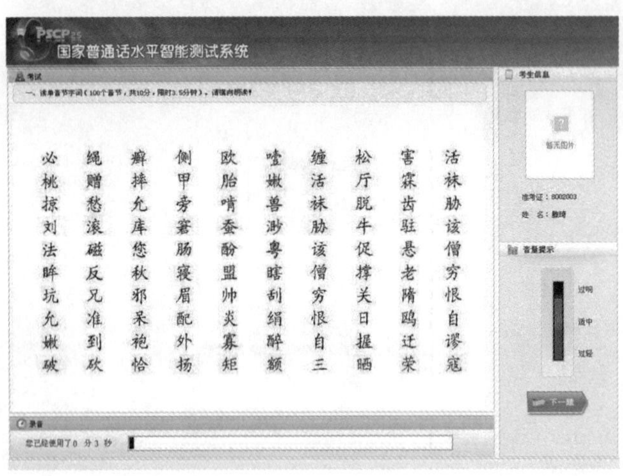

【第二题　读多音节词语】

（1）请在提示语结束并听到“嘟”的一声后，再开始录音。

（2）如完成该项试题后时间有余，单击屏幕右下角的“下一题”按钮，可进入下一项试题。

（注意：测试时第二题试题必须横向朗读）

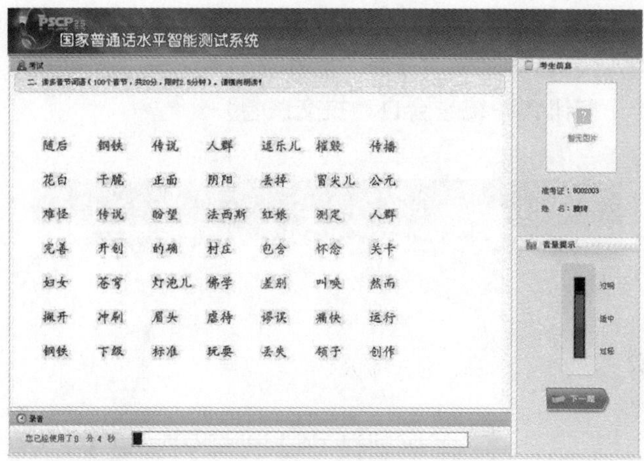

【第三题　朗读短文】

（1）请在提示语结束并听到“嘟”的一声后，再开始录音。

（2）如完成该项试题后时间有余，单击屏幕右下角的“下一题”按钮，可进入下一项试题。

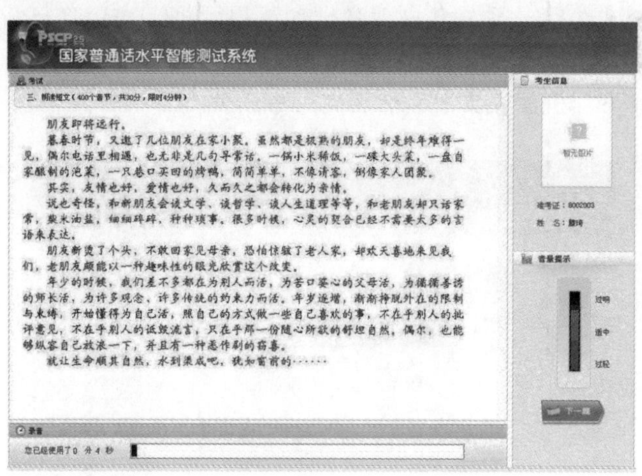

【第四题　命题说话】

（1）请在提示语结束并听到“嘟”的一声后，再开始录音。

（2）录音开始时，请读出所选话题名称。如：我说的话题是“我尊敬的人”。

（3）本题必须说满 3 分钟（请按主屏下方的时间提示条把握时间）。

（4）说话结束后，单击屏幕右下角的“提交试卷”按钮，便可结束考试；说满三分钟后，系统也会自动提交试卷。

（注意：第四题必须说满三分钟才能提交试卷。满三分钟后，即使您不点击“提交试卷”按钮，系统也会自动提交试卷）

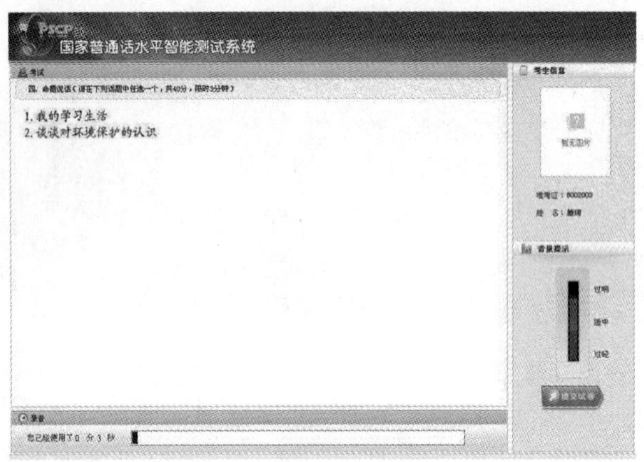

（七）结束考试

（1）提交试卷后，系统会自动弹出如下提示框，表示您已成功结束本次考试。

（2）请摘下耳机放在桌上，然后离开考场。

第三节　普通话基本概念

一、普通话

普通话是以北京语音为标准音，以北方话为基础方言，以典范的现代白话文著作为语法规范的现代汉民族共同语。其中“普通”二字是“普遍”和“共同”的意思。民族共同语就是民族内部彼此交流的通用语，普通话就是汉族彼此交流的通用语。我国汉族人口众多，分布广泛，经济发达，普通话是国语，也是全国各族人民彼此交流的工具。

普通话包括语音、词汇和语法三大部分，但是由于普通话与汉语方言的差距主要表现在语音上，词汇和语法的差异很小，所以，普通话有广义和狭义之分。广义普通话包括语音、词汇和语法，狭义普通话仅指普通话语音，大家通常说的普通话是狭义普通话，我们这里使用的也是狭义普通话概念。

二、音素

音素是构成音节的最小语音单位。例如：音节 biǎo 由 b、i、ɑ、o 4 个音素构成。

音素分为元音和辅音两大类。元音是指声带颤动，发音气流在口腔、咽头不受阻碍而形成的音，如 ɑ、o、e 等。辅音是指发音气流在口腔、咽头受阻碍而形成的音，如 d、t、n、l 等。根据声带是否颤动，辅音又分为清辅音和浊辅音，声带颤动的是浊辅音，声带不颤动的是清辅音。普通话声母清辅音较多，有 17 个，浊辅音有 4 个，即 m、n、l、r，ng 是浊辅音，但不是声母。

元音和辅音的主要区别如下：[①]

（1）元音气流在口腔、咽头不受阻碍，辅音气流在口腔、咽头一般会受阻碍，这是元音和辅音最主要的区别。

（2）发元音时，气流不受阻碍，所以气流较弱。发辅音时，气流受阻碍，所以气流较强。

（3）发元音时，声带都会颤动，所以声音清晰响亮。发辅音时，声带绝

---

① 另外，发元音时，发音器官各部位的肌肉紧张程度相同；发辅音时，与其他部位的肌肉相比，发音器官成阻部位的肌肉特别紧张。

大部分不颤动，所以声音不及元音清晰响亮。

三、音节

音节是语音的基本结构单位，是人耳自然感受到的最小语音片断。每个汉语音节都带有声调，所以汉语音节有特殊性，由声母、韵母和声调构成。音节与发音器官肌肉紧张程度的变化有关，肌肉的紧张程度增而复减一次，就形成一个音节。

音节是由音素构成的。对汉语而言，有时 1 个音素构成 1 个音节，如“鹅”（é）；有时几个音素才构成 1 个音节，如“毛”（máo），由 3 个音素构成；汉语音节最多由 4 个音素构成。汉语音节容易判断，一般而言，1 个汉字就是 1 个音节，有几个汉字就有几个音节。如“生活美好”，4 个汉字，就有 4 个音节。只有儿化音节是 2 个汉字表示 1 个音节，如“圈儿”，2 个汉字，只有 1 个音节。

四、汉语拼音方案

《汉语拼音方案》是给汉字注音的方案，用于汉字标音，提示汉字的读音。汉字不是表音文字，本身不能像英文单词那样显示读音，需要单独给它标音。民国时期采用注音符号注音，中华人民共和国成立后开始研制新的汉字注音方法，1958 年，经全国人大批准正式颁布法定的《汉语拼音方案》。《汉语拼音方案》习惯称作汉语拼音。《汉语拼音方案》具有重要的作用：一是给汉字注音，二是学习普通话的工具。所以，要学好普通话必须熟悉和掌握汉语拼音。

五、国际音标

国际音标是由国际语音学会制定的一套记音符号，目的是研究和记录世界各地的语音。它采用一个符号一个音素，一个音素一个符号的原则，记音准确，各国学者都采用它记音。《汉语拼音方案》由于没有完全执行一个符号一个音素，一个音素一个符号的原则，有的记音不是很准确，所以需要用国际音标来补充标音。例如 ɑn、iɑ、ɑng，汉语拼音都用 ɑ 表示，但是国际音标标音是有差异的，它们分别是［an］、［iA］、［ɑŋ］。因此，严格地说，要学好普通话，说一口标准的普通话，就要了解普通话语音的细微差异，就要熟悉与普通话相关的国际音标。

附录一　汉语拼音方案

汉语拼音方案（1958）

1. 字母表

格式：字母（名称）

Aa（ㄚ）	Bb（ㄅㄝ）	Cc（ㄘㄝ）	Dd（ㄉㄝ）	Ee（ㄜ）	Ff（ㄝㄈ）
Gg（ㄍㄝ）	Hh（ㄏㄚ）	Ii（丨）	Jj（ㄐ丨ㄝ）	Kk（ㄎㄝ）	Ll（ㄝㄌ）
Mm（ㄝㄇ）	Nn（ㄋㄝ）	Oo（ㄛ）	Pp（ㄆㄝ）	Qq（ㄑ丨ㄡ）	Rr（ㄚㄦ）
Ss（ㄝㄙ）	Tt（ㄊㄝ）	Uu（ㄨ）	Vv（万ㄝ）	Ww（ㄨㄚ）	Xx（ㄒ丨）
Yy（丨ㄚ）	Zz（ㄗㄝ）				

V只用来拼写外来语、少数民族语言和方言。字母的手写体依照拉丁字母的一般书写习惯。

2. 声母表

格式：字母（注音符号/例字）

b（ㄅ玻）	p（ㄆ坡）	m（ㄇ摸）	f（ㄈ佛）	d（ㄉ得）	t（ㄊ特）
n（ㄋ讷）	l（ㄌ勒）	g（ㄍ哥）	k（ㄎ科）	h（ㄏ喝）	j（ㄐ基）
q（ㄑ欺）	x（ㄒ希）	zh（ㄓ知）	ch（ㄔ蚩）	sh（ㄕ诗）	r（ㄖ日）
z（ㄗ资）	c（ㄘ雌）	s（ㄙ思）			

在给汉字注音的时候，为了使拼式简短，zh、ch、sh可以省作ẑ、ĉ、ŝ。

3. 韵母表

	i（丨衣）	u（ㄨ乌）	ü（ㄩ迂）
a（ㄚ啊）	ia（丨ㄚ呀）	ua（ㄨㄚ蛙）	
o（ㄛ喔）		uo（ㄨㄛ窝）	
e（ㄜ鹅）	ie（丨ㄝ耶）		üe（ㄩㄝ约）
ai（ㄞ哀）		uai（ㄨㄞ歪）	
ei（ㄟ欸）		uei（ㄨㄟ威）	
ao（ㄠ熬）	iao（丨ㄠ腰）		
ou（ㄡ欧）	iou（丨ㄡ忧）		
an（ㄢ安）	ian（丨ㄢ烟）	uan（ㄨㄢ弯）	üan（ㄩㄢ冤）
en（ㄣ恩）	in（丨ㄣ因）	uen（ㄨㄣ温）	ün（ㄩㄣ晕）

（续上表）

ang（尢昂）	iang（丨尢央）	uang（ㄨ尢汪）	
eng（ㄥ亨的韵母）	ing（丨ㄥ英）	ueng（ㄨㄥ翁）	
ong（ㄨㄥ轰的韵母）	iong（ㄩㄥ雍）		

（1）“知、蚩、诗、日、资、雌、思”等字的韵母用 i，即知、蚩、诗、日、资、雌、思等字拼作 zhi、chi、shi、ri、zi、ci、si。

（2）韵母“儿”写成 er，用作韵尾的时候写成 r。例如：“儿童”拼作 ertong，“花儿”拼作 huar。

（3）韵母“せ”单用的时候写成 ê。

（4）i 行的韵母，前面没有声母的时候，写成 yi（衣）、ya（呀）、ye（耶）、yao（腰）、you（忧）、yan（烟）、yin（因）、yang（央）、ying（英）、yong（雍）。

u 行的韵母，前面没有声母的时候，写成 wu（乌）、wa（蛙）、wo（窝）、wai（歪）、wei（威）、wan（弯）、wen（温）、wang（汪）、weng（翁）。

ü 行的韵母，前面没有声母的时候，写成 yu（迂）、yue（约）、yuan（冤）、yun（晕），ü 上两点也省略。

ü 行的韵母跟声母 j、q、x 拼的时候，写成 ju（居）、qu（区）、xu（虚），ü 上两点也省略；但是跟声母 n、l 拼的时候，仍然写成 nü（女）、lü（吕）。

（5）iou、uei、uen 前面加声母的时候，写成 iu、ui、un，例如：niu（牛）、gui（归）、lun（论）。

（6）在给汉字注音的时候，为了使拼式简短，ng 可以省作 ŋ。

4. 声调符号

阴平（ˉ）　阳平（ˊ）　上声（ˇ）　去声（ˋ）

声调符号标在音节的主要母音上。轻声不标。例如：

妈 mā（阴平）　麻 má（阳平）　马 mǎ（上声）　骂 mà（去声）　吗 ma（轻声）

5. 隔音符号

a、o、e 开头的音节连接在其他音节后面的时候，如果音节的界限发生混淆，用隔音符号（’）隔开，例如：pi’ao（皮袄）。

附录二　汉语音节表

汉语音节表 1

项目	开口呼								
	-i	a	o	e	ê	ai	ei	ao	ou
b		ba 巴	bo 波			bai 白	bei 杯	bao 包	
p		pa 扒	po 坡			pai 拍	pei 胚	pao 抛	pou 剖
m		ma 妈	mo 摸	me 么		mai 买	mei 眉	mao 猫	mou 某
f		fa 发	fo 佛				fei 非		fou 否
d		da 搭		de 德		dai 呆	dei 得	dao 刀	dou 兜
t		ta 他		te 特		tai 胎		tao 涛	tou 偷
n		na 那		ne 呢		nai 奶	nei 内	nao 闹	nou 耨
l		la 拉		le 勒		lai 来	lei 类	lao 捞	lou 楼
g		ga 嘎		ge 哥		gai 该	gei 给	gao 高	gou 沟
k		ka 咖		ke 科		kai 开	kei 剋	kao 靠	kou 扣
h		ha 哈		he 喝		hai 海	hei 黑	hao 好	hou 后
j									
q									
x									
z	zi 姿	za 杂		ze 则		zai 灾	zei 贼	zao 遭	zou 邹
c	ci 词	ca 擦		ce 侧		cai 才		cao 操	cou 凑
s	si 司	sa 撒		se 色		sai 腮		sao 骚	sou 艘
zh	zhi 知	zha 渣		zhe 遮		zhai 摘	zhei 这	zhao 招	zhou 周
ch	chi 吃	cha 插		che 车		chai 拆		chao 超	chou 抽
sh	shi 师	sha 杀		she 奢		shai 筛	shei 谁	shao 烧	shou 收
r	ri 日			re 热				rao 绕	rou 肉
Ø		a 啊	o 哦	e 蛾	ê 欸	ai 哀	ei 欸	ao 凹	ou 欧

汉语音节表 2

项目	开口呼					齐齿呼			
	an	en	ang	eng	er	i	ia	ie	iao
b	ban 班	ben 奔	bang 帮	beng 崩		bi 逼		bie 鳖	biao 标
p	pan 潘	pen 喷	pang 乓	peng 朋		pi 批		pie 瞥	piao 飘
m	man 慢	men 门	mang 忙	meng 梦		mi 米		mie 灭	miao 苗
f	fan 翻	fen 分	fang 芳	feng 风					
d	dan 丹	den 扽	dang 当	deng 灯		di 低		die 爹	diao 雕
t	tan 滩		tang 汤	teng 疼		ti 踢		tie 贴	tiao 挑
n	nan 男	nen 嫩	nang 囊	neng 能		ni 你		nie 捏	niao 鸟
l	lan 蓝		lang 狼	leng 冷		li 里	lia 俩	lie 列	liao 廖
g	gan 甘	gen 跟	gang 刚	geng 更					
k	kan 刊	ken 肯	kang 康	keng 坑					
h	han 汉	hen 很	hang 夯	heng 哼					
j						ji 鸡	jia 家	jie 街	jiao 交
q						qi 妻	qia 掐	qie 切	qiao 敲
x						xi 西	xia 虾	xie 些	xiao 肖
z	zan 赞	zen 怎	zang 脏	zeng 增					
c	can 参	cen 岑	cang 仓	ceng 层					
s	san 三	sen 森	sang 桑	seng 僧					
zh	zhan 沾	zhen 真	zhang 张	zheng 争					
ch	chan 搀	chen 沉	chang 昌	cheng 称					
sh	shan 山	shen 申	shang 商	sheng 生					
r	ran 然	ren 人	rang 让	reng 扔					
Ø	an 安	en 恩	ang 昂	eng 鞥	er 儿	yi 衣	ya 压	ye 爷	yao 妖

汉语音节表 3

项目	齐齿呼					合口呼				
	iu	ian	in	iang	ing	u	ua	uo	uai	ui
b		bian 边	bin 彬		bing 兵	bu 布				
p		pian 偏	pin 拼		ping 平	pu 扑				
m	miu 谬	mian 面	min 民		ming 名	mu 木				
f						fu 夫				
d	diu 丢	dian 电			ding 丁	du 毒		duo 多		dui 堆
t		tian 天			ting 听	tu 凸		tuo 托		tui 推
n	niu 妞	nian 蔫	nin 您	niang 娘	ning 宁	nu 努		nuo 挪		
l	liu 蹓	lian 连	lin 林	liang 两	ling 令	lu 芦		luo 罗		
g						gu 孤	gua 瓜	guo 过	guai 乖	gui 闺
k						ku 哭	kua 夸	kuo 扩	kuai 快	kui 亏
h						hu 胡	hua 花	huo 货	huai 淮	hui 灰
j	jiu 纠	jian 尖	jin 金	jiang 江	jing 京					
q	qiu 秋	qian 千	qin 亲	qiang 枪	qing 青					
x	xiu 修	xian 先	xin 心	xiang 香	xing 星					
z						zu 租		zuo 昨		zui 最
c						cu 粗		cuo 搓		cui 崔
s						su 苏		suo 缩		sui 虽
zh						zhu 朱	zhua 抓	zhuo 桌	zhuai 拽	zhui 追
ch						chu 出	chua 欻	chuo 戳	chuai 揣	chui 吹
sh						shu 书	shua 刷	shuo 说	shuai 衰	shui 水
r						ru 如		ruo 若		rui 瑞
Ø	you 优	yan 烟	yin 因	yang 央	ying 英	wu 乌	wa 洼	wo 卧	wai 歪	wei 威

汉语音节表 4

项目	合口呼					撮口呼				
	uan	un	uang	ueng	ong	ü	üe	üan	ün	iong
b										
p										
m										
f										
d	duan 端	dun 敦			dong 东					
t	tuan 团	tun 吞			tong 通					
n	nuan 暖				nong 农	nü 女	nüe 虐			
l	luan 乱	lun 论			long 龙	lü 吕	lüe 略			
g	guan 官	gun 棍	guang 光		gong 工					
k	kuan 宽	kun 昆	kuang 筐		kong 空					
h	huan 欢	hun 婚	huang 慌		hong 轰					
j						ju 居	jue 绝	juan 娟	jun 军	jiong 窘
q						qu 区	que 却	quan 劝	qun 群	qiong 穷
x						xu 须	xue 学	xuan 宣	xun 寻	xiong 凶
z	zuan 钻	zun 尊			zong 综					
c	cuan 窜	cun 村			cong 聪					
s	suan 酸	sun 孙			song 松					
zh	zhuan 专	zhun 准	zhuang 装		zhong 中					
ch	chuan 川	chun 春	chuang 窗		chong 冲					
sh	shuan 闩	shun 顺	shuang 双							
r	ruan 软	run 润			rong 容					
Ø	wan 弯	wen 温	wang 汪	weng 翁		yu 鱼	yue 约	yuan 渊	yun 云	yong 拥

附录三 原选择判断题及其评分标准

选择判断，限时3分钟，共10分。

1. 词语判断（10组）

（1）目的：测查应试人掌握普通话词语的规范程度。

（2）要求：根据《普通话水平测试用普通话与方言词语对照表》，列举10组普通话与方言意义相对应，但说法不同的词语，由应试人判断并读出普通话的词语。

（3）评分：判断错误，每组扣0.25分。

2. 量词、名词搭配（10组）

（1）目的：测查应试人掌握普通话量词和名词搭配的规范程度。

（2）要求：根据《普通话水平测试用普通话与方言常见语法差异对照表》，列举10个名词和若干量词，由应试人搭配并读出符合普通话规范的10组名量短语。

（3）评分：搭配错误，每组扣0.5分。

3. 语序或表达形式判断（5组）

（1）目的：测查应试人掌握普通话语法的规范程度。

（2）要求：根据《普通话水平测试用普通话与方言常见语法差异对照表》，列举5组普通话和方言意义相对应，但语序或表达习惯不同的短语或短句，由应试人判断并读出符合普通话语法规范的语句。

（3）评分：判断错误，每组扣0.5分。

选择判断合计超时1分钟以内，扣0.5分；超时1分钟以上（含1分钟），扣1分。答题时语音错误，每个错误音节扣0.1分，如判断错误已经扣分，不重复扣分。

附录四　原选择判断题样卷

1．词语判断

请判断并读出下列10组词语中的普通话词语。

（1）如崭　**现在**　而家　今下　目下

（2）瞒人　边个　**谁**　啥侬　啥人

（3）为么子　做脉个　**为什么**　为什里　为哈　为怎样

（4）**细小**　细粒　幼细　异细

（5）后生子　后生崽里　后生家　后生仔　**小伙子**

（6）日里向　日里　**白天**　日上　日头　日时　日辰头

（7）**婴儿**　毛它　冒牙子　苏虾仔　婴仔　啊伢欸

（8）蚂蚁子　蚂蝇里　狗蚁　蚁公　**蚂蚁**

（9）**这里**　个搭　咯里　个里　呢处　即搭

（10）早上向　**早晨**　早间里　朝早　朝辰头

2．量词、名词搭配

请按照普通话规范搭配并读出下列数量名短语。

（例如：一　→　个　只　粒

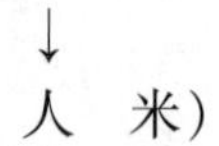

人　米）

一　→　把　张　棵　支　扇　辆　条　间　头　所

汽车　钥匙　桌子　钞票　树　笔　牛　学校　门　草

3．语序或表达形式判断

请判断并读出下列5组句子里的普通话句子。

（1）**他大约要两三个月才能回来。**

他大约要二三个月才能回来。

（2）他好好可爱。

他非常可爱。

他上可爱。

（3）你去去逛街？

你去不去逛街？

（4）你矮我。

你比我矮。

你比较矮我。

你比我较矮。

（5）**那部电影我看过。**

那部电影我有看。

附录五 原普通话水平测试的内容与范围

普通话水平测试的内容包括普通话语音、词汇和语法。

普通话水平测试的范围是国家测试机构编制的《普通话水平测试用普通话词语表》《普通话水平测试用普通话与方言词语对照表》《普通话水平测试用普通话与方言常见语法差异对照表》《普通话水平测试用朗读作品》《普通话水平测试用话题》。

第二章　普通话声母训练

第一节　声母概述

声母是汉语音节开头的辅音。没有辅音开头的音节，习惯上把它的声母称为零声母，零声母原则上不是声母。汉语音节开头的 y、w 不是声母，有时候代表元音 i、u，有时候不代表任何音素。普通话的声母共有 21 个[①]：

b　p　m　f　d　t　n　l　g　k　h　j　q　x　z　c　s　zh　ch　sh　r

一、声母的发音部位

发音部位指发音气流受到阻碍的部位。按照发音部位，普通话声母可以分为双唇音、唇齿音、舌尖前音、舌尖中音、舌尖后音、舌面前音、舌面后音七类。[②] 具体说明如下：

（1）双唇音。利用上、下唇阻碍气流形成的音，普通话双唇音有 3 个：b、p、m。

（2）唇齿音。利用上齿、下唇阻碍气流形成的音，普通话唇齿音只有 1 个：f。

（3）舌尖前音。利用舌尖、齿背阻碍气流形成的音，普通话舌尖前音有 3 个：z、c、s。

（4）舌尖中音。利用舌尖、上齿龈阻碍气流形成的音，普通话舌尖中音有 4 个：d、t、n、l。

（5）舌尖后音。利用舌尖、硬腭前部阻碍气流形成的音，普通话舌尖后音有 4 个：zh、ch、sh、r。

（6）舌面前音。利用舌面前部、硬腭前部阻碍气流形成的音，普通话舌面前音有 3 个：j、q、x。

---

① 为了便于教学，小学汉语拼音教学中，把 y、w 看作准声母，加上准声母，声母就有 23 个。

② 有的教材把舌面前音称舌面音，舌面后音称舌根音。

（7）舌面后音。利用舌面后部、软腭阻碍气流形成的音，普通话舌面后音有3个：g、k、h。

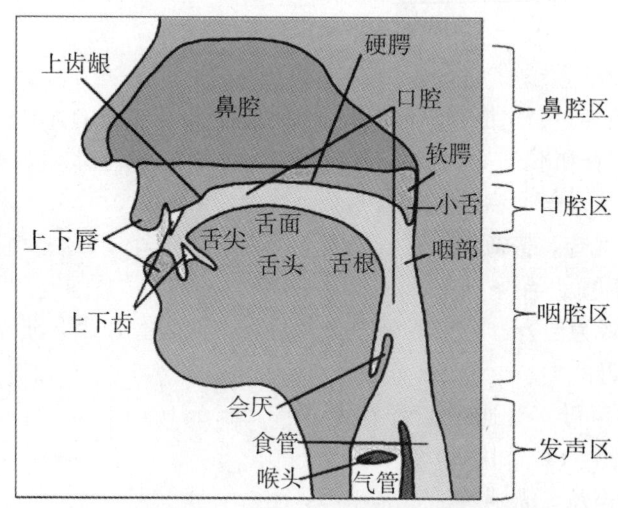

图2-1 普通话发音器官示意图

二、声母的发音方法

发音方法指调节发音气流的方法。按照发音方法，普通话声母可以从阻碍的方式、气流的强弱、声带颤动与否三个方面来分析。

（一）阻碍的方式

辅音发音可以分为三个阶段：构成阻碍阶段、阻碍持续阶段、解除阻碍阶段。根据这三个阶段，普通话声母可以分为塞音、擦音、塞擦音、鼻音和边音。具体说明如下：

（1）塞音。塞音又称爆破音。发音时两个发音部位紧闭，形成阻碍，阻碍持续阶段保持这种状态，解除阻碍时，气流一下将阻碍冲开，爆发成声。普通话塞音有6个：b、p、d、t、g、k。

（2）擦音。发音时两个发音部位靠近，形成一条窄缝，气流从窄缝中挤出，摩擦成声。普通话擦音有6个：f、h、x、s、sh、r。

（3）塞擦音。发音时两个发音部位紧闭，形成阻碍，气流首先将两个发音部位冲开，形成一条窄缝，然后从窄缝中挤出，摩擦成声。普通话塞擦音有6个：j、q、z、c、zh、ch。

（4）鼻音。发音时两个发音部位紧闭，软腭下降，关闭口腔，打开鼻腔通道，气流振动声带，并从鼻腔冲出成声。普通话鼻音有2个：m、n。

（5）边音。发音时舌尖同上齿龈接触，舌头两侧留出空隙，软腭上升，关闭鼻腔通道，气流振动声带，并经舌头两边从口腔冲出成声，故称边音。普通话边音只有1个：l。

（二）气流的强弱

普通话塞音声母、塞擦音声母气流强弱明显，根据气流的强弱，塞音和塞擦音可以分为送气音和不送气音两类。气流强者为送气音，气流弱者为不送气音。

（1）送气音。普通话送气音有6个：p、t、k、q、c、ch。

（2）不送气音。普通话不送气音有6个：b、d、g、j、z、zh。

（三）声带颤动与否

声带颤动者为浊音，声带不颤动者为清音，据此普通话声母可以分为清音声母和浊音声母两类。

（1）清音声母。普通话清音有17个：b、p、f、d、t、g、k、h、j、q、x、z、c、s、zh、ch、sh。

（2）浊音声母。普通话浊音有4个：m、n、l、r。

表2-1　普通话声母发音总表[①]

<table>
<tr><th colspan="3" rowspan="3">发音方法</th><th colspan="7">发音部位</th></tr>
<tr><th colspan="2">唇音</th><th rowspan="2">舌尖
前音</th><th rowspan="2">舌尖
中音</th><th rowspan="2">舌尖
后音</th><th rowspan="2">舌面
前音</th><th rowspan="2">舌面
后音</th></tr>
<tr><th>双唇音</th><th>唇齿音</th></tr>
<tr><th colspan="3"></th><th>上唇
下唇</th><th>上齿
下唇</th><th>舌尖
齿背</th><th>舌尖
上齿龈</th><th>舌尖
硬腭前</th><th>舌面前
硬腭前</th><th>舌面后
软腭</th></tr>
<tr><td rowspan="2">塞音</td><td rowspan="2">清音</td><td>不送气音</td><td>b [p]</td><td></td><td></td><td>d [t]</td><td></td><td></td><td>g [k]</td></tr>
<tr><td>送气音</td><td>p [p‘]</td><td></td><td></td><td>t [t‘]</td><td></td><td></td><td>k [k‘]</td></tr>
<tr><td rowspan="2">擦音</td><td colspan="2">清音</td><td></td><td>f [f]</td><td>s [s]</td><td></td><td>sh [ʂ]</td><td>x [ɕ]</td><td>h [x]</td></tr>
<tr><td colspan="2">浊音</td><td></td><td></td><td></td><td></td><td>r [ʐ]</td><td></td><td></td></tr>
<tr><td rowspan="2">塞擦音</td><td rowspan="2">清音</td><td>不送气音</td><td></td><td></td><td>z [ts]</td><td></td><td>zh [tʂ]</td><td>j [tɕ]</td><td></td></tr>
<tr><td>送气音</td><td></td><td></td><td>c [ts‘]</td><td></td><td>ch[tʂ‘]</td><td>q [tɕ‘]</td><td></td></tr>
<tr><td>鼻音</td><td colspan="2">浊音</td><td>m [m]</td><td></td><td></td><td>n [n]</td><td></td><td></td><td>ng [ŋ]</td></tr>
<tr><td>边音</td><td colspan="2">浊音</td><td></td><td></td><td></td><td>l [l]</td><td></td><td></td><td></td></tr>
</table>

① ng是舌面后、浊、鼻音，不充当声母。我们把它放在声母表中，为了便于了解它的发音方法和发音部位。

三、声母的呼读音

声母的本音就是声母自身的读音。由于普通话声母大多数是清辅音，本音不响亮，不容易听清楚，所以，为了便于教学，在念读声母时，声母后面都加上了一个元音，声母加上元音之后的读音称为呼读音。呼读音含有元音，读起来响亮、清晰。呼读音实际上是声母、韵母和声调构成整个音节的读音，声调为阴平。呼读音只用于单独念读声母的时候，在与韵母拼读时必须用声母的本音。

表 2－2　声母呼读音

声母	所加元音	呼读音
b、p、m、f	o	bo、po、mo、fo
d、t、n、l	e	de、te、ne、le
g、k、h	e	ge、ke、he
j、q、x	i	ji、qi、xi
z、c、s	－i [ɿ]	zi、ci、si
zh、ch、sh、r	－i [ʅ]	zhi、chi、shi、ri

第二节　声母发音训练

第一组　b/p/m/f

b [p]：双唇、不送气、清、塞音

p [pʻ]：双唇、送气、清、塞音

m [m]：双唇、浊、鼻音

f [f]：唇齿、清、擦音

【发音描述】

b、p 发音时，上唇、下唇紧闭，形成阻碍，软腭上升，关闭鼻腔通道，声带不颤动，气流冲破阻碍，爆发成声。b 气流较弱，p 气流较强。

m 发音时，上唇、下唇紧闭，软腭下降，关闭口腔通道，打开鼻腔通道，声带颤动，气流从鼻腔冲出成声。

f 发音时，下唇略内收，靠近上齿，软腭上升，关闭鼻腔通道，声带不颤动，气流从唇齿间的窄缝中挤出，摩擦成声。

【温馨提示】

f是唇齿音，不能用双唇构成阻碍，发成双唇音。

各声母发音示意图如下：

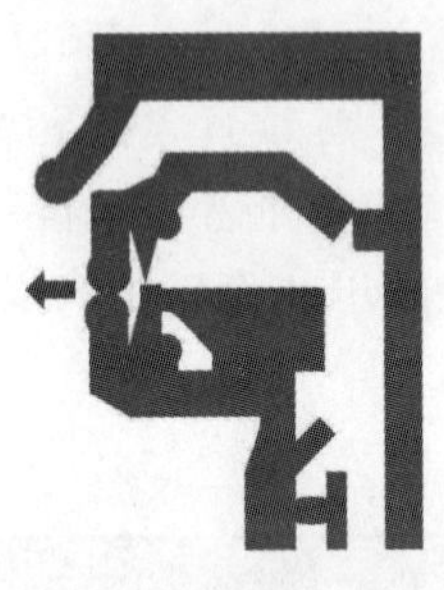

b / p 发音示意图

m 发音示意图

f 发音示意图

1. 单音节字词练习

把 bǎ	播 bō	币 bì	步 bù	被 bèi	包 bāo
怕 pà	婆 pó	皮 pí	仆 pú	陪 péi	炮 pào
麻 má	莫 mò	密 mì	目 mù	妹 mèi	毛 máo
阀 fá	佛 fó	服 fú	费 fèi	范 fàn	芬 fēn

2. 双音节词语练习

标本 biāoběn	颁布 bānbù	碧波 bìbō	帮办 bāngbàn
辨别 biànbié	斑白 bānbái	爆破 bàopò	标榜 biāobǎng
批判 pīpàn	偏颇 piānpō	品评 pǐnpíng	偏旁 piānpáng
批评 pīpíng	匹配 pǐpèi	评判 píngpàn	偏僻 piānpì
美妙 měimiào	面目 miànmù	谩骂 mànmà	明媚 míngmèi
弥漫 mímàn	面貌 miànmào	卖命 màimìng	描摹 miáomó
反复 fǎnfù	发放 fāfàng	风帆 fēngfān	非凡 fēifán
方法 fāngfǎ	丰富 fēngfù	纷飞 fēnfēi	非法 fēifǎ

第二组　d/t/n/l

d [t]：舌尖中、不送气、清、塞音

t [t‘]：舌尖中、送气、清、塞音

n [n]：舌尖中、浊、鼻音

l [l]：舌尖中、浊、边音

【发音描述】

d、t 发音时，舌尖抵住上齿龈，形成阻碍，软腭上升，关闭鼻腔通道，声带不颤动，气流冲破阻碍，爆发成声。d 气流较弱，t 气流较强。

n 发音时，舌尖抵住上齿龈，软腭下降，关闭口腔通道，声带颤动，气流从鼻腔冲出成声。

l 发音时，舌尖抵住上齿龈（略后），舌头两侧要有空隙，软腭上升，关闭鼻腔通道，声带颤动，气流经舌头两边从口腔冲出成声。

各声母发音示意图如下：

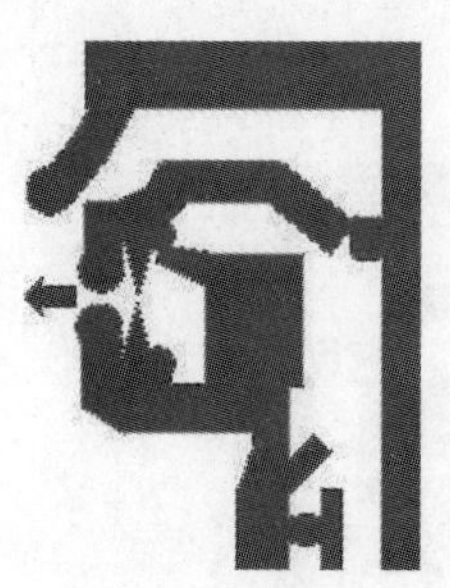

d / t 发音示意图

n 发音示意图

l 发音示意图

1. 单音节字词练习

大 dà	德 dé	第 dì	读 dú	道 dào	豆 dòu
踏 tà	特 tè	替 tì	图 tú	套 tào	透 tòu
呐 nà	讷 nè	尼 ní	怒 nù	闹 nào	内 nèi
腊 là	勒 lè	梨 lí	路 lù	涝 lào	泪 lèi

2. 双音节词语练习

达到 dádào	大多 dàduō	等待 děngdài	调动 diàodòng
电灯 diàndēng	大地 dàdì	导弹 dǎodàn	对等 duìděng
抬头 táitóu	团体 tuántǐ	听筒 tīngtǒng	调停 tiáotíng
淘汰 táotài	弹跳 tántiào	天堂 tiāntáng	吞吐 tūntǔ
男女 nánnǚ	奶牛 nǎiniú	恼怒 nǎonù	泥泞 nínìng①
流利 liúlì	凌乱 língluàn	冷落 lěngluò	来临 láilín
劳累 láolèi	流露 liúlù	流浪 liúlàng	裸露 luǒlù

① 大纲此类词语很少，除了发音部分的例词外，仅此例词，后面与此相同情况不再说明。

第三组 g/k/h

g [k]：舌面后、不送气、清、塞音

k [k‘]：舌面后、送气、清、塞音

h [x]：舌面后、清、擦音

【发音描述】

g、k 发音时，舌面后部抵住软腭，形成阻碍，软腭后部上升，关闭鼻腔通道，声带不颤动，气流冲破阻碍，爆发成声。g 气流较弱，k 气流较强。

h 发音时，舌面后部接近软腭，形成窄缝，软腭上升，关闭鼻腔通道，声带不颤动，气流经窄缝摩擦成声。

各声母发音示意图如下：

g / k 发音示意图

h 发音示意图

1. 单音节字词练习

各 gè	顾 gù	告 gào	盖 gài	够 gòu	挂 guà
课 kè	酷 kù	靠 kào	慨 kǎi	扣 kòu	跨 kuà
贺 hè	户 hù	浩 hào	害 hài	后 hòu	化 huà

2. 双音节词语练习

改革 gǎigé	高贵 gāoguì	古怪 gǔguài	过关 guòguān
感官 gǎnguān	灌溉 guàngài	杠杆 gànggǎn	巩固 gǒnggù
开垦 kāikěn	慷慨 kāngkǎi	困苦 kùnkǔ	可靠 kěkào
可口 kěkǒu	开阔 kāikuò	坎坷 kǎnkě	空旷 kōngkuàng
航海 hánghǎi	化合 huàhé	悔恨 huǐhèn	火花 huǒhuā
黄昏 huánghūn	行会 hánghuì	回合 huíhé	花卉 huāhuì

第四组 j/q/x

j [tɕ]：舌面前、不送气、清、塞擦音

q [tɕ‘]：舌面前、送气、清、塞擦音

x［ɕ］：舌面前、清、擦音

【发音描述】

j、q 发音时，舌面前部抵住硬腭前部，软腭上升，关闭鼻腔通道，声带不颤动，气流先将阻碍冲开一条窄缝，然后经窄缝摩擦成声。j 气流较弱，q 气流较强。

x 发音时，舌面前部接近硬腭前部，形成一条窄缝，软腭上升，关闭鼻腔通道，声带不颤动，气流经窄缝摩擦成声。

各声母发音示意图如下：

j / q 发音示意图

x 发音示意图

1. 单音节字词练习

记 jì	句 jù	嫁 jià	借 jiè	倦 juàn	倔 juè
气 qì	去 qù	恰 qià	窃 qiè	劝 quàn	却 què
戏 xì	续 xù	下 xià	谢 xiè	炫 xuàn	血 xuè

2. 双音节词语练习

即将 jíjiāng	加剧 jiājù	结晶 jiéjīng	倔强 juéjiàng
季节 jìjié	将军 jiāngjūn	将近 jiāngjìn	矫健 jiǎojiàn
情趣 qíngqù	乞求 qǐqiú	恰巧 qiàqiǎo	躯壳 qūqiào
窃取 qièqǔ	侵权 qīnquán	齐全 qíquán	确切 quèqiè
细小 xìxiǎo	显现 xiǎnxiàn	相信 xiāngxìn	宣泄 xuānxiè
星系 xīngxì	象形 xiàngxíng	休想 xiūxiǎng	喧嚣 xuānxiāo

第五组　z/c/s

z［ts］：舌尖前、不送气、清、塞擦音

c［ts‘］：舌尖前、送气、清、塞擦音

s［s］：舌尖前、清、擦音

【发音描述】

z、c 发音时，舌尖抵住上齿背或下齿背，软腭上升，关闭鼻腔通道，声带不颤动，气流先将阻碍冲开一条窄缝，再从窄缝中挤出，摩擦成声。z 气流较弱，c 气流较强。

s 发音时，舌尖接近上齿背或下齿背，形成一条窄缝，软腭上升，关闭鼻腔通道，声带不颤动，气流从窄缝中挤出，摩擦成声。

各声母发音示意图如下：

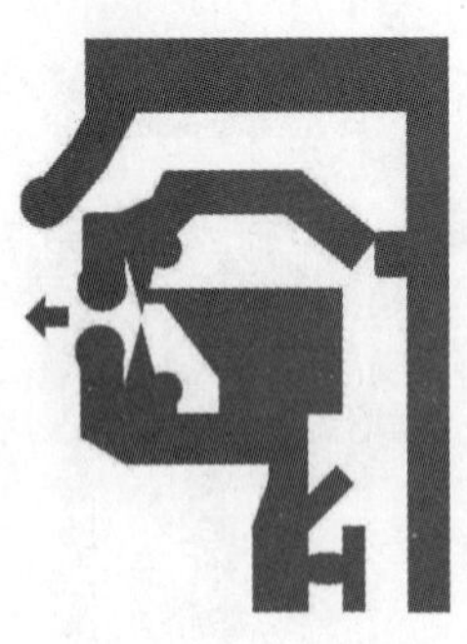

z / c 发音示意图

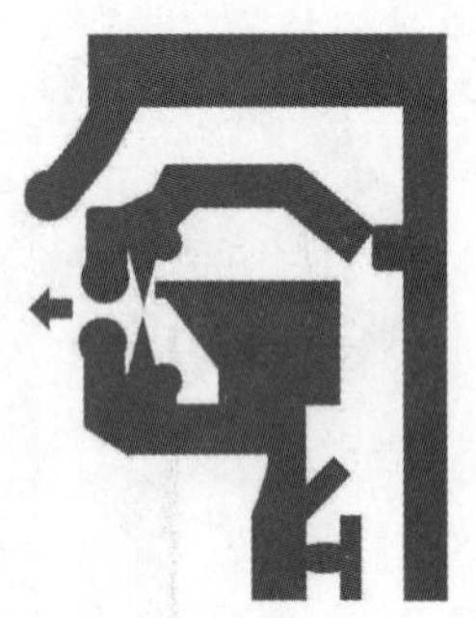

s 发音示意图

1. 单音节字词练习

仄 zè	再 zài	葬 zàng	赞 zàn	最 zuì	钻 zuàn
册 cè	菜 cài	藏 cáng	灿 càn	脆 cuì	窜 cuàn
色 sè	赛 sài	丧 sàng	散 sàn	岁 suì	算 suàn

2. 双音节词语练习

自在 zìzài	再造 zàizào	总则 zǒngzé	在座 zàizuò
宗族 zōngzú	遭罪 zāozuì	脏字 zāngzì	最早 zuìzǎo
层次 céngcì	草丛 cǎocóng	摧残 cuīcán	猜测 cāicè
残存 cáncún	仓促 cāngcù	苍翠 cāngcuì	璀璨 cuǐcàn
思索 sīsuǒ	四散 sìsàn	琐碎 suǒsuì	松散 sōngsǎn
诉讼 sùsòng	色素 sèsù	搜索 sōusuǒ	酸涩 suānsè

第六组　zh/ch/sh/r

zh［tʂ］：舌尖后、不送气、清、塞擦音

ch［tʂʻ］：舌尖后、送气、清、塞擦音

sh［ʂ］：舌尖后、清、擦音

r ［ʐ］：舌尖后、浊、擦音

【发音描述】

zh、ch 发音时，舌尖上翘，抵住硬腭前部，软腭上升，关闭鼻腔通道，声带不颤动，气流先将阻碍冲开一条窄缝，然后经窄缝摩擦成声。zh 气流较弱，ch 气流较强。

sh、r 发音时，舌尖上翘，接近硬腭前部，形成窄缝，软腭上升，关闭鼻腔通道，气流从窄缝中挤出，摩擦成声。sh 声带不颤动，r 声带颤动。

【温馨提示】

这组声母主要在于舌尖位置的把握与控制。

各声母发音示意图如下：

zh / ch 发音示意图

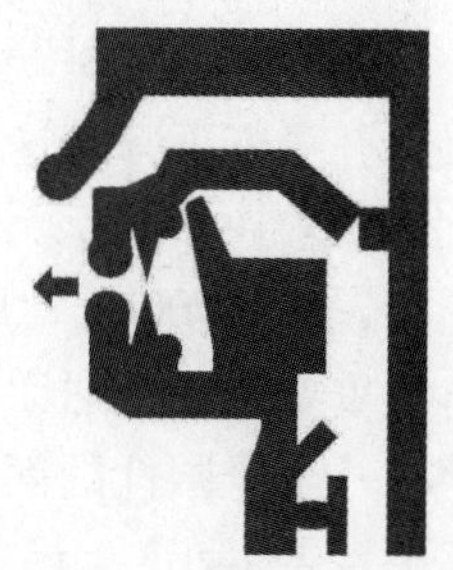

sh / r 发音示意图

1. 单音节字词练习

这 zhè　住 zhù　咒 zhòu　账 zhàng　镇 zhèn　坠 zhuì

彻 chè　处 chù　臭 chòu　唱 chàng　衬 chèn　垂 chuí

射 shè　树 shù　受 shòu　上 shàng　甚 shèn　睡 shuì

热 rè　褥 rù　肉 ròu　让 ràng　认 rèn　瑞 ruì

2. 双音节词语练习

战争 zhànzhēng　周转 zhōuzhuǎn　褶皱 zhězhòu　征兆 zhēngzhào

直至 zhízhì　追逐 zhuīzhú　茁壮 zhuózhuàng　忠贞 zhōngzhēn

查处 cháchǔ　超产 chāochǎn　传承 chuánchéng　出差 chūchāi

超出 chāochū　除尘 chúchén　踌躇 chóuchú　驰骋 chíchěng

神圣 shénshèng　税收 shuìshōu　膳食 shànshí　述说 shùshuō

山水 shānshuǐ　少数 shǎoshù　硕士 shuòshì　烧伤 shāoshāng

柔软 róuruǎn　容忍 róngrěn　软弱 ruǎnruò　冉冉 rǎnrǎn

柔弱 róuruò　仍然 réngrán

第三节　声母方音辨正训练

声母主要问题
- 不会发 zh / ch / sh / r
- n / l 混淆
- f / h 混淆
- j / q / x 与 z / c / s 混淆

第一组　z / c / s / [z] 与 zh / ch / sh / r

【温馨提示】

z、c、s、[z] 和 zh、ch、sh、r 又称平舌音和翘舌音。普通话没有与 r 对应的平舌音，但是许多方言却有这个音，由于汉语拼音没有这个符号，我们用国际音标 [z] 表示这个平舌音。[1] 翘舌声母使用频率很高，每句话基本上都有翘舌音。据统计，在 3 500 个常用字中，翘舌声母占 17%，所以翘舌声母在普通话声母中非常重要，对普通话考试成绩影响很大。

这一组声母存在一个全国性的问题。南方地区许多方言都没有翘舌声母，翘舌声母都发成了平舌音，zh、ch、sh、r 分别发成对应的 z、c、s、[z]，例如四川话、广州话、客家话、上海话、武汉话、长沙话等。而北方地区尽管有平翘舌声母，但是有的地方平翘舌系统与普通话不一致，有的字普通话是平舌，却把它读成翘舌，反之亦然，比如东北话、天津话、西安话、银川话等就是这样。

很多人不会发翘舌音，或者发得不好，而大家基本上都会发平舌音，因此，这里主要就翘舌声母进行训练。

z、c、s、[z] 和 zh、ch、sh、r 的区别在于发音部位的不同。z、c、s、[z] 是舌尖前音，舌尖与上齿背或下齿背构成阻碍，舌头平伸，故称平舌音。zh、ch、sh、r 是舌尖后音，舌尖与硬腭前部构成阻碍，舌尖略翘，故称翘舌音。

翘舌声母由于受到方音的干扰，学习起来比较困难，不容易发好。在发翘舌音时容易出现以下问题：第一，舌头翘不起来；第二，发音前能把舌头翘上去，但是在发音预备阶段，舌头又放下来了，发成了平舌音；第三，舌尖不到位，要么舌尖放在上齿龈，发成舌尖中的塞擦音或擦音，要么舌尖上翘至硬腭

---

① [z] 系舌尖前、浊、擦音，是与 r（舌尖后、浊、擦音）相对应的一个音。

中部，甚至后部，发成卷舌的塞擦音或擦音等；第四，舌头在发音时有摆动或者舌面有裹卷动作，加入了其他音。

要解决这些问题，关键要找准发音部位，可以先将舌尖抵住硬腭前部，反复发舌尖后的塞音，培养硬腭前部的位置感，在有良好的位置感后，再发舌尖后的塞擦音、擦音，这样翘舌音就比较准确了。

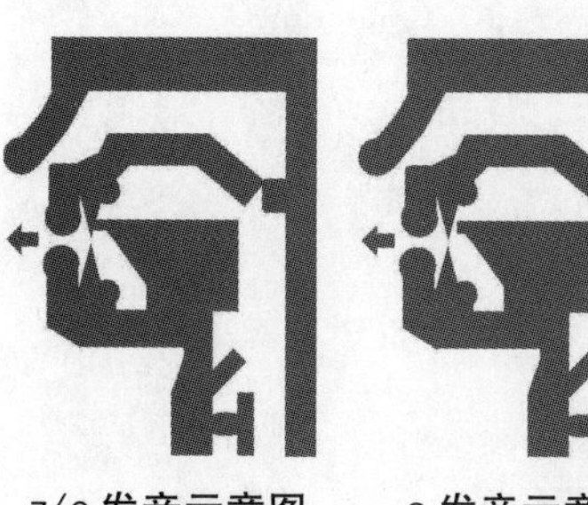

z/c 发音示意图　　s 发音示意图

平舌音

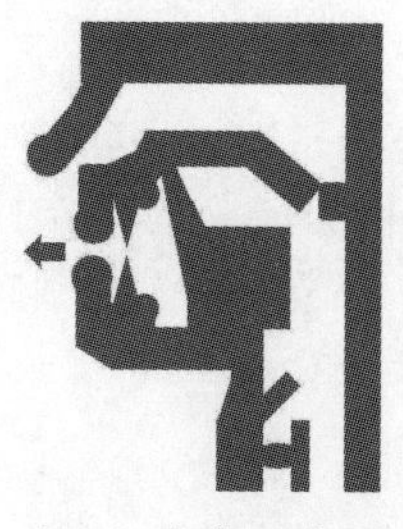

zh/ch 发音示意图

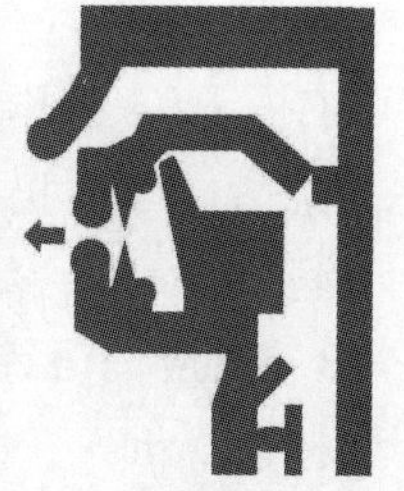

sh/r 发音示意图

翘舌音

【发音训练】

1．**基本音节练习**①

zhi zha zhe zhai zhei zhao zhou zhan zhen zhang
zheng zhu zhua zhuo zhuai zhui zhuan zhun zhuang zhong

chi cha che chai chao chou chan chen chang cheng
chu chuo chuai chui chuan chun chuang chong

shi sha she shai shei shao shou shan shen shang sheng
shu shua shuo shuai shui shuan shun shuang

ri re rao rou ran ren rang reng ru ruo rui ruan run rong

2．**对应单字练习**

芝 zhī	炸 zhà	这 zhè	斋 zhāi	这 zhèi	照 zhào
周 zhōu	站 zhàn	真 zhēn	张 zhāng	正 zhèng	住 zhù
抓 zhuā	桌 zhuō	拽 zhuài	追 zhuī	专 zhuān	准 zhǔn
庄 zhuāng	重 zhòng				

① 不是每个声母都同所有韵母相拼，每个声母同韵母所构成的基本音节是有限的。基于这样的认识，我们以基本音节为基础进行训练，所有的基本音节都会了，该声母的发音也就掌握了。

吃 chī　插 chā　车 chē　柴 chái　超 chāo　抽 chōu
婵 chán　沉 chén　唱 chàng　成 chéng　出 chū　绰 chuò
揣 chuāi　吹 chuī　船 chuán　春 chūn　床 chuáng　冲 chōng
师 shī　沙 shā　社 shè　晒 shài　谁 shéi　绍 shào
收 shōu　山 shān　参 shēn　伤 shāng　升 shēng　书 shū
刷 shuā　说 shuō　帅 shuài　税 shuì　栓 shuān　顺 shùn
霜 shuāng
日 rì　热 rè　绕 rào　肉 ròu　然 rán　人 rén
让 ràng　扔 rēng　如 rú　若 ruò　锐 ruì　软 ruǎn
润 rùn　容 róng

3. 对应词语练习

林芝 línzhī　爆炸 bàozhà　这边 zhèbiān　聊斋 liáozhāi
这个 zhèige　写照 xiězhào　周围 zhōuwéi　站台 zhàntái
真相 zhēnxiàng　开张 kāizhāng　正面 zhèngmiàn　居住 jūzhù
抓紧 zhuājǐn　课桌 kèzhuō　拉拽 lāzhuài　追打 zhuīdǎ
专心 zhuānxīn　标准 biāozhǔn　庄严 zhuāngyán　重量 zhòngliàng
吃饭 chīfàn　插队 chāduì　轿车 jiàochē　木柴 mùchái
超过 chāoguò　抽样 chōuyàng　婵娟 chánjuān　沉香 chénxiāng
唱歌 chànggē　成功 chénggōng　出发 chūfā　绰号 chuòhào
怀揣 huáichuāi　吹捧 chuīpěng　大船 dàchuán　春天 chūntiān
铁床 tiěchuáng　冲动 chōngdòng
老师 lǎoshī　河沙 héshā　社会 shèhuì　暴晒 bàoshài
谁个 shéigè　介绍 jièshào　丰收 fēngshōu　山沟 shāngōu
海参 hǎishēn　伤口 shāngkǒu　升级 shēngjí　书本 shūběn
印刷 yìnshuā　说话 shuōhuà　帅气 shuàiqì　关税 guānshuì
门栓 ménshuān　顺利 shùnlì　风霜 fēngshuāng
日夜 rìyè　热爱 rèài　围绕 wéirào　肌肉 jīròu
既然 jìrán　好人 hǎorén　礼让 lǐràng　扔掉 rēngdiào
如果 rúguǒ　假若 jiǎruò　尖锐 jiānruì　疲软 píruǎn
光润 guāngrùn　容易 róngyì

4. 混合练习

zh – ch

侦查 zhēnchá　直肠 zhícháng　忠诚 zhōngchéng　争吵 zhēngchǎo

zh－sh

准时 zhǔnshí　　照射 zhàoshè　　终身 zhōngshēn　　战胜 zhànshèng

zh－r

骤然 zhòurán　　灼热 zhuórè　　专人 zhuānrén　　阵容 zhènróng

ch－zh

撤职 chèzhí　　诚挚 chéngzhì　　沉重 chénzhòng　　常住 chángzhù

ch－sh

常设 chángshè　　长衫 chángshān　　出师 chūshī　　承受 chéngshòu

ch－r

常人 chángrén　　超然 chāorán　　缠绕 chánrào　　出入 chūrù

sh－zh

舒张 shūzhāng　　时针 shízhēn　　上肢 shàngzhī　　施政 shīzhèng

sh－ch

山茶 shānchá　　生产 shēngchǎn　　失常 shīcháng　　刹车 shāchē

sh－r

倏然 shūrán　　商人 shāngrén　　深入 shēnrù　　瘦弱 shòuruò

r－zh

认真 rènzhēn　　肉质 ròuzhì　　人种 rénzhǒng　　乳汁 rǔzhī

r－ch

日常 rìcháng　　热忱 rèchén　　人称 rénchēng

r－sh

人身 rénshēn　　如实 rúshí　　忍受 rěnshòu　　柔顺 róushùn

【对比训练】

1. 基本音节练习

z / zh	a e ai ao ou an en ang eng u uo ui uan un ong

c / ch	a e ai ao ou an en ang eng u uo ui uan un ong

s / sh	a e ai ao ou an en ang eng u uo ui uan un ong

2. 双音节词语练习

姿态 zītài ~ 知道 zhīdào
责任 zérèn ~ 哲学 zhéxué
造就 zàojiù ~ 照相 zhàoxiàng
赞美 zànměi ~ 战斗 zhàndòu
脏乱 zāngluàn ~ 张扬 zhāngyáng
祖国 zǔguó ~ 主要 zhǔyào
踪迹 zōngjì ~ 钟表 zhōngbiǎo
杂乱 záluàn ~ 眨眼 zhǎyǎn
再会 zàihuì ~ 寨门 zhàimén
演奏 yǎnzòu ~ 宇宙 yǔzhòu
怎样 zěnyàng ~ 诊断 zhěnduàn
憎恨 zēnghèn ~ 政府 zhèngfǔ
钻进 zuānjìn ~ 专科 zhuānkē

词典 cídiǎn ~ 迟到 chídào
侧面 cèmiàn ~ 彻底 chèdǐ
草帽 cǎomào ~ 吵闹 chǎonào
参加 cānjiā ~ 搀扶 chānfú
仓库 cāngkù ~ 猖狂 chāngkuáng
粗心 cūxīn ~ 出来 chūlái
催命 cuīmìng ~ 吹捧 chuīpěng
聪明 cōng · míng ~ 充满 chōngmǎn
摩擦 mócā ~ 刀叉 dāochā
财主 cáizhu ~ 柴火 cháihuo
凑拢 còulǒng ~ 臭气 chòuqì
参差 cēncī ~ 嗔怪 chēnguài
层级 céngjí ~ 程度 chéngdù
错误 cuòwù ~ 辍学 chuòxué
乡村 xiāngcūn ~ 今春 jīnchūn

相似 xiāngsì ~ 大事 dàshì
苦涩 kǔsè ~ 大赦 dàshè
扫地 sǎodì ~ 少见 shǎojiàn
散乱 sǎnluàn ~ 闪亮 shǎnliàng
桑叶 sāngyè ~ 伤口 shāngkǒu
苏醒 sūxǐng ~ 书籍 shūjí
岁月 suìyuè ~ 税务 shuìwù
孙儿 sūn' ér ~ 顺便 shùnbiàn
撒泼 sāpō ~ 沙发 shāfā
比赛 bǐsài ~ 暴晒 bàoshài
搜集 sōují ~ 收割 shōugē
森林 sēnlín ~ 申辩 shēnbiàn
僧侣 sēnglǚ ~ 生气 shēngqì
缩小 suōxiǎo ~ 说明 shuōmíng
盐酸 yánsuān ~ 门闩 ménshuān

3. 混合练习

z – zh

自转 zìzhuàn　做主 zuòzhǔ　奏章 zòuzhāng　最终 zuìzhōng

zh – z

职责 zhízé　装载 zhuāngzài　振作 zhènzuò　种族 zhǒngzú

z – ch

在场 zàichǎng　赞成 zànchéng　增产 zēngchǎn　资产 zīchǎn

ch – z

充足 chōngzú　创造 chuàngzào　吵嘴 chǎozuǐ　沉醉 chénzuì

z – sh

自身 zìshēn　总数 zǒngshù　遵守 zūnshǒu　左手 zuǒshǒu

sh – z

氏族 shìzú　数字 shùzì　赎罪 shúzuì　水灾 shuǐzāi

c – zh

财政 cáizhèng　参照 cānzhào　餐桌 cānzhuō　村寨 cūnzhài

zh – c

政策 zhèngcè　仲裁 zhòngcái　至此 zhìcǐ　贮藏 zhùcáng

c – ch

存储 cúnchǔ　财产 cáichǎn　磁场 cíchǎng　操持 cāochí

ch – c

纯粹 chúncuì　船舱 chuáncāng　筹措 chóucuò　唱词 chàngcí

c – sh

措施 cuòshī　慈善 císhàn　刺杀 cìshā　从属 cóngshǔ

sh – c

生存 shēngcún　蔬菜 shūcài　山村 shāncūn　赏赐 shǎngcì

s – zh

四肢 sìzhī　四周 sìzhōu　素质 sùzhì　算账 suànzhàng

zh – s

诊所 zhěnsuǒ　致死 zhìsǐ　周岁 zhōusuì　竹笋 zhúsǔn

s – ch

私产 sīchǎn　搜查 sōuchá　速成 sùchéng　随处 suíchù

ch – s

场所 chǎngsuǒ　沉思 chénsī　出色 chūsè　称颂 chēngsòng

s – sh

散射 sǎnshè　琐事 suǒshì　算术 suànshù　虽说 suīshuō

sh – s

上诉 shàngsù　疏松 shūsōng　深邃 shēnsuì　哨所 shàosuǒ

4. 比较练习

自理 zìlǐ ~ 治理 zhìlǐ　大字 dàzì ~ 大致 dàzhì

栽花 zāihuā ~ 摘花 zhāihuā　俗语 súyǔ ~ 熟语 shúyǔ

散光 sǎnguāng ~ 闪光 shǎnguāng　撒网 sāwǎng ~ 纱网 shāwǎng

新村 xīncūn ~ 新春 xīnchūn　词序 cíxù ~ 持续 chíxù

肃立 sùlì ~ 树立 shùlì　搜集 sōují ~ 收集 shōují

推辞 tuīcí ~ 推迟 tuīchí　　司徒 sītú ~ 师徒 shītú
从来 cónglái ~ 重来 chónglái　　杂技 zájì ~ 札记 zhájì
阻力 zǔlì ~ 主力 zhǔlì　　自动 zìdòng ~ 制动 zhìdòng
小草 xiǎocǎo ~ 小炒 xiǎochǎo　　鱼刺 yúcì ~ 鱼翅 yúchì
三哥 sāngē ~ 山歌 shāngē　　不曾 bùcéng ~ 不成 bùchéng
木材 mùcái ~ 木柴 mùchái　　暂时 zànshí ~ 战时 zhànshí

【诗词训练】

春夜喜雨

杜　甫

zhīshí　chūn　shēng
好雨知时节，当春乃发生。
suí　rù　rùn　shēng
随风潜入夜，润物细无声。

春　晓

孟浩然

chūn　chùchù
春眠不觉晓，处处闻啼鸟。
shēng　zhī　shǎo
夜来风雨声，花落知多少。

寻隐者不遇

贾　岛

sōng　zǐ　shīcǎi
松下问童子，言师采药去。
zhǐzài cǐ shānzhōng　shēn　zhīchù
只在此山中，云深不知处。

鸟鸣涧

王　维

rén　chūnshān
人闲桂花落，夜静春山空。
chū　shān　shí　chūn　zhōng
月出惊山鸟，时鸣春涧中。

山居秋暝

王　维

shān
空 山 新雨后，天气晚来秋。
sōng zhào shíshàng
明月 松 间 照，清泉石 上 流。
zhú zhōu
竹喧归浣女，莲动下渔 舟 。
suí chūn sūn zì
随意 春 芳歇，王孙 自可留。

题都城南庄

崔　护

rì cǐ zhōng rén
去年今日此门 中 ，人面桃花相映红。
rén zhī chù chūn
人面不知何处去，桃花依旧笑 春 风。

枫桥夜泊

张　继

shuāng chóu
月落乌啼 霜 满天，江枫渔火对 愁 眠。
sū chéng shān sì zhōngshēng chuán
姑苏 城 外寒 山 寺，夜半 钟 声 到客 船 。

蜀　相

杜　甫

chéng cí chù chéng sēnsēn
丞 相祠堂何处寻，锦官 城 外柏森森。
cǎo zì chūn sè
映阶碧草自 春 色，隔叶黄鹂空好音。
sān cháo chén
三顾频烦天下计，两 朝 开济老 臣 心。
chūshī shēn sǐ chángshǐ
出师未捷 身 先死， 长 使英雄泪满襟。

【短文训练】

chuán róngshù zhēn shì
我们的船渐渐地逼近榕树了。我有机会看清它的真面目：是一棵大
shù shǔ zhī zhīshàng shēng zhíchuí shàng shēn
树，有数不清的丫枝，枝上又生根，有许多根一直垂到地上，伸进
shù zhī chuí shuǐ cóng chù shù zài shuǐ
泥土里。一部分树枝垂到水面，从远处看，就像一棵大树斜躺在水面
shàng
上一样。

zàizhèngshìzhī shí zhè róngshù zài shēng zhǎn
现在正是枝繁叶茂的时节。这棵榕树好像在把它的全部生命力展
shì cù zài cù shàng cuì
示给我们看。那么多的绿叶，一簇堆在另一簇的上面，不留一点儿缝隙。翠
sè zài shǎn sì shù shàng shēng
绿的颜色明亮地在我们的眼前闪耀，似乎每一片树叶上都有一个新的生
zàichàn zhè shù
命在颤动，这美丽的南国的树！

chuánzàishù shàng shī shàng shuōzhè shì
船在树下泊了片刻，岸上很湿，我们没有上去。朋友说这里是
zàizhè shùshàngzuò rén zhuō
"鸟的天堂"，有许多鸟在这棵树上做窝，农民不许人去捉它们。我仿佛
zhī chì shēng shì zhù shí
听见几只鸟扑翅的声音，但是等到我的眼睛注意地看那里时，我却看不见
zhī zi zhǐ shù shù zài shàng zhuāng shìshī
一只鸟的影子。只有无数的树根立在地上，像许多根木桩。地是湿的，
zhǎngcháoshí shuǐchángchángchōngshàng zhī
大概涨潮时河水常常冲上岸去。"鸟的天堂"里没有一只鸟，我
zhè chuán zhechuán zhōng
这样想到。船开了，一个朋友拨着船，缓缓地流到河中间去。

zhechuán shì shān
第二天，我们划着船到一个朋友的家乡去，就是那个有山有塔的地
cóng chū
方。从学校出发，我们又经过那"鸟的天堂"。

zhè cì shìzàizǎochén zhào zài shuǐ shàng zhào zài shùshāoshàng
这一次是在早晨，阳光照在水面上，也照在树梢上。一切都
cháng
‖显得非常光明。

节选自巴金《鸟的天堂》

【绕口令训练】

shíshìshīshìshīshì shìshī shìshíshíshī shīshìshíshíshìshìshìshī shíshí shìshíshīshì
◇石室诗士施氏，嗜狮，誓食十狮。施氏时时适市视狮，十时，适十狮适

shì　shìshí　shìshīshìshìshì　shīshìshìshìshíshī　shìshǐshì　shǐshìshíshīshìshì
市，是时，适施氏适市。施氏视是十狮，恃矢势，使是十狮逝世。

sì shì sì　shíshìshí　shí sì shìshí sì　sì shíshì sì shí　shí sì　sì shí
◇四是四，十是十；十四是十四，四十是四十。不能把十四说四十，也不
sì shí　shí sì　shí sì　sì shí　shí sì　sì shí　shí sì
能把四十说十四。谁要把十四说四十，就打谁十四；谁要把四十说十四，就打
sì shí
谁四十。若要分得清，请来试一试。

sānshānchēng sì shuǐ　sì shuǐràosānshān　sānshān sì shuǐchūncháng zài　sì shuǐsān
◇三山撑四水，四水绕三山，三山四水春常在，四水三
shān sì shíchūn
山四时春。

第二组　n与l

【温馨提示】

这一组声母的发音在全国也存在着比较普遍的问题，n和l在普通话里有严格的区分，但是，不少方言却存在不同程度的混淆，或是把鼻音n读成了边音l，或是把边音l读成了鼻音n，或部分混淆，例如四川话、武汉话、长沙话、南昌话、厦门话、南京话等。

n和l的不同在于发音方法，n是鼻音，l是边音。n的发音气流经鼻腔冲出，l的发音气流经舌头两边，从口腔冲出。捏鼻孔可以帮助判断n和l的发音情况，如果捏住鼻孔，发音气流出不来，感到憋气，鼻腔共鸣明显，是n；如果捏住鼻孔，发音气流能轻松出来，不感到憋气，鼻腔共鸣不明显，则是l。

发好n和l，除了要掌握好发音方法外，还要控制好发音部位。根据研究，l的发音部位并不在上齿龈，而是在上齿龈后面一点，可以看成是一个舌尖中后、浊、边音。所以发l时，舌尖可以适当地放到上齿龈后面一点，以使舌头前部留有足够的空隙，使发音气流经舌头两边，从口腔冲出成声。发n时，舌尖抵住上齿龈，舌头上升，四周将上齿密闭起来，使气流无法从口腔冲出。

鼻边音声母最主要的问题：一是发鼻音声母时有气流从口腔流出，导致鼻音不纯正；二是发边音时又带鼻音色彩。为此，这里鼻边音同时进行训练。

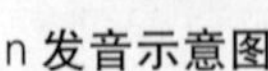
n 发音示意图

l 发音示意图

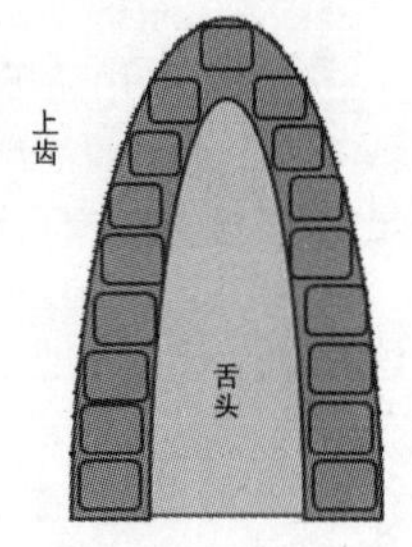

舌头密封上齿示意图

【发音训练】

1. 基本音节练习

na ne nai nei nao nou nan nen nang neng ni nie
niao niu nian nin niang ning nu nuo nuan nong nü nüe

la le lai lei lao lou lan lang leng li lia lie liao liu
lian lin liang ling lu luo luan lun long lü lüe

2. 对应单字练习

纳 nà	讷 nè	耐 nài	内 nèi	闹 nào	耨 nòu
南 nán	嫩 nèn	囊 náng	能 néng	尼 ní	捏 niē
尿 niào	牛 niú	年 nián	您 nín	娘 niáng	宁 níng
怒 nù	诺 nuò	暖 nuǎn	农 nóng	女 nǚ	虐 nüè
拉 lā	乐 lè	来 lái	泪 lèi	劳 láo	楼 lóu
兰 lán	浪 làng	愣 lèng	丽 lì	俩 liǎ	列 liè
料 liào	留 liú	连 lián	林 lín	亮 liàng	灵 líng
路 lù	络 luò	乱 luàn	论 lùn	龙 lóng	驴 lǘ
略 lüè					

3. 对应词语练习

收纳 shōunà	木讷 mùnè	耐看 nàikàn	内部 nèibù
闹剧 nàojù	耕耨 gēngnòu	南方 nánfāng	嫩黄 nènhuáng
囊括 nángkuò	才能 cáinéng	尼姑 nígū	捏造 niēzào
尿素 niàosù	牛排 niúpái	过年 guònián	您好 nínhǎo
大娘 dàniáng	安宁 ānníng	发怒 fānù	诺言 nuòyán
暖气 nuǎnqì	农具 nóngjù	女工 nǚgōng	虐待 nüèdài
拉扯 lāchě	快乐 kuàilè	往来 wǎnglái	眼泪 yǎnlèi

劳动 láodòng	楼房 lóufáng	兰花 lánhuā	波浪 bōlàng
发愣 fālèng	佳丽 jiālì	俩人 liǎrén	队列 duìliè
预料 yùliào	保留 bǎoliú	连续 liánxù	树林 shùlín
亮度 liàngdù	灵活 línghuó	马路 mǎlù	网络 wǎngluò
混乱 hùnluàn	讨论 tǎolùn	巨龙 jùlóng	毛驴 máolǘ
侵略 qīnlüè			

【对比训练】

1. 基本音节练习

n l	a e ai ei ao ou an ang eng i ie iao iu ian in iang ing u uo uan ong ü üe

2. 双音节词语练习

那边 nàbiān ~ 辣椒 làjiāo	木讷 mùnè ~ 快乐 kuàilè
忍耐 rěnnài ~ 依赖 yīlài	内部 nèibù ~ 泪腺 lèixiàn
脑部 nǎobù ~ 老人 lǎorén	男士 nánshì ~ 兰花 lánhuā
口囊 kǒunáng ~ 灰狼 huīláng	能干 nénggàn ~ 棱角 léngjiǎo
尼姑 nígū ~ 离开 líkāi	啮齿 nièchǐ ~ 猎物 lièwù
尿酸 niàosuān ~ 料理 liàolǐ	牛马 niúmǎ ~ 流淌 liútǎng
念想 niànxiang ~ 练习 liànxí	酿酒 niàngjiǔ ~ 量词 liàngcí
凝固 nínggù ~ 灵活 línghuó	诺言 nuòyán ~ 落叶 luòyè
暖气 nuǎnqì ~ 卵石 luǎnshí	农民 nóngmín ~ 龙椅 lóngyǐ
女伴 nǚbàn ~ 吕布 lǚbù	虐待 nüèdài ~ 掠夺 lüèduó

3. 混合练习

n – l

能量 néngliàng	暖流 nuǎnliú	农历 nónglì	年龄 niánlíng
女郎 nǚláng	内力 nèilì	浓烈 nóngliè	逆流 nìliú
嫩绿 nènlǜ	年轮 niánlún	尼龙 nílóng	内乱 nèiluàn
纳凉 nàliáng	凝练 níngliàn	鸟笼 niǎolóng	那里 nà · lǐ
脑瘤 nǎoliú	奶酪 nǎilào	努力 nǔlì	暖炉 nuǎnlú

l – n

老年 lǎonián	冷暖 lěngnuǎn	烂泥 lànní	来年 láinián
利尿 lìniào	两难 liǎngnán	历年 lìnián	岭南 lǐngnán

烈女 liènǚ　理念 lǐniàn　落难 luònàn　老娘 lǎoniáng
辽宁 liáoníng　老衲 lǎonà

4. **比较练习**

旅客 lǚkè ~ 女客 nǚkè
南方 nánfāng ~ 蓝方 lánfāng
年代 niándài ~ 连带 liándài
难求 nánqiú ~ 篮球 lánqiú
农工 nónggōng ~ 龙宫 lónggōng
牛年 niúnián ~ 流连 liúlián
无奈 wúnài ~ 无赖 wúlài
河南 hénán ~ 荷兰 hélán
大怒 dànù ~ 大陆 dàlù

隆重 lóngzhòng ~ 浓重 nóngzhòng
内部 nèibù ~ 肋部 lèibù
油泥 yóuní ~ 游离 yóulí
那月 nàyuè ~ 腊月 làyuè
恼怒 nǎonù ~ 老路 lǎolù
男女 nánnǚ ~ 褴褛 lánlǚ
泥巴 níba ~ 篱笆 líba
大娘 dàniáng ~ 大梁 dàliáng
送你 sòngnǐ ~ 送礼 sònglǐ

【诗词训练】

liú néng
我不知道流星 能 飞多久，
值不值得追求；
néng
我不知道樱花 能 开多久，
值不值得等候。
nǐ lì
我知道你我的友谊就像樱花般美丽；
像恒星般永恒，
liú
值得我用一生去保留！
luò néng niàn
如果落叶 能 寄去我所有的思 念，
lín
我情愿将整个秋林装进我心中；
néng niàn
如果归雁 能 传递我所有的思 念，
我会用毕生去感谢这美的季节！
lán
孤独时仰望蓝天，

你(nǐ)是最近的那(nà)朵白云；

寂寞时凝(níng)视夜空，

你(nǐ)是最亮(liàng)的那(nà)颗星星；

闲暇时漫步林(lín)中，

你(nǐ)是擦肩的那(nà)片绿(lǜ)叶；

疲惫时安然入睡，

你(nǐ)是最美的那(nà)段梦境！

多一声问候，多一分温暖(nuǎn)；

多一个朋友，多一片蓝(lán)天；

多一个知心，多一份情感；

多一个挚友，多一份感慨！

你(nǐ)是我生命中最美丽(lì)的相遇！

节选自《你是我生命中最美丽的相遇》

【短文训练】

育才小学校长陶行知在校园看到学生王友用泥(ní)块砸自己班上的同学，陶行知当即喝止了(le)他，并令(lìng)他放学后到校长室去。无疑，陶行知是要好好教育这个“顽皮”的学生。那(nà)么他是如何教育的呢(ne)？

放学后，陶行知来(lái)到校长室，王友已经等在门口准备挨训了(le)。可一见面，陶行知却掏出一块糖果送给王友，并说：“这是奖给你(nǐ)的，因为你(nǐ)按时来(lái)到这里(lǐ)，而我却迟到了(le)。”王友惊疑地接过糖果。

随后，陶行知又掏出一块糖果放到他手里(lǐ)，说：“这第二块糖果也是奖给

nǐ nǐ nǐ lì le nǐ
你的，因为当我不让你再打人时，你立即就住手了，这说明你很尊重我，我应
nǐ le
该奖你。”王友更惊疑了，他眼睛睁得大大的。

lǐ le nǐ ní
陶行知又掏出第三块糖果塞到王友手里，说：“我调查过了，你用泥块砸
nà nǐ nǐ
那些男生，是因为他们不守游戏规则，欺负女生；你砸他们，说明你很正直善
liáng liáng lì nǐ le liú
良，且有批评不良行为的勇气，应该奖励你啊！”王友感动极了，他流着眼
lèi nǐ liǎng
泪后悔地喊道：“陶……陶校长你打我两下吧！我砸的不是坏人，而是自己
的同学啊……”

le nǐ
陶行知满意地笑了，他随即掏出第四块糖果递给王友，说：“为你正确地
nǐ le
认识错误，我再奖给你一块糖果，只可惜我只有这一块糖果了。我的糖果‖没
le
有了，我看我们的谈话也该结束了吧！”

节选自《教师博览·百期精华》中《陶行知的“四块糖果”》

【绕口令训练】

nà nán nè nài néng
◇出纳员是南方人，很木讷，但长得耐看，很能干。

nóng nèi nuǎn niǎo nǚ
◇农庄内部有暖气和飞鸟，每天都有美女游玩儿。

nián niú
◇过年我爱吃牛排。

nào nòng niáng nù
◇“别闹了，不要弄我。”大娘怒吼道。

nǐ nuò niē néng nüè
◇要兑现你的诺言，帮我捏手，不能虐待我。

nán lái le lán nán lán nǚ lǜ
◇南边来了一队篮球运动员，男运动员穿的蓝球衣，女运动员穿的绿球
lèi nán nán nǚ nǔ lì liàn lán
衣。不怕累，不怕难，男女运动员努力练投篮。

liù liù liú lǎo liù le liù liù lóu lóu le liù liù
◇六十六岁的刘老六，修了六十六座走马楼，楼上摆了六十六瓶苏合油，
le liù liù liǔ liǔ le liù liù
门前栽了六十六棵垂杨柳，垂杨柳上拴了六十六匹大马猴。忽然一阵狂风起，

le liù　liù　lóu　le liù　liù　le liù　liù　liǔ
吹倒了六十六座走马楼，打翻了六十六瓶苏合油，压倒了六十六棵垂杨柳，跑
le liù　liù　le liù　liù　liú lǎo liù
掉了六十六匹大马猴，气坏了六十六岁的刘老六。

niúláng　liú niáng
牛郎和刘娘

niúlángniánniánliàn liú niáng　liú niángliánliánniànniúláng　niúlángliàn liú niáng　liú niángniàn
牛郎年年恋刘娘，刘娘连连念牛郎。牛郎恋刘娘，刘娘念
niúláng　lángliànniáng lái niángniànláng
牛郎，郎恋娘来娘念郎。

第三组　f 与 h

【温馨提示】

f 和 h 在许多方言里都被混淆，主要是部分混淆，也就是把部分 f 声母和 h 声母读成 h 声母和 f 声母。例如苏州话把部分 f 声母读成 h 声母，成都话、长沙话、南昌话、梅州话、广州话等则把部分 h 声母读成 f 声母。这种混淆有的只是声母的改变，有的还伴随韵母的改变，往往丢掉韵头。例如“互、黄”读成 fù、fáng。

发好 f 和 h 并不困难，大家都能发好。f 和 h 都是清、擦音，它们的不同在于发音部位，f 是唇齿音，发音时下唇略内收，上齿轻轻接触下唇，气流从唇齿间挤出，摩擦成声。只是 f 容易发成双唇音，要注意避免。h 是舌面后音，发音时舌头略后缩，舌面后部与软腭形成窄缝，气流从窄缝中挤出，摩擦成声。

f 和 h 发音没有难度，所以，f 和 h 的辨正很简单，把 f 和 h 混淆的字词改读即可。

f 发音示意图

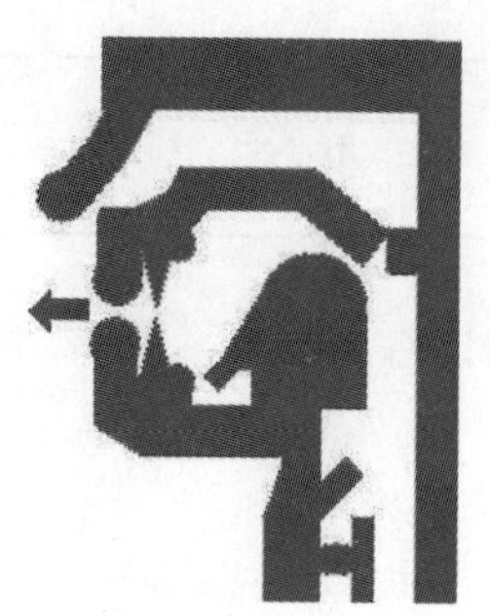

h 发音示意图

【发音训练】

1. 基本音节练习

fa fo fei fou fan fen fang feng fu

ha he hai hei hao hou han hen hang heng hu
hua huo huai hui huan hun huang hong

2. 对应单字练习

伐 fá　佛 fó　费 fèi　否 fǒu　饭 fàn　奋 fèn
放 fàng　丰 fēng　富 fù
蛤 há　贺 hè　害 hài　黑 hēi　耗 hào　厚 hòu
汉 hàn　恨 hèn　航 háng　衡 héng　户 hù
化 huà　货 huò　坏 huài　汇 huì　换 huàn
婚 hūn　皇 huáng　洪 hóng

3. 对应词语练习

步伐 bùfá　佛教 fójiào　费用 fèiyòng　否定 fǒudìng
饭菜 fàncài　奋斗 fèndòu　放心 fàngxīn　丰收 fēngshōu
富有 fùyǒu
蛤蟆 háma　贺信 hèxìn　害怕 hàipà　黑夜 hēiyè
耗材 hàocái　厚度 hòudù　汉族 hànzú　仇恨 chóuhèn
航向 hángxiàng　平衡 pínghéng　户口 hùkǒu
化学 huàxué　货物 huòwù　坏蛋 huàidàn　汇集 huìjí
交换 jiāohuàn　婚姻 hūnyīn　皇帝 huángdì　洪峰 hóngfēng

【对比训练】

1. 基本音节练习

h	a　ei　ou　an　ang　en　eng　u
f	

2. 双音节词语练习

嘻哈 xīhā ~ 出发 chūfā　黑色 hēisè ~ 飞机 fēijī
吼叫 hǒujiào ~ 否定 fǒudìng　寒夜 hányè ~ 烦心 fánxīn
航标 hángbiāo ~ 房屋 fángwū　痕迹 hénjì ~ 坟墓 fénmù
横线 héngxiàn ~ 冯姓 féngxìng　互补 hùbǔ ~ 负责 fùzé

3．**混合练习**

f－h

发挥 fāhuī　复活 fùhuó　风化 fēnghuà　防护 fánghù

繁华 fánhuá　返航 fǎnháng　俘获 fúhuò　妨害 fánghài

缝合 fénghé　绯红 fēihóng　肥厚 féihòu　废话 fèihuà

分红 fēnhóng　焚毁 fénhuǐ　丰厚 fēnghòu　腐化 fǔhuà

h－f

豪放 háofàng　合法 héfǎ　后方 hòufāng　化肥 huàféi

焕发 huànfā　荒废 huāngfèi　挥发 huīfā　回复 huífù

耗费 hàofèi　花粉 huāfěn　伙房 huǒfáng　海防 hǎifáng

4．**比较练习**

哈达 hǎdá～发达 fādá　汉人 hànrén～犯人 fànrén

大亨 dàhēng～大风 dàfēng　湖州 húzhōu～福州 fúzhōu

互利 hùlì～富丽 fùlì　寒士 hánshì～凡是 fánshì

导航 dǎoháng～倒房 dǎofáng　传呼 chuánhū～船夫 chuánfū

汾酒 fénjiǔ～很久 hěnjiǔ　反话 fǎnhuà～喊话 hǎnhuà

缝合 fénghé～恒河 hénghé　防空 fángkōng～航空 hángkōng

【诗词训练】

无　题

李商隐

fēng　huā

相见时难别亦难，东风无力百花残。

fāng　huī

春蚕到死丝方尽，蜡炬成灰泪始干。

hán

晓镜但愁云鬓改，夜吟应觉月光寒。

蓬山此去无多路，青鸟殷勤为探看。

送杜少府之任蜀州

王　勃

fǔ　fēng

城阙辅三秦，风烟望五津。

huàn

与君离别意，同是宦游人。

hǎi
海内存知己，天涯若比邻。

无为在歧路，儿女共沾巾。

黄鹤楼送孟浩然之广陵

李　白

huáng hè　huā
故人西辞黄鹤楼，烟花三月下扬州。
fān
孤帆远影碧空尽，唯见长江天际流。

【短文训练】

hé　hái　fàngfēng
假日到河滩上转转，看见许多孩子在放风筝。一根根长长的引线，一头
hái　fēng
系在天上，一头系在地上，孩子同风筝都在天与地之间悠荡，连心也被悠荡
huǎnghuǎng hū hū　huí
得恍恍惚惚了，好像又回到了童年。

fàng　fēng
儿时放的风筝，大多是自己的长辈或家人编扎的，几根削得很薄的篾，
hú
用细纱线扎成各种鸟兽的造型，糊上雪白的纸片，再用彩笔勾勒出面孔与翅膀
huā hú
的图案。通常扎得最多的是“老雕”“美人儿”“花蝴蝶”等。

fēng　fēng
我们家前院就有位叔叔，擅扎风筝，远近闻名。他扎的风筝不只体型
hǎo　fàng fēi　hái　fēng
好看，色彩艳丽，放飞得高远，还在风筝上绷一叶用蒲苇削成的膜片，经
fēng　fā　fǎng fú　fēng
风一吹，发出“嗡嗡”的声响，仿佛是风筝的歌唱，在蓝天下播扬，给开
fēnfēng
阔的天地增添了无尽的韵味，给驰荡的童心带来几分疯狂。

hú　hái　fàng　fēng　hū
我们那条胡同的左邻右舍的孩子们放的风筝几乎都是叔叔编扎的。他的
fēng
风筝不卖钱，谁上门去要，就给谁，他乐意自己贴钱买材料。

hòu　hǎi　fàngfēng　hái
后来，这位叔叔去了海外，放风筝也渐与孩子们远离了。不过年年叔
fàngfēng　hòu
叔给家乡写信，总不忘提起儿时的放风筝。香港回归之后，他在家信中说

fàngfēi hǎi fēng fēng
到，他这只被故乡放飞到海外的风筝，尽管飘荡游弋，经沐风雨，可那线头儿一直在故乡和‖亲人手中牵着，如今飘得太累了，也该要回归到家乡和亲人身边来了。

节选自李恒瑞《风筝畅想曲》

【绕口令训练】

huàfènghuáng
画凤凰

fěnhóng huàfènghuáng fènghuánghuà fěnhóng hóngfènghuáng fěnfènghuáng
粉红墙上画凤凰，凤凰画在粉红墙。红凤凰、粉凤凰，
hóngfěnfènghuáng huāfènghuáng
红粉凤凰、花凤凰。

fèn huī huīhùnfèn fènhùnhuī
◇一堆粪，一堆灰，灰混粪，粪混灰。

huáhua huánghuā hónghong hónghuā huáhua hónghuā hónghong
◇华华有两朵黄花，红红有两朵红花。华华要红花，红红
huánghuā huáhua hónghong huánghuā hónghong huáhua hónghuā
要黄花。华华送给红红一朵黄花，红红送给华华一朵红花。

第四组 j / q / x 与 z / c / s

【温馨提示】

在普通话语音系统中，i、ü 行韵母只跟舌面音 j、q、x 相拼，习惯称为团音，不同舌尖音 z、c、s 相拼，若相拼，习惯称为尖音，普通话只有团音，没有尖音。[①] 一些汉语方言存在不同程度的尖音情况，但是，由于多年推普的影响，在年轻人中尖音已经不是很突出了。在一些方言里，j、q、x 与 z、c、s 还有另外一个问题，就是把部分 ji、qi、xi 和 zi、ci、si 分别读成 zi、ci、si 和 ji、qi、xi。东北和南方一些地区就存在这个问题，例如广东有的地方“自（zì）己（jǐ）”读成 jìzǐ。[②]

j、q、x 的发音与 z、c、s 的发音有明显的区别。j、q、x 是舌面前音，发音时舌尖在下齿龈，舌面前部上升与硬腭前部构成阻碍。z、c、s 是舌尖前音，舌尖在上齿背或下齿背，舌头平伸。简单而言，j、q、x 舌头朝下弯曲，z、c、s 舌头伸直平放。

---

① 由于不少方言翘舌声母都发成了相应的平舌声母，所以这里的 z、c、s 包含 zh、ch、sh。

② 我们认为这种混淆不是尖团音的问题，其声母、韵母都有变化。

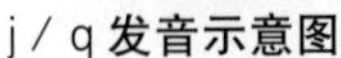

j / q 发音示意图　x 发音示意图

舌面前音

z / c 发音示意图　s 发音示意图

舌尖前音

【发音训练】

1. 基本音节练习

ji、qi、xi

zi、ci、si

zhi、chi、shi

2. 对应单字练习

机 jī	即 jí	几 jǐ	寄 jì
七 qī	其 qí	起 qǐ	气 qì
希 xī	习 xí	喜 xǐ	戏 xì
资 zī	紫 zǐ	自 zì	
词 cí	此 cǐ	次 cì	
思 sī	死 sǐ	四 sì	
知 zhī	直 zhí	只 zhǐ	智 zhì
吃 chī	迟 chí	耻 chǐ	斥 chì
诗 shī	时 shí	史 shǐ	势 shì

3. 对应词语练习

机头 jītóu	即将 jíjiāng	几个 jǐgè	寄件 jìjiàn
七个 qīgè	其他 qítā	起来 qǐlái	气度 qìdù
希望 xīwàng	习题 xítí	喜爱 xǐài	戏剧 xìjù
资本 zīběn	紫色 zǐsè	自在 zìzài	
词汇 cíhuì	此外 cǐwài	次数 cìshù	
思虑 sīlǜ	死亡 sǐwáng	四个 sìgè	
知道 zhī · dào	直肠 zhícháng	只有 zhǐyǒu	智商 zhìshāng

吃力 chīlì　　迟到 chídào　　耻辱 chǐrǔ　　斥责 chìzé
诗歌 shīgē　　时段 shíduàn　　史册 shǐcè　　势力 shìlì

【对比训练】

1．基本音节练习

ji、qi、xi	zi、ci、si
	zhi、chi、shi

2．双音节词语练习

基础 jīchǔ　　资产 zīchǎn　　支部 zhībù
器物 qìwù　　刺杀 cìshā　　翅膀 chìbǎng
西部 xībù　　司令 sīlìng　　施救 shījiù

3．混合练习

辞职 cízhí　　死期 sǐqī　　此致 cǐzhì　　集资 jízī
自己 zìjǐ　　其次 qícì　　瓷器 cíqì　　锡丝 xīsī
四喜 sìxǐ　　几次 jǐcì　　祭祀 jìsì　　棋子 qízǐ
气死 qìsǐ　　戏子 xìzi　　戏词 xìcí　　自欺 zìqī
自习 zìxí　　刺激 cìjī　　次席 cìxí　　司机 sījī
机制 jīzhì　　知己 zhījǐ　　启齿 qǐchǐ　　吃起 chīqǐ
西式 xīshì　　实习 shíxí　　鸡翅 jīchì　　集市 jíshì
气质 qìzhì　　其实 qíshí　　细致 xìzhì　　志气 zhì · qì
窒息 zhìxī　　吃席 chīxí　　实际 shíjì　　时期 shíqī

4．比较练习

激动 jīdòng ~ 制动 zhìdòng　　即将 jíjiāng ~ 资江 zījiāng
机长 jīzhǎng ~ 滋长 zīzhǎng　　季节 jìjié ~ 枝节 zhījié
其实 qíshí ~ 瓷实 císhi　　骑马 qímǎ ~ 尺码 chǐmǎ
开启 kāiqǐ ~ 开吃 kāichī　　电器 diànqì ~ 电池 diànchí
细节 xìjié ~ 四节 sìjié　　西方 xīfāng ~ 四方 sìfāng
希望 xīwàng ~ 失望 shīwàng　　袭人 xírén ~ 石人 shírén
昔日 xīrì ~ 时日 shírì　　气息 qìxī ~ 气死 qìsǐ
质量 zhìliàng ~ 剂量 jìliàng　　标志 biāozhì ~ 标记 biāojì
湿气 shīqì ~ 吸气 xīqì　　时间 shíjiān ~ 席间 xíjiān

【诗词训练】

方契理

吕　岩

shì　　　　　zì jǐ
举世人生何所依，不求自己更求谁。
shì　　chī　　　　　qī
绝嗜欲，断贪痴，莫把神明暗里欺。

孤　屿

张又新

碧水逶迤浮翠巘，绿萝蒙密媚晴江。
zhī　　　　qí shí　shì
不知谁与名孤屿，其实中川是一双。

乞　巧

林　杰

qī xī　　　　　zhī
七夕今宵看碧霄，牵牛织女渡河桥。
qǐ　　　　　sī jǐ
家家乞巧望秋月，穿尽红丝几万条。

僧　窗

薛　能

shí jī zhì　　　shì
不悟时机滞有馀，近来为事更乖疏。

朱轮皂盖蹉跎尽，犹爱明窗好读书。

【短文训练】

shí　　　　shì
我常常遗憾我家门前那块丑石：它黑黝黝地卧在那里，牛似的模样；谁也
zhī shì shí　　　　zhǐshì　shí
不知道是什么时候留在这里的，谁也不去理会它。只是麦收时节，门前摊了麦
zi　shì　shí
子，奶奶总是要说：这块丑石，多占地面呀，抽空把它搬走吧。

xì　　zì　　shí
它不像汉白玉那样的细腻，可以刻字雕花，也不像大青石那样的光滑，可以供来浣纱捶布；它静静地卧在那里，院边的槐荫没有庇覆它，花儿也不再在

zhī
它身边生长。荒草便繁衍出来，枝蔓上下，慢慢地，它竟锈上了绿苔、黑斑。
zi qi shíshí
我们这些做孩子的，也讨厌起它来，曾合伙要搬走它，但力气又不足；虽时时
qì zhǐ
咒骂它，嫌弃它，也无可奈何，只好任它留在那里了。

zi
终有一日，村子里来了一个天文学家。他在我家门前路过，突然发现了这
shí jí zhí
块石头，眼光立即就拉直了。他再没有离开，就住了下来；以后又来了好些
shì shí shì
人，都说这是一块陨石，从天上落下来已经有二三百年了，是一件了不起的东
xi
西。不久便来了车，小心翼翼地将它运走了。

shǐ qí shí shì
这使我们都很惊奇！这又怪又丑的石头，原来是天上的啊！它补过天，在
天上发过热、闪过光，我们的先祖或许仰望过它，它给了他们光明、向往、憧
shì
憬；而它落下来了，在污土里，荒草里，一躺就‖是几百年了！

zì jǐ zhī shí zhì
我感到自己的无知，也感到了丑石的伟大，我甚至怨恨它这么多年竟会默
jí jì
默地忍受着这一切！而我又立即深深地感到它那种不屈于误解、寂寞的生存的
伟大。

节选自贾平凹《丑石》

【绕口令训练】

xī shī sǐ shí sì shí qī
◇西施死时四十七。

qī qī xī xī qī qī xī xī xī xī xī
◇七巷一个漆匠，西巷一个锡匠，七巷漆匠偷了西巷锡匠的锡，西巷锡匠
qī qī qī
偷了七巷漆匠的漆。

sī jī cí jī zǐ xì cí jī sì zhī cí jī jī jī xǐ sī jī xī xī
◇司机买雌鸡，仔细看雌鸡，四只小雌鸡，叽叽好欢喜，司机笑嘻嘻。

zǐ sī zhī zǐ shī zi
紫丝线织紫狮子

shì sì shí qī zhī jí xì jí xì zǐ sī shì zhī sì shí qī zhī jí xì jí xì zǐ shī zi xì
试将四十七支极细极细的紫丝线，试织四十七只极细极细的紫狮子。让细

zǐ sī shìzhī xì zǐ shī zi xì zǐ sī zhī sǐ zǐ shī zi zǐ shī zi zhī xì
紫丝线试织细紫狮子，细紫丝线却织成了死紫狮子。紫狮子织不成，扯断了细
zǐ sī
紫丝线。

第五组 其他问题

一、送气声母和不送气声母

普通话有的声母气流对比强弱明显，有送气、不送气之分。b、d、g、j、z、zh 是不送气声母，p、t、k、q、c、ch 是送气声母。有的方言在这个问题上也有混淆，例如“遍”在普通话里是不送气声母 b，四川话却读成送气声母 p。

送气声母和不送气声母的发音较容易，在不送气声母基础上增强气流，便形成了送气声母，送气声母气流减弱也就成为不送气声母。方言里只有少数送气声母和不送气声母与普通话有所不同，可以将它们读一遍，找出与普通话有差异的字即可。

【发音训练】

1. 混合练习

b – p

逼迫 bīpò　　编排 biānpái　　奔跑 bēnpǎo　　表皮 biǎopí

p – b

磅礴 pángbó　　跑步 pǎobù　　疲惫 píbèi　　漂泊 piāobó

d – t

带头 dàitóu　　党团 dǎngtuán　　动听 dòngtīng　　地毯 dìtǎn

t – d

特地 tèdì　　停顿 tíngdùn　　推断 tuīduàn　　屠刀 túdāo

g – k

广阔 guǎngkuò　　高亢 gāokàng　　关口 guānkǒu　　顾客 gùkè

k – g

开关 kāiguān　　看管 kānguǎn　　旷工 kuànggōng　　苦果 kǔguǒ

j – q

郊区 jiāoqū　　奖券 jiǎngquàn　　俊俏 jùnqiào　　急切 jíqiè

q – j

抢救 qiǎngjiù　　奇迹 qíjì　　曲解 qūjiě　　强加 qiángjiā

z－c

自从 zìcóng	座舱 zuòcāng	紫菜 zǐcài	资财 zīcái

c－z

操纵 cāozòng	嘈杂 cáozá	词组 cízǔ	存在 cúnzài

zh－ch

章程 zhāngchéng	涨潮 zhǎngcháo	追查 zhuīchá	展翅 zhǎnchì

ch－zh

冲撞 chōngzhuàng	产值 chǎnzhí	纯正 chúnzhèng	垂直 chuízhí

2. **比较练习**

鼻炎 bíyán～皮炎 píyán	被俘 bèifú～佩服 pèi · fú
队伍 duìwu～退伍 tuìwǔ	道路 dàolù～套路 tàolù
鼓励 gǔlì～苦力 kǔlì	关心 guānxīn～宽心 kuānxīn
精华 jīnghuá～清华 qīnghuá	圈钱 quānqián～捐钱 juānqián

【绕口令训练】

◇八百标兵奔北坡，北坡炮兵并排跑，炮兵怕把标兵碰，标兵怕碰炮兵炮。

二、零声母

普通话部分零声母，在一些方言里带上了声母。如“爱”，天津话加上了 n 声母，“额”，成都话加上了 ng 声母，再如“文”，广州话加上了 m 声母。这种情况主要涉及的是开口呼韵母和合口呼韵母，在普通话考试用字中，这类字很少，记一记即可。

相反，普通话部分声母，在有的方言里又变成了零声母。r 声母大多变成了与 i 类似的音。例如“日本”（rìběn），广东有的地方读成 yìběn，“容易”四川话读成 yóngyì。

这些问题涉及的字词不多，现代的年轻人在学习普通话的过程中很少有这样的问题，这里就不再专门训练了。

【发音训练】

日益 rìyì	让位 ràngwèi	绕道 ràodào	溶化 rónghuà
哀怨 āiyuàn	安稳 ānwěn	昂扬 ángyáng	扼要 èyào
偶尔 ǒu'ěr	遨游 áoyóu	按照 ànzhào	暗示 ànshì

第四节　汉字声母识别训练

第一组　汉字声母识别与记忆

即使掌握了声母的发音方法，但如果不知道每个字的声母，还是不能说好普通话。因此，我们还必须记住常见字的声母。当然，我们也不是每个字的声母都不清楚，大部分字的声母是知道的，只有少数字不太清楚。普通话声韵调在音节结构和字形结构上有一定的规律，应该充分利用这种规律来帮助记忆。

第一，借助字形结构关系帮助记忆，这是最主要的方法。例如，“宗”构成的“宗、综、棕、踪、粽、淙、崇”等系列字，除“崇”是翘舌字外，其余都是平舌字；“从”构成的“从、丛、纵、疭、众”等系列字，除“众”是翘舌字外，其余都是平舌字；“此”构成的“此、疵、雌、紫、柴”等系列字，除“柴”是翘舌字外，其余都是平舌字；“尼”构成的“妮、尼、泥、呢、怩、铌、旎、伲、昵”等系列字都是 n 声母字；“良”构成的“良、粮、踉、狼、廊、浪、娘、酿”等系列字，除“娘、酿”是 n 声母字外，其余都是 l 声母字；“方”构成的“方、防、房、坊、肪、妨、纺、仿、放”等系列字都是 f 声母字；“胡”构成的“胡、糊、湖、猢”等系列字都是 h 声母字。

第二，利用语音规律帮助记忆。例如，同 ua、uai、uang 相拼的“抓、刷、踹、帅、庄、窗、双”等系列字都是翘舌字，没有平舌字；同 en 相拼的 z、c、s 字极少，主要有“怎、参（参差）、岑、森”四个字；同 en 相拼的 zh、ch、sh 字很多，比较常用的字就多达五十几个，如“珍、诊、镇、琛、陈、趁、深、神、沈、肾”等。ia 只同 l 相拼，不同 n 相拼。e、ü、ei、ang、eng、in、iang、uan 同 n、l 相拼，但是同 n 相拼的字很少。常用字除“呢、女、馁、内、囊、能、您、娘、酿、暖”等读 n 声母外，其余字都是 l 声母。o 只同 f 相拼，不同 h 相拼；uai 只同 h 相拼，不同 f 相拼。

第三，对问题不多的声母，可以参考《普通话水平测试用字声序字表》（以下简称“《声序字表》”）把与普通话不一致的声母找出来，整理并加以记忆。例如通读普通话考试用字中的 h 声母字，找出其中误读为 f 声母的字。四川话 hu 音节的字基本上都读成了 fu，把它们改读 hu 即可。

第二组　思考与练习

(1) 指出下列平翘舌声母。

才　主　忖　针　纯　奏　洒　钻　搀　嗤

川　式　收　床　责　城　测　称　斯　罪
专　存　扯　沙　抽　拽　神　脏　椎　辞
支　早　折　沧　拆　残　蚕　资　暂　摧
中　伤　抒　初　招　昨　栽　梢　策　摘
升　舟　苍　社　昌　思　捉　曹　装　嗽
申　伞　材　诉　怂　钞　挫　绰　滋　增
生　杂　杉　张　卒　毡　真　综　窜　醋
失　争　权　陈　炊　促　砸　琢　瑟　憎
匆　充　足　坠　诛　俗　晒　揣　楂　藏

(2) 指出下列鼻音与边音声母。

乃　老　丽　牢　例　挪　亮　留　捺
女　列　连　尿　念　南　类　恋　掠
内　劣　男　努　闹　柳　逆　离　略
牛　年　乱　纳　泪　耐　络　凉　累
另　刘　利　拈　泥　虐　捏　旅　您
鸟　农　你　拉　伶　临　聂　料　脸
立　那　卵　奈　郎　览　赁　浪　梁
兰　拟　疗　虏　录　钮　倪　娘　隆
宁　劳　吝　罗　陋　律　拿　能　联
辽　李　冷　岭　挠　李　脑　难　量

(3) 通读《声序字表》，找出方言声母与普通话不一致的字，并另纸整理出来加以纠正。

①普通话读 f，方言读 h 的字。

②普通话读 h，方言读 f 的字。

(4) 通读《声序字表》中 zi / zhi、ci / chi、si / shi 和 ji、qi、xi 音节字，找出方言与普通话不一致的字，并另纸整理出来加以纠正。

①普通话读 zi / zhi、ci / chi、si / shi，方言读 ji、qi、xi 的字。

②普通话读 ji、qi、xi，方言读 zi / zhi、ci / chi、si / shi 的字。

(5) 通读《声序字表》中送气和不送气声母字，找出方言与普通话不一致的字，并另纸整理出来加以纠正。

①普通话读 b、d、g、z、zh、j，方言读 p、t、k、c、ch、q 的字。

②普通话读 p、t、k、c、ch、q，方言读 b、d、g、z、zh、j 的字。

(6) 通读《声序字表》中零声母字，找出方言与普通话不一致的改读其他声母的字，并另纸整理出来加以纠正。

①普通话为零声母，方言读 ng 声母的字。
②普通话为零声母，方言读 m 声母的字。
③其他情况。

第五节 声母模拟训练

【温馨提示】

参加普通话考试的时候，需要迅速判断各题字词的声母，根据考试需要特意设计本练习。[①]

(1) 指出下列各字词的声母并朗读。

奏 咬 脆 爱 挪 飞 葱 唱 荒 逢
吞 软 客 牙 卸 款 瓷 熟 聘 拟
闻 稍 腔 正 熊 面 抖 爬 妥 碗
梗 垒 挖 匹 刁 糠 煮 伞 贰 钟
翁 佳 籽 真 用 富 舵 娶 庙 帮
卖 坡 色 圈 黑 找 运 首 病 咽
惹 浓 饱 辆 填 插 拐 扔 刮 罪
广 望 眯 甩 拨 雨 秃 吹 嫩 园
夸 占 动 染 约 茎 溜 室 狠 歪
赖 裙 就 拆 悬 肋 印 尺 按 穴

(2) 指出下列多音节词语的声母并朗读。

战略 群众 锻炼 整理 所谓
差点儿 蓬勃 潦草 尊敬 打算
忍耐 内科 洽谈 描写 粮食
充足 安排 墨水儿 狂风 秋天
兄弟 目前 回头 次数 背诵
态度 勇敢 寻找 瓜分 代理人
花色 捐款 窗户 说明 全体
鸦片 衰弱 纺织 让步 玩意儿
筷子 而且 举行 挫折 新陈代谢
法律 决心 刚才 样品 春节

---

① 后面相关章节模拟题不再说明。

（3）指出下列短文的声母并朗读。

这是入冬以来，胶东半岛上第一场雪。

雪纷纷扬扬，下得很大。开始还伴着一阵儿小雨，不久就只见大片大片的雪花，从彤云密布的天空中飘落下来。地面上一会儿就白了。冬天的山村，到了夜里就万籁俱寂，只听得雪花簌簌地不断往下落，树木的枯枝被雪压断了，偶尔咯吱一声响。

大雪整整下了一夜。今天早晨，天放晴了，太阳出来了。推开门一看，嗬！好大的雪啊！山川、河流、树木、房屋，全都罩上了一层厚厚的雪，万里江山，变成了粉妆玉砌的世界。落光了叶子的柳树上挂满了毛茸茸亮晶晶的银条儿；而那些冬夏常青的松树和柏树上，则挂满了蓬松松沉甸甸的雪球儿。一阵风吹来，树枝轻轻地摇晃，美丽的银条儿和雪球儿簌簌地落下来，玉屑似的雪末儿随风飘扬，映着清晨的阳光，显出一道道五光十色的彩虹。

大街上的积雪足有一尺多深，人踩上去，脚底下发出咯吱咯吱的响声。一群群孩子在雪地里堆雪人，掷雪球儿。那欢乐的叫喊声，把树枝上的雪都震落下来了。

俗话说，“瑞雪兆丰年”。这个话有充分的科学根据，并不是一句迷信的成语。寒冬大雪，可以冻死一部分越冬的害虫；融化了的水渗进土层深处，又能供应‖庄稼生长的需要。

节选自峻青《第一场雪》

附录一　普通话水平测试用字声序字表

【温馨提示】

《普通话水平测试用字声序字表》是从《普通话水平测试实施纲要》的词语表中整理出来的，按照国家试题命题要求，第一题（读单音节字词）和第二题（读多音节词语）采用的字词、涉及的汉字都来源于这些字，所以，考生要通读这些字，了解自己方言声母与普通话的差异，更好地掌握这些字的声母。

说明：

1. 本字表的字从《普通话水平测试实施纲要》17 041 个词语（包括表一、表二的所有词语）中提取。

2. 本字表首先按照《汉语拼音方案》声母表顺序排序，即零声母、b、p、m、f、d、t、n、l、g、k、h、j、q、x、zh、ch、sh、r、z、c、s，然后按照韵母及声调排序。韵母 ui、un、iu 还原为 uei、uen、iou 排序，y、w 开头的音节，依零声母处理，按照原韵母排序，ü 开头的韵母按照 u 的位置排序。

3. 轻声的处理。只有轻声一种读法的字列入本字表，并置于去声后，既有轻声读法，又有非轻声读法的字，按照非轻声读法的字列入本字表。

为了便于查找，将声母编号，可以根据以下序号查找声母：

1. 零声母　2. b　3. p　4. m　5. f　6. d　7. t　8. n　9. l　10. g　11. k　12. h　13. j　14. q　15. x　16. zh　17. ch　18. sh　19. r　20. z　21. c　22. s

1. 零声母

ā 阿

āi 哀 埃 挨 ái 挨 皑 癌 ǎi 矮 蔼 ài 艾 爱 隘 碍

ān 安 氨 庵 àn 岸 按 案 暗 黯

áng 昂 àng 盎

āo 凹 熬 áo 遨 熬 翱 螯 ǎo 袄 ào 坳 拗 傲 奥 澳 懊

ē 阿 é 俄 峨 鹅 蛾 额 è 厄 扼 恶 饿 鄂 愕 萼 遏 腭

ēn 恩

ér 儿 而 ěr 尔 耳 饵 èr 二

ōu 讴 欧 殴 鸥 ǒu 呕 偶 藕

yī 一 伊 衣 医 依 漪 yí 仪 夷 宜 怡 姨 贻 胰 移 遗 疑 yǐ 乙 已 以 矣 蚁 倚 椅 yì 义 亿 忆 艺 议 亦 屹 异 呓 役 抑 译 邑 易 绎 诣 驿 疫 益 谊 翌 逸 意 溢

裔蜴毅熠翼臆

yā 丫压押鸦鸭 yá 牙芽蚜崖涯衙 yǎ 哑雅 yà 亚讶轧

yān 咽烟胭淹焉湮腌燕殷 yán 延严言岩沿炎研盐阎筵颜檐 yǎn 俨衍掩眼演 yàn 咽厌砚宴艳验谚堰焰雁燕

yāng 央殃秧鸯 yáng 扬羊阳杨佯疡洋 yǎng 仰养氧痒 yàng 样漾

yāo 夭吆妖腰邀要约 yáo 尧肴姚窑谣徭摇遥瑶 yǎo 咬窈舀 yào 药要耀钥

yē 椰噎耶掖 yé 爷 yě 也冶野 yè 咽业叶曳页夜掖液腋

yīn 因阴姻音殷 yín 吟垠寅淫银龈 yǐn 尹引饮隐瘾 yìn 荫饮印

yīng 应英莺婴樱鹦膺鹰 yíng 迎盈荧莹萤营萦蝇赢 yǐng 颖影 yìng 应映硬

yōng 佣拥痈庸壅臃 yǒng 永甬咏泳勇涌恿蛹踊 yòng 佣用

yōu 优忧幽悠 yóu 尤由犹邮油铀游 yǒu 友有酉黝 yòu 柚又右幼佑诱釉

yū 迂淤 yú 于予余臾鱼俞娱渔隅愉腴逾愚榆虞舆 yǔ 予与宇屿羽雨禹语 yù 与玉驭吁育郁狱浴预域欲谕喻寓御裕遇愈誉豫

yuān 冤鸳渊 yuán 元员园垣原圆袁援缘源猿 yuǎn 远 yuàn 苑怨院愿

yuē 曰约 yuè 乐月岳悦阅跃粤越

yūn 晕 yún 云匀纭耘 yǔn 允陨 yùn 孕运晕酝韵蕴

wū 乌污呜巫屋诬 wú 无毋吴吾芜梧 wǔ 五午伍武侮捂鹉舞 wù 恶勿务物误悟晤雾

wā 挖洼蛙 wá 娃 wǎ 瓦 wà 袜

wāi 歪 wài 外

wān 弯剜湾 wán 丸完玩顽 wǎn 宛挽晚婉惋皖碗 wàn 蔓万腕

wāng 汪 wáng 亡王 wǎng 网往枉惘 wàng 妄忘旺望

wēi 危威偎微巍 wéi 为韦围违桅唯帷惟维 wěi 伟伪尾纬苇委萎 wèi 为卫未位味畏胃谓喂蔚慰魏 wei 猬[①]

wēn 温瘟 wén 文纹闻蚊 wěn 吻紊稳 wèn 问

---

① 《普通话水平测试实施纲要》收录的词语有限，“猬”只有“刺猬”一词，读轻声，《新华字典》有“wèi”音，但普通话水平测试字词是以《普通话水平测试实施纲要》为依据，所以这里不列出“wèi”音，特此说明。后面类似情况不再说明。

wēng 翁 wèng 瓮

wō 涡窝蜗 wǒ 我 wò 沃卧握

2. b

bā 八巴扒吧芭疤 bá 拔跋 bǎ 把靶 bà 把坝爸罢霸耙 ba 叭笆

bāi 掰 bái 白 bǎi 百柏摆 bài 败拜

bān 扳班般颁斑搬 bǎn 板版 bàn 办半伴扮拌绊瓣

bāng 邦帮梆 bǎng 绑榜膀 bàng 蚌傍棒谤磅镑

bāo 包孢苞胞褒剥炮 báo 雹薄 bǎo 宝饱保堡 bào 报抱豹鲍暴爆刨

bēi 卑杯悲碑背 běi 北 bèi 贝狈备背钡倍被惫辈

bēn 奔 běn 本苯 bèn 奔笨

bēng 崩绷 běng 绷 bèng 绷泵迸蹦

bī 逼 bí 鼻 bǐ 匕比彼笔鄙 bì 币必毕闭庇陛毙婢敝痹辟弊碧蔽壁避臂璧

biān 边编鞭 biǎn 贬扁匾 biàn 便变遍辨辩辫

biāo 标膘 biǎo 表

biē 憋鳖 bié 别 biě 瘪 biè 别

bīn 宾滨濒 bìn 摈鬓

bīng 冰兵 bǐng 丙柄饼禀屏 bìng 并病摒

bō 拨波玻剥钵菠播 bó 脖伯驳帛泊勃铂舶博搏箔膊薄礴 bǒ 跛簸 bò 薄簸

bǔ 卜补哺捕 bù 不布步怖部埠簿

3. p

pā 趴 pá 扒爬耙琶 pà 帕怕

pāi 拍 pái 排牌 pài 派

pān 潘攀 pán 盘磐 pàn 判叛盼畔

pāng 膀乓 páng 膀磅庞旁 pàng 胖

pāo 抛泡 páo 刨咆狍炮袍 pǎo 跑 pào 炮泡

pēi 胚 péi 陪培赔裴 pèi 沛佩配

pēn 喷 pén 盆

pēng 抨烹 péng 朋彭棚硼蓬篷膨 pěng 捧 pèng 碰

pī 批坯披劈霹 pí 皮毗疲啤琵脾 pǐ 劈匹痞癖 pì 辟屁媲僻譬

piān 片偏篇 pián 便 piàn 片骗

piāo 漂飘 piáo 瓢朴 piǎo 漂瞟 piào 漂票

piē 撇瞥 piě 撇

pīn 拼 pín 贫频 pǐn 品 pìn 聘

pīng 乒 píng 平评凭坪苹屏瓶萍

pō 泊坡泼颇 pó 婆 pò 迫破粕魄

pōu 剖

pū 仆扑铺 pú 脯仆匍菩葡蒲 pǔ 朴圃浦普谱 pù 堡铺瀑

4. m

mā 妈抹 má 麻 mǎ 马玛码蚂 mà 骂 ma 蟆嘛

mái 埋霾 mǎi 买 mài 迈麦卖脉

mán 蛮馒瞒鳗 mǎn 满螨 màn 曼谩幔慢漫蔓

máng 忙芒盲茫氓 mǎng 莽蟒

māo 猫 máo 毛矛茅锚髦 mǎo 卯铆 mào 茂冒贸袤帽瑁貌

me 么

méi 没枚玫眉莓梅媒煤酶霉 měi 每美镁 mèi 妹昧媚寐魅

mēn 闷 mén 门 mèn 闷 men 们

mēng 蒙 méng 萌盟蒙 měng 猛蒙锰蜢 mèng 孟梦

mī 眯 mí 弥迷猕谜糜 mǐ 靡米 mì 泌觅秘密幂谧蜜

mián 眠绵棉 miǎn 免勉娩缅 miàn 面

miáo 苗描瞄 miǎo 秒渺藐 miào 妙庙

miè 灭蔑篾

mín 民 mǐn 皿抿泯闽悯敏

míng 名明鸣冥铭 mìng 命

miù 谬

mō 摸 mó 摹模膜摩磨蘑魔 mǒ 抹 mò 没磨抹末沫陌莫寞漠蓦墨默

móu 眸谋 mǒu 某

mú 模 mǔ 母亩牡姆拇 mù 木目沐牧募墓幕睦慕暮穆

5. f

fā 发 fá 乏伐罚阀筏 fǎ 法 fà 发

fān 帆番翻藩 fán 凡矾烦繁 fǎn 反返 fàn 犯泛饭范贩梵

fāng 方坊芳 fáng 防妨房肪 fǎng 仿访纺 fàng 放

fēi 飞妃非啡绯 féi 肥 fěi 匪诽翡 fèi 吠废沸肺费

fēn 分 纷 芬 氛 酚 fén 坟 焚 fěn 粉 fèn 分 份 奋 愤 粪

fēng 丰 风 枫 封 疯 峰 烽 锋 蜂 féng 冯 逢 缝 fěng 讽 fèng 缝 凤 奉

fó 佛

fǒu 否

fū 夫 肤 孵 敷 fú 佛 弗 伏 扶 芙 拂 服 俘 氟 浮 匐 符 幅 福 辐 fǔ 抚 甫 府 斧 俯 辅 腑 腐 fù 服 父 付 妇 负 附 咐 复 赴 副 富 赋 缚 腹 覆 fu 袱 傅

6. d

dā 耷 搭 答 dá 达 答 打 dǎ 打 dà 大 da 瘩

dāi 呆 待 dǎi 歹 逮 dài 大 代 带 待 怠 玳 贷 袋 逮 戴

dān 丹 单 担 耽 dǎn 胆 疸 掸 dàn 担 旦 但 诞 弹 惮 淡 蛋 氮 石

dāng 当 裆 dǎng 挡 党 dàng 当 荡 档

dāo 刀 dǎo 导 岛 倒 捣 祷 蹈 dào 倒 到 悼 盗 道 稻 dao 叨

dé 得 德

děi 得

dēng 灯 登 蹬 děng 等 dèng 澄 邓 凳 瞪

dī 低 堤 滴 提 dí 的 迪 敌 涤 笛 嫡 dǐ 诋 底 抵 dì 的 地 弟 帝 递 第 谛 缔 蒂

diān 掂 滇 颠 巅 diǎn 典 点 碘 diàn 电 佃 店 垫 惦 淀 奠 殿

diāo 刁 叼 貂 碉 雕 diào 吊 钓 调 掉

diē 爹 跌 dié 迭 谍 叠 碟 蝶

dīng 丁 叮 盯 钉 dǐng 顶 鼎 dìng 钉 订 定 锭

diū 丢

dōng 东 冬 dǒng 董 懂 dòng 动 冻 栋 洞

dōu 都 兜 dǒu 斗 抖 陡 蚪 dòu 斗 豆 逗 痘 窦

dū 都 嘟 督 dú 毒 读 渎 犊 独 dǔ 笃 堵 赌 睹 肚 dù 妒 杜 肚 度 渡 镀

duān 端 duǎn 短 duàn 段 断 缎 煅 锻

duī 堆 duì 队 对 兑

dūn 吨 敦 墩 蹲 dǔn 盹 dùn 囤 沌 炖 盾 钝 顿

duō 多 duó 度 夺 踱 duǒ 朵 垛 躲 duò 垛 剁 堕 舵 惰 跺 duo 掇

7. t

tā 她 他 它 塌 tǎ 塔 獭 tà 榻 踏 蹋 拓

tāi 胎 苔 tái 台 抬 苔 tài 太 汰 态 钛 泰

tān 坍 贪 摊 滩 瘫 tán 弹 坛 谈 痰 谭 潭 tǎn 坦 毯 tàn 叹 炭 探 碳

tāng 汤 táng 唐堂棠塘搪膛糖螳 tǎng 倘淌躺 tàng 烫趟
tāo 涛绦掏滔 táo 逃桃陶啕淘萄 tǎo 讨 tào 套
tè 特
téng 疼腾滕藤
tī 剔梯踢 tí 啼提题蹄 tǐ 体 tì 屉剃涕惕替嚏
tiān 天添 tián 田恬甜填 tiǎn 舔
tiāo 挑 tiáo 调条 tiǎo 挑窕 tiào 眺跳
tiē 贴 tiě 铁帖 tiè 帖
tīng 厅听 tíng 廷亭庭停蜓 tǐng 挺艇
tōng 通 tóng 同佟桐铜童瞳 tǒng 统捅桶筒 tòng 通同痛
tōu 偷 tóu 头投 tòu 透
tū 凸秃突 tú 图徒涂途屠 tǔ 土吐 tù 吐兔
tuān 湍 tuán 团
tuī 推 tuí 颓 tuǐ 腿 tuì 退蜕褪
tūn 吞 tún 囤屯豚臀
tuō 托拖脱 tuó 驮陀驼 tuǒ 妥椭 tuò 拓唾

8. n

ná 拿 nǎ 哪 nà 那纳娜钠捺
nǎi 乃奶氖 nài 奈耐
nán 男南难 nàn 难
náng 囊 nang 囔
náo 挠 nǎo 恼脑瑙 nào 闹
něi 馁 nèi 内
nèn 嫩
néng 能
ní 呢尼泥倪霓 nǐ 你拟 nì 泥昵逆溺腻
niān 拈蔫 nián 年黏 niǎn 捻撵碾 niàn 廿念
niáng 娘 niàng 酿
niǎo 鸟袅 niào 尿
niē 捏 niè 涅聂啮镊镍孽蘖
nín 您
níng 宁咛拧狞凝 nǐng 拧 nìng 宁拧泞
niú 牛 niǔ 扭纽钮 niù 拗
nóng 农浓脓 nòng 弄

nú 奴 nǔ 努 nù 怒

nuǎn 暖

nuó 挪 nuò 诺懦糯

nǚ 女

nüè 疟虐

9. l

lā 拉 lá 拉 lǎ 喇 là 腊蜡辣落

lái 来徕 lài 睐赖癞

lán 兰拦栏婪蓝澜斓篮 lǎn 览揽缆榄懒 làn 烂滥

láng 郎狼廊琅螂 lǎng 朗 làng 浪

lāo 捞 láo 劳牢 lǎo 老姥 lào 涝烙落

lè 乐勒

lēi 勒 léi 雷镭累擂 lěi 垒蕾儡累 lèi 肋泪类累擂

léng 棱 lěng 冷 lèng 愣

lí 厘梨离犁漓璃黎篱 lǐ 礼李里理锂鲤 lì 力历厉立吏丽利励沥例隶俐荔栗砾笠粒蛎痢雳 li 狸

liǎ 俩

lián 连帘怜涟莲联廉镰 liǎn 敛脸 liàn 练炼恋链

liáng 良凉梁粮量 liǎng 俩两 liàng 凉踉亮谅辆晾量 liang 粱

liāo 撩 liáo 潦辽疗聊僚嘹撩缭燎 liǎo 燎了 liào 廖料撂瞭

liě 咧 liè 列劣烈猎裂

līn 拎 lín 邻林临淋琳嶙霖磷鳞 lìn 吝赁躏

líng 伶灵玲凌铃陵绫羚翎聆菱零龄 lǐng 岭领令 lìng 令另

liū 溜蹓 liú 刘浏流留琉硫馏榴瘤 liǔ 柳绺 liù 溜六蹓陆

lóng 龙咙珑笼聋隆 lǒng 笼陇垄拢 long 窿

lōu 搂 lóu 楼 lǒu 搂篓 lòu 陋漏露

lú 卢芦炉颅 lǔ 卤虏掳鲁 lù 露陆录赂鹿禄碌路戮麓绿

luán 孪峦 luǎn 卵 luàn 乱

lūn 抡 lún 伦沦纶轮 lùn 论

luō 捋 luó 罗萝逻锣箩骡螺 luǒ 裸 luò 洛络骆落摞

lǘ 驴榈 lǚ 吕侣旅铝屡缕履捋 lǜ 滤律虑率绿氯

lüè 掠略

10. g

gāi 该 gǎi 改 gài 丐钙盖溉概

gān 干甘杆肝坩柑竿 gǎn 杆秆赶敢感橄擀 gàn 干赣

gāng 刚岗纲肛缸钢 gǎng 岗港 gàng 杠

gāo 羔高膏篙糕 gǎo 搞稿镐 gào 膏告

gē 戈疙哥胳鸽割搁歌 gé 阁革格葛隔膈骼 gě 葛 gè 个各

gěi 给

gēn 根跟 gèn 亘

gēng 更庚耕羹 gěng 哽埂耿梗颈 gèng 更

gōng 工弓公功攻供宫恭躬龚 gǒng 巩汞拱 gòng 供共贡

gōu 勾沟钩篝 gǒu 狗苟 gòu 勾构购垢够

gū 估姑孤辜 gǔ 古谷股骨鼓贾 gù 固故顾梏雇锢 gu 菇

guā 瓜刮 guǎ 寡 guà 卦挂褂

guāi 乖 guǎi 拐 guài 怪

guān 关观官冠 guǎn 馆管 guàn 观冠贯惯灌罐

guāng 光胱 guǎng 广犷 guàng 逛

guī 归龟规皈闺硅瑰 guǐ 轨诡鬼 guì 柜贵桂跪

gǔn 滚 gùn 棍

guō 埚郭锅 guó 国 guǒ 果裹 guò 过

11. k

kā 咖 kǎ 卡咯

kāi 开揩 kǎi 凯慨楷

kān 刊勘龛堪看 kǎn 槛坎砍 kàn 看瞰

kāng 康慷糠 káng 扛 kàng 亢抗炕

kǎo 考烤 kào 铐靠

kē 苛柯科棵稞颗瞌磕蝌 ké 壳咳 kě 坷可渴 kè 克刻客恪课

kěn 肯垦恳啃

kēng 吭坑铿

kōng 空 kǒng 孔恐 kòng 空控

kōu 抠 kǒu 口 kòu 叩扣寇

kū 枯哭窟 kǔ 苦 kù 库裤酷

kuā 夸 kuǎ 垮 kuà 挎跨

kuài 会块快脍筷

kuān 宽 kuǎn 款

kuāng 筐 kuáng 狂 kuàng 况 旷 矿 框 眶

kuī 亏 盔 窥 kuí 奎 葵 魁 傀 kuì 匮 愧 溃 馈

kūn 坤 昆 kǔn 捆 kùn 困

kuò 扩 括 阔 廓

12. h

hā 哈 há 蛤

hái 孩 还 hǎi 海 hài 骇 害 氦

hān 蚶 酣 憨 鼾 hán 含 函 涵 寒 韩 hǎn 罕 喊 hàn 汉 汗 旱 悍 捍 焊 憾 撼

háng 杭 航 行 hàng 巷

háo 毫 豪 嚎 壕 号 hǎo 好 郝 hào 好 号 浩 耗

hē 呵 喝 hé 禾 合 何 劾 和 河 阂 核 荷 涸 盒 颌 hè 喝 和 荷 贺 褐 赫 鹤 壑 吓

hēi 黑

hén 痕 hěn 很 狠 hèn 恨

héng 恒 横 衡 hèng 横

hōng 轰 哄 烘 hóng 弘 红 宏 洪 虹 鸿 hǒng 哄 hòng 哄

hóu 侯 喉 猴 hǒu 吼 hòu 侯 后 厚 候

hū 乎 呼 忽 惚 hú 和 核 弧 狐 胡 壶 湖 瑚 糊 蝴 hǔ 虎 唬 hù 互 户 护 沪

huā 花 huá 华 哗 滑 猾 划 huà 华 化 划 画 话 桦

huái 怀 淮 槐 huài 坏

huān 欢 huán 还 环 huǎn 缓 huàn 幻 宦 唤 换 涣 患 焕 痪 豢

huāng 荒 慌 huáng 皇 凰 黄 惶 煌 潢 蝗 磺 簧 huǎng 恍 晃 谎 幌 huàng 晃

huī 灰 诙 恢 挥 辉 徽 huí 回 洄 蛔 huǐ 悔 毁 huì 卉 汇 会 讳 绘 荟 诲 贿 彗 晦 秽 喙 惠 慧

hūn 昏 荤 婚 hún 浑 魂 混 hùn 混

huō 豁 huó 和 活 huǒ 火 伙 huò 和 豁 或 货 获 祸 惑 霍

13. j

jī 讥 击 饥 机 肌 鸡 姬 积 基 畸 稽 激 羁 几 jí 及 吉 汲 级 即 极 急 疾 棘 集 嫉 辑 瘠 籍 jǐ 给 几 己 挤 脊 戟 麂 纪 济 jì 迹 绩 计 记 伎 纪 妓 忌 技 际 剂

季既济继寂寄悸祭暨冀髻系 ji 箕

jiā 加夹佳枷浃家嘉茄 jiá 夹荚颊 jiǎ 甲胛贾钾假 jià 价驾架假嫁 jia 稼

jiān 奸尖坚歼间肩艰兼监缄煎 jiǎn 拣俭柬茧捡减剪检睑简碱 jiàn 间监见件建剑荐贱健涧舰渐谏毽溅腱践鉴键箭

jiāng 江姜将浆僵缰疆 jiǎng 讲奖桨蒋 jiàng 将匠降绛酱犟强

jiāo 交郊娇浇骄胶椒焦跤蕉礁教 jiáo 嚼 jiǎo 角狡绞饺皎矫脚搅剿缴 jiào 叫轿较教窖酵觉校

jiē 阶皆接秸揭街结 jié 节劫杰洁结捷睫截竭 jiě 姐解 jiè 解介戒届界诫借藉

jīn 巾今斤金津矜筋襟禁 jǐn 仅紧谨锦尽 jìn 尽劲近进晋浸烬禁靳噤

jīng 京经茎荆惊晶睛精鲸 jǐng 井阱颈景憬警 jìng 劲净径胫竞竟敬境静镜

jiǒng 炯窘

jiū 纠究揪 jiǔ 九久灸韭酒 jiù 旧臼疚厩救就舅

jū 车居拘驹鞠 jú 局菊橘 jǔ 咀沮举矩 jù 句巨拒具炬俱剧惧据距锯聚踞遽

juān 捐鹃圈 juǎn 卷 juàn 卷倦绢眷圈

juē 撅 jué 角决诀抉绝觉倔崛掘厥獗蕨爵嚼攫 juè 倔

jūn 军君均钧菌 jùn 俊郡峻骏竣

14. q

qī 七沏妻凄栖戚期欺漆 qí 齐其奇歧祈崎畦骑棋旗鳍 qǐ 乞企岂启起绮 qì 气迄弃汽泣契砌器

qiā 掐 qiǎ 卡 qià 恰洽

qiān 千扦迁牵铅谦签 qián 前虔钱钳乾潜黔 qiǎn 浅遣谴 qiàn 欠嵌歉纤

qiāng 呛枪腔锵 qiáng 强墙 qiǎng 强抢 qiàng 呛跄

qiāo 悄跷敲锹 qiáo 乔侨桥瞧翘 qiǎo 悄巧 qiào 壳俏峭窍翘撬鞘

qiē 切 qié 茄 qiě 且 qiè 切妾怯窃惬

qīn 亲侵钦 qín 秦琴禽勤噙擒 qǐn 寝 qìn 沁

qīng 青氢轻倾卿清蜻 qíng 情晴擎 qǐng 顷请 qìng 亲庆罄

qióng 穷穹琼

qiū 丘 邱 秋 鳅 qiú 仇 囚 求 酋 球 裘

qū 区 曲 岖 驱 屈 祛 蛆 躯 趋 qú 渠 qǔ 曲 取 娶 qù 去 趣

quān 圈 quán 全 权 泉 拳 痊 蜷 quǎn 犬 quàn 劝 券

quē 缺 qué 瘸 què 却 雀 确 阙 鹊 榷

qún 裙 群

15. x

xī 夕 兮 汐 西 吸 希 昔 析 唏 奚 息 牺 悉 惜 晰 犀 稀 溪 皙 锡 熄 蜥 嬉 膝 曦 xí 习 席 袭 媳 xǐ 洗 铣 喜 xì 戏 系 细 隙

xiā 虾 瞎 xiá 匣 峡 狭 遐 暇 辖 霞 xià 下 吓 夏

xiān 仙 先 纤 掀 锨 鲜 xián 闲 弦 贤 咸 涎 娴 舷 衔 嫌 xiǎn 鲜 显 险 xiàn 县 现 线 限 宪 陷 馅 羡 献 腺 霰

xiāng 乡 相 香 厢 湘 箱 镶 xiáng 降 详 祥 翔 xiǎng 享 响 饷 想 xiàng 相 向 巷 项 象 像 橡

xiāo 削 宵 消 逍 萧 硝 销 潇 箫 嚣 肖 xiáo 淆 xiǎo 小 晓 xiào 孝 肖 哮 效 校 笑 啸

xiē 些 楔 歇 xié 协 邪 胁 挟 偕 斜 谐 携 鞋 xiě 写 血 xiè 解 泄 泻 卸 屑 械 亵 谢 懈 蟹

xīn 心 芯 辛 欣 锌 新 薪 馨 xìn 信 衅

xīng 兴 星 猩 腥 xíng 刑 行 邢 形 型 xǐng 省 醒 xìng 兴 杏 姓 幸 性

xiōng 凶 兄 匈 汹 胸 xióng 雄 熊

xiū 休 修 羞 xiǔ 宿 朽 xiù 臭 宿 秀 绣 袖 锈 嗅

xū 戌 须 虚 嘘 需 xú 徐 xǔ 许 xù 旭 序 叙 畜 绪 续 絮 蓄 xu 婿

xuān 宣 喧 暄 xuán 玄 悬 旋 xuǎn 选 癣 xuàn 旋 炫 绚 眩 渲

xuē 削 靴 薛 xué 穴 学 xuě 雪 xuè 血 谑

xūn 勋 熏 薰 xún 寻 巡 旬 询 峋 循 xùn 驯 训 讯 汛 迅 逊

16. zh

zhā 渣 楂 扎 zhá 轧 闸 铡 炸 zhǎ 眨 zhà 乍 诈 栅 炸 蚱 榨

zhāi 斋 摘 zhái 择 宅 zhǎi 窄 zhài 债 寨

zhān 沾 毡 粘 瞻 占 zhǎn 斩 展 盏 崭 辗 zhàn 颤 占 战 站 绽 湛 蘸

zhāng 张 章 彰 樟 zhǎng 长 涨 掌 zhàng 涨 丈 仗 帐 杖 胀 账 障

zhāo 朝 招 昭 着 zháo 着 zhǎo 找 沼 爪 zhào 召 兆 诏 赵 照 罩 肇

zhē 遮 折 zhé 蜇 折 哲 辄 辙 zhě 者 褶 zhè 这 浙 蔗

zhēn 贞 针 侦 珍 真 砧 斟 臻 zhěn 诊 枕 疹 zhèn 阵 振 朕 镇 震

zhēng 争征挣睁蒸正症 zhěng 拯整 zhèng 挣正证郑政症 zheng 筝

zhī 之支汁芝枝知织肢脂只 zhí 执侄直值职植殖 zhǐ 止只旨址纸指趾 zhì 至志制帜治炙质峙挚桎秩致掷窒智滞稚置

zhōng 中忠终盅钟衷 zhǒng 肿种冢 zhòng 中种仲众重

zhōu 州舟周洲粥 zhóu 轴 zhǒu 肘 zhòu 咒宙昼皱骤 zhou 帚

zhū 朱诛株珠诸猪蛛 zhú 竹烛逐 zhǔ 主拄属煮嘱瞩 zhù 伫住助注贮驻柱祝著蛀筑铸

zhuā 抓 zhuǎ 爪

zhuài 拽

zhuān 专砖 zhuǎn 转 zhuàn 传转赚撰篆

zhuāng 妆庄桩装 zhuàng 壮状幢撞

zhuī 追椎锥 zhuì 坠缀赘

zhǔn 准

zhuō 拙捉桌 zhuó 卓灼茁浊酌啄着琢

17. ch

chā 叉杈插差 chá 查茬茶察 chǎ 叉 chà 杈岔诧差刹

chāi 差拆 chái 柴

chān 掺搀 chán 禅馋缠蝉潺蟾 chǎn 产铲阐 chàn 忏颤

chāng 昌娼猖 cháng 长肠尝偿常场 chǎng 厂场敞 chàng 怅畅倡唱

chāo 抄钞超剿 cháo 巢朝嘲潮 chǎo 吵炒

chē 车 chě 扯 chè 彻掣撤澈

chēn 抻 chén 尘臣忱沉辰陈晨 chèn 衬称趁

chēng 称撑 chéng 丞成呈承诚城乘惩程澄橙盛 chěng 逞骋 chèng 秤

chī 吃嗤痴 chí 池驰迟持 chǐ 尺侈齿耻 chì 斥赤炽翅啻

chōng 充冲舂憧 chóng 虫崇重 chǒng 宠 chòng 冲

chōu 抽 chóu 仇惆绸畴愁稠筹酬踌 chǒu 丑 chòu 臭

chū 出初 chú 刍除厨锄蜍雏橱躇 chǔ 础储楚处 chù 处搐触矗畜

chuāi 揣 chuǎi 揣 chuài 踹

chuān 川穿 chuán 传船 chuǎn 喘 chuàn 串

chuāng 疮窗创 chuáng 床幢 chuǎng 闯 chuàng 创

chuī 吹 炊 chuí 垂 陲 捶 锤 chui 槌

chūn 春 chún 纯 唇 淳 醇 chǔn 蠢

chuō 戳 chuò 啜 绰

18. sh

shā 杀 沙 纱 刹 砂 煞 杉 shǎ 傻 shà 煞 霎 厦

shāi 筛 shǎi 色 shài 晒

shān 山 杉 衫 珊 煽 扇 shǎn 闪 陕 shàn 禅 单 讪 扇 善 缮 擅 膳 赡

shāng 伤 商 shǎng 晌 赏 上 shàng 上 尚 shang 裳

shāo 捎 梢 烧 稍 sháo 勺 shǎo 少 shào 少 绍 哨

shē 奢 shé 舌 蛇 折 shě 舍 shè 舍 设 社 射 涉 赦 摄 麝

shéi 谁

shēn 参 申 伸 身 呻 绅 娠 砷 深 shén 神 什 shěn 沈 审 婶 shèn 肾 甚 渗 慎 蜃

shēng 升 生 声 牲 笙 shéng 绳 shěng 省 shèng 胜 圣 盛 剩

shī 尸 失 师 虱 诗 施 狮 湿 shí 十 什 石 时 识 实 拾 蚀 食 shǐ 史 矢 使 始 驶 屎 shì 士 氏 世 仕 市 示 式 事 侍 势 视 试 饰 室 恃 拭 是 柿 适 舐 逝 释 嗜 誓 噬 螫 似 shi 匙

shōu 收 shóu 熟 shǒu 手 守 首 shòu 寿 受 狩 兽 售 授 瘦

shū 书 抒 叔 枢 倏 殊 梳 疏 舒 输 蔬 shú 孰 赎 塾 熟 shǔ 暑 署 鼠 蜀 薯 曙 数 属 shù 术 束 述 树 竖 恕 庶 数 墅

shuā 刷 shuǎ 耍

shuāi 衰 摔 shuǎi 甩 shuài 率 帅

shuān 拴 栓 shuàn 涮

shuāng 双 霜 shuǎng 爽

shuí 谁 shuǐ 水 shuì 税 睡

shǔn 吮 shùn 顺 舜 瞬

shuō 说 shuò 烁 硕

19. r

rán 然 燃 rǎn 冉 染

rǎng 嚷 壤 ràng 让

ráo 饶 rǎo 扰 rào 绕

rě 惹 rè 热

rén 人 仁 任 rěn 忍 rèn 刃 认 任 纫 妊 韧 饪

rēng 扔 réng 仍
rì 日
róng 绒荣容溶蓉熔融 rǒng 冗
róu 柔揉蹂 ròu 肉
rú 如儒蠕 rǔ 汝乳辱 rù 入褥
ruǎn 软
ruǐ 蕊 ruì 锐瑞
rùn 闰润
ruò 若弱

20. z

zā 咂扎 zá 杂砸
zāi 灾哉栽 zǎi 宰载崽仔 zài 载再在
zán 咱 zǎn 攒 zàn 暂赞
zāng 脏 zàng 藏脏葬
zāo 遭糟 záo 凿 zǎo 早枣澡藻 zào 灶皂造噪燥躁 zao 蚤
zé 则择泽责啧 zè 仄
zéi 贼
zěn 怎
zēng 曾增憎 zèng 赠
zī 兹咨姿资滋 zǐ 仔籽子姊紫滓 zì 字自渍
zōng 宗综棕踪鬃 zǒng 总 zòng 纵粽
zǒu 走 zòu 奏揍
zū 租 zú 足卒族 zǔ 诅阻组祖
zuān 钻 zuǎn 纂 zuàn 钻攥
zuǐ 嘴 zuì 最罪醉
zūn 尊遵
zuō 作 zuó 琢昨 zuǒ 撮左佐 zuò 作坐座做

21. c

cā 擦
cāi 猜 cái 才材财裁 cǎi 采彩睬踩 cài 菜蔡
cān 参餐 cán 残蚕惭 cǎn 惨 càn 灿璨
cāng 仓沧苍舱 cáng 藏
cāo 操糙 cáo 曹嘈槽 cǎo 草

cè 册 侧 厕 测 策

céng 层 曾 cèng 蹭

cí 词 祠 瓷 慈 辞 磁 雌 cǐ 此 cì 次 刺 赐

cōng 囱 匆 葱 聪 cóng 从 丛

còu 凑

cū 粗 cù 促 醋 簇

cuān 蹿 cuán 攒 cuàn 窜 篡

cuī 崔 催 摧 cuǐ 璀 cuì 脆 啐 淬 萃 瘁 粹 翠

cūn 村 皴 cún 存 cǔn 忖 cùn 寸

cuō 搓 磋 撮 cuò 挫 措 锉 错

22. s

sā 仨 撒 sǎ 撒 洒 sà 卅 萨

sāi 塞 腮 鳃 sài 塞 赛

sān 三 sǎn 伞 散 sàn 散

sāng 桑 丧 sǎng 嗓 sàng 丧

sāo 搔 骚 缫 臊 sǎo 扫 嫂 sào 臊 扫

sè 塞 色 涩 啬 瑟

sēn 森

sēng 僧

sī 丝 司 私 思 斯 厮 嘶 撕 sǐ 死 sì 四 寺 伺 似 祀 饲 俟 嗣 肆

sōng 松 sǒng 怂 悚 耸 sòng 讼 宋 诵 送 颂

sōu 搜 艘 sǒu 擞 sou 嗽

sū 苏 酥 稣 sú 俗 sù 诉 肃 素 速 宿 粟 塑 溯

suān 酸 suàn 蒜 算

suī 虽 suí 绥 隋 随 遂 suǐ 髓 suì 岁 祟 遂 碎 隧 穗 邃

sūn 孙 sǔn 损 笋

suō 唆 梭 蓑 缩 suǒ 所 索 琐 锁

附录二 普通话水平测试用字声母对比字表

一、z/c/s 与 zh/ch/sh

z	zh
zā 咂扎 zá 杂砸	zhā 渣楂扎 zhá 轧闸铡炸 zhǎ 眨 zhà 乍诈栅炸蚱榨
zāi 灾哉栽 zǎi 宰载崽仔 zài 载再在	zhāi 斋摘 zhái 择宅 zhǎi 窄 zhài 债寨
zán 咱 zǎn 攒 zàn 暂赞	zhān 沾毡粘瞻占 zhǎn 斩展盏崭辗 zhàn 颤占战站绽湛蘸
zāng 脏 zàng 藏脏葬	zhāng 张章彰樟 zhǎng 长涨掌 zhàng 涨丈仗帐杖胀账障
zāo 遭糟 záo 凿 zǎo 早枣澡藻 zào 灶皂造噪燥躁 zao 蚤	zhāo 朝招昭着 zháo 着 zhǎo 找沼爪 zhào 召兆诏赵照罩肇
zé 则择泽责啧 zè 仄	zhē 遮折 zhé 蜇折哲辄辙 zhě 者褶 zhè 这浙蔗
zéi 贼	
zěn 怎	zhēn 贞针侦珍真砧斟臻 zhěn 诊枕疹 zhèn 阵振朕镇震
zēng 曾增憎 zèng 赠	zhēng 争征挣睁蒸正症 zhěng 拯整 zhèng 挣正证郑政症 zheng 筝
zī 兹咨姿资滋 zǐ 仔籽子姊紫滓 zì 字自渍	zhī 之支汁芝枝知织肢脂只 zhí 执侄直值职植殖 zhǐ 止只旨址纸指趾 zhì 至志制帜治炙质峙挚桎秩致掷窒智滞稚置
zōng 宗综棕踪鬃 zǒng 总 zòng 纵粽	zhōng 中忠终盅钟衷 zhǒng 肿种冢 zhòng 中种仲众重
zǒu 走 zòu 奏揍	zhōu 州舟周洲粥 zhóu 轴 zhǒu 肘 zhòu 咒宙昼皱骤 zhou 帚
zū 租 zú 足卒族 zǔ 诅阻组祖	zhū 朱诛株珠诸猪蛛 zhú 竹烛逐 zhǔ 主拄属煮嘱瞩 zhù 伫住助注贮驻柱祝著蛀筑铸
	zhuā 抓 zhuǎ 爪
	zhuài 拽

（续上表）

z	zh
zuān 钻 zuǎn 纂 zuàn 钻攥	zhuān 专砖 zhuǎn 转 zhuàn 传转赚撰篆
	zhuāng 妆庄桩装 zhuàng 壮状幢撞
zuǐ 嘴 zuì 最罪醉	zhuī 追椎锥 zhuì 坠缀赘
zūn 尊遵	zhǔn 准
zuō 作 zuó 琢昨 zuǒ 撮左佐 zuò 作坐座做	zhuō 拙捉桌 zhuó 卓灼茁浊酌啄着琢

c	ch
cā 擦	chā 叉杈插差 chá 查茬茶察 chǎ 叉 chà 杈岔诧差刹
cāi 猜 cái 才材财裁 cǎi 采彩睬踩 cài 菜蔡	chāi 差拆 chái 柴
cān 参餐 cán 残蚕惭 cǎn 惨 càn 灿璨	chān 掺搀 chán 禅馋缠蝉潺蟾 chǎn 产铲阐 chàn 忏颤
cāng 仓沧苍舱 cáng 藏	chāng 昌娼猖 cháng 长肠尝偿常场 chǎng 厂场敞 chàng 怅畅倡唱
cāo 操糙 cáo 曹嘈槽 cǎo 草	chāo 抄钞超剿 cháo 巢朝嘲潮 chǎo 吵炒
cè 册侧厕测策	chē 车 chě 扯 chè 彻掣撤澈
cén 岑	chēn 抻 chén 尘臣忱沉辰陈晨 chèn 衬称趁
céng 层曾 cèng 蹭	chēng 称撑 chéng 丞成呈承诚城乘惩程澄橙盛 chěng 逞骋 chèng 秤
cí 词祠瓷慈辞磁雌 cǐ 此 cì 次刺赐	chī 吃嗤痴 chí 池驰迟持 chǐ 尺侈齿耻 chì 斥赤炽翅啻
cōng 囱匆葱聪 cóng 从丛	chōng 充冲舂憧 chóng 虫崇重 chǒng 宠 chòng 冲
còu 凑	chōu 抽 chóu 仇惆绸畴愁稠筹酬踌 chǒu 丑 chòu 臭
cū 粗 cù 促醋簇	chū 出初 chú 刍除厨锄蜍雏橱躇 chǔ 础储楚处 chù 处搐触矗畜
	chuāi 揣 chuǎi 揣 chuài 踹
cuān 蹿 cuán 攒 cuàn 窜篡	chuān 川穿 chuán 传船 chuǎn 喘 chuàn 串
	chuāng 疮窗创 chuáng 床幢 chuǎng 闯 chuàng 创

（续上表）

c	ch
cuī 崔催摧 cuǐ 璀 cuì 脆啐淬萃瘁粹翠	chuī 吹炊 chuí 垂陲捶锤 chui 槌
cūn 村皴 cún 存 cǔn 忖 cùn 寸	chūn 春 chún 纯唇淳醇 chǔn 蠢
cuō 搓磋撮 cuò 挫措锉错	chuō 戳 chuò 啜绰

s	sh
sā 仨撒 sǎ 撒洒 sà 卅萨	shā 杀沙纱刹砂煞杉 shǎ 傻 shà 煞霎厦
sāi 塞腮鳃 sài 塞赛	shāi 筛 shǎi 色 shài 晒
sān 三 sǎn 伞散 sàn 散	shān 山杉衫珊煽扇 shǎn 闪陕 shàn 禅单讪扇善缮擅膳赡
sāng 桑丧 sǎng 嗓 sàng 丧	shāng 伤商 shǎng 晌赏上 shàng 上尚 shang 裳
sāo 搔骚缫臊 sǎo 扫嫂 sào 臊扫	shāo 捎梢烧稍 sháo 勺 shǎo 少 shào 少绍哨
sè 塞色涩啬瑟	shē 奢 shé 舌蛇折 shě 舍 shè 舍设社射涉赦摄麝
	shéi 谁
sēn 森	shēn 参申伸身呻绅娠砷深 shén 神什 shěn 沈审婶 shèn 肾甚渗慎蜃
sēng 僧	shēng 升生声牲笙 shéng 绳 shěng 省 shèng 胜圣盛剩
sī 丝司私思斯厮嘶撕 sǐ 死 sì 四寺伺似祀饲俟嗣肆	shī 尸失师虱诗施狮湿 shí 十什石时识实拾蚀食 shǐ 史矢使始驶屎 shì 士氏世仕市示式事侍势视试饰室恃拭是柿适舐逝释嗜誓噬螫似 shi 匙
sōng 松 sǒng 怂悚耸 sòng 讼宋诵送颂	
sōu 搜艘 sǒu 擞 sou 嗽	shōu 收 shóu 熟 shǒu 手守首 shòu 寿受狩兽售授瘦
sū 苏酥稣 sú 俗 sù 诉肃素速宿粟塑溯	shū 书抒叔枢倏殊梳疏舒输蔬 shú 孰赎塾熟 shǔ 暑署鼠蜀薯曙数属 shù 术束述树竖恕庶数墅
	shuā 刷 shuǎ 耍

（续上表）

s	sh
	shuāi 衰摔 shuǎi 甩 shuài 率帅
suān 酸 suàn 蒜算	shuān 拴栓 shuàn 涮
	shuāng 双霜 shuǎng 爽
suī 虽 suí 绥隋随遂 suǐ 髓 suì 岁祟遂碎隧穗邃	shuí 谁 shuǐ 水 shuì 税睡
sūn 孙 sǔn 损笋	shǔn 吮 shùn 顺舜瞬
suō 唆梭蓑缩 suǒ 所索琐锁	shuō 说 shuò 烁硕

二、n 与 l

n	l
ná 拿 nǎ 哪 nà 那纳娜钠捺	lā 拉 lá 拉 lǎ 喇 là 腊蜡辣落
nǎi 乃奶氖 nài 奈耐	lái 来徕 lài 睐赖癞
nán 男南难 nàn 难	lán 兰拦栏婪蓝澜斓篮 lǎn 览揽缆榄懒 làn 烂滥
náng 囊 nang 囔	láng 郎狼廊琅螂 lǎng 朗 làng 浪
náo 挠 nǎo 恼脑瑙 nào 闹	lāo 捞 láo 劳牢 lǎo 老姥 lào 涝烙落
	lè 乐勒
něi 馁 nèi 内	lēi 勒 léi 雷镭累擂 lěi 垒蕾儡累 lèi 肋泪类累擂
nèn 嫩	
néng 能	léng 棱 lěng 冷 lèng 愣
ní 呢尼泥倪霓 nǐ 你拟 nì 泥昵逆溺腻	lí 厘梨离犁漓璃黎篱 lǐ 礼李里理锂鲤 lì 力历厉立吏丽利励沥例隶俐荔栗砾笠粒蛎痢雳 li 狸
	liǎ 俩
niān 拈蔫 nián 年黏 niǎn 捻撵碾 niàn 廿念	lián 连帘怜涟莲联廉镰 liǎn 敛脸 liàn 练炼恋链
niáng 娘 niàng 酿	liáng 良凉梁粮量 liǎng 俩两 liàng 凉踉亮谅辆晾量 liang 粱

（续上表）

n	l
niǎo 鸟袅 niào 尿	liāo 撩 liáo 潦辽疗聊僚嘹撩缭燎 liǎo 燎了 liào 廖料撂瞭
niē 捏 niè 涅聂啮镊镍孽蘖	liě 咧 liè 列劣烈猎裂
nín 您	līn 拎 lín 邻林临淋琳嶙霖磷鳞 lìn 吝赁躏
níng 宁咛拧狞凝 nǐng 拧 nìng 宁拧泞	líng 伶灵玲凌铃陵绫羚翎聆菱零龄 lǐng 岭领令 lìng 令另
niú 牛 niǔ 扭纽钮 niù 拗	liū 溜蹓 liú 刘浏流留琉硫馏榴瘤 liǔ 柳绺 liù 溜六蹓陆
nóng 农浓脓 nòng 弄	lóng 龙咙珑笼聋隆 lǒng 笼陇垄拢 long 窿
	lōu 搂 lóu 楼 lǒu 搂篓 lòu 陋漏露
nú 奴 nǔ 努 nù 怒	lú 卢芦炉颅 lǔ 卤虏掳鲁 lù 露陆录赂鹿禄碌路戮麓绿
nuǎn 暖	luán 孪峦 luǎn 卵 luàn 乱
	lūn 抡 lún 伦沦纶轮 lùn 论
nuó 挪 nuò 诺懦糯	luō 捋 luó 罗萝逻锣箩骡螺 luǒ 裸 luò 洛络骆落摞
nǚ 女	lǘ 驴榈 lǚ 吕侣旅铝屡缕履捋 lǜ 滤律虑率绿氯
nüè 疟虐	lüè 掠略

三、f 与 h

f	h
fā 发 fá 乏伐罚阀筏 fǎ 法 fà 发	hā 哈 há 蛤
	hái 孩还 hǎi 海 hài 骇害氦
fān 帆番翻藩 fán 凡矾烦繁 fǎn 反返 fàn 犯泛饭范贩梵	hān 蚶酣憨鼾 hán 含函涵寒韩 hǎn 罕喊 hàn 汉汗旱悍捍焊憾撼
fāng 方坊芳 fáng 防妨房肪 fǎng 仿访纺 fàng 放	háng 杭航行 hàng 巷

（续上表）

f	h
	háo 毫豪嚎壕号 hǎo 好郝 hào 好号浩耗
	hē 呵喝 hé 禾合何劾和河阂核荷涸盒颌 hè 喝和荷贺褐赫鹤壑吓
fēi 飞妃非啡绯 féi 肥 fěi 匪诽翡 fèi 吠废沸肺费	hēi 黑
fēn 分纷芬氛酚 fén 坟焚 fěn 粉 fèn 分份奋愤粪	hén 痕 hěn 很狠 hèn 恨
fēng 丰风枫封疯峰烽锋蜂 féng 冯逢缝 fěng 讽 fèng 缝凤奉	héng 恒横衡 hèng 横
fó 佛	
	hōng 轰哄烘 hóng 弘红宏洪虹鸿 hǒng 哄 hòng 哄
fǒu 否	hóu 侯喉猴 hǒu 吼 hòu 侯后厚候
fū 夫肤孵敷 fú 佛弗伏扶芙拂服俘氟浮匐符幅福辐 fǔ 抚甫府斧俯辅腑腐 fù 服父付妇负附咐复赴副富赋缚腹覆 fu 袱傅	hū 乎呼忽惚 hú 和核弧狐胡壶湖瑚糊蝴 hǔ 虎唬 hù 互户护沪
	huā 花 huá 华哗滑猾划 huà 华化划画话桦
	huái 怀淮槐 huài 坏
	huān 欢 huán 还环 huǎn 缓 huàn 幻宦唤换涣患焕痪豢
	huāng 荒慌 huáng 皇凰黄惶煌潢蝗磺簧 huǎng 恍晃谎幌 huàng 晃
	huī 灰诙恢挥辉徽 huí 回洄蛔 huǐ 悔毁 huì 卉汇会讳绘荟诲贿彗晦秽喙惠慧
	hūn 昏荤婚 hún 浑魂混 hùn 混
	huō 豁 huó 和活 huǒ 火伙 huò 和豁或货获祸惑霍

四、ji / qi / xi 与 zi / ci / si、zhi/chi/shi

ji	zi	zhi
jī 讥击饥机肌鸡姬积基畸稽激羁几 jí 及吉汲级即极急疾棘集嫉辑瘠籍 jǐ 给几己挤脊戟麂纪济 jì 迹绩计记伎纪妓忌技际剂季既济继寂寄悸祭暨冀髻系 ji 箕	zī 兹咨姿资滋 zǐ 仔籽子姊紫滓 zì 字自渍	zhī 之支汁芝枝知织肢脂只 zhí 执侄直值职植殖 zhǐ 止只旨址纸指趾 zhì 至志制帜治炙质峙挚桎秩致掷窒智滞稚置
qī 七沏妻凄栖戚期欺漆 qí 齐其奇歧祈崎畦骑棋旗鳍 qǐ 乞企岂启起绮 qì 气迄弃汽泣契砌器	cí 词祠瓷慈辞磁雌 cǐ 此 cì 次刺赐	chī 吃嗤痴 chí 池驰迟持 chǐ 尺侈齿耻 chì 斥赤炽翅啻

xi	si	shi
xī 夕兮汐西吸希昔析唏奚息牺悉惜晰犀稀溪皙锡熄蜥嬉膝曦 xí 习席袭媳 xǐ 洗铣喜 xì 戏系细隙	sī 丝司私思斯厮嘶撕 sǐ 死 sì 四寺伺似祀饲俟嗣肆	shī 尸失师虱诗施狮湿 shí 十什石时识实拾蚀食 shǐ 史矢使始驶屎 shì 士氏世仕市示式事侍势视试饰室恃拭是柿适舐逝释嗜誓噬螫似 shi 匙

附录三　普通话水平测试用字声母类推字表

一、z / c / s 与 zh / ch / sh 代表字

1. z / c / s 代表字

匝——匝咂砸
兹——兹滋孳
子——子孜仔籽字
宗——宗综棕踪鬃粽淙琮，例外：chóng 崇
卒——卒醉
祖——祖租诅阻组俎，例外：助 zhù
尊——尊遵樽鳟
次——次咨姿资趑恣
从——从苁丛纵
醋——醋措错
窜——窜撺蹿
崔——崔催摧璀
寸——寸村忖
散——散撒
司——司伺饲词祠
思——思锶腮鳃
斯——斯厮撕嘶澌
四——四泗驷
松——忪淞讼颂
孙——孙荪狲
赞——赞攒
澡——澡藻噪燥躁操臊
造——造糙
则——则侧厕测恻，例外：铡 zhá
责——责啧帻箦，例外：债 zhài
曾——曾增憎缯赠蹭僧
才——才材财，例外：豺 chái
采——采彩睬踩菜
参——参惨，例外：渗 shèn
仓——仓伧苍沧舱，例外：疮创怆
曹——曹嘈漕槽螬
此——此疵雌，例外：柴 chái
叟——叟嫂搜嗖溲馊飕螋艘，例外：瘦 shòu
桑——桑搡嗓
素——素嗉愫
遂——遂隧燧
唆——唆梭狻酸
锁——锁唢琐

2. zh / ch / sh 代表字

占——占沾毡粘战站砧，例外：钻 zuàn
章——章獐彰漳嫜璋蟑嶂幛瘴
长——长张涨帐胀账怅
丈——丈仗杖
珍——珍诊疹轸
真——真镇缜
贞——贞侦桢帧祯
争——争挣峥狰铮睁筝诤
正——正征怔症整证政

支——支枝肢

只——只织职帜

知——知蜘智

直——直值植殖置

召——召招昭沼诏照超

折——折蜇哲浙誓

者——者锗赭诸猪潴煮渚褚著箸槠储

执——执贽挚蛰

叉——叉杈衩汊钗

馋——馋搀谗

产——产铲

昌——昌菖猖阊娼鲳倡唱

场——场肠畅

抄——抄吵钞炒

朝——朝嘲潮

辰——辰晨唇

成——成诚城盛

呈——呈程酲逞

池——池驰弛

山——山舢讪汕疝

珊——珊删姗栅跚，例外：册 cè

扇——扇煽

善——善鄯缮膳蟮鳝

尚——尚埫晌赏绱裳徜

捎——捎梢稍筲艄鞘哨

少——少沙纱砂莎痧鲨，例外：娑 suō

舍——舍啥猞

申——申伸呻绅神审婶

生——生牲笙甥胜

止——止芷址趾

志——志痣

至——至郅致窒

中——中忠盅钟衷种肿仲

朱——朱侏诛茱洙珠株铢蛛

主——主拄住注驻柱炷疰蛀

专——专砖转传啭

啄——啄涿诼琢

斥——斥坼拆，例外：诉 sù

筹——筹俦畴踌

绸——绸惆稠

出——出础绌黜

厨——厨橱蹰

除——除滁蜍

喘——喘揣

垂——垂陲捶棰锤

春——春椿蠢

啜——啜辍

诗——诗侍恃痔，例外：寺 sì

师——师狮筛，例外：蛳 sī

市——市柿铈

式——式试拭轼弑

受——受授绶

抒——抒纾舒

叔——叔淑菽

孰——孰塾熟

暑——暑署薯曙

刷——刷涮

率——率摔蟀

二、n与l代表字

1. n

那——那哪挪娜

乃——乃奶艿氖

奈——奈萘捺

南——南喃楠

脑——脑恼瑙

内——内讷呐纳衲钠

尼——尼泥呢伲泥

倪——倪霓猊

念——念捻埝

捏——捏涅

聂——聂蹑慑嗫

宁——宁柠咛狞泞

纽——纽妞扭钮

农——农浓脓侬

奴——奴孥驽努怒

虐——虐疟

诺——诺喏锘匿

懦——懦糯

2. l

剌——剌喇辣瘌赖癞籁

腊——腊蜡猎

兰——兰拦栏烂

蓝——蓝篮滥

览——览揽缆榄

劳——劳捞痨唠涝

老——老佬姥

乐——乐砾栎

雷——雷擂镭蕾

累——累骡螺瘰漯摞

离——离漓篱璃

里——里厘狸理鲤量

力——力荔劣肋勒

历——历厉励砺沥雳

粒——粒笠拉垃啦

利——利梨犁蜊俐痢莉猁

连——连莲涟琏链

廉——廉濂镰

脸——脸敛殓裣潋

炼——炼练

恋——恋峦娈孪鸾滦

良——良粮廊狼琅榔螂朗浪

凉——凉谅晾掠

梁——梁粱

两——两俩魉辆

列——列咧烈裂例

林——林淋琳霖婪

嶙——嶙辚鳞麟磷

令——令伶玲铃羚聆蛉零龄岭领冷邻怜

菱——菱凌陵棱

流——流琉硫

留——留溜馏榴瘤

柳——柳聊

龙——龙咙聋笼胧珑陇垄拢

隆——隆癃窿

娄——娄喽楼搂篓缕屡

卢——卢泸栌颅胪鲈轳

鲁——鲁橹

录——录碌绿氯

鹿——漉麓辘
路——路鹭露潞璐
吕——吕侣铝
虑——虑滤
仑——仑抡伦沦论
罗——罗逻萝锣箩
洛——洛落络骆烙酪略

三、f 与 h 代表字

1. f

发——发废
乏——乏泛
伐——伐阀筏垡
凡——凡帆矾钒
反——反返饭贩畈
番——番蕃藩翻
方——方芳坊钫防妨房肪舫放
非——非菲啡绯霏诽匪榧斐蜚翡痱
分——分芬吩纷粉份忿
愤——愤坟
风——风枫疯讽
蜂——蜂烽锋
夫——夫肤麸芙扶呋
弗——弗拂佛氟沸狒费
伏——伏茯袱
孚——孚孵俘浮
福——福幅辐蝠副富
甫——甫敷辅傅缚
父——父斧釜
付——付符府俯腑腐附驸咐
复——复腹覆

2. h

禾——禾和
红——红虹鸿
洪——洪哄烘
乎——乎呼滹
忽——忽惚
胡——胡湖葫猢瑚糊蝴
狐——狐弧
虎——虎唬琥
户——户沪护戽扈
化——化花华哗铧桦货
话——话活
怀——怀坏
还——还环
奂——奂涣换唤焕痪
荒——荒慌谎
皇——皇凰湟惶徨煌蝗隍
黄——黄璜癀磺蟥簧
晃——晃恍幌
灰——灰恢诙
挥——挥辉荤浑珲
回——回茴蛔徊
悔——悔诲晦
会——会绘烩
惠——惠蕙
昏——昏阍婚
混——混馄
火——火伙钬
或——或惑

第三章　普通话韵母训练

第一节　韵母概述

韵母是汉语音节中声母后面的部分，由元音或者元音加上辅音构成，元音在韵母中扮演着重要角色。与辅音相比，元音发音清晰响亮，没有呼读音。例如：

bie = b + <u>ie</u>　　　zhang = zh + <u>ang</u>

韵母由韵头、韵腹和韵尾构成。韵腹是韵母的主干，又叫作主要元音，由元音充当。韵头是韵腹前面的元音，介于声母和韵腹之间，又叫作介音、介母，由 i、u、ü 三个元音充当。韵尾是韵腹后面的部分，由 i、u（o）、n、ng 充当。[①]

韵母 = 韵头 + 韵腹 + 韵尾

有的韵母有韵头、韵腹和韵尾（iao），有的只有韵头和韵腹（ia），有的只有韵腹和韵尾（ai），有的只有韵腹（i），但是所有的韵母都有韵腹。

根据韵母开头元音的发音口形划分出来的种类，叫作四呼。[②]

开口呼，非 i、u、ü 或不是以 i、u、ü 开头的韵母。

齐齿呼，i 或 i 开头的韵母。

合口呼，u 或 u 开头的韵母。

撮口呼，ü 或 ü 开头的韵母。

四呼
- 开口呼：-i［ɿ］ -i［ʅ］ a o e ê er ai ei ao ou an en ang eng[③]
- 齐齿呼：i ia ie iao iou ian in iang ing
- 合口呼：u ua uo uai uei uan uen uang ueng ong
- 撮口呼：ü üe üan ün iong

---

① 这里的 o 仅指 ao、iao 中的 o，而不包括 uo 等中的 o。

② 按照实际发音，ong 中的 o 发［u］，故归入合口呼，iong 中的 io 发［y］，故归入撮口呼。

③ -i［ɿ］是 zi、ci、si 中的 i，-i［ʅ］是 zhi、chi、shi、ri 中的 i。

普通话的韵母共有 39 个：

ɑ o e ê i u ü -i [ʅ] -i [ʅ] er

ɑi ei ou ɑo iɑ uɑ uo ie ue iɑo iou uei uɑi

ɑn iɑn uɑn en in uen uɑn un ɑng iɑng uɑng

eng ueng ing iong ong

一、单韵母、复韵母和鼻韵母

单韵母是由一个元音构成的韵母，又叫作单元音韵母。根据元音的性质，单韵母又分为舌面元音单韵母、卷舌元音单韵母和舌尖元音单韵母。舌面元音单韵母，由舌面元音构成，共有 7 个：ɑ、o、e、ê、i、u、ü。卷舌元音单韵母，由卷舌元音构成，只有 1 个：er。舌尖元音单韵母，由舌尖元音构成，共有 2 个：-i [ʅ]、-i [ʅ]。

单韵母 { 舌面元音：ɑ o e ê i u ü
卷舌元音：er
舌尖元音：-i [ʅ] -i [ʅ] }

复韵母是由两个或三个元音构成的韵母，又叫作复元音韵母。复韵母各个元音的发音并不完全相同，其中一个发得比较响亮，叫作响元音。根据响元音在韵母中的位置，复韵母又分为前响复韵母、中响复韵母和后响复韵母。前响复韵母是响元音处在前面的复韵母，共有 4 个：ɑo、ɑi、ou、ei。中响复韵母是响元音处在中间的复韵母，共有 4 个：iɑo、iou、uɑi、uei。后响复韵母是响元音处在后面的复韵母，共有 5 个：iɑ、ie、uɑ、uo、üe。

复韵母 { 前响复韵母：ɑo ɑi ou ei
中响复韵母：iɑo iou uɑi uei
后响复韵母：iɑ ie uɑ uo üe }

鼻韵母是带有鼻辅音的韵母，又叫作鼻音尾韵母。根据鼻辅音的性质，鼻韵母可以分为前鼻音鼻韵母和后鼻音鼻韵母。前鼻音鼻韵母由舌尖中、浊、鼻音 n 构成，共有 8 个：ɑn、en、iɑn、in、uɑn、uen、üɑn、ün。后鼻音鼻韵母由舌面后、浊、鼻音 ng 构成，共有 8 个：ɑng、ong、eng、iɑng、iong、ing、uɑng、ueng。

前鼻音鼻韵母和后鼻音鼻韵母基本上成为对应关系，有一个前鼻音鼻韵母就有一个后鼻音鼻韵母，[①] 了解这一点，对发好鼻韵母有帮助。

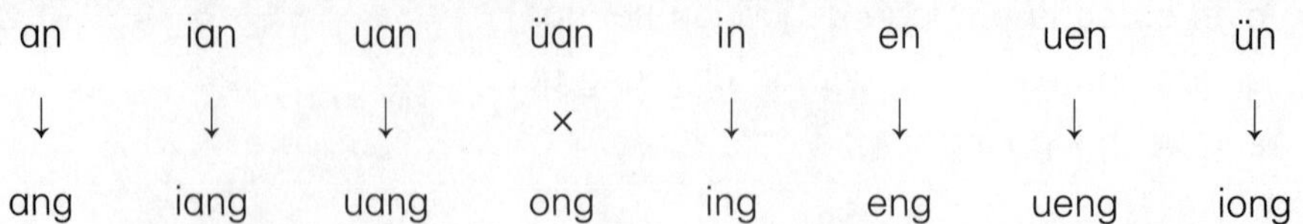

二、元音的发音条件

普通话韵母主要由元音构成，了解元音的发音条件有助于发好韵母。不同的元音由不同的舌位和唇形决定，舌位是舌面上隆起的最高点，舌位有舌位前后和高低之分，唇形主要体现为圆展程度。具体而言，有以下三个方面：

（1）舌位前后，根据舌位的前后不同，元音分为前元音、央元音和后元音。

（2）舌位高低，舌位的高低跟开口度的大小有关，开口度越大，舌位越低；开口度越小，舌位越高。根据舌位的高低，元音分为高元音、半高元音、半低元音和低元音。

（3）圆唇不圆唇。根据圆唇不圆唇，元音分为圆唇元音和不圆唇元音。

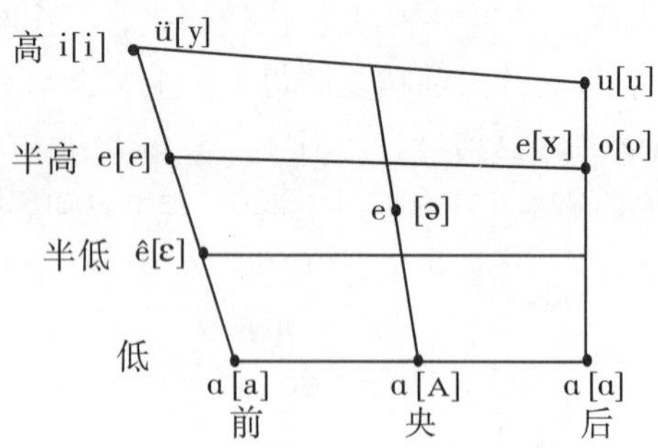

图 3－1 舌面元音示意图

① 只有 üan 和 ong 没有对应上，ün［yn］和 iong［yŋ］从国际音标看也是对应的。

普通话韵母概括如下：

表 3－1　普通话韵母发音总表

结构类	口形类			
	开口呼	齐齿呼	合口呼	撮口呼
单韵母	-i [ɿ] -i [ʅ]	i [i]	u [u]	ü [y]
	ɑ [A]	iɑ [iA]	uɑ [uA]	
	o [o]		uo [uo]	
	e [ɤ]			
	ê [ε]	ie [iε]		üe [yε]
	er [ər]			
复韵母	ɑi [ai]		uɑi [uai]	
	ei [ei]		uei [uei]	
	ɑo [ɑu]	iɑo [iɑu]		
	ou [ou]	iou [iou]		
鼻韵母	ɑn [an]	iɑn [iεn]	uɑn [uan]	üɑn [yan]
	en [ən]		uen [uən]	
		in [in]		ün [yn]
	ɑng [ɑŋ]	iɑng [iɑŋ]	uɑng [uɑŋ]	
	eng [əŋ]		ueng [uəŋ]	
		ing [iŋ]	ong [uŋ]	iong [yŋ]

第二节　韵母发音训练

第一组　ɑ/o/e/ê

ɑ [ᴀ]：舌面、央、低、不圆唇元音

o [o]：舌面、后、半高、圆唇元音

e [ɤ]：舌面、后、半高、不圆唇元音

ê [ε]：舌面、前、半低、不圆唇元音

【温馨提示】

单韵母的发音特点是发音过程中舌位和唇形始终不变，若有一点变化，就不是纯正的单韵母了。所以，单韵母发音时要保持固定的口形。

【发音描述】

ɑ 发音时，口自然大开，舌头居中央，舌尖在下齿龈，扁唇，软腭上升，关闭鼻腔通道，声带颤动。

o、e 发音时，口半开（接近食指的宽度），舌头略后缩，软腭上升，关闭鼻腔通道，声带颤动，e 为扁唇，o 为圆唇。

ê 发音时，口半开（比 e 大一点），舌头前伸，舌尖抵住下齿背，扁唇，软腭上升，关闭鼻腔通道，声带颤动。①

各韵母发音示意图如下：

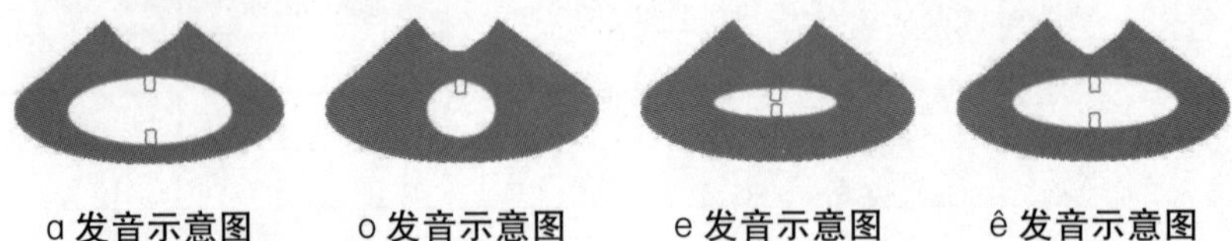

ɑ 发音示意图　　o 发音示意图　　e 发音示意图　　ê 发音示意图

1. **单音节字词练习**

爸 bà	怕 pà	骂 mà	发 fā	大 dà	沓 tà
博 bó	破 pò	莫 mò	佛 fó		
德 dé	特 tè	讷 nè	勒 lè	个 gè	课 kè

2. **双音节词语练习**

马达 mǎdá	沙发 shāfā	大麻 dàmá	发达 fādá
打岔 dǎchà	大厦 dàshà	大法 dàfǎ	大妈 dàmā
默默 mòmò	婆婆 pópo	剥削 bōxuē	佛寺 fósì
客车 kèchē	折合 zhéhé	特赦 tèshè	苛刻 kēkè
隔阂 géhé	特色 tèsè	折射 zhéshè	合格 hégé
裂变 lièbiàn	解体 jiětǐ	绝技 juéjì	雪白 xuěbái

第二组　i/ü/u

i [i]：舌面、前、高、不圆唇元音

ü [y]：舌面、前、高、圆唇元音

u [u]：舌面、后、高、圆唇元音

【发音描述】

i、ü 发音时，口微开（开口度最小），舌头前伸，舌尖抵住下齿背，i 为扁唇（扁平形），ü 为圆唇（圆唇度不及 u，椭圆形），软腭上升，关闭鼻腔通

① ie 和 üe 中的 e 实际为 ê，故用 ie、üe 构成的词语代替。ê 只有零声母音节，不与声母相拼。ê，常用字就只有“欸”。

道，声带颤动。

u 发音时，口微开，舌头后缩，圆唇，软腭上升，关闭鼻腔通道，声带颤动。

各韵母发音示意图如下：

i 发音示意图　　ü 发音示意图　　u 发音示意图

1. **单音节字词练习**

碧 bì　屁 pì　密 mì　第 dì　替 tì　尼 ní

女 nǚ　绿 lǜ　剧 jù　去 qù　续 xù　玉 yù

步 bù　铺 pū　木 mù　复 fù　度 dù　兔 tù

2. **双音节词语练习**

比例 bǐlì　地皮 dìpí　契机 qìjī　气息 qìxī

屹立 yìlì　笔迹 bǐjì　体系 tǐxì　细腻 xìnì

序曲 xùqǔ　语句 yǔjù　区域 qūyù　聚居 jùjū

居于 jūyú　须臾 xūyú　寓于 yùyú

部署 bùshǔ　幅度 fúdù　入股 rùgǔ　住户 zhùhù

部属 bùshǔ　目录 mùlù　孤独 gūdú　入伍 rùwǔ

第三组　er/ -i ［ɿ］ /-i ［ʅ］

er［ər］：卷舌、央、中、不圆唇元音

-i［ɿ］：舌尖、前、高、不圆唇元音

-i［ʅ］：舌尖、后、高、不圆唇元音

【发音描述】

er 是在央元音［ə］的基础上加卷舌动作而成，发音时口半开（ɑ 开口度的一半），舌头居中央，扁唇，舌尖向硬腭中部上卷，软腭上升，关闭鼻腔通道，声带颤动。

-i［ɿ］、-i［ʅ］发音时，口微开，扁唇，-i［ɿ］舌头平伸，舌尖靠近上齿背或下齿背，-i［ʅ］舌尖上翘，靠近硬腭前部，软腭上升，关闭鼻腔通道，声带颤动。

-i［ɿ］、-i［ʅ］不太好发音，可以利用别的字体会它们的发音。“思”

发音拉长，后面部分即 -i [ʅ]，“师”发音拉长，后面部分即 -i [ʅ]。

【温馨提示】

这三个元音是特殊元音，er 是卷舌元音，不与声母相拼，只能自成音节，-i [ɿ]、-i [ʅ] 是舌尖元音，不能自成音节，分别只同 z、c、s 和 zh、ch、sh、r 相拼。

各韵母发音示意图如下：

er 发音示意图

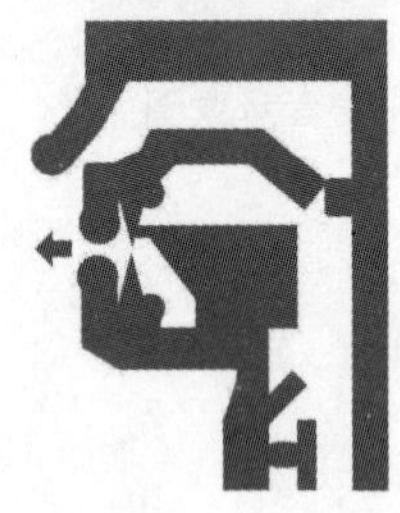

-i [ɿ] 发音示意图

-i [ʅ] 发音示意图

1. 单音节字词练习

儿 ér　　而 ér　　尔 ěr　　耳 ěr　　饵 ěr　　二 èr

字 zì　　次 cì　　四 sì

至 zhì　　翅 chì　　是 shì　　日 rì

2. 双音节词语练习

然而 rán'ér　　饵料 ěrliào　　二胡 èrhú　　儿童 értóng

自私 zìsī　　私自 sīzì　　辞职 cízhí　　姿势 zīshì

支持 zhīchí　　试纸 shìzhǐ　　时日 shírì　　指使 zhǐshǐ

史诗 shǐshī　　日食 rìshí　　制止 zhìzhǐ　　失职 shīzhí

第四组　ai/ao/ei/ou

ai [ai]、ao [ɑu]、ei [ei]、ou [ou]

【发音描述】

ai、ao、ei、ou 是前响复韵母，发音时前头的元音清晰响亮，时间略长，后头的元音含混，时间很短，表示舌位滑动的方向，前、后元音发音过渡自然。

【温馨提示】

复韵母的发音有两个特点：一是发音过程中舌位、唇形一直在变化，由一个元音的发音快速地向另一个元音的发音过渡。二是元音之间的发音有主次之分，主要元音清晰响亮，其他元音轻短或含混。

各韵母发音示意图如下：[1]

ɑi 发音示意图

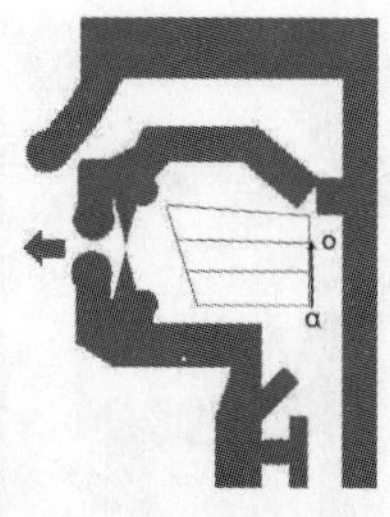

ɑo 发音示意图

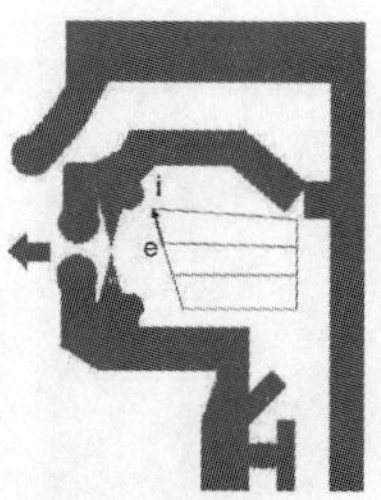

ei 发音示意图

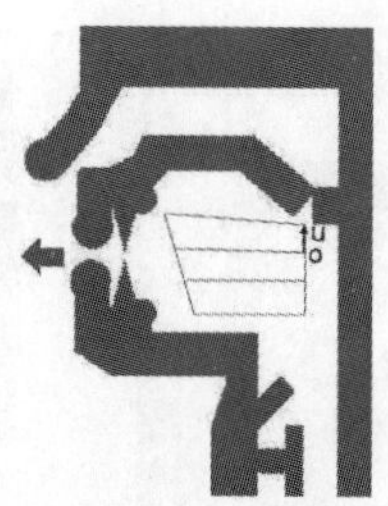

ou 发音示意图

1. 单音节字词练习

爱 ài　奥 ào　鸥 ōu

败 bài　派 pài　麦 mài　带 dài　太 tài　奈 nài

冒 mào　道 dào　套 tào　闹 nào　涝 lào　告 gào

被 bèi　配 pèi　妹 mèi　费 fèi　类 lèi　给 gěi

剖 pōu　谋 móu　斗 dòu　透 tòu　漏 lòu　够 gòu

2. 双音节词语练习

灾害 zāihài　爱戴 àidài　择菜 zháicài　拍卖 pāimài

白菜 báicài　皑皑 ái'ái　海带 hǎidài　采摘 cǎizhāi

报道 bàodào　懊恼 àonǎo　草帽 cǎomào　逃跑 táopǎo

报导 bàodǎo　吵闹 chǎonào　高潮 gāocháo　暴躁 bàozào

配备 pèibèi　非得 fēiděi　沸腾 fèiténg　内涵 nèihán

抖擞 dǒusǒu　守候 shǒuhòu　叩头 kòutóu　丑陋 chǒulòu

收购 shōugòu　漏斗 lòudǒu　口头 kǒutóu　偷偷 tōutōu

第五组　iɑo/iou/uɑi/uei

iɑo [iɑu]、iou [iou]、uɑi [uai]、uei [uei]

【发音描述】

iɑo、iou、uɑi、uei 是中响复韵母，发音时前头的元音轻短，时间很短；中间的元音清晰响亮，时间略长；后头的元音含混，表示舌位滑动的方向，时

① 根据国际音标制作。

间很短，前、中、后元音发音过渡自然。

各韵母发音示意图如下：

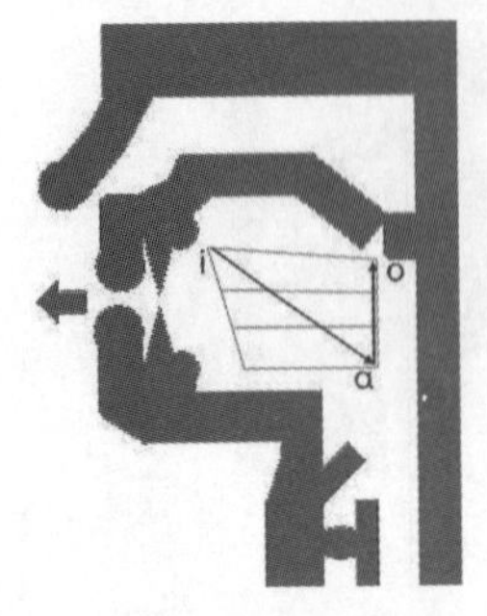

iao 发音示意图

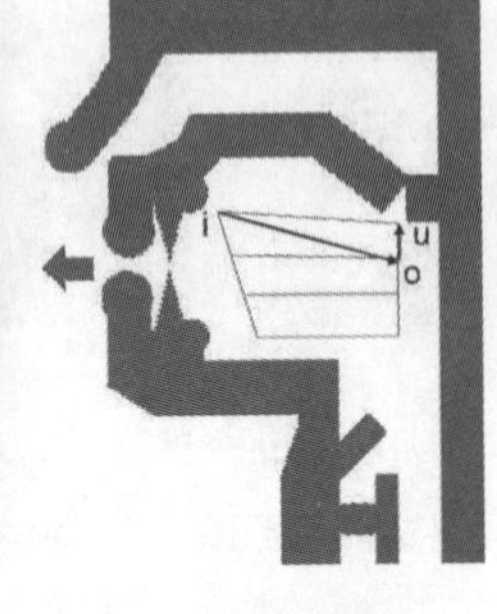

iou 发音示意图

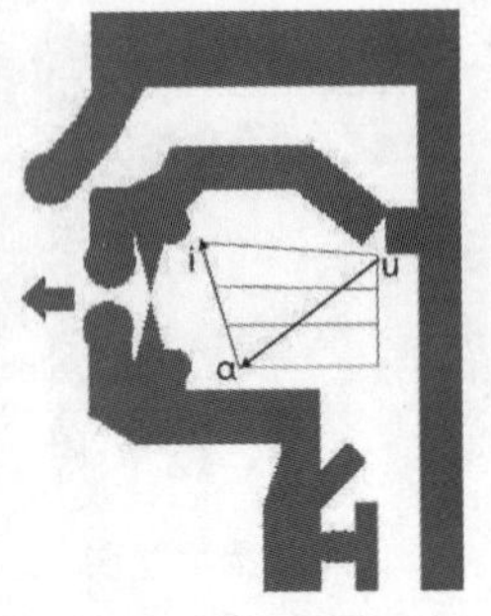

uai 发音示意图

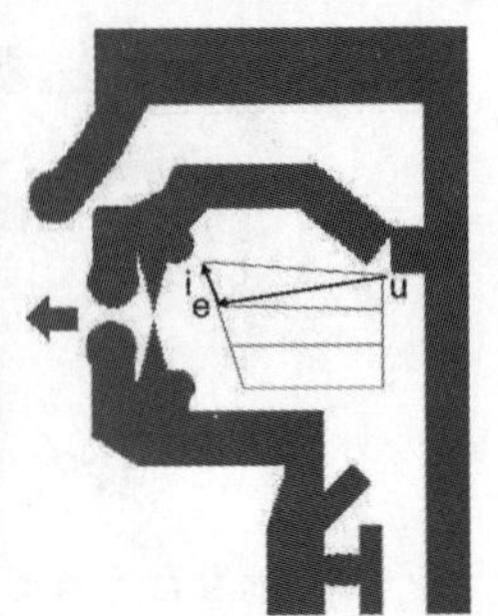

uei 发音示意图

1. 单音节字词练习

要 yào	又 yòu	外 wài	位 wèi		
表 biǎo	漂 piāo	妙 miào	掉 diào	跳 tiào	笑 xiào
谬 miù	丢 diū	六 liù	就 jiù	求 qiú	秀 xiù
怪 guài	快 kuài	坏 huài	拽 zhuài	踹 chuài	帅 shuài
对 duì	退 tuì	贵 guì	溃 kuì	惠 huì	最 zuì

2. 双音节词语练习

渺小 miǎoxiǎo	疗效 liáoxiào	窈窕 yǎotiǎo	巧妙 qiǎomiào
教条 jiàotiáo	逍遥 xiāoyáo	萧条 xiāotiáo	小巧 xiǎoqiǎo
求救 qiújiù	悠久 yōujiǔ	优秀 yōuxiù	流通 liútōng
外婆 wàipó	衰落 shuāiluò	情怀 qínghuái	作怪 zuòguài
退回 tuìhuí	未遂 wèisuì	垂危 chuíwēi	摧毁 cuīhuǐ
退位 tuìwèi	尾随 wěisuí	归队 guīduì	荟萃 huìcuì

第六组 iɑ/ie/uɑ/uo/üe

iɑ [iA]、ie [iɛ]、uɑ [uA]、uo [uo]、üe [yɛ]

【发音描述】

iɑ、ie、uɑ、uo、üe 是后响复韵母，发音时前头的元音轻短，时间很短，表示舌位滑动的起点；后头的元音清晰响亮，时间略长，前、后元音发音过渡自然。

各韵母发音示意图如下：

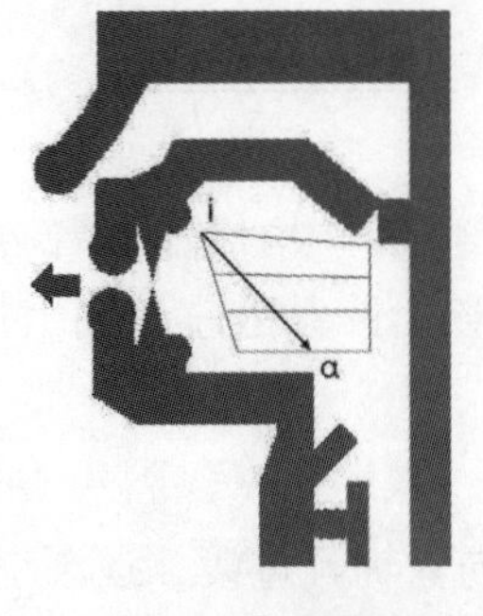

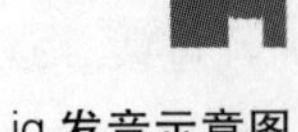
ia 发音示意图

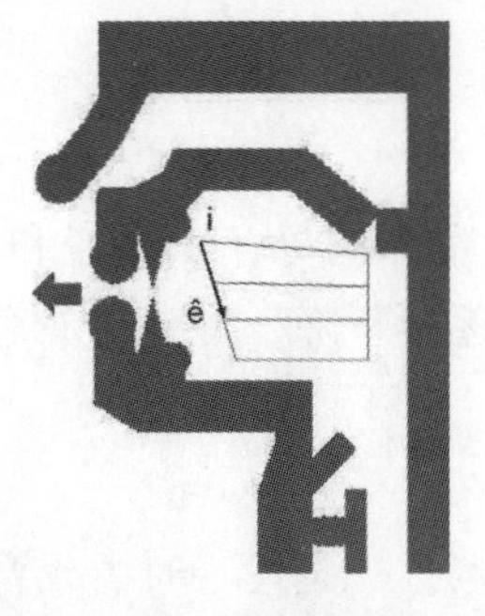

ie 发音示意图

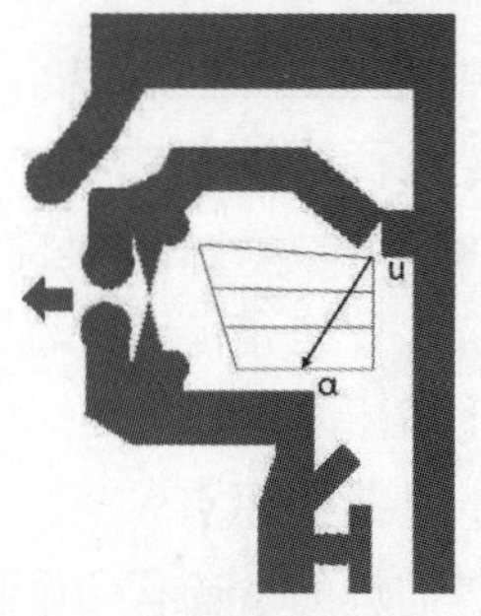

ua 发音示意图

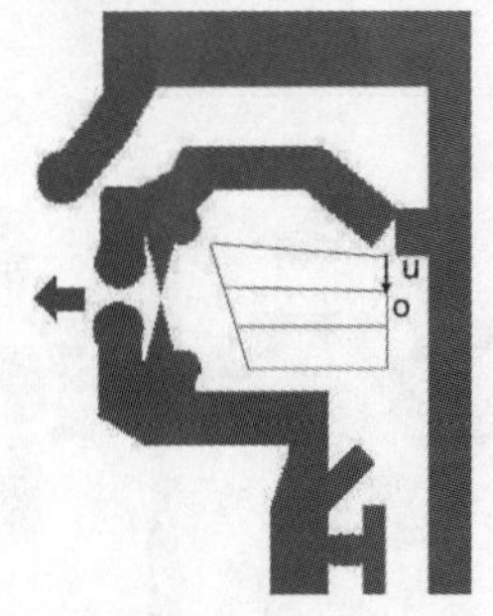

uo 发音示意图

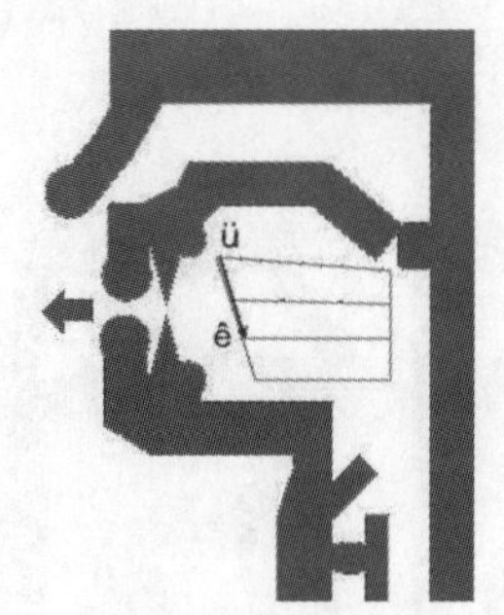

üe 发音示意图

1. 单音节字词练习

亚 yà　夜 yè　娃 wá　卧 wò　月 yuè
嫁 jià　恰 qià　下 xià
灭 miè　叠 dié　谢 xiè　列 liè　界 jiè　窃 qiè
挂 guà　跨 kuà　话 huà　抓 zhuā　耍 shuǎ
夺 duó　脱 tuō　络 luò　过 guò　扩 kuò　或 huò
虐 nüè　略 lüè　倔 juè　确 què　血 xuè

2. 双音节词语练习

夏天 xiàtiān　假象 jiǎxiàng　惊讶 jīngyà　关卡 guānqiǎ
贴切 tiēqiè　结业 jiéyè　接洽 jiēqià　熄灭 xīmiè
挂帅 guàshuài　华贵 huáguì　书画 shūhuà　印刷 yìnshuā
堕落 duòluò　错过 cuòguò　国货 guóhuò　陀螺 tuóluó
着落 zhuóluò　懦弱 nuòruò　过错 guòcuò　活捉 huózhuō
攫取 juéqǔ　乐章 yuèzhāng　缔约 dìyuē　的确 díquè

第七组 ɑn/en/in/ün

ɑn［an］、en［ən］、in［in］、ün［yn］

【发音描述】

ɑn、en、in、ün 是前鼻音鼻韵母，由元音和鼻辅音 n 构成，发音时，先发元音，发完元音后，软腭逐渐下降，增强鼻音色彩，舌尖迅速移到上齿龈，抵住上齿龈发 n。

【温馨提示】

鼻韵母的发音有两个特点：一是发音时由元音向鼻辅音过渡，逐渐增加鼻音色彩，最后发音部位闭塞，形成鼻辅音。二是鼻韵母的发音不是以鼻辅音为主，而是以元音为主，元音清晰响亮，鼻辅音发音不太明显。

各韵母发音示意图如下：

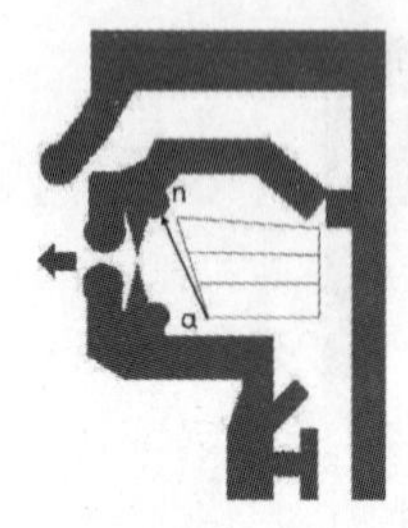

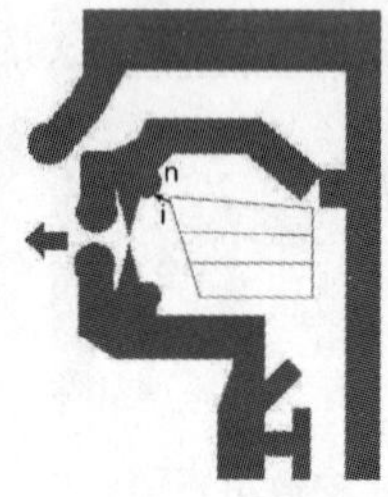

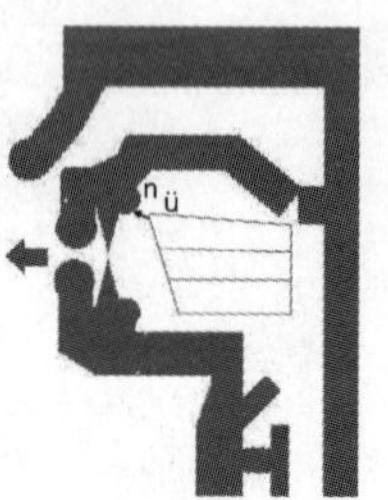

ɑn 发音示意图　en 发音示意图　in 发音示意图　ün 发音示意图

1. 单音节字词练习

岸 àn　恩 ēn　印 yìn　运 yùn

办 bàn　判 pàn　慢 màn　饭 fàn　但 dàn　碳 tàn

笨 bèn　盆 pén　扪 mén　份 fèn　扽 dèn　嫩 nèn

聘 pìn　闵 mǐn　拎 līn　尽 jìn　侵 qīn　信 xìn

俊 jùn　群 qún　训 xùn

2. 双音节词语练习

斑斓 bānlán　黯然 ànrán　参展 cānzhǎn　贪婪 tānlán

栏杆 lángān　暗淡 àndàn　攀谈 pāntán　难看 nánkàn

本分 běnfèn　粉尘 fěnchén　沉闷 chénmèn　恩人 ēnrén

本身 běnshēn　门诊 ménzhěn　愤恨 fènhèn　审慎 shěnshèn

濒临 bīnlín　殷勤 yīnqín　亲信 qīnxìn　拼音 pīnyīn

贫民 pínmín　　信心 xìnxīn　　近亲 jìnqīn　　薪金 xīnjīn
军训 jūnxùn　　均匀 jūnyún　　围裙 wéiqún　　俊美 jùnměi

第八组　ian/uan/uen/üan

ian［iɛn］、uan［uan］、uen［uən］、üan［yan］

【发音描述】

ian、uan、uen、üan 是前鼻音鼻韵母，由两个元音和鼻辅音 n 构成，发音时，第 1 个元音轻而短，表示舌位滑动的起点，第 2 个元音清晰响亮，发完第 2 个元音后，软腭逐渐下降，鼻腔通道打开，舌尖迅速移到上齿龈，抵住上齿龈发 n。

各韵母发音示意图如下：

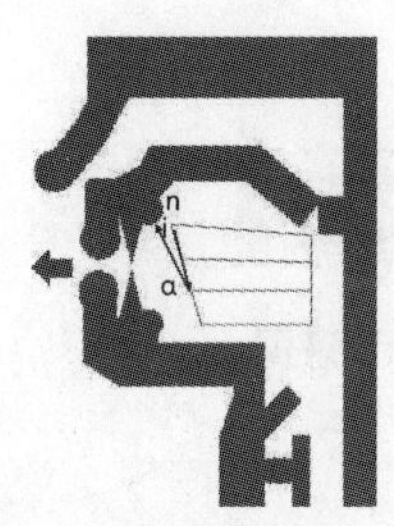

ian 发音示意图

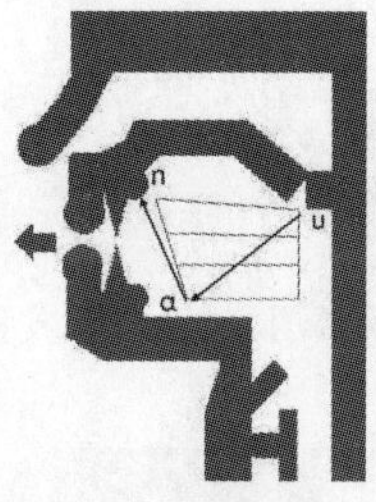

uan 发音示意图

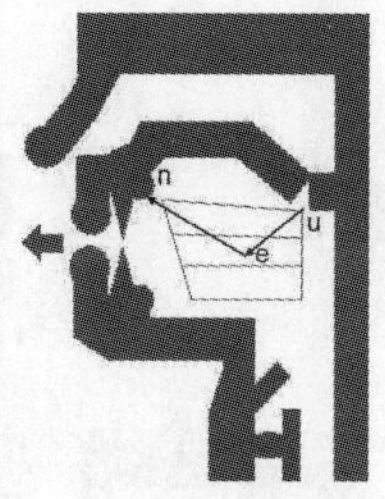

uen 发音示意图

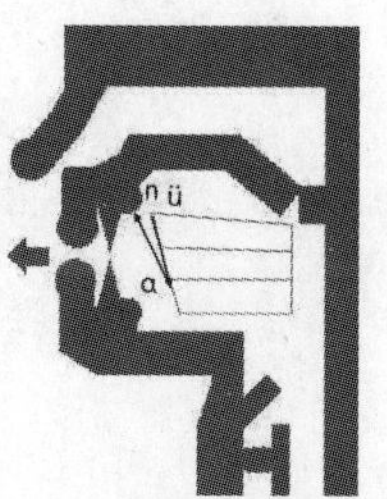

üan 发音示意图

1. 单音节字词练习

艳 yàn　　万 wàn　　问 wèn　　愿 yuàn
便 biàn　　骗 piàn　　面 miàn　　电 diàn　　甜 tián　　念 niàn
段 duàn　　团 tuán　　乱 luàn　　灌 guàn　　宽 kuān　　换 huàn
盾 dùn　　豚 tún　　论 lùn　　棍 gùn　　困 kùn　　混 hún
倦 juàn　　劝 quàn　　炫 xuàn

2. 双音节词语练习

变迁 biànqiān　　沿线 yánxiàn　　简练 jiǎnliàn　　惦念 diànniàn
电线 diànxiàn　　年间 niánjiān　　连绵 liánmián　　演变 yǎnbiàn
贯穿 guànchuān　　婉转 wǎnzhuǎn　　专款 zhuānkuǎn　　换算 huànsuàn
宦官 huànguān　　专断 zhuānduàn　　转换 zhuǎnhuàn　　转弯 zhuǎnwān
论文 lùnwén　　混沌 hùndùn　　温存 wēncún　　温顺 wēnshùn
全权 quánquán　　圆圈 yuánquān　　渊源 yuānyuán　　源泉 yuánquán

第九组　ang/eng/ing/iong/ong

ang［ɑŋ］、eng［əŋ］、ing［iŋ］、iong［yŋ］、ong［uŋ］

【发音描述】

ng 是舌面后、浊、鼻音。发音时，软腭下降，打开鼻腔通道，舌面后部后缩并抵住软腭，声带颤动，气流从鼻腔通过。

ang、eng、ing、iong、ong 是后鼻音鼻韵母，由元音和鼻辅音 ng 构成，发音时，先发元音，发完元音后，软腭逐渐下降，舌面后部朝软腭移动，抵住软腭发 ng。注意：iong 的元音是 ü，ong 的元音是 u。

各韵母发音示意图如下：

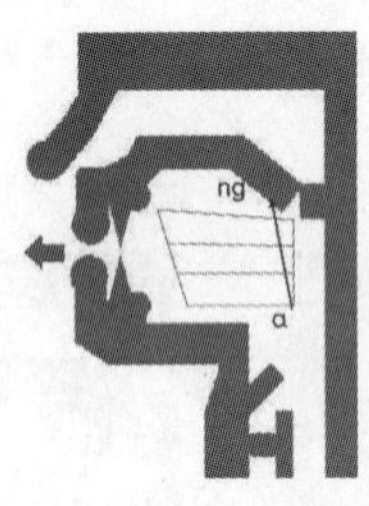

ang 发音示意图

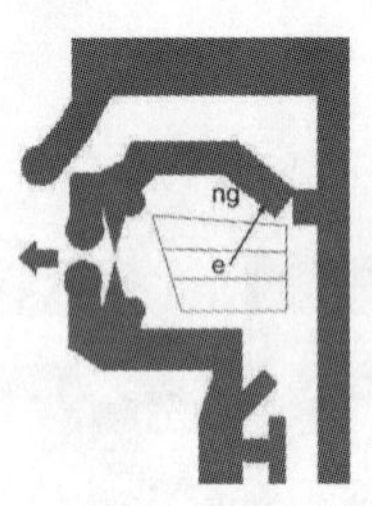

eng 发音示意图

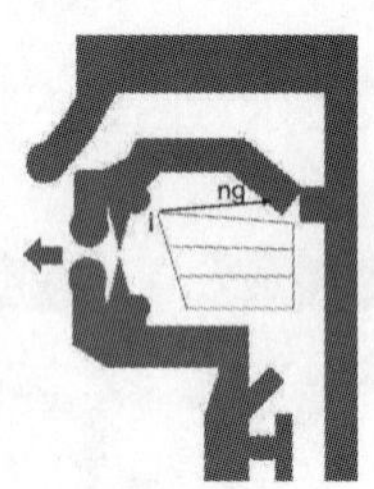

ing 发音示意图

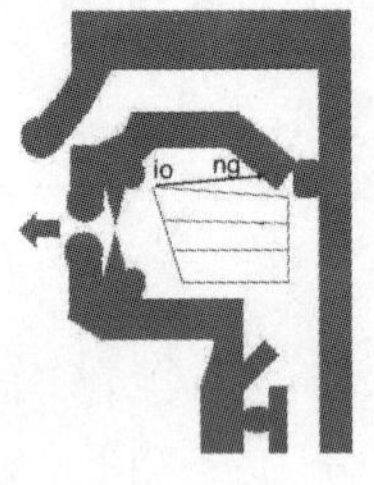

iong 发音示意图

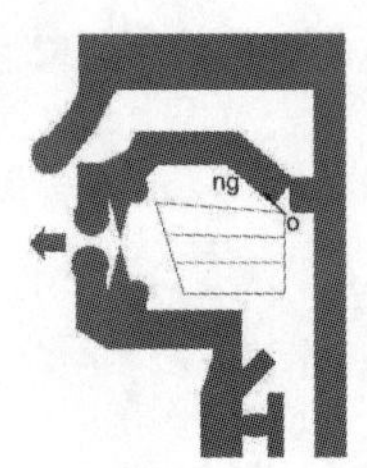

ong 发音示意图

1. 单音节字词练习

盎 àng　硬 yìng　用 yòng

磅 bàng　胖 pàng　盲 máng　放 fàng　档 dàng　烫 tàng

泵 bèng　碰 pèng　梦 mèng　奉 fèng　邓 dèng　疼 téng

病 bìng　平 píng　命 mìng　定 dìng　亭 tíng　凝 níng

窘 jiǒng　琼 qióng　雄 xióng

冻 dòng　痛 tòng　农 nóng　隆 lóng　共 gòng　控 kòng

2. 双音节词语练习

帮忙 bāngmáng　上场 shàngchǎng　账房 zhàngfáng　螳螂 tángláng

盲肠 mángcháng　上涨 shàngzhǎng　厂商 chǎngshāng　商场 shāngchǎng
萌生 méngshēng　省城 shěngchéng　整风 zhěngfēng　更正 gēngzhèng
声称 shēngchēng　成风 chéngfēng　增生 zēngshēng　丰盛 fēngshèng
冰晶 bīngjīng　硬性 yìngxìng　精明 jīngmíng　评定 píngdìng
明净 míngjìng　灵性 língxìng　荧屏 yíngpíng　庆幸 qìngxìng
炯炯 jiǒngjiǒng　汹涌 xiōngyǒng　贫穷 pínqióng
甬道 yǒngdào　动工 dònggōng　溶洞 róngdòng　从中 cóngzhōng
瞳孔 tóngkǒng　松动 sōngdòng　隆重 lóngzhòng　恐龙 kǒnglóng
总统 zǒngtǒng

第十组　iang/uang/ueng

iang［iaŋ］、uang［uaŋ］、ueng［uəŋ］

【发音描述】

iang、uang、ueng 是后鼻音鼻韵母，由两个元音和鼻辅音 ng 构成，发音时，第 1 个元音轻而短，表示舌位滑动的起点，第 2 个元音清晰响亮，发完第 2 个元音后，软腭逐渐下降，舌面后部后缩并抵住软腭发 ng。

各韵母发音示意图如下：

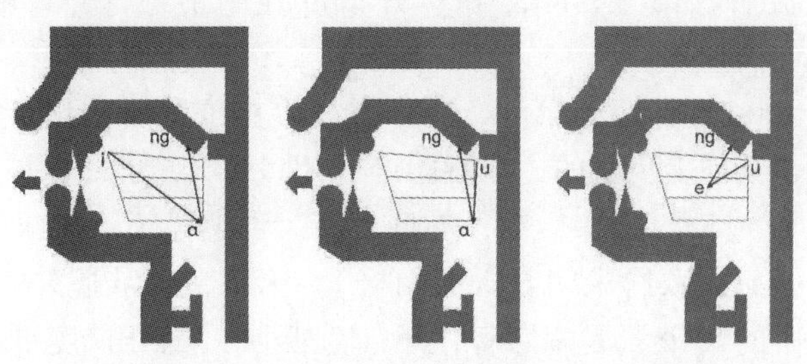

iang 发音示意图　uang 发音示意图　ueng 发音示意图

1．单音节字词练习

样 yàng　望 wàng　瓮 wèng
酿 niàng　亮 liàng　酱 jiàng　呛 qiàng　象 xiàng
逛 guàng　矿 kuàng　晃 huǎng　撞 zhuàng　创 chuàng　霜 shuāng

2．双音节词语练习

踉跄 liàngqiàng　像样 xiàngyàng　想象 xiǎngxiàng　响亮 xiǎngliàng
亮相 liàngxiàng　两样 liǎngyàng　向阳 xiàngyáng
矿床 kuàngchuáng　往往 wǎngwǎng　装潢 zhuānghuáng　狂妄 kuángwàng

状况 zhuàngkuàng
富翁 fùwēng

第三节　韵母方音辨正训练

韵母主要问题：
- 不会发 ing / eng
- an / uan 与 ang / uang 混淆
- i / ie / ian/ in 与 ü / üe / üan/ ün 混淆
- 丢掉韵头 u 与合口呼韵母圆唇问题

第一组　in / en 与 ing / eng

【温馨提示】

全国比较多的方言韵母只有 in、en，没有对应的 ing、eng，甚至可以说是全国性的问题。ing、eng 发音有难度，尤其是 ing 难度更大，很多人发不了这个音。发 ing、eng 时容易出现的问题：第一，无法发这两个韵母，发出来的仍是对应的 in、en。第二，舌头后退不到位，发出的音介于前后鼻音之间，是一个中间过渡音。第三，ing、eng 开口度控制不好，开口略大，扁唇度不够。

发好 ing、eng 要注意：第一，要掌握好舌头位置的变化。发 in、en 时，最后阶段舌尖是抵住上齿龈的，双唇闭合（闭口音），舌头基本上是平伸在口腔里；发 ing、eng 时，舌头后缩，前低后高，舌尖置于下齿龈的下面，并且下颌肌肉有紧张感，双唇未闭合（开口音）。第二，要掌握好 ing、eng 中的元音发音。其中的 i、e 都是扁唇音，开口度都小，i 的开口度更小。第三，大家或多或少都会发一些前鼻音鼻韵母和后鼻音鼻韵母，不是一个鼻韵母都不会发，所以，要利用自己会发的鼻韵母来辅助发好不会发的鼻韵母。

in、en 大家都会发音，所以这里主要就 ing、eng 进行训练。

-n 发音示意图

-ng 发音示意图

可以利用 ang 来体会 eng、ing 的发音，ang 开口度最大，在发 ang 的状态下，舌头前后不变，逐渐缩小开口度，先后发出 eng、ing。即：ang→eng→ing。

【发音训练】

1．基本音节练习

beng　peng　meng　feng　deng　teng　neng　leng　geng　keng
heng　zeng　ceng　seng　zheng　cheng　sheng　reng

bing　ping　ming　ding　ting　ning　ling　jing　qing　xing

2．对应单字练习

蹦 bèng	彭 péng	孟 mèng	俸 fèng	凳 dèng	腾 téng
能 néng	冷 lěng	耕 gēng	吭 kēng	恒 héng	增 zēng
层 céng	僧 sēng	正 zhèng	成 chéng	升 shēng	扔 rēng
并 bìng	屏 píng	鸣 míng	腚 dìng	听 tīng	佞 nìng
令 lìng	竟 jìng	情 qíng	性 xìng		

3．对应词语练习

蹦跳 bèngtiào	彭家 péngjiā	孔孟 kǒngmèng	俸禄 fènglù
板凳 bǎndèng	腾飞 téngfēi	能力 nénglì	冷气 lěngqì
耕作 gēngzuò	吭气 kēngqì	恒心 héngxīn	增加 zēngjiā
层级 céngjí	僧侣 sēnglǚ	正在 zhèngzài	成为 chéngwéi
升级 shēngjí	扔掉 rēngdiào	并且 bìngqiě	屏幕 píngmù
鸣叫 míngjiào	光腚 guāngdìng	听写 tīngxiě	奸佞 jiānnìng
令尊 lìngzūn	竟然 jìngrán	情绪 qíngxù	性别 xìngbié

4. **混合练习**

eng – ing

成行 chéngxíng　争鸣 zhēngmíng　生平 shēngpíng　梦境 mèngjìng
证明 zhèngmíng　恒定 héngdìng　奉行 fèngxíng　生硬 shēngyìng
生病 shēngbìng　风情 fēngqíng　声明 shēngmíng　盛名 shèngmíng
曾经 céngjīng　风行 fēngxíng　圣经 shèngjīng　冷静 lěngjìng
棱镜 léngjìng　横行 héngxíng　生性 shēngxìng　澄清 chéngqīng

ing – eng

应征 yìngzhēng　冰冷 bīnglěng　京城 jīngchéng　平整 píngzhěng
订正 dìngzhèng　平衡 pínghéng　性能 xìngnéng　病症 bìngzhèng
迎风 yíngfēng　轻声 qīngshēng　清冷 qīnglěng　平生 píngshēng
竞争 jìngzhēng　行政 xíngzhèng　鼎盛 dǐngshèng　病程 bìngchéng
形成 xíngchéng　兴盛 xīngshèng　清风 qīngfēng　凭证 píngzhèng

【对比训练】

1. **基本音节练习**

b p m f n g k h z c s zh ch sh r	en
	eng

b p m n l j q x	in
	ing

2. **双音节词语练习**

本事 běnshì ~ 崩溃 bēngkuì
门框 ménkuàng ~ 蒙面 méngmiàn
嫩芽 nènyá ~ 能干 nénggàn
垦荒 kěnhuāng ~ 坑底 kēngdǐ
怎样 zěnyàng ~ 赠送 zèngsòng
森林 sēnlín ~ 僧侣 sēnglǚ
趁早 chènzǎo ~ 呈现 chéngxiàn
认得 rènde ~ 仍然 réngrán
喷射 pēnshè ~ 朋党 péngdǎng
粉色 fěnsè ~ 峰会 fēnghuì
根源 gēnyuán ~ 耕牛 gēngniú
痕迹 hénjì ~ 横竖 héngshù
岑家 cénjiā ~ 层级 céngjí
真实 zhēnshí ~ 争斗 zhēngdòu
深入 shēnrù ~ 升降 shēngjiàng

宾客 bīnkè ~ 病号 bìnghào
民众 mínzhòng ~ 明月 míngyuè
品德 pǐndé ~ 瓶口 píngkǒu
您好 nínhǎo ~ 宁愿 nìngyuàn

林木 línmù ~ 灵气 língqì　　金属 jīnshǔ ~ 经过 jīngguò

侵略 qīnlüè ~ 氢气 qīngqì　　新旧 xīnjiù ~ 幸福 xìngfú

3. **混合练习**

en – eng

奔腾 bēnténg　门生 ménshēng　深层 shēncéng　分成 fēnchéng

eng – en

缝纫 féngrèn　诚恳 chéngkěn　城镇 chéngzhèn　横亘 hénggèn

in – ing

拼命 pīnmìng　印行 yìnxíng　新兴 xīnxīng　禁令 jìnlìng

ing – in

行进 xíngjìn　听信 tīngxìn　病因 bìngyīn

in – eng

音程 yīnchéng　晋升 jìnshēng　亲朋 qīnpéng　信封 xìnfēng

eng – in

增进 zēngjìn　声音 shēngyīn　恒心 héngxīn　成品 chéngpǐn

en – ing

恩情 ēnqíng　本领 běnlǐng　分兵 fēnbīng　门铃 ménlíng

ing – en

病根 bìnggēn　定神 dìngshén　平分 píngfēn　星辰 xīngchén

4. **比较练习**

陈旧 chénjiù ~ 成就 chéngjiù　　木盆 mùpén ~ 木棚 mùpéng

瓜分 guāfēn ~ 刮风 guāfēng　　人身 rénshēn ~ 人生 rénshēng

绅士 shēnshì ~ 声势 shēngshì　　申明 shēnmíng ~ 声明 shēngmíng

门牙 ményá ~ 萌芽 méngyá　　粉刺 fěncì ~ 讽刺 fěngcì

信服 xìnfú ~ 幸福 xìngfú　　银河 yínhé ~ 迎合 yínghé

心细 xīnxì ~ 星系 xīngxì　　频繁 pínfán ~ 平凡 píngfán

人民 rénmín ~ 人名 rénmíng　　进化 jìnhuà ~ 净化 jìnghuà

金银 jīnyín ~ 经营 jīngyíng　　亲近 qīnjìn ~ 清静 qīngjìng

辛勤 xīnqín ~ 心情 xīnqíng　　亲生 qīnshēng ~ 轻声 qīngshēng

【诗词训练】

qīngqīng
轻 轻 的我走了，
zhèng qīngqīng
正 如我 轻 轻 的来；
qīngqīng
我 轻 轻 的招手，
作别西天的云彩。

jīn
那河畔的金柳，
xīn
是夕阳中的新娘；
yǐng
波光里的艳 影，
xīn
在我的心头荡漾。
qīngxìng
软泥上的 青 荇，
油油的在水底招摇；
在康河的柔波里，
xīn
我甘心做一条水草！
yīn
那榆荫下的一潭，
qīng
不是 清 泉，是天上虹；
揉碎在浮藻间，
chén mèng
沉 淀着彩虹似的 梦 。

mèng chēng
寻 梦 ？ 撑 一支长篙，
qīng gèngqīng
向 青 草 更 青 处漫溯；

满载一船星(xīng)辉，

在星(xīng)辉斑斓里放歌。

但我不能(néng)放歌，

悄悄是别离的笙(shēng)箫；

夏虫也为我沉(chén)默，

沉(chén)默是今(jīn)晚的康桥！

悄悄的我走了，

正(zhèng)如我悄悄的来；

我挥一挥衣袖，

不带走一片云彩。

徐志摩《再别康桥》

【短文训练】

人活着，最要紧(jǐn)的是寻觅到那片代表着生命(shēngmìng)绿色和人类希望的丛林，然后选一高高的枝头站在那里观览人生(shēng)，消化痛苦，孕育歌声，愉悦世界！

这可真(zhēn)是一种潇洒的人生(shēng)态度，这可真(zhēn)是一种心境(xīn jìng)爽朗的情(qíng)感风(fēng)貌。

站在历史的枝头微笑，可以减免许多烦恼。在那里，你可以从众生(shēng)相所包含的甜酸苦辣、百味人生(shēng)中寻找你自己；你境(jìng)遇中的那点儿苦痛，也许相比之下，再也难以占据一席之地；你会较容易地获得从不悦中解脱灵(líng)魂的力量，使之不致变得灰色。

néng xìng lǐng néng xìng
人站得高些，不但能有幸早些领略到希望的曙光，还能有幸发现
shēng shēng
生命的立体的诗篇。每一个人的人生，都是这诗篇中的一个词、一个句子
néng chéng yǐn
或者一个标点。你可能没有成为一个美丽的词，一个引人注目的句子，一
jīng shēngmìng yīn tíng
个惊叹号，但你依然是这生命的立体诗篇中的一个音节、一个停顿、一个
chéng fen méngshēng xīn
必不可少的组成部分。这足以使你放弃前嫌，萌生为人类孕育新的歌
shēng xìng gèng
声的兴致，为世界带来更多的诗意。

shēng shēng jǐng chéngpíng yīn píng
最可怕的人生见解，是把多维的生存图景看成平面。因为那平面
níng
上刻下的大多是凝固了的历史——过去的遗迹；但活着的人们，活得却是充
xīnshēng chéng
满着新生智慧的，由‖不断逝去的“现在”组成的未来。

节选自［美］本杰明·拉什《站在历史的枝头微笑》

【绕口令训练】

péng pén chén péng pénpèngpéng péngpèngpén péng
◇老彭拿着一个盆，路过老陈住的棚，盆碰棚，棚碰盆，棚
pén péng pén
倒盆碎棚压盆。

fēng bīngcéng bīnglíng bīnglíngpèngbīnglíng xíngchéng
◇春风送暖化冰层，黄河上游漂冰凌，水中冰凌碰冰凌，形成
bīng qíng
冰坝出险情。

xīng dīng yīng jīng
◇天上一颗星，地上一个钉，树上一只鹰，架上一部经，河上一块
bīng tīng jīng
冰，门前一个厅，海里一头鲸。

míng qìng xìng shēng féng
◇明天就要去重庆了，我很高兴。那儿有我一个学生，他叫冯军，
chéng yīng píng jìng lěng
成绩很好，英语说得特棒。他住在沙坪坝一个安静的小区。他不怕冷，
bīng yǐng
喜欢滑冰，看电影。

第二组　an / uan 与 ang / uang

【温馨提示】

有的方言存在 an / ang 与 uan / uang 部分混淆的情况，把 an、uan 读成 ang、uang，或者把 ang、uang 读成 an、uan。[①] 例如担心读成当心，开放读成开饭。an、uan 与 ang、uang 的发音要领跟 in、en 与 ing、eng 是一样的，只是开头元音的开口度大小不同而已。简单而言，在发音的最后阶段，an、uan 舌头前伸，舌尖回到上齿龈，闭口，ang、uang 舌头后退，舌根接近软腭，舌尖在下齿龈，舌头后高前低，开口。

-n 发音示意图

-ng 发音示意图

【发音训练】

1. 基本音节练习

an　ang　uan　uang

ban　pan　man　fan　dan　tan　nan　lan　gan　kan　han

zan　can　san　zhan　chan　shan　ran

bang　pang　mang　fang　dang　tang　nang　lang　gang　kang　hang

zang　cang　sang　zhang　chang　shang　rang

duan　tuan　nuan　luan　guan　kuan　huan　zuan

cuan　suan　zhuan　chuan　shuan　ruan

guang　kuang　huang　zhuang　chuang　shuang

2. 对应单字练习

岸 àn　盎 àng　万 wàn　望 wàng

办 bàn　判 pàn　慢 màn　饭 fàn　但 dàn　碳 tàn

南 nán　烂 làn　干 gàn　看 kàn　汗 hàn　赞 zàn

---

① 其实还包含 ian 与 iang 的混淆，只是涉及的字词很少，这里不单独练习。

残 cán　伞 sǎn　站 zhàn　禅 chán　善 shàn　然 rán
磅 bàng　胖 pàng　盲 máng　放 fàng　档 dàng　烫 tàng
囊 náng　浪 làng　港 gǎng　炕 kàng　航 háng　葬 zàng
仓 cāng　桑 sāng　仗 zhàng　唱 chàng　上 shàng　让 ràng
段 duàn　团 tuán　暖 nuǎn　乱 luàn　灌 guàn　宽 kuān
换 huàn　攥 zuàn　窜 cuàn　算 suàn　撰 zhuàn　串 chuàn
涮 shuàn　软 ruǎn　逛 guàng　矿 kuàng　皇 huáng　撞 zhuàng
创 chuàng　霜 shuāng

2. 对应词语练习

岸边 ànbiān	盎司 àngsī	万一 wànyī	望见 wàngjiàn
办事 bànshì	判别 pànbié	快慢 kuàimàn	饭店 fàndiàn
但是 dànshì	碳素 tànsù	南面 nánmiàn	灿烂 cànlàn
才干 cáigàn	看见 kànjiàn	汗水 hànshuǐ	赞美 zànměi
摧残 cuīcán	雨伞 yǔsǎn	站立 zhànlì	禅院 chányuàn
善良 shànliáng	然而 rán'ér	磅秤 bàngchèng	肥胖 féipàng
盲目 mángmù	放心 fàngxīn	档期 dàngqī	烫手 tàngshǒu
囊括 nángkuò	浪潮 làngcháo	港口 gǎngkǒu	火炕 huǒkàng
航海 hánghǎi	葬送 zàngsòng	仓库 cāngkù	桑田 sāngtián
打仗 dǎzhàng	唱歌 chànggē	上心 shàngxīn	退让 tuìràng
段落 duànluò	团结 tuánjié	温暖 wēnnuǎn	乱象 luànxiàng
灌溉 guàngài	宽度 kuāndù	交换 jiāohuàn	攥紧 zuànjǐn
窜入 cuànrù	算数 suànshù	撰写 zhuànxiě	串联 chuànlián
开涮 kāishuàn	软弱 ruǎnruò	逛街 guàngjiē	矿主 kuàngzhǔ
皇帝 huángdì	撞见 zhuàngjiàn	创立 chuànglì	霜降 shuāngjiàng

【对比训练】

1. 基本音节练习

b p m f d t n l g k h z c s zh ch sh r	an ang

g k h zh ch sh	uan uang

2. **双音节词语练习**

半边 bànbiān ~ 帮助 bāngzhù
漫步 mànbù ~ 盲目 mángmù
弹药 dànyào ~ 当铺 dàngpù
难点 nándiǎn ~ 囊括 nángkuò
干部 gànbù ~ 港口 gǎngkǒu
寒心 hánxīn ~ 航海 hánghǎi
参加 cānjiā ~ 藏躲 cángduǒ
战斗 zhàndòu ~ 账目 zhàngmù
山药 shānyào ~ 商业 shāngyè
关心 guānxīn ~ 光照 guāngzhào
欢乐 huānlè ~ 黄色 huángsè
船只 chuánzhī ~ 创造 chuàngzào

判决 pànjué ~ 胖子 pàngzi
返回 fǎnhuí ~ 访问 fǎngwèn
贪污 tānwū ~ 唐朝 tángcháo
兰花 lánhuā ~ 浪花 lànghuā
刊物 kānwù ~ 慷慨 kāngkǎi
暂时 zànshí ~ 脏水 zāngshuǐ
散心 sànxīn ~ 丧失 sàngshī
颤抖 chàndǒu ~ 唱歌 chànggē
然后 ránhòu ~ 让行 ràngxíng
宽带 kuāndài ~ 况且 kuàngqiě
专心 zhuānxīn ~ 状语 zhuàngyǔ
拴住 shuānzhù ~ 双打 shuāngdǎ

3. **混合练习**

an – ang

漫长 màncháng 单方 dānfāng 安葬 ānzàng 感伤 gǎnshāng
南方 nánfāng 反抗 fǎnkàng 赶忙 gǎnmáng 暗藏 àncáng
站岗 zhàngǎng 担当 dāndāng 反常 fǎncháng 繁忙 fánmáng

ang – an

茫然 mángrán 上山 shàngshān 畅谈 chàngtán 房产 fángchǎn
抗战 kàngzhàn 浪漫 làngmàn 方案 fāng'àn 商贩 shāngfàn
档案 dàng'àn 抗旱 kànghàn 当然 dāngrán 防范 fángfàn

uan – uang

端庄 duānzhuāng 观光 guānguāng 观望 guānwàng 宽广 kuānguǎng

uang – uan

光环 guānghuán 狂欢 kuánghuān 慌乱 huāngluàn 皇冠 huángguān

4. **比较练习**

单身 dānshēn ~ 党参 dǎngshēn
烦人 fánrén ~ 放人 fàngrén
开饭 kāifàn ~ 开放 kāifàng
烂漫 lànmàn ~ 浪漫 làngmàn
专员 zhuānyuán ~ 庄园 zhuāngyuán
晚年 wǎnnián ~ 往年 wǎngnián
赞颂 zànsòng ~ 葬送 zàngsòng

产房 chǎnfáng ~ 厂房 chǎngfáng
反问 fǎnwèn ~ 访问 fǎngwèn
天坛 tiāntán ~ 天堂 tiāntáng
心烦 xīnfán ~ 心房 xīnfáng
船头 chuántóu ~ 床头 chuángtóu
专修 zhuānxiū ~ 装修 zhuāngxiū
担心 dānxīn ~ 当心 dāngxīn

机关 jīguān ~ 激光 jīguāng　　新欢 xīnhuān ~ 心慌 xīnhuāng

关节 guānjié ~ 光洁 guāngjié

【诗词训练】

静夜思

李　白

床(chuáng)前明月光(guāng)，疑是地上霜(shuāng)。

举头望(wàng)明月，低头思故乡。

咏　怀

阮　籍

西方(fāng)有佳人，皎若白日光(guāng)。

被服纤罗衣，左右佩双璜(shuānghuáng)。

修容耀姿美，顺风振微芳(fāng)。

登高眺所思，举袂当朝阳。

寄颜云霄间，挥袖凌虚翔。

飘飖恍(huǎng)惚中，流盼顾我傍(bàng)。

悦怿未交接，晤言用感伤(gǎnshāng)。

从军行

王昌龄

青海长(cháng)云暗(àn)雪山(shān)，孤城遥望(wàng)玉门关(guān)。

黄(huáng)沙百战穿(zhànchuān)金甲，不破楼兰(lán)终不还(huán)。

宿五松山(shān)下荀媪家

李　白

我宿五松下，寂寥无所欢(huān)。

田家秋作苦，邻女夜舂寒(hán)。

跪进雕胡饭(fàn)，月光明素盘(pán)。

令人惭漂母，三谢不能餐(cān)。

【短文训练】

纯朴的家乡村边有一条河，曲曲弯弯(wānwān)，河中架一弯(wān)石桥，弓样的小桥横跨两岸(àn)。

每天，不管(guǎn)是鸡鸣晓月，日丽中天，还是月华泻地，小桥都印下串(chuàn)串(chuàn)足迹，洒落串(chuàn)串(chuàn)汗(hàn)珠。那是乡亲为了追求多棱的希望(wàng)，兑现美好的遐想。弯弯(wānwān)小桥，不时荡(dàng)过轻吟低唱(chàng)，不时露出舒心的笑容。

因而，我稚小的心灵，曾将心声献给小桥：你是一弯(wān)银色的新月，给人间普照光(guāng)辉；你是一把闪(shǎn)亮的镰刀，割刈着欢(huān)笑的花果；你是一根晃(huàng)悠悠的扁担(dan)，挑起了彩色的明天！哦，小桥走进我的梦中。

我在飘泊他乡的岁月，心中总涌动着故乡的河水，梦中总看到弓样的小桥。当(dāng)我访(fǎng)南(nán)疆探(tàn)北国，眼帘闯进座座雄伟的长(cháng)桥时，我的梦变得丰满(mǎn)了，增添了赤橙黄绿青蓝(lán)紫。

三(sān)十多年过去，我带着满(mǎn)头霜(shuāng)花回到故乡，第一紧要的便是去看(kàn)望(wàng)小桥。

啊！小桥呢？它躲起来了？河中一道长虹，浴着朝霞熠熠闪光(shǎnguāng)。哦，雄浑的大桥敞(chǎng)开胸怀，汽车的呼啸、摩托的笛音、自行车的叮铃，合奏着进行交响乐；南(nán)来的钢(gāng)筋、花布，北往(wǎng)的柑(gān)橙、家禽，绘出交流欢(huān)悦图……

啊！蜕变的桥，传递了家乡进步的消息，透露了家乡富裕的声音。时代的春风，美好的追求，我蓦地记起儿时唱(chàng)‖给小桥的歌，哦，明艳艳的太阳照耀了，芳(fāng)香甜蜜的花果捧来了，五彩斑斓(bānlán)的岁月拉开了！

节选自郑莹《家乡的桥》

【绕口令训练】

◇囡囡有个篮篮，篮篮装个盘盘，盘盘里有个碗碗，碗碗盛着饭饭。囡囡打翻了篮篮，篮篮碰掉了盘盘，盘盘砸了碗碗，碗碗撒了饭饭。

◇一楼住着个管得宽，二楼住着个宽不管，管得宽看见宽不管就心烦，宽不管看见管得宽就乱窜，管得宽要管宽不管，宽不管偏不让管得宽管他宽不管。

◇司马光砸缸，不是司马光砸光，司马缸砸缸，咣当。小小司马光，玩耍小农庄，朋友掉进缸，一点也不慌，砸缸救友友未伤。

◇大帆船，小帆船，竖起桅杆撑起船。风吹帆，帆引船，帆船顺风转海湾。

第三组 i / ie / ian / in 与 ü / üe / üan / ün

【温馨提示】

i、ie、ian、in 是齐齿呼韵母，ü、üe、üan、ün 是撮口呼韵母。有的方言有 i、ie、ian、in，却没有与之对应的 ü、üe、üan、ün，把它们都读成了相应的齐齿呼韵母，例如“语”（yǔ）读成 yǐ，“全面”（quánmiàn）读成 qiánmiàn。有的方言有部分撮口呼韵母，广州话有 ü 韵母，却没有 ü 开头的韵母。

齐齿呼韵母和撮口呼韵母发音很容易掌握，i 是扁唇音，ü 是圆（椭圆）唇音，在 i 的基础上把唇形拢圆即成 ü。大家可以把 ü、üe、üan、ün 字通读一遍，了解自己有哪些撮口呼韵母读成了齐齿呼韵母，把它们改读撮口呼韵母即可。

i 发音示意图

ü 发音示意图

【发音训练】

1. 基本音节练习

yu　nü　ju　qu　xu

yue　nüe　jue　que　xue

yuan　juan　quan　xuan

yun　jun　qun　xun

2. 对应单字练习

玉 yù　女 nǚ　据 jù　去 qù　旭 xù

月 yuè　虐 nüè　绝 jué　却 què　穴 xué

愿 yuàn　倦 juàn　劝 quàn　炫 xuàn

韵 yùn　俊 jùn　群 qún　训 xùn

3. 对应词语练习

玉石 yùshí　女儿 nǚ'ér　据点 jùdiǎn　去处 qùchù　旭日 xùrì

月光 yuèguāng　虐待 nüèdài　绝对 juéduì　了却 liǎoquè　穴位 xuéwèi

愿意 yuànyì　疲倦 píjuàn　劝和 quànhé　炫耀 xuànyào

韵母 yùnmǔ　俊俏 jùnqiào　群众 qúnzhòng　训练 xùnliàn

【对比训练】

1. 基本音节练习

y	u　ue　uan　un
	i　e　an　in

j q x	ü　üe　üan　ün
	i　ie　ian　in

2. 双音节词语练习

玉石 yùshí ~ 毅力 yìlì　岳父 yuèfù ~ 夜晚 yèwǎn

愿意 yuànyì ~ 艳丽 yànlì　运动 yùndòng ~ 印章 yìnzhāng

剧情 jùqíng ~ 计件 jìjiàn　　绝对 juéduì ~ 杰出 jiéchū
圈养 juànyǎng ~ 见面 jiànmiàn　　俊俏 jùnqiào ~ 尽头 jìntóu
渠道 qúdào ~ 齐整 qízhěng　　确定 quèdìng ~ 窃取 qièqǔ
劝降 quànxiáng ~ 欠打 qiàndǎ　　裙摆 qúnbǎi ~ 勤奋 qínfèn
虚弱 xūruò ~ 希望 xīwàng　　学习 xuéxí ~ 鞋袜 xiéwà
宣传 xuānchuán ~ 先前 xiānqián　　迅速 xùnsù ~ 信使 xìnshǐ

3. **混合练习**

ü – i

雨衣 yǔyī　曲艺 qǔyì　蓄意 xùyì　聚集 jùjí

i – ü

抑郁 yìyù　唏嘘 xīxū　崎岖 qíqū　集聚 jíjù

in – ün

嶙峋 línxún　进军 jìnjūn　阴云 yīnyún　音讯 yīnxùn

ün – in

军民 jūnmín

ian – üan

边缘 biānyuán　眼圈 yǎnquān　健全 jiànquán　垫圈 diànquān

üan – ian

眷恋 juànliàn　原先 yuánxiān　全线 quánxiàn　元件 yuánjiàn

üe – ie

学界 xuéjiè　诀别 juébié　血液 xuèyè　月夜 yuèyè

ie – üe

解决 jiějué　节约 jiéyuē　谢绝 xièjué　协约 xiéyuē

4. **比较练习**

句号 jùhào ~ 记号 jìhao　　趣味 qùwèi ~ 气味 qìwèi
遇见 yùjiàn ~ 意见 yìjiàn　　局部 júbù ~ 极不 jíbù
愈合 yùhé ~ 议和 yìhé　　渔民 yúmín ~ 移民 yímín
缺口 quēkǒu ~ 切口 qiēkǒu　　确实 quèshí ~ 切实 qièshí
瘸子 quézi ~ 茄子 qiézi　　攫取 juéqǔ ~ 截取 jiéqǔ
院子 yuànzi ~ 燕子 yànzi　　全面 quánmiàn ~ 前面 qiánmiàn
圈定 quāndìng ~ 签订 qiāndìng　　权限 quánxiàn ~ 前线 qiánxiàn
讯息 xùnxī ~ 信息 xìnxī　　白云 báiyún ~ 白银 báiyín
均匀 jūnyún ~ 金银 jīnyín　　群演 qúnyǎn ~ 亲眼 qīnyǎn
名义 míngyì ~ 名誉 míngyù　　里程 lǐchéng ~ 旅程 lǚchéng

经济 jīngjì ~ 京剧 jīngjù　　季节 jìjié ~ 拒绝 jùjué
戏曲 xìqǔ ~ 序曲 xùqǔ　　得意 déyì ~ 德育 déyù
月色 yuèsè ~ 夜色 yèsè　　大雪 dàxuě ~ 大写 dàxiě

【诗词训练】

赴抚州对酬崔法曹夜雨滴空阶五首

戴叔伦

纵酒常掷盏，狂歌时入室。
离(lí)群(qún)怨(yuàn)雨(yǔ)声，幽抑(yì)方成疾(jí)。

夜会郑氏昆季林亭

方　干

卷(juǎn)帘(lián)圆(yuán)月(yuè)照方塘，坐久尊空竹有霜。
白犬吠风惊雁(yàn)起(qǐ)，犹能一(yī)一(yī)旋(xuán)成行。

答胡处士

皎　然

西山禅隐比来闻，长道唯应我与(yǔ)君(jūn)。
书上无名心忘却(què)，人间(jiān)聚(jù)散似浮云(yún)。

言　怀

钱　起

夜(yè)月(yuè)霁(jì)未好，云(yún)泉(quán)堪梦归。
如何建(jiàn)章漏，催著早朝衣(yī)。

【语句训练】

天(tiān)气(qì)晴朗的时候，站在福建(jiàn)沿海较高的地方，就可以(yǐ)隐(yǐn)隐(yǐn)约(yuē)约(yuē)地望见(jiàn)岛上的高山和云(yún)朵。

突然，不远(yuǎn)处传来了声声柳笛。我像找到了救星，急忙循(xún)声走去(qù)。

yuányuán
我吃完的时候，她笑眯眯地看着我，短头发，脸圆圆的。

jiē jī xuě yī
大街上的积雪足有一尺多深，人踩上去，脚底下发出咯吱咯吱的响声。
yī qúnqún xuě xuě xuě xuě
一群群孩子在雪地里堆雪人，掷雪球儿。那欢乐的叫喊声，把树枝上的雪
都震落下来了。

xuéqiǎn yì xièxie jì
胡适又解释说：“干不了”就有才疏学浅、恐难胜任的意思；“谢谢”既
jiè xiè jù jué yì
对朋友的介绍表示感谢，又有拒绝的意思。

yī yǐ xuān jǐ yǔ xuè
在每一场比赛前，还高唱国歌以宣誓对自己祖国的挚爱与忠诚。一种血
quán xuè qiě xuè
缘情感开始在全身的血管里燃烧起来，而且立刻热血沸腾。

yuē yùn xù qí yì lǜ tiān yī
大约潭是很深的，故能蕴蓄着这样奇异的绿；仿佛蔚蓝的天融了一块在
xiān
里面似的，这才这般的鲜润啊。

yī xiēpiānyuǎn qū yī xiē yuǎn yì
在一些偏远的少数民族地区，仍保留了一些久远时代的艺术品种，成
xī yuè xì qǔ jiǎn yì
为珍贵的“活化石”，如纳西古乐、戏曲、剪纸、刺绣、岩画等民间艺术和宗
yì
教艺术。

【绕口令训练】

yuánquānyuán quānyuánquān yuányuanjuānjuan yuánquān juānjuan quān
◇圆圈圆，圈圆圈，圆圆娟娟画圆圈。娟娟画的圈连
quān yuányuan quān quān juānjuanyuányuan yuánquān yuánquānyuán
圈，圆圆画的圈套圈。娟娟圆圆比圆圈，看看谁的圆圈圆。

jūn yùn qún jūn lǜ qún jūnxùn qún qún
◇军车运来一堆裙，一色军用绿色裙。军训女生一大群，换下花裙换
lǜ qún
绿裙。

jué jué jué yuè xuě què yuè què
◇真绝，真绝，真叫绝，皓月当空下大雪，麻雀游泳不飞跃，鹊巢鸠占
què yuè
鹊喜悦。

lǚ xú jiē qù yú tiān yǔ yǔ jù
◇老吕和老徐，上街去买鱼，走到半路天下雨。二人都没带雨具，顾不

jiē qù　yú　xiān qù　　　　yǔ
得上街去买鱼，先去地方躲躲雨。

第四组　韵头 u 与合口呼韵母圆唇问题

【温馨提示】

不少方言都存在不同程度的丢掉韵头的情况，例如四川话“多”（duō）读成 dō，东北话“卵”（luǎn）读成 lǎn，江浙话“对”（duì）读成 dèi。总体而言，涉及丢掉韵头的韵母主要是合口呼韵母。带韵头的合口呼韵母如下：uo、ua、uai、uei、uan、uen、uang。

u 的发音没有问题，只需要记住这些带韵头的字，并在发音时把韵头加上即可。在练习的时候，为了防止丢掉韵头，可以采用拼音的三拼法，把汉语音节分成声母、韵头、韵身（韵头后面部分）三段拼读，这样就不容易丢掉韵头了。例如：抓，zh－u－a。

u 是圆唇度最高的元音，很多人圆唇度不够，甚至发音接近扁唇音。凡是合口呼韵母，即 u 和 u 开头的韵母都要注意圆唇，普通话水平测试的第一题（读单音节字词）和第二题（读多音节词语）尤其要注意这个问题，考试要获得高分，这些细节要做好。

在注意韵头的同时也要注意圆唇。

【发音训练】

1. **基本音节练习**

duo tuo nuo luo guo kuo huo zuo cuo suo zhuo chuo shuo ruo

gua kua hua zhua shua

guai kuai huai zhuai chuai shuai

dui tui gui kui hui zui cui sui zhui chui shui rui

duan tuan nuan luan guan kuan huan zuan cuan suan
zhuan chuan shuan ruan

dun tun lun gun kun hun zun cun sun zhun chun shun run

guang kuang huang zhuang chuang shuang

2. **对应单字练习**

夺 duó　脱 tuō　诺 nuò　罗 luó　过 guò　扩 kuò

或 huò　作 zuò　错 cuò　所 suǒ　桌 zhuō　绰 chuò

硕 shuò　弱 ruò

挂 guà　跨 kuà　话 huà　抓 zhuā　刷 shuā

怪 guài　快 kuài　坏 huài　拽 zhuài　揣 chuāi　帅 shuài

队 duì　推 tuī　贵 guì　溃 kuì　会 huì　嘴 zuǐ
脆 cuì　岁 suì　坠 zhuì　捶 chuí　水 shuǐ　锐 ruì
段 duàn　团 tuán　暖 nuǎn　乱 luàn　管 guǎn　款 kuǎn
环 huán　钻 zuàn　窜 cuàn　算 suàn　转 zhuǎn　穿 chuān
栓 shuān　软 ruǎn
顿 dùn　吞 tūn　论 lùn　棍 gùn　困 kùn　婚 hūn
遵 zūn　村 cūn　损 sǔn　准 zhǔn　春 chūn　瞬 shùn
润 rùn
光 guāng　狂 kuáng　簧 huáng　装 zhuāng　闯 chuǎng　双 shuāng

3．对应词语练习

夺取 duóqǔ　脱离 tuōlí　诺言 nuòyán　张罗 zhāngluo
过去 guòqù　扩大 kuòdà　或者 huòzhě　作者 zuòzhě
错误 cuòwù　所以 suǒyǐ　桌子 zhuōzi　绰号 chuòhào
硕士 shuòshì　弱小 ruòxiǎo
挂号 guàhào　跨越 kuàyuè　话语 huàyǔ　抓紧 zhuājǐn
刷屏 shuāpíng
怪相 guàixiàng　快乐 kuàilè　坏蛋 huàidàn　拉拽 lāzhuài
揣进 chuāijìn　帅气 shuàiqi
队员 duìyuán　推打 tuīdǎ　贵客 guìkè　溃败 kuìbài
会合 huìhé　嘴巴 zuǐba　干脆 gāncuì　岁月 suìyuè
下坠 xiàzhuì　捶打 chuídǎ　水平 shuǐpíng　锐利 ruìlì
段子 duànzi　团聚 tuánjù　暖气 nuǎnqì　乱放 luànfàng
管理 guǎnlǐ　款待 kuǎndài　环绕 huánrào　钻石 zuànshí
窜入 cuànrù　算术 suànshù　转动 zhuǎndòng　穿插 chuānchā
血栓 xuèshuān　疲软 píruǎn
顿号 dùnhào　吞并 tūnbìng　论据 lùnjù　棍子 gùnzi
困难 kùnnan　婚姻 hūnyīn　遵守 zūnshǒu　村寨 cūnzhài
损害 sǔnhài　准备 zhǔnbèi　春季 chūnjì　瞬间 shùnjiān
湿润 shīrùn　光明 guāngmíng　狂徒 kuángtú　簧片 huángpiàn
装饰 zhuāngshì　闯祸 chuǎnghuò　双打 shuāngdǎ

【对比训练】

1. 基本音节练习

d t n l g k h z c s zh ch sh r	uo / o
g k h zh sh	ua / a
g k h zh ch sh	uai / ai
d t g k h z c s zh ch sh r	uei / ei
d t n l g k h z c s zh ch sh r	uan / an
d t l g k h z c s zh ch sh r	uen / en
g k h zh ch sh	uang / ang

2. 双音节词语练习

夺取 duóqǔ ~ 夺取 do * qǔ[①]　　托举 tuōjǔ ~ 托举 to * jǔ

挪动 nuódòng ~ 挪动 no * dòng　　裸体 luǒtǐ ~ 裸体 lo * tǐ

锅盖 guōgài ~ 锅盖 go * gài　　扩大 kuòdà ~ 扩大 ko * dà

① 有 * 号的拼音是错误的，普通话没有这个读音，这里只是为了对比练习。后面同此者，不再注明。

货物 huòwù ~ 货物 ho＊wù
锉刀 cuòdāo ~ 锉刀 co＊dāo
灼热 zhuórè ~ 灼热 zho＊rè
说法 shuōfǎ ~ 说法 sho＊fǎ
刮风 guāfēng ~ 刮风 gā＊fēng
滑动 huádòng ~ 蛤蟆 háma
印刷 yìnshuā ~ 打杀 dǎshā
拐卖 guǎimài ~ 改写 gǎixiě
坏蛋 huàidàn ~ 害人 hàirén
揣入 chuāirù ~ 拆卸 chāixiè
对立 duìlì ~ 对立 dèi＊lì
金贵 jīnguì ~ 拿给 nágěi
会合 huìhé ~ 黑人 hēirén
催促 cuīcù ~ 催促 cēi＊cù
追击 zhuījī ~ 追击 zhēi＊jī
税务 shuìwù ~ 谁来 shéilái
短处 duǎnchù ~ 淡定 dàndìng
暖气 nuǎnqì ~ 难处 nánchù
管理 guǎnlǐ ~ 甘心 gānxīn
欢乐 huānlè ~ 汉族 hànzú
逃窜 táocuàn ~ 悲惨 bēicǎn
传记 zhuànjì ~ 占有 zhànyǒu
门闩 ménshuān ~ 大山 dàshān
顿号 dùnhào ~ 顿号 dèn＊hào
论据 lùnjù ~ 论据 lèn＊jù
困难 kùnnan ~ 肯定 kěndìng
尊重 zūnzhòng ~ 怎样 zěnyàng
孙子 sūnzi ~ 森林 sēnlín
春季 chūnjì ~ 尘土 chéntǔ
湿润 shīrùn ~ 确认 quèrèn
逛荡 guàngdang ~ 杠子 gàngzi
黄土 huángtǔ ~ 航道 hángdào
窗户 chuānghu ~ 昌明 chāngmíng

作证 zuòzhèng ~ 作证 zo＊zhèng
索取 suǒqǔ ~ 索取 so＊qǔ
辍学 chuòxué ~ 辍学 cho＊xué
瘦弱 shòuruò ~ 瘦弱 shòuro＊
夸大 kuādà ~ 咔嚓 kāchā
抓紧 zhuājǐn ~ 渣土 zhātǔ

快乐 kuàilè ~ 楷书 kǎishū
拉拽 lāzhuài ~ 欠债 qiànzhài
率领 shuàilǐng ~ 筛洗 shāixǐ
推倒 tuīdǎo ~ 推倒 tēi＊dǎo
亏本 kuīběn ~ 亏本 kēi＊běn
罪恶 zuì'è ~ 贼人 zéirén
随行 suíxíng ~ 随行 séi＊xíng
吹气 chuīqì ~ 吹气 chēi＊qì
锐利 ruìlì ~ 锐利 rèi＊lì
团结 tuánjié ~ 谈判 tánpàn
乱写 luànxiě ~ 蓝色 lánsè
宽度 kuāndù ~ 刊物 kānwù
电钻 diànzuàn ~ 称赞 chēngzàn
算计 suàn·jì ~ 散文 sǎnwén
船只 chuánzhī ~ 缠绕 chánrào
柔软 róuruǎn ~ 仍然 réngrán
吞并 tūnbìng ~ 吞并 tēn＊bìng
滚动 gǔndòng ~ 跟班 gēnbān
昏暗 hūn'àn ~ 狠心 hěnxīn
存在 cúnzài ~ 参差 cēncī
准备 zhǔnbèi ~ 诊治 zhěnzhì
顺利 shùnlì ~ 渗透 shèntòu

矿产 kuàngchǎn ~ 伉俪 kànglì
装备 zhuāngbèi ~ 张开 zhāngkāi
双打 shuāngdǎ ~ 伤心 shāngxīn

3. **混合练习**

uang – ang

创伤 chuāngshāng 爽朗 shuǎnglǎng 慌张 huāng · zhāng 广场 guǎngchǎng

ang – uang

仓皇 cānghuáng 张望 zhāngwàng 猖狂 chāngkuáng 厂矿 chǎngkuàng

ua – a

夸大 kuādà

a – ua

大褂 dàguà 打垮 dǎkuǎ 答话 dáhuà 傻瓜 shǎguā

uen – en

浑身 húnshēn 村镇 cūnzhèn 春分 chūnfēn 纯真 chúnzhēn

en – uen

沉沦 chénlún 审问 shěnwèn 人伦 rénlún 人文 rénwén

uei – ei

颓废 tuífèi 贵妃 guìfēi 傀儡 kuílěi 追肥 zhuīféi

ei – uei

配对 pèiduì 美味 měiwèi 翡翠 fěicuì 肥水 féishuǐ

uai – ai

衰败 shuāibài 外海 wàihǎi 外来 wàilái 外在 wàizài

ai – uai

败坏 bàihuài 开外 kāiwài 海外 hǎiwài 财会 cáikuài

uan – an

观看 guānkàn 涣散 huànsàn 钻探 zuāntàn 转产 zhuǎnchǎn

an – uan

山峦 shānluán 辗转 zhǎnzhuǎn 参观 cānguān 返还 fǎnhuán

4. **比较练习**

棍子 gùnzi ~ 根子 gēnzi 好混 hǎohún ~ 好恨 hǎohèn

顺子 shùnzǐ ~ 身子 shēnzi 润湿 rùnshī ~ 认识 rènshi

钻石 zuànshí ~ 暂时 zànshí 段子 duànzi ~ 担子 dànzi

破乱 pòluàn ~ 破烂 pòlàn 暖色 nuǎnsè ~ 难色 nánsè

奇怪 qíguài ~ 乞丐 qǐgài 快车 kuàichē ~ 开车 kāichē

坏人 huàirén ~ 害人 hàirén 爪子 zhuǎzi ~ 渣滓 zhā · zǐ

刷子 shuāzi ~ 沙子 shāzi 垮掉 kuǎdiào ~ 卡掉 kǎdiào

灰色 huīsè ~ 黑色 hēisè 不鬼 bùguǐ ~ 不给 bùgěi

【诗词训练】

读韩杜集

杜　牧

sāo
杜诗韩笔愁来读，似倩麻姑痒处搔。
huángshuí suǐ
天外凤凰谁得髓？无人解合续弦胶。

腊日宣诏幸上苑

武则天

chūn
明朝游上苑，火速报春知。
huā chuī
花须连夜发，莫待晓风吹。

林塘怀友

王　勃

huàchūn
芳屏画春草，仙杼织朝霞。
shuǐ duì huā
何如山水路，对面即飞花。

王昭君

崔国辅

huán cún
汉使南还尽，胡中妾独存。
wàng lùn
紫台绵望绝，秋草不堪论。

秋浦歌十七首

李　白

shuāi
两鬓入秋浦，一朝飒已衰。
cuī duǎn
猿声催白发，长短尽成丝。

闺怨词

白居易

guān guī
关山征戍远，闺阁别离难。
cuì kuān
苦战应憔悴，寒衣不要宽。

何满子

薛　逢

huái huái huáng
系马宫槐老，持怀店菊黄。
chuāngguāng
故交今不见，流恨满川光。

【语句训练】

guàn zhuàng guàn
我的母亲老了，她早已习惯听从她强壮的儿子；我的儿子还小，他还习惯听从他高大的父亲；妻子呢，在外面，她总是听我的。

wāi zhuā chuáng guà guàn
她的头歪向枕头一边，痛苦地用手抓挠胸口。床架上方，则挂着一枚我一九三二年赢得耐斯市少年乒乓球冠军的银质奖章。

wǒ wǒ duì lùn wán wèn kuì shuō wǒ wǒsuǒ
我们必须相信，我们对每一件事情都具有天赋的才能，并且，无论付出任何代价，都要把这件事完成。当事情结束的时候，你要能问心无愧地说：“我已经尽我所能了。”

huíguī shuō wài guǎn
香港回归之后，他在家信中说到，他这只被故乡放飞到海外的风筝，尽管飘荡游弋，经沐风雨，可那线头儿一直在故乡和亲人手中牵着。

chūn zhuī wǒ huāguǒ suì
时代的春风，美好的追求，我蓦地记起儿时唱给小桥的歌，哦，明艳艳的太阳照耀了，芳香甜蜜的花果捧来了，五彩斑斓的岁月拉开了！

wǒ wǒ zhuīzhuō guāng luàn guò wāngwāng
梅雨潭闪闪的绿色招引着我们，我们开始追捉她那离合的神光了。揪着草，攀着乱石，小心探身下去，又鞠躬过了一个石穹门，便到了汪汪一碧的潭边了。

至于池沼，大多(duō)引用活水(huóshuǐ)。有些园林池沼宽(kuān)敞，就把池沼作(zuò)为全园的中心，其他景物配合着布置。水(shuǐ)面假如成河道模样，往往(wǎngwǎng)安排桥梁。

清晨，当第一束阳光(guāng)射进舷窗(chuāng)时，它便敞开美丽的歌喉，唱啊唱，嘤嘤有韵，宛如春水(chūnshuǐ)淙淙。

【绕口令训练】

◇骆驼驮着货，货用骆驼驮，伯伯牵骆驼，一个跟一个，伯伯夸骆驼，干活真不错。

◇小光和小刚，拿起箩筐玩打仗，打来打去砸了窗，小光怪小刚，小刚怪小光。

◇金瓜瓜，银瓜瓜，瓜棚上面结满瓜，瓜瓜落下来，打着小娃娃，娃娃怪瓜瓜，瓜瓜笑娃娃。

第五组　其他问题

一、er

【温馨提示】

er 只能自成音节，不与任何声母相拼，构成的字也很少。但是，学会发 er，是发好普通话儿化韵的基础。北方方言区基本上都有 er，而南方地区有的方言没有 er，而且很多人都发不好这个音。如粤方言区往往把 er 发成 e 等。

发 er 时主要有两个问题：一是口张得太大，二是舌头不能上卷至硬腭中部。er 是在 e［ə］的基础上加卷舌动作形成的，开口度是 ɑ 的一半，另外舌头一定要上卷至硬腭中部，并与硬腭接触。若没有卷舌，或者说舌头只是上翘，发的音近似 e，这样是发不出卷舌音 er 的。开始学发 er 时尽量把舌头往硬腭中后部卷，以养成卷舌的习惯。

【发音训练】

1. 基本音节练习

ēr　ér　ěr　èr①

2. 对应单字练习

儿 ér　而 ér　尔 ěr　饵 ěr　耳 ěr　迩 ěr　贰 èr　二 èr

---

① er 不与声母相拼，只有自成音节。

3. 对应词语练习

儿童 értóng　而且 érqiě　尔虞我诈 ěryú-wǒzhà　诱饵 yòu'ěr
左耳 zuǒ'ěr　闻名遐迩 wénmíng-xiá'ěr　贰拾 èrshí　二胡 èrhú

【对比训练】

1. 基本音节练习

ēr　ér　ěr　èr
ē　é　ě　è

2. 双音节词语练习

鹅蛋 édàn ~ 儿童 értóng　额头 é · tóu ~ 而且 érqiě
讹诈 ézhà ~ 二胡 èrhú　饿死 èsǐ ~ 二妹 èrmèi
天鹅 tiān'é ~ 因而 yīn'ér　蛾眉 éméi ~ 耳朵 ěrduo

【绕口令训练】

◇水泥地儿，摆茶几儿，茶几上边儿放瓷盆儿；倒上水儿，撒上食儿，养上几条小金鱼儿。

二、ê、e、o

不少方言都存在 ê、e、o 不分的情况，例如东北的一些地方把部分 o 韵母字读成了 e 韵母字，西南方言又把与 g、k、h 相拼的 e 韵母字读成了 o 韵母字，把与舌尖前音、舌尖中音、舌尖后音相拼的 e 韵母字读成了 ê 韵母字，粤方言也有把 o 读成 e 的情况。

ê、e 和 o 的发音很容易区别，e 是不圆唇元音，o 是圆唇元音，其他发音条件都相同。o 一般人都会发，可以利用它来发好 e，即在 o 的基础上，调整口形，把圆唇音改为扁唇音即可。ê 单独构成的字极少，《现代汉语词典》也只有 1 个叹词“欸”，在 ie、üe 中的 ê 又写成 e，所以很多人对 ê 很陌生，不知道该怎么读，其实 ê 的发音很简单，抓住舌尖抵住下齿背、口半开的特点就可以发好它了。

【发音训练】

o－e

博得 bódé　波折 bōzhé　破格 pògé　伯乐 bólè

e－o

隔膜 gémó　刻薄 kèbó　恶魔 èmó

第四节 汉字韵母识别训练

第一组 汉字韵母识别与记忆

同声母一样，掌握了韵母的发音方法，如果不知道每个字的韵母，还是不能说好普通话。因此，我们还必须记住常见字的韵母。道理跟声母是一样的，下面简单作一些介绍。

第一，借助字形结构关系帮助记忆，这是最主要的方法。例如："丁"是ing韵母字，构成的"厅、亭、停、婷、顶、订、盯、钉、酊"等系列字都是ing韵母字；"生"是eng韵母字，构成的"胜、笙、甥、牲"等系列字都是eng韵母字；"王"是uang韵母字，构成的"旺、枉、狂、框、逛"等系列字都是uang韵母字。

第二，利用语音规律帮助记忆。例如：o只同b、p、m、f相拼，不同其他声母相拼，uo不同b、p、m、f相拼，能同其他声母相拼，这样我们就知道什么时候读uo，什么时候读o。其他还如：eng基本上同d、t、n、l相拼，en则不相拼（例外的有嫩nèn等）；ing只同d、t相拼，in则不相拼；uan只同d、t、n、l、z、c、s相拼，uang则不相拼；ueng、er不同任何声母相拼，ong必须同声母相拼；齐齿呼、撮口呼韵母只同j、q、x相拼，不同g、k、h、z、c、s、zh、ch、sh、r相拼。

第三，对出现问题不多的韵母，同声母一样，可以把与普通话不一致的韵母找出来，进行整理并加以记忆。例如通读普通话考试用字中的o韵母字，找出其中误读为e韵母的字，再进行纠正。

第二组 思考与练习

(1) 指出下列en、eng、in、ing韵母字。

另　京　升　品　陵　人　等　萌　跟　皿
灯　撑　昕　成　丁　亘　映　任　闽　孟
平　拼　汾　泵　镇　新　冰　紧　愤　深
凤　芯　庆　井　宁　缤　珍　趁　亨　近
邓　门　仁　彬　晨　盆　酊　崩　命　亭
身　灵　沁　分　朋　荧　莺　增　钦　秉
凝　扔　蹭　芹　衅　庚　姻　焚　屏　巾
霖　兴　冷　铭　嫩　埂　恳　寝　贫　冯

青 烹 银 牲 层 真 临 阵 民 铤
迸 正 刑 慎 金 痕 渗 因 伸 英

(2) 指出下列 u 韵头的字。

滚 水 爽 吞 鹃 虽 崔 退 蕊 围
砖 窝 惑 顺 沙 多 存 桑 翁 港
歪 浑 块 逛 罪 丸 咱 绰 抓 班
团 诺 怀 军 怎 唤 左 花 灼 踹
兑 准 权 挖 拖 神 轨 恢 若 乱
航 算 商 扇 望 叉 萝 闯 遵 坠
框 博 忍 嫩 改 损 船 宣 拐 爱
梭 廓 汶 再 夸 蹲 莞 宅 拆 勋
但 庄 篡 凰 盔 坤 贼 钻 唇 槌
春 瓜 群 闩 断 郭 说 伦 措 泵

(3) 通读《韵序字表》，找出方言韵母与普通话不一致的字，并另纸整理出来加以纠正。

①普通话读 an、uan，方言读 ang、uang 的字。

②普通话读 ang、uang，方言读 an、uan 的字。

(4) 通读《韵序字表》，找出方言韵母与普通话不一致的字，并另纸整理出来加以纠正。

①普通话读 ü、üe、ün、üan，方言读 i、ie、in、ian 的字。

②方言读 ü、üe、ün、üan，普通话读 i、ie、in、ian 的字。

(5) 通读《韵序字表》，找出方言 e、o、ê 韵母与普通话不一致的字，并另纸整理出来加以纠正。

(6) 通读《韵序字表》，找出方言其他韵母与普通话不一致的字，并另纸整理出来加以纠正。

第五节 韵母模拟训练

(1) 指出下列各字词的韵母并朗读。

帮 仁 腹 汁 洲 财 凉 约 捧 琼
思 凤 虞 甲 珍 拖 圃 越 梭 税
急 凶 触 训 盅 杯 桑 观 淮 装
挑 扎 魂 丢 砖 波 脓 兵 猛 趁

挠 乏 瑶 休 秒 环 航 更 盖 跑
挪 仙 誓 兴 结 祈 载 权 搔 数
某 冬 撤 如 背 临 通 材 搜 满
柔 冯 磕 当 贴 厘 造 沟 最 煞
残 尔 踹 戌 郡 品 乾 纲 朝 猿
泉 帅 糠 灯 倪 峦 做 角 然 窥

(2) 指出下列多音节词语的韵母并朗读。

编纂 杆菌 麻雀 造福 口袋
裁军 难过 帮凶 牙签儿 平等
怅惘 会员 破灭 喷泉 女皇
慈祥 激活 前辈 热血 猛烈
担心 那些 包袱 叫好儿 歌颂
说笑 氧化 阴雨 利用 表明
洞察 抗争 胎儿 责怪 告诉
额角 开凿 吞没 衰老 可观
飞速 后跟儿 外科 提纯 当天
否认 流逝 为难 聪慧 哑剧

(3) 指出下列短文的韵母并朗读。

我常想读书人是世间幸福人，因为他除了拥有现实的世界之外，还拥有另一个更为浩瀚也更为丰富的世界。现实的世界是人人都有的，而后一个世界却为读书人所独有。由此我想，那些失去或不能阅读的人是多么的不幸，他们的丧失是不可补偿的。世间有诸多的不平等，财富的不平等，权力的不平等，而阅读能力的拥有或丧失却体现为精神的不平等。

一个人的一生，只能经历自己拥有的那一份欣悦，那一份苦难，也许再加上他亲自闻知的那一些关于自身以外的经历的经验。然而，人们通过阅读，却能进入不同时空的诸多他人的世界。这样，具有阅读能力的人，无形间获得了超越有限生命的无限可能性。阅读不仅使他多识了草木虫鱼之名，而且可以上溯远古下及未来，饱览存在的与非存在的奇风异俗。

更为重要的是，读书加惠于人们的不仅是知识的增广，而且还在于精神的感化与陶冶。人们从读书学做人，从那些往哲先贤以及当代才俊的著述中学得他们的人格。人们从《论语》中学得智慧的思考，从《史记》中学得严肃的历史精神，从《正气歌》中学得人格的刚烈，从马克思学得人世‖的激情，从鲁迅学得批判精神，从托尔斯泰学得道德的执著。

节选自谢冕《读书人是幸福人》

附录一 普通话水平测试用字韵序字表

【温馨提示】

《普通话水平测试用字韵序字表》是从《普通话水平测试实施纲要》的词语表中整理出来的，按照国家试题命题要求，第一题（读单音节字词）和第二题（读多音节词语）采用的字词、涉及的汉字都来源于这些字，所以，考生要通读这些字，了解自己方言韵母与普通话的差异，更好地掌握这些字的韵母。

说明：本字表首先参照《汉语拼音方案》韵母表顺序排序，然后按照声母及声调排序，其余情况与声母排序相同。

为了便于查找，将韵母编号，可以根据以下序号查找韵母：

1. a　2. o　3. e　4. i　5. u　6. ü　7. er　8. -i［前］　9. -i［后］　10. ai　11. ao　12. ei　13. ou　14. iao　15. iou　16. uai　17. uei　18. ia　19. ie　20. ua　21. uo　22. üe　23. an　24. en　25. in　26. ün　27. ian　28. uan　29. uen　30. üan　31. ang　32. eng　33. ing　34. iong　35. ong　36. iang　37. uang　38. ueng①

1. a

ā 阿

bā 八 巴 扒 吧 芭 疤 bá 拔 跋 bǎ 把 靶 bà 把 坝 爸 罢 霸 耙 ba 叭 笆

pā 趴 pá 扒 爬 耙 琶 pà 帕 怕

mā 妈 抹 má 麻 mǎ 马 玛 码 蚂 mà 骂 ma 蟆 嘛

fā 发 fá 乏 伐 罚 阀 筏 fǎ 法 fà 发

dā 耷 搭 答 dá 达 答 打 dǎ 打 dà 大 da 瘩

tā 她 他 它 塌 tǎ 塔 獭 tà 榻 踏 蹋 拓

ná 拿 nǎ 哪 nà 那 纳 娜 钠 捺

lā 拉 lá 拉 lǎ 喇 là 腊 蜡 辣 落

kā 咖 kǎ 卡 咯

hā 哈 há 蛤

zā 咂 扎 zá 杂 砸

cā 擦

sā 仨 撒 sǎ 撒 洒 sà 卅 萨

① 在普通话水平测试词语里面没有 ê 音节字，所以这里韵母只有38个。

zhā 渣 楂 扎 zhá 轧 闸 铡 炸 zhǎ 眨 zhà 乍 诈 栅 炸 蚱 榨

chā 叉 杈 插 差 chá 查 茬 茶 察 chǎ 叉 chà 杈 岔 诧 差 刹

shā 杀 沙 纱 刹 砂 煞 杉 shǎ 傻 shà 煞 霎 厦

2. o

bō 拨 波 玻 剥 钵 菠 播 bó 脖 伯 驳 帛 泊 勃 铂 舶 博 搏 箔 膊 薄 礴 bǒ 跛 簸 bò 薄 簸

pō 泊 坡 泼 颇 pó 婆 pò 迫 破 粕 魄

mō 摸 mó 摹 模 膜 摩 磨 蘑 魔 mǒ 抹 mò 没 磨 抹 末 沫 陌 莫 寞 漠 蓦 墨 默

fó 佛

3. e

ē 阿 é 俄 峨 鹅 蛾 额 è 厄 扼 恶 饿 鄂 愕 萼 遏 腭

me 么

dé 得 德

tè 特

lè 乐 勒

gē 戈 疙 哥 胳 鸽 割 搁 歌 gé 阁 革 格 葛 隔 膈 骼 gě 葛 gè 个 各

kē 苛 柯 科 棵 稞 颗 瞌 磕 蝌 ké 壳 咳 kě 坷 可 渴 kè 克 刻 客 恪 课

hē 呵 喝 hé 禾 合 何 劾 和 河 阂 核 荷 涸 盒 颌 hè 喝 和 荷 贺 褐 赫 鹤 壑 吓

zé 则 择 泽 责 啧 zè 仄

cè 册 侧 厕 测 策

sè 塞 色 涩 啬 瑟

zhē 遮 折 zhé 蜇 折 哲 辄 辙 zhě 者 褶 zhè 这 浙 蔗

chē 车 chě 扯 chè 彻 掣 撤 澈

shē 奢 shé 舌 蛇 折 shě 舍 shè 舍 设 社 射 涉 赦 摄 麝

rě 惹 rè 热

4. i

yī 一 伊 衣 医 依 漪 yí 仪 夷 宜 怡 姨 贻 胰 移 遗 疑 yǐ 乙 已 以 矣 蚁 倚 椅 yì 义 亿 忆 艺 议 亦 屹 异 呓 役 抑 译 邑 易 绎 诣 驿 疫 益 谊 翌 逸 意 溢 裔 蜴 毅 熠 翼 臆

bī 逼 bí 鼻 bǐ 匕 比 彼 笔 鄙 bì 币 必 毕 闭 庇 陛 毙 婢 敝 痹 辟 弊 碧 蔽 壁 避 臂 璧

pī 批 坯 披 劈 霹 pí 皮 毗 疲 啤 琵 脾 pǐ 劈 匹 痞 癖 pì 辟 屁 媲 僻 譬

mī 眯 mí 弥迷猕谜糜 mǐ 靡米 mì 泌觅秘密幂谧蜜

dī 低堤滴提 dí 的迪敌涤笛嫡 dǐ 诋底抵 dì 的地弟帝递第谛缔蒂

tī 剔梯踢 tí 啼提题蹄 tǐ 体 tì 屉剃涕惕替嚏

ní 呢尼泥倪霓 nǐ 你拟 nì 泥昵逆溺腻

lí 厘梨离犁漓璃黎篱 lǐ 礼李里理锂鲤 lì 力历厉立吏丽利励沥例隶俐荔栗砾笠粒蛎痢雳 li 狸

jī 讥击饥机肌鸡姬积基畸稽激羁几 jí 及吉汲级即极急疾棘集嫉辑瘠籍 jǐ 给几己挤脊戟麂纪济 jì 迹绩计记伎纪妓忌技际剂季既济继寂寄悸祭暨冀髻系 ji 箕

qī 七沏妻凄栖戚期欺漆 qí 齐其奇歧祈崎畦骑棋旗鳍 qǐ 乞企岂启起绮 qì 气迄弃汽泣契砌器

xī 夕兮汐西吸希昔析唏奚息牺悉惜晰犀稀溪皙锡熄蜥嬉膝曦 xí 习席袭媳 xǐ 洗铣喜 xì 戏系细隙

5. u

wū 乌污呜巫屋诬 wú 无毋吴吾芜梧 wǔ 五午伍武侮捂鹉舞 wù 恶勿务物误悟晤雾

bǔ 卜补哺捕 bù 不布步怖部埠簿

pū 仆扑铺 pú 脯仆匍菩葡蒲 pǔ 朴圃浦普谱 pù 堡铺瀑

mú 模 mǔ 母亩牡姆拇 mù 木目沐牧募墓幕睦慕暮穆

fū 夫肤孵敷 fú 佛弗伏扶芙拂服俘氟浮匐符幅福辐 fǔ 抚甫府斧俯辅腑腐 fù 服父付妇负附咐复赴副富赋缚腹覆 fu 袱傅

dū 都嘟督 dú 毒读渎犊独 dǔ 笃堵赌睹肚 dù 妒杜肚度渡镀

tū 凸秃突 tú 图徒涂途屠 tǔ 土吐 tù 吐兔

nú 奴 nǔ 努 nù 怒

lú 卢芦炉颅 lǔ 卤虏掳鲁 lù 露陆录赂鹿禄碌路戮麓绿

gū 估姑孤辜 gǔ 古谷股骨鼓贾 gù 固故顾梏雇锢 gu 菇

kū 枯哭窟 kǔ 苦 kù 库裤酷

hū 乎呼忽惚 hú 和核弧狐胡壶湖瑚糊蝴 hǔ 虎唬 hù 互户护沪

zū 租 zú 足卒族 zǔ 诅阻组祖

cū 粗 cù 促醋簇

sū 苏酥稣 sú 俗 sù 诉肃素速宿粟塑溯

zhū 朱诛株珠诸猪蛛 zhú 竹烛逐 zhǔ 主拄属煮嘱瞩 zhù 伫住

助注贮驻柱祝著蛀筑铸

chū 出初 chú 刍除厨锄蜍雏橱躇 chǔ 础储楚处 chù 处搐触矗畜

shū 书抒叔枢倏殊梳疏舒输蔬 shú 孰赎塾熟 shǔ 暑署鼠蜀薯曙数属 shù 术束述树竖恕庶数墅

rú 如儒蠕 rǔ 汝乳辱 rù 入褥

6. ü

yū 迂淤 yú 于予余臾鱼俞娱渔隅愉腴逾愚榆虞舆 yǔ 予与宇屿羽雨禹语 yù 与玉驭吁育郁狱浴预域欲谕喻寓御裕遇愈誉豫

nǚ 女

lǘ 驴榈 lǚ 吕侣旅铝屡缕履捋 lǜ 滤律虑率绿氯

jū 车居拘驹鞠 jú 局菊橘 jǔ 咀沮举矩 jù 句巨拒具炬俱剧惧据距锯聚踞遽

qū 区曲岖驱屈袪蛆躯趋 qú 渠 qǔ 曲取娶 qù 去趣

xū 戌须虚嘘需 xú 徐 xǔ 许 xù 旭序叙畜绪续絮蓄 xu 婿

7. er

ér 儿而 ěr 尔耳饵 èr 二

8. -i [ɿ]

zī 兹咨姿资滋 zǐ 仔籽子姊紫滓 zì 字自渍

cí 词祠瓷慈辞磁雌 cǐ 此 cì 次刺赐

sī 丝司私思斯厮嘶撕 sǐ 死 sì 四寺伺似祀饲俟嗣肆

9. -i [ʅ]

zhī 之支汁芝枝知织肢脂只 zhí 执侄直值职植殖 zhǐ 止只旨址纸指趾 zhì 至志制帜治炙质峙挚桎秩致掷窒智滞稚置

chī 吃嗤痴 chí 池驰迟持 chǐ 尺侈齿耻 chì 斥赤炽翅啻

shī 尸失师虱诗施狮湿 shí 十什石时识实拾蚀食 shǐ 史矢使始驶屎 shì 士氏世仕市示式事侍势视试饰室恃拭是柿适舐逝释嗜誓噬螯似 shi 匙

rì 日

10. ai

āi 哀埃挨 ái 挨皑癌 ǎi 矮蔼 ài 艾爱隘碍

bāi 掰 bái 白 bǎi 百柏摆 bài 败拜

pāi 拍 pái 排牌 pài 派

mái 埋霾 mǎi 买 mài 迈麦卖脉
dāi 呆待 dǎi 歹逮 dài 大代带待怠玳贷袋逮戴
tāi 胎苔 tái 台抬苔 tài 太汰态钛泰
nǎi 乃奶氖 nài 奈耐
lái 来徕 lài 睐赖癞
gāi 该 gǎi 改 gài 丐钙盖溉概
kāi 开揩 kǎi 凯慨楷
hái 孩还 hǎi 海 hài 骇害氦
zāi 灾哉栽 zǎi 宰载崽仔 zài 载再在
cāi 猜 cái 才材财裁 cǎi 采彩睬踩 cài 菜蔡
sāi 塞腮鳃 sài 塞赛
zhāi 斋摘 zhái 择宅 zhǎi 窄 zhài 债寨
chāi 差拆 chái 柴
shāi 筛 shǎi 色 shài 晒

11. ao

āo 凹熬 áo 遨熬翱螯 ǎo 袄 ào 坳拗傲奥澳懊
bāo 包孢苞胞褒剥炮 báo 雹薄 bǎo 宝饱保堡 bào 报抱豹鲍暴爆刨
pāo 抛泡 páo 刨咆狍炮袍 pǎo 跑 pào 炮泡
māo 猫 máo 毛矛茅锚髦 mǎo 卯铆 mào 茂冒贸袤帽瑁貌
dāo 刀 dǎo 导岛倒捣祷蹈 dào 倒到悼盗道稻 dao 叨
tāo 涛绦掏滔 táo 逃桃陶啕淘萄 tǎo 讨 tào 套
náo 挠 nǎo 恼脑瑙 nào 闹
lāo 捞 láo 劳牢 lǎo 老姥 lào 涝烙落
gāo 羔高膏篙糕 gǎo 搞稿镐 gào 膏告
kǎo 考烤 kào 铐靠
háo 毫豪嚎壕号 hǎo 好郝 hào 好号浩耗
zāo 遭糟 záo 凿 zǎo 早枣澡藻 zào 灶皂造噪燥躁 zao 蚤
cāo 操糙 cáo 曹嘈槽 cǎo 草
sāo 搔骚缫臊 sǎo 扫嫂 sào 臊扫
zhāo 朝招昭着 zháo 着 zhǎo 找沼爪 zhào 召兆诏赵照罩肇
chāo 抄钞超剿 cháo 巢朝嘲潮 chǎo 吵炒
shāo 捎梢烧稍 sháo 勺 shǎo 少 shào 少绍哨
ráo 饶 rǎo 扰 rào 绕

12. ei

bēi 卑 杯 悲 碑 背 běi 北 bèi 贝 狈 备 背 钡 倍 被 惫 辈
pēi 胚 péi 陪 培 赔 裴 pèi 沛 佩 配
méi 没 枚 玫 眉 莓 梅 媒 煤 酶 霉 měi 每 美 镁 mèi 妹 昧 媚 寐 魅
fēi 飞 妃 非 啡 绯 féi 肥 fěi 匪 诽 翡 fèi 吠 废 沸 肺 费
děi 得
něi 馁 nèi 内
lēi 勒 léi 雷 镭 累 擂 lěi 垒 蕾 儡 累 lèi 肋 泪 类 累 擂
gěi 给
hēi 黑
zéi 贼
shéi 谁

13. ou

ōu 讴 欧 殴 鸥 ǒu 呕 偶 藕
pōu 剖
móu 眸 谋 mǒu 某
fǒu 否
dōu 都 兜 dǒu 斗 抖 陡 蚪 dòu 斗 豆 逗 痘 窦
tōu 偷 tóu 头 投 tòu 透
lōu 搂 lóu 楼 lǒu 搂 篓 lòu 陋 漏 露
gōu 勾 沟 钩 篝 gǒu 狗 苟 gòu 勾 构 购 垢 够
kōu 抠 kǒu 口 kòu 叩 扣 寇
hóu 侯 喉 猴 hǒu 吼 hòu 侯 后 厚 候
zǒu 走 zòu 奏 揍
còu 凑
sōu 搜 艘 sǒu 擞 sou 嗽
zhōu 州 舟 周 洲 粥 zhóu 轴 zhǒu 肘 zhòu 咒 宙 昼 皱 骤 zhou 帚
chōu 抽 chóu 仇 惆 绸 畴 愁 稠 筹 酬 踌 chǒu 丑 chòu 臭
shōu 收 shóu 熟 shǒu 手 守 首 shòu 寿 受 狩 兽 售 授 瘦
róu 柔 揉 蹂 ròu 肉

14. iao

yāo 夭 吆 妖 腰 邀 要 约 yáo 尧 肴 姚 窑 谣 徭 摇 遥 瑶 yǎo 咬 窈 舀 yào 药 要 耀 钥

biāo 标膘 biǎo 表

piāo 漂飘 piáo 瓢朴 piǎo 漂瞟 piào 漂票

miáo 苗描瞄 miǎo 秒渺藐 miào 妙庙

diāo 刁叼貂碉雕 diào 吊钓调掉

tiāo 挑 tiáo 调条 tiǎo 挑窕 tiào 眺跳

niǎo 鸟袅 niào 尿

liāo 撩 liáo 潦辽疗聊僚嘹撩缭燎 liǎo 燎了 liào 廖料撂瞭

jiāo 交郊娇浇骄胶椒焦跤蕉礁教 jiáo 嚼 jiǎo 角狡绞饺皎矫脚搅剿缴 jiào 叫轿较教窖酵觉校

qiāo 悄跷敲锹 qiáo 乔侨桥瞧翘 qiǎo 悄巧 qiào 壳俏峭窍翘撬鞘

xiāo 削宵消逍萧硝销潇箫嚣肖 xiáo 淆 xiǎo 小晓 xiào 孝肖哮效校笑啸

15. iou

yōu 优忧幽悠 yóu 尤由犹邮油铀游 yǒu 友有酉黝 yòu 柚又右幼佑诱釉

miù 谬

diū 丢

niú 牛 niǔ 扭纽钮 niù 拗

liū 溜蹓 liú 刘浏流留琉硫馏榴瘤 liǔ 柳绺 liù 溜六蹓陆

jiū 纠究揪 jiǔ 九久灸韭酒 jiù 旧臼疚厩救就舅

qiū 丘邱秋鳅 qiú 仇囚求酋球裘

xiū 休修羞 xiǔ 宿朽 xiù 臭宿秀绣袖锈嗅

16. uai

wāi 歪 wài 外

guāi 乖 guǎi 拐 guài 怪

kuài 会块快脍筷

huái 怀淮槐 huài 坏

zhuài 拽

chuāi 揣 chuǎi 揣 chuài 踹

shuāi 衰摔 shuǎi 甩 shuài 率帅

17. uei

wēi 危威偎微巍 wéi 为韦围违桅唯帷惟维 wěi 伟伪尾纬苇委萎 wèi 为卫未位味畏胃谓喂蔚慰魏 wei 猬

duī 堆 duì 队对兑

tuī 推 tuí 颓 tuǐ 腿 tuì 退蜕褪

guī 归龟规皈闺硅瑰 guǐ 轨诡鬼 guì 柜贵桂跪

kuī 亏盔窥 kuí 奎葵魁傀 kuì 匮愧溃馈

huī 灰诙恢挥辉徽 huí 回洄蛔 huǐ 悔毁 huì 卉汇会讳绘荟诲贿彗晦秽喙惠慧

zuǐ 嘴 zuì 最罪醉

cuī 崔催摧 cuǐ 璀 cuì 脆啐淬萃瘁粹翠

suī 虽 suí 绥隋随遂 suǐ 髓 suì 岁祟遂碎隧穗邃

zhuī 追椎锥 zhuì 坠缀赘

chuī 吹炊 chuí 垂陲捶锤 chui 槌

shuí 谁 shuǐ 水 shuì 税睡

ruǐ 蕊 ruì 锐瑞

18. ia

yā 丫压押鸦鸭 yá 牙芽蚜崖涯衙 yǎ 哑雅 yà 亚讶轧

liǎ 俩

jiā 加夹佳枷浃家嘉茄 jiá 夹荚颊 jiǎ 甲胛贾钾假 jià 价驾架假嫁 jia 稼

qiā 掐 qiǎ 卡 qià 恰洽

xiā 虾瞎 xiá 匣峡狭遐暇辖霞 xià 下吓夏

19. ie

yē 椰噎耶掖 yé 爷 yě 也冶野 yè 咽业叶曳页夜掖液腋

biē 憋鳖 bié 别 biě 瘪 biè 别

piē 撇瞥 piě 撇

miè 灭蔑篾

diē 爹跌 dié 迭谍叠碟蝶

tiē 贴 tiě 铁帖 tiè 帖

niē 捏 niè 涅聂啮镊镍孽蘖

liě 咧 liè 列劣烈猎裂

jiē 阶皆接秸揭街结 jié 节劫杰洁结捷睫截竭 jiě 姐解 jiè 解介戒届界诫借藉

qiē 切 qié 茄 qiě 且 qiè 切妾怯窃惬

xiē 些楔歇 xié 协邪胁挟偕斜谐携鞋 xiě 写血 xiè 解泄泻卸屑

械亵谢懈蟹

20. ua

wā 挖洼蛙 wá 娃 wǎ 瓦 wà 袜

guā 瓜刮 guǎ 寡 guà 卦挂褂

kuā 夸 kuǎ 垮 kuà 挎跨

huā 花 huá 华哗滑猾划 huà 华化划画话桦

zhuā 抓 zhuǎ 爪

shuā 刷 shuǎ 耍

21. uo

wō 涡窝蜗 wǒ 我 wò 沃卧握

duō 多 duó 度夺踱 duǒ 朵垛躲 duò 垛剁堕舵惰跺 duo 掇

tuō 托拖脱 tuó 驮陀驼 tuǒ 妥椭 tuò 拓唾

nuó 挪 nuò 诺懦糯

luō 捋 luó 罗萝逻锣箩骡螺 luǒ 裸 luò 洛络骆落摞

guō 埚郭锅 guó 国 guǒ 果裹 guò 过

kuò 扩括阔廓

huō 豁 huó 和活 huǒ 火伙 huò 和豁或货获祸惑霍

zuō 作 zuó 琢昨 zuǒ 撮左佐 zuò 作坐座做

cuō 搓磋撮 cuò 挫措锉错

suō 唆梭蓑缩 suǒ 所索琐锁

zhuō 拙捉桌 zhuó 卓灼茁浊酌啄着琢

chuō 戳 chuò 啜绰

shuō 说 shuò 烁硕

ruò 若弱

22. üe

yuē 曰约 yuè 乐月岳悦阅跃粤越

nüè 疟虐

lüè 掠略

juē 撅 jué 角决诀抉绝觉倔崛掘厥獗蕨爵嚼攫 juè 倔

quē 缺 qué 瘸 què 却雀确阙鹊榷

xuē 削靴薛 xué 穴学 xuě 雪 xuè 血谑

23. an

ān 安氨庵 àn 岸按案暗黯

bān 扳班般颁斑搬 bǎn 板版 bàn 办半伴扮拌绊瓣
pān 潘攀 pán 盘磐 pàn 判叛盼畔
mán 蛮馒瞒鳗 mǎn 满螨 màn 曼谩幔慢漫蔓
fān 帆番翻藩 fán 凡矾烦繁 fǎn 反返 fàn 犯泛饭范贩梵
dān 丹单担耽 dǎn 胆疸掸 dàn 担旦但诞弹惮淡蛋氮石
tān 坍贪摊滩瘫 tán 弹坛谈痰谭潭 tǎn 坦毯 tàn 叹炭探碳
nán 男南难 nàn 难
lán 兰拦栏婪蓝澜斓篮 lǎn 览揽缆榄懒 làn 烂滥
gān 干甘杆肝坩柑竿 gǎn 杆秆赶敢感橄擀 gàn 干赣
kān 刊勘龛堪看 kǎn 槛坎砍 kàn 看瞰
hān 蚶酣憨鼾 hán 含函涵寒韩 hǎn 罕喊 hàn 汉汗旱悍捍焊憾撼
zán 咱 zǎn 攒 zàn 暂赞
cān 参餐 cán 残蚕惭 cǎn 惨 càn 灿璨
sān 三 sǎn 伞散 sàn 散
zhān 沾毡粘瞻占 zhǎn 斩展盏崭辗 zhàn 颤占战站绽湛蘸
chān 掺搀 chán 禅馋缠蝉潺蟾 chǎn 产铲阐 chàn 忏颤
shān 山杉衫珊煽扇 shǎn 闪陕 shàn 禅单讪扇善缮擅膳赡
rán 然燃 rǎn 冉染

24. en

ēn 恩
bēn 奔 běn 本苯 bèn 奔笨
pēn 喷 pén 盆
mēn 闷 mén 门 mèn 闷 men 们
fēn 分纷芬氛酚 fén 坟焚 fěn 粉 fèn 分份奋愤粪
nèn 嫩
gēn 根跟 gèn 亘
kěn 肯垦恳啃
hén 痕 hěn 很狠 hèn 恨
zěn 怎
sēn 森
zhēn 贞针侦珍真砧斟臻 zhěn 诊枕疹 zhèn 阵振朕镇震
chēn 抻 chén 尘臣忱沉辰陈晨 chèn 衬称趁
shēn 参申伸身呻绅娠砷深 shén 神什 shěn 沈审婶 shèn 肾甚渗慎蜃

rén 人仁任 rěn 忍 rèn 刃认任纫妊韧饪

25. in

yīn 因阴姻音殷 yín 吟垠寅淫银龈 yǐn 尹引饮隐瘾 yìn 荫饮印

bīn 宾滨濒 bìn 摈鬓

pīn 拼 pín 贫频 pǐn 品 pìn 聘

mín 民 mǐn 皿抿泯闽悯敏

nín 您

līn 拎 lín 邻林临淋琳嶙霖磷鳞 lìn 吝赁躏

jīn 巾今斤金津矜筋襟禁 jǐn 仅紧谨锦尽 jìn 尽劲近进晋浸烬禁靳噤

qīn 亲侵钦 qín 秦琴禽勤噙擒 qǐn 寝 qìn 沁

xīn 心芯辛欣锌新薪馨 xìn 信衅

26. ün

yūn 晕 yún 云匀纭耘 yǔn 允陨 yùn 孕运晕酝韵蕴

jūn 军君均钧菌 jùn 俊郡峻骏竣

qún 裙群

xūn 勋熏薰 xún 寻巡旬询峋循 xùn 驯训讯汛迅逊

27. ian

yān 咽烟胭淹焉湮腌燕殷 yán 延严言岩沿炎研盐阎筵颜檐 yǎn 俨衍掩眼演 yàn 咽厌砚宴艳验谚堰焰雁燕

biān 边编鞭 biǎn 贬扁匾 biàn 便变遍辨辩辫

piān 片偏篇 pián 便 piàn 片骗

mián 眠绵棉 miǎn 免勉娩缅 miàn 面

diān 掂滇颠巅 diǎn 典点碘 diàn 电佃店垫惦淀奠殿

tiān 天添 tián 田恬甜填 tiǎn 舔

niān 拈蔫 nián 年黏 niǎn 捻撵碾 niàn 廿念

lián 连帘怜涟莲联廉镰 liǎn 敛脸 liàn 练炼恋链

jiān 奸尖坚歼间肩艰兼监缄煎 jiǎn 拣俭柬茧捡减剪检睑简碱 jiàn 间监见件建剑荐贱健涧舰渐谏毽溅腱践鉴键箭

qiān 千扦迁牵铅谦签 qián 前虔钱钳乾潜黔 qiǎn 浅遣谴 qiàn 欠嵌歉纤

xiān 仙先纤掀锨鲜 xián 闲弦贤咸涎娴舷衔嫌 xiǎn 鲜显险 xiàn 县现线限宪陷馅羡献腺霰

28. uan

wān 弯剜湾 wán 丸完玩顽 wǎn 宛挽晚婉惋皖碗 wàn 蔓万腕

duān 端 duǎn 短 duàn 段断缎煅锻

tuān 湍 tuán 团

nuǎn 暖

luán 孪峦 luǎn 卵 luàn 乱

guān 关观官冠 guǎn 馆管 guàn 观冠贯惯灌罐

kuān 宽 kuǎn 款

huān 欢 huán 还环 huǎn 缓 huàn 幻宦唤换涣患焕痪豢

zuān 钻 zuǎn 纂 zuàn 钻攥

cuān 蹿 cuán 攒 cuàn 窜篡

suān 酸 suàn 蒜算

zhuān 专砖 zhuǎn 转 zhuàn 传转赚撰篆

chuān 川穿 chuán 传船 chuǎn 喘 chuàn 串

shuān 拴栓 shuàn 涮

ruǎn 软

29. uen

wēn 温瘟 wén 文纹闻蚊 wěn 吻紊稳 wèn 问

dūn 吨敦墩蹲 dǔn 盹 dùn 囤沌炖盾钝顿

tūn 吞 tún 囤屯豚臀

lūn 抡 lún 伦沦纶轮 lùn 论

gǔn 滚 gùn 棍

kūn 坤昆 kǔn 捆 kùn 困

hūn 昏荤婚 hún 浑魂混 hùn 混

zūn 尊遵

cūn 村皴 cún 存 cǔn 忖 cùn 寸

sūn 孙 sǔn 损笋

zhǔn 准

chūn 春 chún 纯唇淳醇 chǔn 蠢

shǔn 吮 shùn 顺舜瞬

rùn 闰润

30. üan

yuān 冤鸳渊 yuán 元员园垣原圆袁援缘源猿 yuǎn 远 yuàn 苑

怨院愿

juān 捐鹃圈 juǎn 卷 juàn 卷倦绢眷圈

quān 圈 quán 全权泉拳痊蜷 quǎn 犬 quàn 劝券

xuān 宣喧暄 xuán 玄悬旋 xuǎn 选癣 xuàn 旋炫绚眩渲

31. ang

áng 昂 àng 盎

bāng 邦帮梆 bǎng 绑榜膀 bàng 蚌傍棒谤磅镑

pāng 膀乓 páng 膀磅庞旁 pàng 胖

máng 忙芒盲茫氓 mǎng 莽蟒

fāng 方坊芳 fáng 防妨房肪 fǎng 仿访纺 fàng 放

dāng 当裆 dǎng 挡党 dàng 当荡档

tāng 汤 táng 唐堂棠塘搪膛糖螳 tǎng 倘淌躺 tàng 烫趟

náng 囊 nang 囔

láng 郎狼廊琅螂 lǎng 朗 làng 浪

gāng 刚冈纲肛缸钢 gǎng 岗港 gàng 杠

kāng 康慷糠 káng 扛 kàng 亢抗炕

háng 杭航行 hàng 巷

zāng 脏 zàng 藏脏葬

cāng 仓沧苍舱 cáng 藏

sāng 桑丧 sǎng 嗓 sàng 丧

zhāng 张章彰樟 zhǎng 长涨掌 zhàng 涨丈仗帐杖胀账障

chāng 昌娼猖 cháng 长肠尝偿常场 chǎng 厂场敞 chàng 怅畅倡唱

shāng 伤商 shǎng 晌赏上 shàng 上尚 shang 裳

rǎng 嚷壤 ràng 让

32. eng

bēng 崩绷 běng 绷 bèng 绷泵迸蹦

pēng 抨烹 péng 朋彭棚硼蓬篷膨 pěng 捧 pèng 碰

mēng 蒙 méng 萌盟蒙 měng 猛蒙锰蜢 mèng 孟梦

fēng 丰风枫封疯峰烽锋蜂 féng 冯逢缝 fěng 讽 fèng 缝凤奉

dēng 灯登蹬 děng 等 dèng 澄邓凳瞪

téng 疼腾滕藤

néng 能

léng 棱 lěng 冷 lèng 愣

gēng 更 庚 耕 羹 gěng 哽 埂 耿 梗 颈 gèng 更
kēng 吭 坑 铿
héng 恒 横 衡 hèng 横
zēng 曾 增 憎 zèng 赠
céng 层 曾 cèng 蹭
sēng 僧
zhēng 争 征 挣 睁 蒸 正 症 zhěng 拯 整 zhèng 挣 正 证 郑 政 症 zheng 筝
chēng 称 撑 chéng 丞 成 呈 承 诚 城 乘 惩 程 澄 橙 盛 chěng 逞 骋 chèng 秤
shēng 升 生 声 牲 笙 shéng 绳 shěng 省 shèng 胜 圣 盛 剩
rēng 扔 réng 仍

33. ing

yīng 应 英 莺 婴 樱 鹦 膺 鹰 yíng 迎 盈 荧 莹 萤 营 萦 蝇 赢 yǐng 颖 影 yìng 应 映 硬
bīng 冰 兵 bǐng 丙 柄 饼 禀 屏 bìng 并 病 摒
pīng 乒 píng 平 评 凭 坪 苹 屏 瓶 萍
míng 名 明 鸣 冥 铭 mìng 命
dīng 丁 叮 盯 钉 dǐng 顶 鼎 dìng 钉 订 定 锭
tīng 厅 听 tíng 廷 亭 庭 停 蜓 tǐng 挺 艇
níng 宁 咛 拧 狞 凝 nǐng 拧 nìng 宁 拧 泞
líng 伶 灵 玲 凌 铃 陵 绫 羚 翎 聆 菱 零 龄 lǐng 岭 领 令 lìng 令 另
jīng 京 经 茎 荆 惊 晶 睛 精 鲸 jǐng 井 阱 颈 景 憬 警 jìng 劲 净 径 胫 竞 竟 敬 境 静 镜
qīng 青 氢 轻 倾 卿 清 蜻 qíng 情 晴 擎 qǐng 顷 请 qìng 亲 庆 磬
xīng 兴 星 猩 腥 xíng 刑 行 邢 形 型 xǐng 省 醒 xìng 兴 杏 姓 幸 性

34. iong

yōng 佣 拥 痈 庸 壅 臃 yǒng 永 甬 咏 泳 勇 涌 恿 蛹 踊 yòng 佣 用
jiǒng 炯 窘
qióng 穷 穹 琼
xiōng 凶 兄 匈 汹 胸 xióng 雄 熊

35. ong

dōng 东 冬 dǒng 董 懂 dòng 动 冻 栋 洞

tōng 通 tóng 同佟桐铜童瞳 tǒng 统捅桶筒 tòng 通同痛

nóng 农浓脓 nòng 弄

lóng 龙咙珑笼聋隆 lǒng 笼陇垄拢 long 窿

gōng 工弓公功攻供宫恭躬龚 gǒng 巩汞拱 gòng 供共贡

kōng 空 kǒng 孔恐 kòng 空控

hōng 轰哄烘 hóng 弘红宏洪虹鸿 hǒng 哄 hòng 哄

zōng 宗综棕踪鬃 zǒng 总 zòng 纵粽

cōng 囱匆葱聪 cóng 从丛

sōng 松 sǒng 怂悚耸 sòng 讼宋诵送颂

zhōng 中忠终盅钟衷 zhǒng 肿种冢 zhòng 中种仲众重

chōng 充冲舂憧 chóng 虫崇重 chǒng 宠 chòng 冲

róng 绒荣容溶蓉熔融冗

36. iang

yāng 央殃秧鸯 yáng 扬羊阳杨佯疡洋 yǎng 仰养氧痒 yàng 样漾

niáng 娘 niàng 酿

liáng 良凉梁粮量 liǎng 俩两 liàng 凉踉亮谅辆晾量 liang 粱

jiāng 江姜将浆僵缰疆 jiǎng 讲奖桨蒋 jiàng 将匠降绛酱犟强

qiāng 呛枪腔锵 qiáng 强墙 qiǎng 强抢 qiàng 呛跄

xiāng 乡相香厢湘箱镶 xiáng 降详祥翔 xiǎng 享响饷想 xiàng 相向巷项象像橡

37. uang

wāng 汪 wáng 亡王 wǎng 网往枉惘 wàng 妄忘旺望

guāng 光胱 guǎng 广犷 guàng 逛

kuāng 筐 kuáng 狂 kuàng 况旷矿框眶

huāng 荒慌 huáng 皇凰黄惶煌潢蝗磺簧 huǎng 恍晃谎幌 huàng 晃

zhuāng 妆庄桩装 zhuàng 壮状幢撞

chuāng 疮窗创 chuáng 床幢 chuǎng 闯 chuàng 创

shuāng 双霜 shuǎng 爽

38. ueng

wēng 翁 wèng 瓮

附录二　普通话水平测试用字韵母对比字表

一、in / en 与 ing / eng

in	ing
yīn 因阴姻音殷 yín 吟垠寅淫银龈 yǐn 尹引饮隐瘾 yìn 荫饮印	yīng 应英莺婴樱鹦膺鹰 yíng 迎盈荧莹萤营萦蝇赢 yǐng 颖影 yìng 应映硬
bīn 宾滨濒 bìn 摈鬓	bīng 冰兵 bǐng 丙柄饼禀屏 bìng 并病摒
	dīng 丁叮盯钉 dǐng 顶鼎 dìng 钉订定锭
jīn 巾今斤金津矜筋襟禁 jǐn 仅紧谨锦尽 jìn 尽劲近进晋浸烬禁靳噤	jīng 京经茎荆惊晶睛精鲸 jǐng 井阱颈景憬警 jìng 劲净径胫竞竟敬境静镜
līn 拎 lín 邻林临淋琳嶙霖磷鳞 lìn 吝赁躏	líng 伶灵玲凌铃陵绫羚翎聆菱零龄 lǐng 岭领令 lìng 令另
mín 民 mǐn 皿抿泯闽悯敏	míng 名明鸣冥铭 mìng 命
nín 您	níng 宁咛拧狞凝 nǐng 拧 nìng 宁拧泞
pīn 拼 pín 贫频 pǐn 品 pìn 聘	pīng 乒 píng 平评凭坪苹屏瓶萍
qīn 亲侵钦 qín 秦琴禽勤噙擒 qǐn 寝 qìn 沁	qīng 青氢轻倾卿清蜻 qíng 情晴擎 qǐng 顷请 qìng 亲庆磬
	tīng 厅听 tíng 廷亭庭停蜓 tǐng 挺艇
xīn 心芯辛欣锌新薪馨 xìn 信衅	xīng 兴星猩腥 xíng 刑行邢形型 xǐng 省醒 xìng 兴杏姓幸性

en	eng
ēn 恩	
bēn 奔 běn 本苯 bèn 奔笨	bēng 崩绷 běng 绷 bèng 绷泵迸蹦
cēn 参	céng 层曾 cèng 蹭
chēn 抻 chén 尘臣忱沉辰陈晨 chèn 衬称趁	chēng 称撑 chéng 丞成呈承诚城乘惩程澄橙盛 chěng 逞骋 chèng 秤
	dēng 灯登蹬 děng 等 dèng 澄邓凳瞪

（续上表）

en	eng
fēn 分纷芬氛酚 fén 坟焚 fěn 粉 fèn 分份奋愤粪	fēng 丰风枫封疯峰烽锋蜂 féng 冯逢缝 fěng 讽 fèng 缝凤奉
gēn 根跟 gèn 亘	gēng 更庚耕羹 gěng 哽埂耿梗颈 gèng 更
hén 痕 hěn 很狠 hèn 恨	héng 恒横衡 hèng 横
kěn 肯垦恳啃	kēng 吭坑铿
	léng 棱 lěng 冷 lèng 愣
mēn 闷 mén 门 mèn 闷 men 们	mēng 蒙 méng 萌盟蒙 měng 猛蒙锰蜢 mèng 孟梦
nèn 嫩	néng 能
pēn 喷 pén 盆	pēng 抨烹 péng 朋彭棚硼蓬篷膨 pěng 捧 pèng 碰
rén 人仁任 rěn 忍 rèn 刃认任纫妊韧饪	rēng 扔 réng 仍
sēn 森	sēng 僧
shēn 参申伸身呻绅娠砷深 shén 神什 shěn 沈审婶 shèn 肾甚渗慎蜃	shēng 升生声牲笙 shéng 绳 shěng 省 shèng 胜圣盛剩
	téng 疼腾滕藤
zěn 怎	zēng 曾增憎 zèng 赠
zhēn 贞针侦珍真砧斟臻 zhěn 诊枕疹 zhèn 阵振朕镇震	zhēng 争征挣睁蒸正症 zhěng 拯整 zhèng 挣正证郑政症 zheng 筝

二、an / uan 与 ang / uang

an	ang
ān 安氨庵 àn 岸按案暗黯	áng 昂 àng 盎
bān 扳班般颁斑搬 bǎn 板版 bàn 办半伴扮拌绊瓣	bāng 邦帮梆 bǎng 绑榜膀 bàng 蚌傍棒谤磅镑
cān 参餐 cán 残蚕惭 cǎn 惨 càn 灿璨	cāng 仓沧苍舱 cáng 藏

（续上表）

an	ang
chān 掺搀 chán 禅馋缠蝉潺蟾 chǎn 产铲阐 chàn 忏颤	chāng 昌娼猖 cháng 长肠尝偿常场 chǎng 厂场敞 chàng 怅畅倡唱
dān 丹单担耽 dǎn 胆疸掸 dàn 担旦但诞弹惮淡蛋氮石	dāng 当裆 dǎng 挡党 dàng 当荡档
fān 帆番翻藩 fán 凡矾烦繁 fǎn 反返 fàn 犯泛饭范贩梵	fāng 方坊芳 fáng 防妨房肪 fǎng 仿访纺 fàng 放
gān 干甘杆肝坩柑竿 gǎn 杆秆赶敢感橄擀 gàn 干赣	gāng 刚岗纲肛缸钢 gǎng 岗港 gàng 杠
hān 蚶酣憨鼾 hán 含函涵寒韩 hǎn 罕喊 hàn 汉汗旱悍捍焊憾撼	háng 杭航行 hàng 巷
kān 刊勘龛堪看 kǎn 槛坎砍 kàn 看瞰	kāng 康慷糠 káng 扛 kàng 亢抗炕
lán 兰拦栏婪蓝澜斓篮 lǎn 览揽缆榄懒 làn 烂滥	láng 郎狼廊琅螂 lǎng 朗 làng 浪
mán 蛮馒瞒鳗 mǎn 满螨 màn 曼谩幔慢漫蔓	máng 忙芒盲茫氓 mǎng 莽蟒
nán 男南难 nàn 难	náng 囊 nang 囔
pān 潘攀 pán 盘磐 pàn 判叛盼畔	pāng 膀乓 páng 膀磅庞旁 pàng 胖
rán 然燃 rǎn 冉染	rǎng 嚷壤 ràng 让
sān 三 sǎn 伞散 sàn 散	sāng 桑丧 sǎng 嗓 sàng 丧
shān 山杉衫珊煽扇 shǎn 闪陕 shàn 禅单讪扇善缮擅膳赡	shāng 伤商 shǎng 晌赏上 shàng 上尚 shang 裳
tān 坍贪摊滩瘫 tán 弹坛谈痰谭潭 tǎn 坦毯 tàn 叹炭探碳	tāng 汤 táng 唐堂棠塘搪膛糖螳 tǎng 倘淌躺 tàng 烫趟
zán 咱 zǎn 攒 zàn 暂赞	zāng 脏 zàng 藏脏葬
zhān 沾毡粘瞻占 zhǎn 斩展盏崭辗 zhàn 颤占战站绽湛蘸	zhāng 张章彰樟 zhǎng 长涨掌 zhàng 涨丈仗帐杖胀账障

uan	uang
wān 弯剜湾 wán 丸完玩顽 wǎn 宛挽晚婉惋皖碗 wàn 蔓万腕	wāng 汪 wáng 亡王 wǎng 网往枉惘 wàng 妄忘旺望
cuān 蹿 cuán 攒 cuàn 窜篡	
chuān 川穿 chuán 传船 chuǎn 喘 chuàn 串	chuāng 疮窗创 chuáng 床幢 chuǎng 闯 chuàng 创
duān 端 duǎn 短 duàn 段断缎煅锻	
guān 关观官冠 guǎn 馆管 guàn 观冠贯惯灌罐	guāng 光胱 guǎng 广犷 guàng 逛
huān 欢 huán 还环 huǎn 缓 huàn 幻宦唤换涣患焕痪豢	huāng 荒慌 huáng 皇凰黄惶煌潢蝗磺簧 huǎng 恍晃谎幌 huàng 晃
kuān 宽 kuǎn 款	kuāng 筐 kuáng 狂 kuàng 况旷矿框眶
luán 孪峦 luǎn 卵 luàn 乱	
nuǎn 暖	
ruǎn 软	
suān 酸 suàn 蒜算	
shuān 拴栓 shuàn 涮	shuāng 双霜 shuǎng 爽
tuān 湍 tuán 团	
zuān 钻 zuǎn 纂 zuàn 钻攥	
zhuān 专砖 zhuǎn 转 zhuàn 传转赚撰篆	zhuāng 妆庄桩装 zhuàng 壮状幢撞

三、i / ian/ie / in 与 ü / üan / üe / ün

i	ü
yī 一伊衣医依漪 yí 仪夷宜怡姨贻胰移遗疑 yǐ 乙已以矣蚁倚椅 yì 义亿忆艺议亦屹异呓役抑译邑易绎诣驿疫益谊翌逸意溢裔蜴毅熠翼臆	yū 迂淤 yú 于予余臾鱼俞娱渔隅愉腴逾愚榆虞舆 yǔ 予与宇屿羽雨禹语 yù 与玉驭吁育郁狱浴预域欲谕喻寓御裕遇愈誉豫
bī 逼 bí 鼻 bǐ 匕比彼笔鄙 bì 币必毕闭庇陛毙婢敝痹辟弊碧蔽壁避臂璧	
cí 词祠瓷慈辞磁雌 cǐ 此 cì 次刺赐	

（续上表）

i	ü
chī 吃嗤痴 chí 池驰迟持 chǐ 尺侈齿耻 chì 斥赤炽翅啻	
dī 低堤滴提 dí 的迪敌涤笛嫡 dǐ 诋底抵 dì 的地弟帝递第谛缔蒂	
jī 讥击饥机肌鸡姬积基畸稽激羁几 jí 及吉汲级即极急疾棘集嫉辑瘠籍 jǐ 给几己挤脊戟麂纪济 jì 迹绩计记伎纪妓忌技际剂季既济继寂寄悸祭暨冀髻系 ji 箕	jū 车居拘驹鞠 jú 局菊橘 jǔ 咀沮举矩 jù 句巨拒具炬俱剧惧据距锯聚踞遽
lí 厘梨离犁漓璃黎篱 lǐ 礼李里理锂鲤 lì 力历厉立吏丽利励沥例隶俐荔栗砾笠粒蛎痢雳 li 狸	lú 驴榈 lǚ 吕侣旅铝屡缕履捋 lǜ 滤律虑率绿氯
mī 眯 mí 弥迷猕谜糜 mǐ 靡米 mì 泌觅秘密幂谧蜜	
ní 呢尼泥倪霓 nǐ 你拟 nì 泥昵逆溺腻	nǚ 女
pī 批坯披劈霹 pí 皮毗疲啤琵脾 pǐ 劈匹痞癖 pì 辟屁媲僻譬	
qī 七沏妻凄栖戚期欺漆 qí 齐其奇歧祈崎畦骑棋旗鳍 qǐ 乞企岂启起绮 qì 气迄弃汽泣契砌器	qū 区曲岖驱屈祛蛆躯趋 qú 渠 qǔ 曲取娶 qù 去趣
tī 剔梯踢 tí 啼提题蹄 tǐ 体 tì 屉剃涕惕替嚏	
xī 夕兮汐西吸希昔析唏奚息牺悉惜晰犀稀溪皙锡熄蜥嬉膝曦 xí 习席袭媳 xǐ 洗铣喜 xì 戏系细隙	xū 戌须虚嘘需 xú 徐 xǔ 许 xù 旭序叙畜绪续絮蓄 xu 婿

ian	üan
yān 咽烟胭淹焉湮腌燕殷 yán 延严言岩沿炎研盐阎筵颜檐 yǎn 俨衍掩眼演 yàn 咽厌砚宴艳验谚堰焰雁燕	yuān 冤鸳渊 yuán 元员园垣原圆袁援缘源猿 yuǎn 远 yuàn 苑怨院愿

（续上表）

ian	üan
biān 边编鞭 biǎn 贬扁匾 biàn 便变遍辨辩辫	
diān 掂滇颠巅 diǎn 典点碘 diàn 电佃店垫惦淀奠殿	
jiān 奸尖坚歼间肩艰兼监缄煎 jiǎn 拣俭柬茧捡减剪检睑简碱 jiàn 间监见件建剑荐贱健涧舰渐谏毽溅腱践鉴键箭	juān 捐鹃圈 juǎn 卷 juàn 卷倦绢眷圈
lián 连帘怜涟莲联廉镰 liǎn 敛脸 liàn 练炼恋链	
mián 眠绵棉 miǎn 免勉娩缅 miàn 面	
niān 拈蔫 nián 年黏 niǎn 捻撵碾 niàn 廿念	
piān 片偏篇 pián 便 piàn 片骗	
qiān 千扦迁牵铅谦签 qián 前虔钱钳乾潜黔 qiǎn 浅遣谴 qiàn 欠嵌歉纤	quān 圈 quán 全权泉拳痊蜷 quǎn 犬 quàn 劝券
tiān 天添 tián 田恬甜填 tiǎn 舔	
xiān 仙先纤掀锨鲜 xián 闲弦贤咸涎娴舷衔嫌 xiǎn 鲜显险 xiàn 县现线限宪陷馅羡献腺霰	xuān 宣喧暄 xuán 玄悬旋 xuǎn 选癣 xuàn 旋炫绚眩渲

ie	üe
yē 椰噎耶掖 yé 爷 yě 也冶野 yè 咽业叶曳页夜掖液腋	yuē 曰约 yuè 乐月岳悦阅跃粤越
biē 憋鳖 bié 别 biě 瘪 biè 别	
diē 爹跌 dié 迭谍叠碟蝶	
jiē 阶皆接秸揭街结 jié 节劫杰洁结捷睫截竭 jiě 姐解 jiè 解介戒届界诫借藉	juē 撅 jué 角决诀抉绝觉倔崛掘厥獗蕨爵嚼攫 juè 倔
liě 咧 liè 列劣烈猎裂	lüè 掠略
miè 灭蔑篾	

（续上表）

ie	üe
niē 捏 niè 涅聂啮镊镍孽蘖	nüè 疟虐
piē 撇瞥 piě 撇	
qiē 切 qié 茄 qiě 且 qiè 切妾怯窃惬	quē 缺 qué 瘸 què 却雀确阙鹊榷
tiē 贴 tiě 铁帖 tiè 帖	
xiē 些楔歇 xié 协邪胁挟偕斜谐携鞋 xiě 写血 xiè 解泄泻卸屑械亵谢懈蟹	xuē 削靴薛 xué 穴学 xuě 雪 xuè 血谑
yīn 因阴姻音殷 yín 吟垠寅淫银龈 yǐn 尹引饮隐瘾 yìn 荫饮印	yūn 晕 yún 云匀纭耘 yǔn 允陨 yùn 孕运晕酝韵蕴
bīn 宾滨濒 bìn 摈鬓	
jīn 巾今斤金津矜筋襟禁 jǐn 仅紧谨锦尽 jìn 尽劲近进晋浸烬禁靳噤	jūn 军君均钧菌 jùn 俊郡峻骏竣
līn 拎 lín 邻林临淋琳嶙霖磷鳞 lìn 吝赁躏	
mín 民 mǐn 皿抿泯闽悯敏	
nín 您	
pīn 拼 pín 贫频 pǐn 品 pìn 聘	
qīn 亲侵钦 qín 秦琴禽勤噙擒 qǐn 寝 qìn 沁	qún 裙群
xīn 心芯辛欣锌新薪馨 xìn 信衅	xūn 勋熏薰 xún 寻巡旬询峋循 xùn 驯训讯汛迅逊

附录三　普通话水平测试用字韵母类推字表

一、in / en 代表字

1. in

宾——宾滨傧缤槟镔摈殡鬓膑髌嫔（例外：槟，bīn、bīng）
拼——拼姘（例外：屏并摒）
贫——贫玢
品——品榀
频——频颦濒
民——民苠岷珉缗泯愍抿
闽——闽悯闵
林——林淋霖琳啉彬
磷——磷麟鳞嶙遴辚瞵粼膦
凛——凛廪懔檩（例外：禀）
斤——斤近靳芹新欣薪忻昕
今——今矜妗衾衿琴芩吟
堇——堇馑谨瑾槿觐勤鄞
禁——禁襟噤
尽——尽赆烬荩
晋——晋缙
金——金锦鑫
秦——秦溱嗪蓁
禽——禽擒檎噙
侵——侵寝锓浸
亲——亲新薪
心——心芯沁吣
辛——辛锌
欣——欣忻昕歆

2. en

本——本奔锛苯笨
盆——盆湓
贲——贲喷愤
分——分吩纷芬酚氛汾棼粉份忿

门——门闷扪焖们
艮——艮根跟哏很痕狠恨
肯——肯垦恳啃
真——真缜稹镇嗔慎
辰——辰赈震振晨宸娠蜃
珍——珍胗疹诊轸畛趁
甚——甚斟谌椹
贞——贞侦浈桢祯帧
榛——榛臻蓁
枕——枕鸩
沉——沉忱
申——申伸绅神审婶渖胂抻
参——参渗碜
人——人仁认
壬——壬任荏妊饪衽
刃——刃忍韧纫仞轫

二、ing / eng 代表字

1. ing
竟——竟境镜獍
并——并饼摒瓶屏（例外：拼姘）
丙——丙柄炳病
平——平评苹萍坪枰
娉——娉俜（例外：聘）
名——名铭茗酩
冥——冥溟暝瞑螟
丁——丁钉盯叮仃玎町疔耵酊订汀厅停亭婷
定——定锭啶腚碇
廷——廷庭蜓霆挺艇铤
宁——宁拧狞咛聍泞
令——令零铃龄玲伶羚苓囹泠聆翎岭领（例外：拎邻）
凌——凌陵菱绫
灵——灵棂
经——经泾茎颈胫痉轻氢烃
京——京惊鲸景憬黥

井——井荆阱肼形刑型邢
敬——敬警儆擎
青——青清蜻情晴氰请箐精睛腈靖菁婧静
顷——顷倾
磬——磬謦罄
星——星腥惺猩醒性姓旌
行——行荇
幸——幸悻

2. eng

崩——崩绷嘣蹦
朋——朋棚硼鹏堋
丰——丰封蜂峰锋烽沣缝逢奉俸唪捧蓬篷
彭——彭嘭膨澎
抨——抨砰怦
风——风疯枫砜讽凤
孟——孟猛锰蜢艋勐
盟——盟萌
蒙——蒙檬朦艨蠓
瞢——瞢懵
迸——迸碰
登——登瞪凳蹬镫澄橙
誊——誊腾滕藤
楞——楞塄愣
更——更埂梗哽
庚——庚赓
坑——坑吭
亨——亨哼
正——正征症怔徵整政证惩
争——争挣睁狰筝铮峥诤
蒸——蒸拯丞承
成——成城诚盛晟
呈——呈程酲逞
生——生牲笙甥胜
剩——剩嵊乘
扔——扔仍
曾——曾增憎缯赠甑僧蹭

第四章　普通话声调训练

第一节　声调概述

汉语是有声调的语言，声调是汉语音节特殊的组成部分。声调又叫作字调，是汉语音节中具有区别意义作用的音高变化。[①] 例如"妈""麻""马""骂"，声母、韵母都相同，但是意义却不同，这正是声调造成的，可见，普通话声调具有区别意义的作用。再如：

同意 tóngyì ~ 统一 tǒngyī　　包围 bāowéi ~ 保卫 bǎowèi

火车 huǒchē ~ 货车 huòchē　　鼓励 gǔlì ~ 孤立 gūlì

普通话声调有四种，即阴平、阳平、上声和去声。

mā　má　mǎ　mà

妈　麻　马　骂

普通话的声调有鲜明的特点，阴平、阳平、上声和去声调型区别明显：一平、二升、三曲、四降。从发音长短看，上声发音持续的时间最长，其次是阳平，去声发音持续的时间最短，其次是阴平。[②] 如图 4－1 所示：

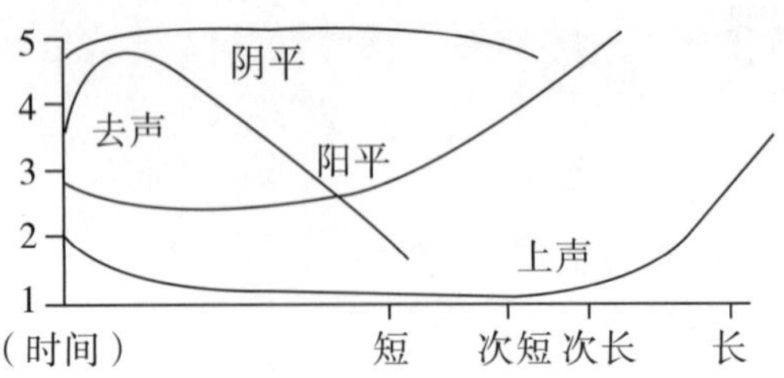

图 4－1　普通话四声调值时长图

---

① 音高有绝对音高和相对音高之分，绝对音高是指没有区别意义作用的音高，也就是通常意义上的音高。例如"肉"，用低音 5 度读它和用高音 5 度读它意义都不会发生变化。汉语声调是由相对音高构成的，具有区别意义的作用。

② 徐世荣．普通话语音常识．北京：语文出版社，1999：98.

一、调值

普通话声调怎么读？可以用调值来描写。调值是音节高低升降、曲直长短的变化形式，反映的是声调的实际读法。调值一般用五度标记法表示，五度标记法是用五度竖线标记相对音高的一种方法。具体方法是，把一条竖线分成四段五度，表示声调的相对音高。普通话四个声调的调值为：阴平（55），阳平（35），上声（214），去声（51）。[①] 如图4－2所示：

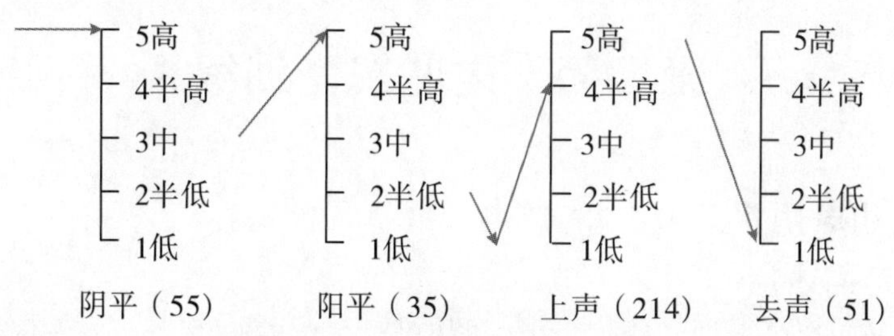

图4－2 普通话四声五度标记图

二、调类与调号

调类是声调的种类，也就是把调值相同的字归纳在一起所建立的种类。有几种基本调值，就有几种调类。普通话分为阴平、阳平、上声、去声4个调类，统称为四声。汉语方言调类比较复杂，调类最少的有3个，如河北滦县方言；最多的有10个，如广西博白方言。

普通话和各方言的调类都是从古汉语调类演化而来，古汉语有4个调类，即平声、上声、去声、入声。在普通话里，平声分化为阴平和阳平，入声分化为阴平、阳平、上声和去声。汉语方言众多，声调的分化比较复杂，尤其入声的分化更是如此。

调号是声调的标记符号，普通话的调号是把五度标记法中的竖线删掉，将表示相对音高的线条规范化后形成的，普通话的调号为：阴平（－），阳平（ˊ），上声（ˇ），去声（ˋ）。《汉语拼音方案》规定，普通话的调号标写在

---

① 需要说明的是，五度标记法中的1、2、3、4、5与乐谱中的1、2、3、4、5性质不同，五度标记法中的1、2、3、4、5表示的是相对音高，乐谱中的1、2、3、4、5表示的是绝对音高。

韵腹头上。[①] 举例如表 4－1 所示：

表 4－1　调类与调号举例说明

汉字	调类	调值	调号	拼音
搭	阴平	55	ˉ	dā
床	阳平	35	ˊ	chuáng
耍	上声	214	ˇ	shuǎ
败	去声	51	ˋ	bài

第二节　声调发音训练

第一组　阴平［55］

【发音描述】

阴平又叫作高平调，俗称一声，调值是 55，也称 55 调。发音时，调值从 5 度到 5 度，声音比较高，保持高度，平行滑动，基本上没有升降的变化。

【温馨提示】

阴平的特点是又高又平，音高稳住。口诀：起阴高平莫低昂，气势平均不紧张。

1. 单音节字词练习

巴 bā　坡 pō　芳 fāng　滩 tān　哥 gē　科 kē
喝 hē　机 jī　期 qī　希 xī　资 zī　疵 cī
思 sī　知 zhī　吃 chī　师 shī

2. 双音节词语练习

低微 dīwēi　吃亏 chīkuī　交叉 jiāochā　嚣张 xiāozhāng
供需 gōngxū　摔跤 shuāijiāo　军官 jūnguān　拖车 tuōchē
宣称 xuānchēng　专车 zhuānchē　公关 gōngguān　新居 xīnjū
诗篇 shīpiān　高深 gāoshēn　开刀 kāidāo　扎根 zhāgēn

① ui、iu、un 是由 uei、iou、uen 省写的，不能标写在韵腹头上的 ui、iu 标写在末尾的元音头上，un 标写在 u 头上。

第二组　阳平［35］

【发音描述】

阳平又叫作高升调，俗称二声，调值是35，也称35调。发音时，调值从3度逐渐升到5度，有较大升幅变化。

【温馨提示】

阳平的特点是高起高走，平稳上升，结尾保住。口诀：从中起阴向上扬，用气弱起逐渐强。

1. 单音节字词练习

拔 bá　婆 pó　馒 mán　房 fáng　德 dé　谈 tán
男 nán　轮 lún　格 gé　葫 hú　即 jí　钱 qián
霞 xiá　杂 zá　藏 cáng　直 zhí　柴 chái　时 shí

2. 双音节词语练习

闸门 zhámén　航程 hángchéng　神灵 shénlíng　尤为 yóuwéi
顽强 wánqiáng　抉择 juézé　黄连 huánglián　从而 cóng'ér
杂文 záwén　合营 héyíng　提名 tímíng　闲暇 xiánxiá
停泊 tíngbó　怀疑 huáiyí　循环 xúnhuán　随同 suítóng

第三组　上声［214］

【发音描述】

上声又叫作降升调，俗称三声，调值是214，也称214调。发音时，调值从2度降到1度，再从1度升到4度，有明显的降升特点。

【温馨提示】

上声有一个降升的过程，前低后高，前短后长，前轻后重，把握好这个特点才能发好上声。口诀：上声先降转上挑，降时气稳仰时强。

1. 单音节字词练习

百 bǎi　叵 pǒ　满 mǎn　访 fǎng　党 dǎng　躺 tǎng
鸟 niǎo　懒 lǎn　给 gěi　楷 kǎi　虎 hǔ　几 jǐ
抢 qiǎng　喜 xǐ　走 zǒu　惨 cǎn　嗓 sǎng　展 zhǎn
喘 chuǎn　耍 shuǎ

2. 双音节词语练习

法典 fǎdiǎn　好转 hǎozhuǎn　领主 lǐngzhǔ　打赌 dǎdǔ
旅馆 lǚguǎn　口语 kǒuyǔ　勉强 miǎnqiǎng　奶粉 nǎifěn
靶场 bǎchǎng　笔法 bǐfǎ　首尾 shǒuwěi　许可 xǔkě

水井 shuǐjǐng　有理 yǒulǐ　指导 zhǐdǎo　买主 mǎizhǔ

第四组　去声［51］

【发音描述】

去声又叫作全降调，俗称四声，调值是 51，也称 51 调。发音时，调值从 5 度降到 1 度，有比较大的降幅变化，去声容易发好。

【温馨提示】

去声的特点是又高又短。口诀：高仰直送向低唱，强起到落气通畅。

1. 单音节字词练习

爸 bà　破 pò　慢 màn　费 fèi　豆 dòu　太 tài
念 niàn　论 lùn　够 gòu　矿 kuàng　话 huà　记 jì
恰 qià　续 xù　字 zì　灿 càn　上 shàng　照 zhào
触 chù　晒 shài　日 rì

2. 双音节词语练习

正派 zhèngpài　变动 biàndòng　械斗 xièdòu　救济 jiùjì
树立 shùlì　剧烈 jùliè　势必 shìbì　驾驭 jiàyù
那样 nàyàng　看病 kànbìng　侧重 cèzhòng　地貌 dìmào
次序 cìxù　变化 biànhuà　镜框 jìngkuàng　跨越 kuàyuè

第三节　声调方音辨正训练

声调主要问题
- 阴平音高不够
- 阳平上升的高度不够
- 上声降升调型不规范

【温馨提示】

普通话水平测试第一题（读单音节字词）和第二题（读多音节词语）对单音节字词和多音节词语末尾字的声调有严格要求，本部分主要是针对这两道题设计的训练。第三题（朗读短文）和第四题（命题说话）大家声调发音没有问题[①]，不用考虑本部分涉及的问题。

① 读错声调不属于此类情况。

正因为如此，本部分仅仅进行字词训练，不安排诗词、短文等其他训练。

第一组　阴平

【温馨提示】

阴平的调值是55，音比较高，而一些方言阴平的调值略微低一些，为44，所以，学习普通话阴平要注意音的高度，若低于普通话的调值，就要适当增加高度。

【发音训练】

1. 单音节字词练习

包 bāo	坡 pō	妈 mā	搭 dā	贪 tān	捏 niē
溜 liū	姑 gū	夸 kuā	慌 huāng	机 jī	亲 qīn
修 xiū	资 zī	崔 cuī	桑 sāng	张 zhāng	春 chūn
叔 shū	扔 rēng				

2. 对应词语练习

皮包 píbāo	土坡 tǔpō	大妈 dàmā	混搭 hùndā
巨贪 jùtān	拿捏 nániē	开溜 kāiliū	小姑 xiǎogū
浮夸 fúkuā	恐慌 kǒnghuāng	客机 kèjī	血亲 xuèqīn
维修 wéixiū	投资 tóuzī	姓崔 xìngcuī	采桑 cǎisāng
一张 yīzhāng	早春 zǎochūn	大叔 dàshū	乱扔 luànrēng

3. 声调搭配练习

阴平 + 阴平

江山 jiāngshān	轻声 qīngshēng	欧洲 ōuzhōu	拼音 pīnyīn
风光 fēngguāng	工资 gōngzī	西天 xītiān	开张 kāizhāng
悲观 bēiguān	批发 pīfā	村庄 cūnzhuāng	收听 shōutīng
温馨 wēnxīn	阿胶 ējiāo	终身 zhōngshēn	

阳平 + 阴平

革新 géxīn	节约 jiéyuē	明星 míngxīng	农村 nóngcūn
学生 xué · shēng	石膏 shígāo	昨天 zuótiān	敌军 díjūn
年刊 niánkān	国家 guójiā	船帆 chuánfān	球拍 qiúpāi
邻居 línjū	无知 wúzhī	阳光 yángguāng	皮肤 pífū

上声 + 阴平

打击 dǎjī	北京 běijīng	古筝 gǔzhēng	小心 xiǎoxīn
统一 tǒngyī	鬼屋 guǐwū	雨衣 yǔyī	北方 běifāng
打消 dǎxiāo	卡通 kǎtōng	掌声 zhǎngshēng	讲师 jiǎngshī

简单 jiǎndān　减轻 jiǎnqīng　闪光 shǎnguāng　普通 pǔtōng

去声 + 阴平

象征 xiàngzhēng　物资 wùzī　气温 qìwēn　彗星 huìxīng
电机 diànjī　印章 yìnzhāng　列车 lièchē　信封 xìnfēng
地基 dìjī　贵宾 guìbīn　报销 bàoxiāo　是非 shìfēi
路灯 lùdēng　刺激 cìjī　扩张 kuòzhāng

第二组　阳平

【温馨提示】

阳平的调值是35，收尾音比较高，而一些方言阳平收尾时的调值略微低一些，为34，所以，学习普通话阳平要注意收尾的高度。

【发音训练】

1．单音节字词练习

白 bái　婆 pó　梅 méi　佛 fó　达 dá　谈 tán
拿 ná　狼 láng　阁 gé　狂 kuáng　活 huó　即 jí
琴 qín　淆 xiáo　杂 zá　词 cí　俗 sú　竹 zhú
唇 chún　绳 shéng　人 rén

2．对应词语练习

雪白 xuěbái　巫婆 wūpó　青梅 qīngméi　大佛 dàfó
到达 dàodá　面谈 miàntán　捉拿 zhuōná　豺狼 cháiláng
内阁 nèigé　疯狂 fēngkuáng　生活 shēnghuó　立即 lìjí
提琴 tíqín　混淆 hùnxiáo　掺杂 chānzá　诗词 shīcí
低俗 dīsú　山竹 shānzhú　嘴唇 zuǐchún　跳绳 tiàoshéng
好人 hǎorén

3．声调搭配练习

阴平 + 阳平

单词 dāncí　刚才 gāngcái　差别 chābié　删除 shānchú
凄凉 qīliáng　新闻 xīnwén　金鱼 jīnyú　斑白 bānbái
温和 wēnhé　发言 fāyán　山河 shānhé　缺乏 quēfá
当局 dāngjú　安详 ānxiáng　屈从 qūcóng　兵团 bīngtuán

阳平 + 阳平

离奇 líqí　成为 chéngwéi　楼层 lóucéng　吉祥 jíxiáng
船舶 chuánbó　然而 rán’ér　寒流 hánliú　良田 liángtián

结合 jiéhé	学习 xuéxí	阳台 yángtái	执勤 zhíqín
儿童 értóng	答题 dátí	国旗 guóqí	文明 wénmíng

上声 ＋ 阳平

改革 gǎigé	品格 pǐngé	浅浮 qiǎnfú	海拔 hǎibá
使节 shǐjié	企图 qǐtú	跑鞋 pǎoxié	水流 shuǐliú
法国 fǎguó	走台 zǒutái	朗读 lǎngdú	普及 pǔjí
果实 guǒshí	古人 gǔrén	语言 yǔyán	敏捷 mǐnjié

去声 ＋ 阳平

电流 diànliú	镜头 jìngtóu	判别 pànbié	悼词 dàocí
笑容 xiàoróng	证明 zhèngmíng	要闻 yàowén	日程 rìchéng
数学 shùxué	好奇 hàoqí	价钱 jià · qián	动词 dòngcí
视察 shìchá	抗衡 kànghéng	去留 qùliú	誓言 shìyán

第三组　上声

【温馨提示】

日常生活中，上声读半上的时候居多，[①] 很少读完整的上声。但是，普通话水平测试第一题（读单音节字词）和第二题（读多音节词语）就要考查考生是否会读完整的上声，第一题（读单音节字词）单音节字词若是上声，必须读出完整的上声，第二题（读多音节词语）多音节词语末尾的上声也要求读完整，所以，必须学会发上声并发好上声。

一些方言上声的调型与普通话不一致，对这些方言区的人来说，上声不容易发好。发上声存在的问题有：第一，调型不对，普通话上声是一个曲调，有降有升；第二，上升段发音时间太长。

发上声可以利用手势辅助发音，在发音的同时比划竖弯钩（乚），按照竖弯钩的轨迹发上声。

【发音训练】

1．单音节字词练习[②]

宝 bǎo	叵 pǒ	美 měi	否 fǒu	打 dǎ	坦 tǎn
挡 dǎng	体 tǐ	鸟 niǎo	俩 liǎ	古 gǔ	垮 kuǎ

---

① 上声的调值是 214，先降后升，半上就是上声的一半，即降下来部分，调值 21。

② 汉语基本音节是声母和韵母构成的音节，有 400 余个，数量太多，声调部分不进行基本音节训练。

火 huǒ　挤 jǐ　寝 qǐn　朽 xiǔ　紫 zǐ　此 cǐ
嗓 sǎng　掌 zhǎng　蠢 chǔn　水 shuǐ　忍 rěn

2．**对应词语练习**

大宝 dàbǎo　叵测 pǒcè　优美 yōuměi　是否 shìfǒu
击打 jīdǎ　舒坦 shūtan　遮挡 zhēdǎng　身体 shēntǐ
鸵鸟 tuóniǎo　他俩 tāliǎ　远古 yuǎngǔ　击垮 jīkuǎ
灭火 mièhuǒ　拥挤 yōngjǐ　就寝 jiùqǐn　腐朽 fǔxiǔ
红紫 hóngzǐ　因此 yīncǐ　开嗓 kāisǎng　手掌 shǒuzhǎng
愚蠢 yúchǔn　河水 héshuǐ　容忍 róngrěn

3．**声调搭配练习**

阴平 + 上声
批准 pīzhǔn　高雅 gāoyǎ　东海 dōnghǎi　包裹 bāoguǒ
班长 bānzhǎng　生产 shēngchǎn　慷慨 kāngkǎi　艰苦 jiānkǔ
充满 chōngmǎn　黑板 hēibǎn　污染 wūrǎn　亏损 kuīsǔn
妈祖 māzǔ　发展 fāzhǎn　争取 zhēngqǔ　击打 jīdǎ

阳平 + 上声
遥远 yáoyuǎn　国宝 guóbǎo　白马 báimǎ　洪水 hóngshuǐ
而且 érqiě　田野 tiányě　铜锁 tóngsuǒ　民主 mínzhǔ
狭小 xiáxiǎo　苹果 píngguǒ　谜底 mídǐ　图解 tújiě
长久 chángjiǔ　裁剪 cáijiǎn　提醒 tíxǐng　南北 nánběi

上声 + 上声
舞蹈 wǔdǎo　远古 yuǎngǔ　表演 biǎoyǎn　水果 shuǐguǒ
理解 lǐjiě　主考 zhǔkǎo　可以 kěyǐ　取舍 qǔshě
引导 yǐndǎo　审美 shěnměi　选举 xuǎnjǔ　老虎 lǎohǔ
雪耻 xuěchǐ　偶尔 ǒu'ěr　产品 chǎnpǐn　理睬 lǐcǎi

去声 + 上声
末尾 mòwěi　剧本 jùběn　外语 wàiyǔ　问好 wènhǎo
驾驶 jiàshǐ　历史 lìshǐ　地理 dìlǐ　去往 qùwǎng
乱想 luànxiǎng　宪法 xiànfǎ　购买 gòumǎi　凑巧 còuqiǎo
暴雨 bàoyǔ　大雪 dàxuě　庆典 qìngdiǎn　厚礼 hòulǐ

【温馨提示】

去声，大家一般没有问题，阴平与阳平有些小问题，上声问题最大，要把握好普通话四声，可以采用数调法，也就是按照阴阳上去的顺序朗读声调，因为这样声调容易朗读准确。

【发音训练】

1. 单音节字词练习

逼 bī	鼻 bí	比 bǐ	必 bì
妈 mā	麻 má	马 mǎ	骂 mà
方 fāng	房 fáng	访 fǎng	放 fàng
突 tū	图 tú	土 tǔ	兔 tù
通 tōng	同 tóng	桶 tǒng	痛 tòng
贪 tān	谈 tán	坦 tǎn	探 tàn
灰 huī	回 huí	毁 huǐ	慧 huì
香 xiāng	翔 xiáng	想 xiǎng	像 xiàng
西 xī	习 xí	洗 xǐ	戏 xì
摘 zhāi	宅 zhái	窄 zhǎi	债 zhài

2. 四字词语练习

优柔寡断 yōuróu-guǎduàn	风调雨顺 fēngtiáo-yǔshùn
光明磊落 guāngmíng-lěiluò	花红柳绿 huāhóng-liǔlǜ
心明眼亮 xīnmíng-yǎnliàng	身强体健 shēnqiáng-tǐjiàn
中流砥柱 zhōngliú-dǐzhù	千锤百炼 qiānchuí-bǎiliàn
花团锦簇 huātuán-jǐncù	深谋远虑 shēnmóu-yuǎnlǜ
心直口快 xīnzhí-kǒukuài	雕虫小技 diāochóng-xiǎojì
逍遥法外 xiāoyáo-fǎwài	飞禽走兽 fēiqín-zǒushòu
心毒手辣 xīndú-shǒulà	高朋满座 gāopéng-mǎnzuò
山穷水尽 shānqióng-shuǐjìn	瓜田李下 guātián-lǐxià
妻离子散 qīlí-zǐsàn	阴谋诡计 yīnmóu-guǐjì
酸甜苦辣 suāntián-kǔlà	因循守旧 yīnxún-shǒujiù
胸怀坦荡 xiōnghuái-tǎndàng	三足鼎立 sānzú-dǐnglì
山明水秀 shānmíng-shuǐxiù	坚持己见 jiānchí-jǐjiàn

第四节 汉字声调识别训练

第一组 汉字声调识别与记忆

在准确发好普通话四个声调的同时，我们还需要记住汉字的声调。绝大部分汉字的声调应该没有问题，只是受方言的影响，有少数汉字的声调需要单独记忆。在声调上，汉语方言与普通话存在一定的对应关系，掌握好这种对应规律，就可以根据方言声调类推普通话的声调。

方言与普通话声调对照情况如表 4－2 所示：

表 4－2　方言与普通话声调对照情况

<table>
<tr><th>古声调</th><th colspan="2">平声</th><th colspan="3">上声</th><th colspan="2">去声</th><th>入声</th></tr>
<tr><th>例　字</th><th>天</th><th>平</th><th>古</th><th>老</th><th>近</th><th>放</th><th>大</th><th>急各六杂</th></tr>
<tr><td>普通话</td><td>阴平 55</td><td>阳平 35</td><td colspan="2">上声 214</td><td colspan="3">去声 51</td><td>无</td></tr>
<tr><td>沈阳话</td><td>阴平 44</td><td>阳平 35</td><td colspan="2">上声 213</td><td colspan="3">去声 41</td><td>无</td></tr>
<tr><td>济南话</td><td>阴平 213</td><td>阳平 42</td><td colspan="2">上声 55</td><td colspan="3">去声 21</td><td>无</td></tr>
<tr><td>兰州话</td><td>阴平 31</td><td>阳平 53</td><td colspan="2">上声 442</td><td colspan="3">去声 13</td><td>无</td></tr>
<tr><td>西安话</td><td>阴平 31</td><td>阳平 24</td><td colspan="2">上声 42</td><td colspan="3">去声 55</td><td>无</td></tr>
<tr><td>成都话</td><td>阴平 44</td><td>阳平 41</td><td colspan="2">上声 52</td><td colspan="3">去声 13</td><td>无</td></tr>
<tr><td>南京话</td><td>阴平 31</td><td>阳平 13</td><td colspan="2">上声 22</td><td colspan="3">去声 44</td><td>有</td></tr>
<tr><td>太原话</td><td colspan="2">平声 11</td><td colspan="2">上声 53</td><td colspan="3">去声 45</td><td>有</td></tr>
<tr><td>上海话</td><td>阴平 53</td><td>阳去 23</td><td>阴去 34</td><td>阳去 23</td><td colspan="2">阴去 34</td><td>阳去 23</td><td>有</td></tr>
<tr><td>长沙话</td><td>阴平 33</td><td>阳平 13</td><td colspan="2">上声 41</td><td colspan="2">阴去 45</td><td>阳去 21</td><td>有</td></tr>
<tr><td>南昌话</td><td>阴平 42</td><td>阳平 24</td><td colspan="2">上声 213</td><td colspan="2">阴去 55</td><td>阳去 31</td><td>有</td></tr>
<tr><td>梅州话</td><td>阴平 44</td><td>阳平 11</td><td colspan="2">上声 31</td><td colspan="3">去声 52</td><td>有</td></tr>
<tr><td>福州话</td><td>阴平 44</td><td>阳平 52</td><td colspan="2">上声 31</td><td>阳去 242</td><td>阴去 213</td><td>阳去 242</td><td>有</td></tr>
<tr><td>厦门话</td><td>阴平 55</td><td>阳平 24</td><td colspan="2">上声 51</td><td>阳去 33</td><td>阴去 11</td><td>阳去 33</td><td>有</td></tr>
<tr><td>广州话</td><td>阴平 53</td><td>阳平 21</td><td>阴上 35</td><td colspan="2">阳上 13</td><td>阴去 33</td><td>阳去 22</td><td>有</td></tr>
</table>

例如成都话 44 调对应普通话阴平，降调 41 对应普通话阳平，大降调 52 对应普通话上声，小升调 13 对应普通话去声。

入声字的声调是掌握的重点和难点。入声是古代汉语的一种调类，入声的读音比较短促。语音发展到今天，普通话和一些方言已经没有入声了，入声字归到其他声调里面去了，如成都话全部归到阳平，普通话分归四声。相反，有的方言还保留了入声，如南京话、长沙话、南昌话保留了 1 个入声；梅州话保留了 2 个入声，分阴入和阳入；广州话保留了 3 个入声，分上阴入、下阴入和阳入。

不管今天是否还保留了入声，大家都要弄清楚哪些字是入声字，有入声的只要掌握好入声短促的发音特点，就能够识别出哪些字是入声字，没有入声的则需要识记哪些字是入声字。[①] 有入声方言的人要将入声改读成普通话相应的声调，没有入声方言的人，因为入声的分合与普通话有差异，需要记住它们归并普通话四声的情况，将入声改读成相应的普通话声调。

从规律上讲：第一，入声归读普通话去声的约占40%，归读阳平的约占31%，归读阴平的约占21%，归读上声的约占7%。第二，跟 l、m、n、c、s、ch、r、k、q 声母相拼的入声字以及 e、i、u、ü、iao、ie、ua、uo、üe 等自成音节的入声字基本上读去声，跟 f、d、z、zh、j、h 相拼的入声字绝大多数归入阳平。第三，鼻韵母没有入声字。

第二组　思考与练习

（1）指出下列入声字及其声调。

八　叶　爷　披　荚　信　破　剥　敬　缩

九　白　如　苔　荫　独　晃　屑　葱　播

厅　犯　约　叔　药　疮　剔　略　逼　瞌

不　司　均　国　鸥　闻　哭　笙　跌　瘪

片　尼　盯　委　残　类　钱　欲　舜　褥

尺　列　伯　泼　虐　举　铁　梁　割　踹

石　此　沈　怪　削　室　秧　隋　隙　藏

灭　吃　抹　屈　罚　袄　胸　款　触　鳃

北　则　拓　陌　复　结　窄　搭　溶　襄

凸　伐　拍　挥　俗　秦　调　插　熏　蹲

（2）找出自己方言声调与普通话的对应规律。

第五节　声调模拟训练

（1）指出下列单音节字词的声调并朗读。

及　煤　荣　颗　竟　封　酿　让　而　怎

雄　疮　拼　闻　矮　抹　新　笃　佛　端

① 参见本章附录。

龚　表　全　论　戳　寺　咬　伐　准　装
邹　酸　根　瞧　腆　影　居　耸　奈　琼
是　院　决　就　认　撑　墙　粗　瘪　菌
女　缅　穿　乖　要　趣　玄　茂　税　豪
娆　曾　两　跨　铺　宇　却　洒　妞　恰
框　费　训　函　暂　猜　银　趴　党　虾
掠　剖　粘　或　博　暗　乾　匀　特　坏
池　侧　摔　扛　次　秉　围　瓦　嘴　抽

(2) 指出下列多音节词语的声调并朗读。

军队　赛跑　穷苦　运用　怪罪
捐款　全体　坏死　掠夺　光棍儿
觉得　需要　刮脸　往往　摈斥
凉快　强调　一瞥　扭转　没空儿
酒精　表演　棉花　凑合　柔嫩
母亲　脑袋　沙发　战场　围脖儿
瑕疵　真正　传播　驾驭　匪徒
安置　石油　人生　诅咒　鸭梨儿
尊重　从容　儿孙　存放　扫除
旅行　羞怯　可怕　恩怨　墨水儿

(3) 指出下列短文的声调并朗读。

有个塌鼻子的小男孩儿，因为两岁时得过脑炎，智力受损，学习起来很吃力。打个比方，别人写作文能写二三百字，他却只能写三五行。但即便这样的作文，他同样能写得很动人。

那是一次作文课，题目是《愿望》。他极其认真地想了半天，然后极认真地写，那作文极短。只有三句话：我有两个愿望，第一个是，妈妈天天笑眯眯地看着我说："你真聪明，"第二个是，老师天天笑眯眯地看着我说："你一点也不笨。"

于是，就是这篇作文，深深地打动了他的老师，那位妈妈式的老师不仅给了他最高分，在班上带感情朗读了这篇作文，还一笔一画地批道：你很聪明，你的作文写得非常感人，请放心，妈妈肯定会格外喜欢你的，老师肯定会格外喜欢你的，大家肯定会格外喜欢你的。

捧着作文本，他笑了，蹦蹦跳跳地回家了，像只喜鹊。但他并没有把作文本拿给妈妈看，他是在等待，等待着一个美好的时刻。

那个时刻终于到了，是妈妈的生日——一个阳光灿烂的星期天：那天，他

起得特别早，把作文本装在一个亲手做的美丽的大信封里，等着妈妈醒来。妈妈刚刚睁眼醒来，他就笑眯眯地走到妈妈跟前说："妈妈，今天是您的生日，我要‖送给您一件礼物。"

节选自张玉庭《一个美丽的故事》

附录 普通话水平测试用字入声字表

【温馨提示】

比较常用的入声字有600来个，本表是结合普通话水平测试用字整理出来的入声字，足以满足大家考试需要。

bā 八 bá 拔跋
bái 白 bǎi 百柏
bāo 剥 báo 雹薄
běi 北
bī 逼 bí 鼻 bǐ 笔 bì 必毕辟碧壁璧
biē 憋鳖 bié 别 biě 瘪 biè 别
bō 拨剥钵 bó 伯驳帛泊勃舶博搏箔膊薄 bò 薄 bo 卜
bǔ 卜 bù 不
pāi 拍
pī 劈霹 pǐ 匹劈癖 pì 辟僻
Piáo 朴
piē 撇瞥 piě 撇
pō 泊泼 pò 迫粕魄
pū 仆扑 pú 仆 pǔ 朴 pù 瀑
mā 抹
mài 麦脉
méi 没
mì 觅密蜜
miè 灭蔑篾
mō 摸 mó 膜 mǒ 抹 mò 末没抹沫陌莫寞漠墨默
mù 木目沐牧幕睦穆
fā 发 fá 乏伐罚阀筏 fǎ 法 fà 发
fó 佛
fú 弗伏佛拂服幅福辐 fù 服复腹覆

（续上表）

dā 搭 dá 达答
dàn 石
dé 得德
děi 得
dī 滴 dí 的迪敌涤笛嫡 dì 的
diē 跌 dié 迭谍叠碟蝶
dū 督 dú 毒独读渎犊 dǔ 笃
duó 夺度踱
tā 塌 tǎ 塔獭 tà 拓榻踏
tè 特
tī 剔踢 tì 惕
tiē 贴 tiě 帖铁 tiè 贴
tū 凸秃突
tuō 托脱 tuò 拓
nà 纳捺
nì 昵逆溺
niē 捏 niè 聂镍孽
nuò 诺
nüè 疟虐
là 腊落蜡辣
lào 烙落
lè 勒
lēi 勒 lèi 肋
lǐ 鲤 lì 力历立沥栗砾笠粒雳
liè 列劣烈猎裂
liù 六陆
lù 陆录绿鹿禄碌戮麓
luō 捋 luò 洛络骆落
lǚ 捋 lǜ 律率绿氯
lüè 掠略

（续上表）

gē 疙胳鸽割搁 gé 阁革格葛隔膈 gě 葛 gè 各
gěi 给
gǔ 谷骨 gù 梏
guā 刮
guō 郭 guó 国
kē 瞌磕 ké 壳咳 kě 渴 kè 克刻客
kū 哭窟 kù 酷
kuò 扩括阔廓
há 蛤
hǎo 郝
hē 喝 hé 合阂核涸盒颌 hè 吓喝褐赫鹤壑
hēi 黑
hū 忽惚 hú 核
huá 划滑猾 huà 划
huō 豁 huó 活 huò 或获惑霍豁
jī 击积激 jí 及吉汲级即极急疾棘集嫉瘠籍 jǐ 给脊戟 jì 迹寂绩
jiā 夹浃 jiá 夹荚颊 jiǎ 甲胛钾
jiáo 嚼 jiǎo 角脚 jiào 觉
jiē 结接揭 jié 节劫杰洁结捷睫截竭 jiè 藉
jū 鞠 jú 局菊 jù 剧
juē 撅 jué 决诀抉角绝觉倔崛掘厥獗爵嚼攫 juè 倔
qī 七戚漆 qǐ 乞 qì 迄泣
qiā 掐 qià 恰洽
qiào 壳
qiē 切 qiè 切妾怯窃惬
qū 曲屈 qǔ 曲
quē 缺 què 却雀确鹊
xī 夕汐吸昔析息悉惜晰锡熄蜥膝 xí 习席袭媳 xì 隙
xiā 瞎 xiá 匣峡狭辖 xià 吓
xiē 楔歇 xié 协胁挟 xiè 泄屑亵

（续上表）

xiǔ 宿 xiù 宿
xū 戌 xù 旭畜续蓄
xuē 削 xué 穴学 xuě 雪 xuè 血
zā 咂 zá 杂砸
záo 凿
zé 则择泽责 zè 仄
zéi 贼
zú 足卒族
zuō 作 zuó 昨琢 zuǒ 撮 zuò 作
cā 擦
cè 册侧厕测策
cù 促簇
cuō 撮
sā 撒 sǎ 撒 sà 卅萨
sāi 塞 sài 塞
sè 涩啬塞瑟
sú 俗 sù 肃速宿粟
suō 缩 suǒ 索
zhā 扎 zhá 闸铡 zhǎ 眨 zhà 栅
zhāi 摘 zhái 宅择 zhǎi 窄
zhāo 着 zháo 着
zhē 折 zhé 折哲辄蜇辙 zhě 褶 zhè 这浙
zhī 只汁织 zhí 执侄直值职植殖 zhǐ 只 zhì 炙质秩掷窒
zhōu 粥 zhóu 轴
zhū 朱 zhú 竹烛逐 zhǔ 属嘱 zhù 祝筑
zhuō 拙捉桌 zhuó 灼卓茁酌啄着琢
chā 插 chá 察 chà 刹
chāi 拆
chè 彻撤澈
chī 吃 chǐ 尺 chì 斥赤

（续上表）

chū 出 chù 畜触矗
chuō 戳 chuò 啜绰
shā 杀刹煞 shà 煞
shǎi 色
sháo 勺
shé 舌折 shè 设涉摄
shén 什
shī 失虱湿 shí 十什石识实拾蚀食 shì 式饰室拭适释
shóu 熟
shū 叔 shú 孰赎塾熟 shǔ 属蜀 shù 术束述
shuā 刷
shuài 率
shuō 说 shuò 烁硕
rè 热
rì 日
ròu 肉
rǔ 辱 rù 入褥
ruò 若弱
é 额 è 厄扼恶鄂愕萼遏腭
wū 屋 wù 勿物恶
wā 挖 wà 袜
wò 沃握
yī 一 yǐ 乙 yì 亿亦屹役抑译邑易绎驿疫益逸溢蜴翼臆
yā 压押鸭 yà 轧
yào 药钥
yē 掖噎 yè 业叶页掖液腋
yòu 柚
yù 玉育郁狱浴域欲
yuē 曰约 yuè 月乐岳悦阅跃粤越

第五章　普通话音变训练

第一节　音变概述

普通话声母、韵母、声调并不是一成不变的，有的在词句里会发生一些变化，这种在语流中出现的语音变化叫作音变。普通话音变主要有变调、轻声、儿化和语气词“啊”的变读等。

变调是指语流中某个声调受到相邻字音声调影响而出现的声调变读现象。例如古典（gǔdiǎn），实际读音并没有读两个全上（完整的上声），第一个读阳平，第二个读半上。阴平、阳平、上声、去声在语流中都存在不同程度的变调，只是变化不明显。常见的变调有：上声的变调、“不”的变调、“一”的变调等。

轻声是一种又短又轻的调子，由于长期轻读，某些字的声调失去了原来的调值，变读轻声。绝大多数轻声词读轻声和不读轻声在意义上没有区别，只是习惯上要求读轻声，例如“大夫”。只有少数轻声词有区分词义和词性的作用。例如“精神”读 jīngshén，表示人的意识等，是名词；读 jīngshen，表示有朝气，是形容词。

在轻声音节中，还有一种轻音读法，叫作次轻声，它是介于轻声和原调之间的一种调子。次轻声在辞书上标注为：毛病 máo · bìng。[①]

儿化是指韵母带上卷舌音色彩的一种音变现象，被儿化了的韵母叫作儿化韵，例如“垫底儿”。儿化的规范标志，汉字用“儿”表示，汉语拼音用“r”表示，[②] 例如“雨点儿”（yǔdiǎnr）。儿化具有区分词义和词性的作用，例如“面”和“面儿”，二者都是名词，“面”的意思是粮食磨成的粉，如玉米面；“面儿”的意思是粉末，如胡椒面儿。“画”是动词，“画儿”是名词，另外，儿化还可以表示亲切、喜爱的感情色彩，例如“小刘儿”。

---

① 按照规定轻声标记为：岁数 suìshu，《现代汉语词典》为了醒目轻声标记为 suì · shu。

② 这个“儿”不单独发音，不表示音节，它提示前一字的韵母要带上卷舌音色彩，拼音中的“r”也是这个作用，不是音素。

在语流中语气词“啊”受前一字读音的影响，其读音有所不同，有的写法也有所变化，但是，在实际应用中不少人没有变读，甚至出现错误变读。

第二节　音变发音训练

第一组　变调

一、上声的变调

【温馨提示】

上声变调一般都没有问题，只是要小心入声字的变调。例如“雪”是上声字，也是入声字，但是在一些方言中它读阳平，“小雪”中“小”容易变读半上，普通话实际应是阳平。

1．读原调

上声在词句中一般都要变调，只有在单念或者处在词句末尾时才可以读原调（也可以不读原调），但是在普通话水平考试中，第一题（读单音节字词）上声字和第二题（读多音节词语）词语末的上声字必须读原调。[①]

组 zǔ　绑 bǎng　叵 pǒ　莽 mǎng　打 dǎ　塔 tǎ

洪水 hóngshuǐ　误解 wùjiě　幻想 huànxiǎng　修改 xiūgǎi

2．读变调

（1）上声^1 + 上声^2，“上声^1”变读阳平，调值35。

海港 hǎigǎng　舞蹈 wǔdǎo　阻挡 zǔdǎng　稳产 wěnchǎn

守法 shǒufǎ　粉笔 fěnbǐ　把柄 bǎbǐng　诋毁 dǐhuǐ

版本 bǎnběn　彩礼 cǎilǐ　耻辱 chǐrǔ　典礼 diǎnlǐ

稿纸 gǎozhǐ　检举 jiǎnjǔ　卤水 lǔshuǐ　谱写 pǔxiě

手法 shǒufǎ　往返 wǎngfǎn　引导 yǐndǎo　整理 zhěnglǐ

主管 zhǔguǎn　水塔 shuǐtǎ　起码 qǐmǎ　赶紧 gǎnjǐn

还有三个上声相连的情况，但是，普通话水平考试中基本上碰不到，没必要掌握。[②]

---

① 除了普通话水平考试外，其他情况都可以读半上。

② 上声^1 + 上声^2 + 上声^3，如果“上声^1 + 上声^2”是优先组合，则“上声^1”“上声^2”都变读阳平。例如：展览馆（展览/馆）。如果“上声^2 + 上声^3”是优先组合，则“上声^1”变读半上，“上声^2”变读阳平。例如：海产品（海/产品）。

【温馨提示】

普通话水平考试读多音节词语时，为了使半上明显，两字之间可以略微有非常短暂的停顿。

(2) 上声 + 阴平 / 阳平 / 去声，上声变读半上，调值21。

上声 + 阴平

响声 xiǎngshēng	美观 měiguān	崭新 zhǎnxīn	整编 zhěngbiān
本科 běnkē	捕捞 bǔlāo	导师 dǎoshī	股东 gǔdōng
领先 lǐngxiān	往昔 wǎngxī	远征 yuǎnzhēng	起家 qǐjiā

上声 + 阳平

写实 xiěshí	选集 xuǎnjí	奶油 nǎiyóu	眼前 yǎnqián
百合 bǎihé	版图 bǎntú	场合 chǎnghé	底层 dǐcéng
火柴 huǒchái	使节 shǐjié	以及 yǐjí	

上声 + 去声

野性 yěxìng	倚靠 yǐkào	走动 zǒudòng	诅咒 zǔzhòu
宝藏 bǎozàng	党务 dǎngwù	哽咽 gěngyè	简便 jiǎnbiàn
老少 lǎoshào	拟订 nǐdìng	手帕 shǒupà	冶炼 yěliàn

(3) 上声 + 轻声。

①非上声（阴平、阳平和去声）字构成的轻声，前面上声变读半上，调值21。

养活 yǎnghuo	使唤 shǐhuan	哑巴 yǎba	寡妇 guǎfu
指头 zhǐtou	稳当 wěndang	爽快 shuǎngkuai	补丁 bǔding

②上声字构成的轻声，前面的上声有两种变读：

A 变读半上，调值21。

马虎 mǎhu	姐姐 jiějie	嫂子 sǎozi	奶奶 nǎinai

B 变读阳平，调值35。

讲讲 jiǎngjiang	等等 děngdeng	想想 xiǎngxiang	走走 zǒuzou

【温馨提示】

A 多为名词，B 多为动词。

二、去声的变调

去声在非去声前基本上不会变调，但是两个去声相连的时候，第一个去声变读半去，调值53。

大力 dàlì	购物 gòuwù	祸害 huòhai	化验 huàyàn

败诉 bàisù	摄像 shèxiàng	救护 jiùhù	快递 kuàidì
道路 dàolù	饭店 fàndiàn	介绍 jièshào	汉字 hànzì
见面 jiànmiàn	电话 diànhuà	必要 bìyào	惠顾 huìgù
旺季 wàngjì	贯彻 guànchè	荡漾 dàngyàng	废弃 fèiqì
气派 qìpài	代替 dàitì	概括 gàikuò	菜市 càishì

三、“一”的变调

1. 读原调

“一”的原调是阴平，调值是55，调值不变的情况有：

（1）单独念读的时候，如“一、二、三”。

（2）处在词语末尾。

统一 tǒngyī	万一 wànyī	唯一 wéiyī	专一 zhuānyī

（3）处在词语前表示序数的时候（相当于第一）。

一班 yībān	一楼 yīlóu	一车间 yīchējiān	一营 yīyíng

2. 读变调

（1）“一” +去声，“一”变读阳平，调值35。

一半 yíbàn	一带 yídài	一旦 yídàn	一律 yílǜ
一致 yízhì	一线 yíxiàn	一向 yíxiàng	一度 yídù
一再 yízài	一面 yímiàn	一瞬 yíshùn	一概 yígài

（2）“一” + 阴平 / 阳平 / 上声，“一”变读去声，调值51。

“一” + 阴平

一般 yìbān	一边 yìbiān	一心 yìxīn	一瞥 yìpiē
一根 yìgēn	一端 yìduān	一身 yìshēn	一车 yìchē

“一” + 阳平

一年 yìnián	一旁 yìpáng	一条 yìtiáo	一齐 yìqí
一时 yìshí	一直 yìzhí	一同 yìtóng	

“一” + 上声

一举 yìjǔ	一体 yìtǐ	一早 yìzǎo	一起 yìqǐ
一口 yìkǒu	一股 yìgǔ	一本 yìběn	一把 yìbǎ

四、“不”的变调

1. 读原调

“不”的原调是去声，调值是51，调值不变的情况有：

（1）单独念读的时候，如“不”。

（2）处在词语末尾。

偏不 piānbù 何不 hébù 就不 jiùbù 绝不 juébù

（3）“不”在阴平、阳平、上声的前面。

不光 bùguāng 不禁 bùjīn 不堪 bùkān 不屈 bùqū
不安 bù'ān 不一 bùyī 不依 bùyī 不甘 bùgān
不符 bùfú 不合 bùhé 不及 bùjí 不良 bùliáng
不平 bùpíng 不然 bùrán 不时 bùshí 不详 bùxiáng
不久 bùjiǔ 不可 bùkě 不满 bùmǎn 不许 bùxǔ
不止 bùzhǐ 不已 bùyǐ 不等 bùděng 不法 bùfǎ

2．读变调

“不” + 去声，“不”变读阳平，调值35。

不幸 búxìng 不孝 búxiào 不料 búliào 不善 búshàn
不利 búlì 不要 búyào 不必 búbì 不便 búbiàn
不用 búyòng 不定 búdìng 不是 búshì 不但 búdàn
不妙 búmiào 不怕 búpà 不配 búpèi 不错 búcuò

五、形容词的变调

形容词的变调有下列两种情况：

（1）单音节形容词重叠构成的词语，标记为：$A^1 + A^2$。若声调是阳平、上声、去声时，“A^2”可以不变，口语也可以变读阴平，调值为55。

红红的 hónghōngde / hónghóngde 饱饱的 bǎobāode / bǎobǎode
亮亮的 liàngliāngde / liàngliàngde

但是，“A^2”儿化时，一般都变读阴平。

平平儿的 píngpīngrde 好好儿的 hǎohāorde 慢慢儿的 mànmānrde

（2）单音节形容词加上叠音后缀构成的词语，标记为：$A + B^1 + B^2$。当叠音后缀声调是阳平、上声、去声时，“B^1、B^2”可以不变，口语也可以变读阴平，调值为55。[①]

绿油油 lǜyóuyóu / lǜyōuyōu 慢腾腾 mànténgténg / màntēngtēng
红彤彤 hóngtóngtóng / hóngtōngtōng 湿漉漉 shīlùlù / shīlūlū

① 2018年第7版《现代汉语词典》这类词语处理为两读，但是，不是所有这种格式的词语都可以两读，例如懒洋洋、明晃晃就只能读成 lǎnyángyáng、mínghuànghuàng。

第二组　轻声

【温馨提示】

轻声主要受音高和音长的影响，音高从声调原来的音高类型转变为轻声的音高类型，音长也比原来的发音时间短，轻短模糊是轻声的发音特点。轻声调值受其前一个字声调的制约，各个声调后面轻声调值如表5－1所示：

表5－1　各个声调后面轻声调值

类型	调值	例词	拼音
阴平 + 轻声	2	桌子	zhuōzi
阳平 + 轻声	3	橙子	chéngzi
上声 + 轻声	4	椅子	yǐzi
去声 + 轻声	1	凳子	dèngzi

尽管各个声调后面的轻声调值有所不同，但是，实际发音可以分为两大类，阴平、阳平、去声后面的轻声可以看成一类，发成一个轻短的半上，或者非常轻短的去声；上声后面的轻声可以看成另一类，是非常轻短的阴平。所以，将阴平、阳平、去声后面的轻声作为一组，上声后面的轻声单独作为一组。①

一、阴平／阳平／去声 + 轻声

1. 阴平 + 轻声

乡下 xiāngxia　　多么 duōme　　东家 dōngjia　　铺盖 pūgai
高粱 gāoliang　　交情 jiāoqing　　窟窿 kūlong　　商量 shāngliang

2. 阳平 + 轻声

合同 hétong　　石匠 shíjiang　　名字 míngzi　　麻烦 máfan
柴火 cháihuo　　裁缝 cáifeng　　活泼 huópo　　能耐 néngnai

3. 去声 + 轻声

赞誉 zànyu　　应酬 yìngchou　　簸箕 bòji　　岁数 suìshu
月饼 yuèbing　　特务 tèwu　　事情 shìqing　　木匠 mùjiang

① 要发出和辨别出阴平、阳平、去声后面轻声的差异很不容易。

二、上声 + 轻声

【温馨提示】

上声后面的轻声可以发成一个非常轻短的阴平，当轻声字原来的声调是阴平时，必须控制好轻声的发音，要很轻短，否则容易与阴平混淆，甚至发成阴平。

老实 lǎoshi	委屈 wěiqu	扁担 biǎndan	脑袋 nǎodai
指甲 zhǐjia	铁匠 tiějiang	寡妇 guǎfu	首饰 shǒushi
股金 gǔjin	喜欢 xǐhuan	眼睛 yǎnjing	打听 dǎting
本事 běnshi	打点 dǎdian	稿子 gǎozi	口袋 kǒudai

三、次轻声

【温馨提示】

次轻声发音一定要控制好它比原调轻又比轻声重的特点，发音时间缩短，还能听出它原来的调型。可以把下面的次轻声词语按照原调、次轻声和轻声三种读法进行比较，体会次轻声的发音特点与音色。

扶手 fú · shǒu	搭讪 dā · shàn	显得 xiǎn · dé	西瓜 xī · guā
逻辑 luó · jí	机器 jī · qì	夫人 fū · rén	客人 kè · rén
徒弟 tú · dì	瞧见 qiáo · jiàn	火气 huǒ · qì	牢骚 láo · sāo
摇晃 yáo · huàng	褒贬 bāo · biǎn	这里 zhè · lǐ	祸害 huò · hài

第三组 儿化

【温馨提示】

er 是卷舌音，儿化是使韵母带有卷舌音色彩，所以，单韵母 er 发不好，儿化词也就读不好，学会发 er 是发好儿化词的前提与基础。儿化有多种情况，也许让人觉得很复杂，但其实学习普通话，可以不管它，一般来说，只要在发韵母的时候同时卷舌即可。

一、无韵尾与 u 韵尾韵母

【发音描述】

无韵尾与 u 韵尾韵母，儿化时只是加卷舌动作，这类韵母主要有 u、a、o、e、ia、ua、uo、üe、ie、ao、iao、iou、ou。

大伙儿 dàhuǒr	灯泡儿 dēngpàor	年头儿 niántóur
笑话儿 xiàohuar	旦角儿 dànjuér	豆芽儿 dòuyár
面条儿 miàntiáor	逗乐儿 dòulèr	粉末儿 fěnmòr
抓阄儿 zhuājiūr	小鞋儿 xiǎoxiér	核儿 húr

二、i 与 n 韵尾韵母

【发音描述】

i 与 n 韵尾韵母，儿化时丢掉韵尾 i、n，主要元音卷舌，这类韵母主要有 ai、uai、ei、uei、an、ian、uan、üan、en、uen、in、ün。

一会儿 yīhuìr	一块儿 yīkuàir	茶馆儿 cháguǎnr
老伴儿 lǎobànr	没准儿 méizhǔnr	差点儿 chàdiǎnr
大婶儿 dàshěnr	手绢儿 shǒujuànr	刀背儿 dāobèir
脚印儿 jiǎoyìnr	合群儿 héqúnr	

三、i 与 ü 韵母

【发音描述】

i 与 ü 韵母，儿化时直接加 er。

玩意儿 wányìr　　小曲儿 xiǎoqǔr　　针鼻儿 zhēnbír　　毛驴儿 máolǘr

四、-i［ɿ］与 -i［ʅ］韵母

【发音描述】

-i［ɿ］与 -i［ʅ］韵母，儿化时韵母变成 er。

没词儿 méicír　　墨汁儿 mòzhīr　　挑刺儿 tiāocìr　　记事儿 jìshìr

五、ng 韵尾韵母

【发音描述】

ng 韵尾韵母，儿化时丢掉韵尾 ng，元音鼻化，卷舌，这类韵母主要有 ang、iang、uang、eng、ueng、ong、ing、iong。

胡同儿 hútòngr　　脖颈儿 bógěngr　　小瓮儿 xiǎowèngr
花样儿 huāyàngr　　蛋黄儿 dànhuángr　　瓜瓤儿 guārángr
人影儿 rényǐngr　　小熊儿 xiǎoxióngr　　抽空儿 chōukòngr
天窗儿 tiānchuāngr　　花瓶儿 huāpíngr　　提成儿 tíchéngr
打晃儿 dǎhuàngr

为了帮助学习，儿化变读概括如表 5－2 所示：

表 5－2 儿化变读规律

条件	儿化规律	儿化词
无韵尾与 u 韵尾韵母	只是加卷舌动作	笑话儿
i 与 n 韵尾韵母	丢掉韵尾，主要元音卷舌	瓶盖儿
i 与 ü 韵母	直接加 er	痰盂儿
-i［ɿ］与 -i［ʅ］韵母	原韵母变成 er	锯齿儿
ng 韵尾韵母	丢掉韵尾，元音鼻化，卷舌	透亮儿

第四组 语气词“啊”的变读

一、呀 ya、哇 wa、哪 na

【温馨提示】

这一组“啊”的读音和写法都有变化。

1. 呀 ya

【发音描述】

前一字韵腹或韵尾是 a、o、e、i、ü 的，读 ya，规范写作“呀”。这类韵母主要有 a、o、e、i、ü、ia、ua、uo、ie、üe、ai、uai、ei、uei。

快爬呀 kuàipáya　　大哥呀 dàgēya　　吃鱼呀 chīyúya
回家呀 huíjiāya　　好黑呀 hǎohēiya　　好怪呀 hǎoguàiya

老魏呀 lǎowèiya　　敲锣呀 qiāoluóya　　吃瓜呀 chīguāya

2. 哇 wa

【发音描述】

前一字韵腹或韵尾是 u 的，读 wa，规范写作“哇”。这类韵母主要有 u、ou、iou、ao、iao。

好苦哇 hǎokǔwa　　大嫂哇 dàsǎowa　　买药哇 mǎiyàowa
快走哇 kuàizǒuwa　　喝酒哇 hējiǔwa　　别叫哇 biéjiàowa

3. 哪 na

【发音描述】

前一字韵尾是 n 的，读 na，规范写作“哪”。这类韵母主要有 an、ian、uan、üan、en、uen、in、ün。

多蓝哪 duōlánna　　老天哪 lǎotiānna　　太圆哪 tàiyuánna
好笨哪 hǎobènna　　快问哪 kuàiwènna　　好晕哪 hǎoyùnna
弄断哪 nòngduànna　　命运哪 mìngyùnna　　打拼哪 dǎpīnna

二、啊 nga、啊 ra、啊 [zA]

【温馨提示】

这一组“啊”的读音有变化，但是写法不变。

1. 啊 nga

【发音描述】

前一字韵尾是 ng 的，读 nga，规范写作“啊”。这类韵母主要有 ang、iang、uang、eng、ueng、ing、ong、iong。

党啊 dǎngnga　　这样啊 zhèyàngnga　　好冷啊 hǎolěngnga
真行啊 zhēnxíngnga　　别动啊 biédòngnga　　好穷啊 hǎoqióngnga
不成啊 bùchéngnga　　好漂亮啊 hǎopiàoliangnga　　快讲啊 kuàijiǎngnga

2. 啊 ra

【发音描述】

前一字韵母是 -i [ʅ]、er 的，读 ra，规范写作“啊”。

就是啊 jiùshìra　　小二啊 xiǎo’èrra　　快吃啊 kuàichīra
是事实啊 shìshìshíra　　同志啊 tóngzhìra　　老师啊 lǎoshīra

3. 啊［zA］

【发音描述】

前一字韵母是 -i［ɿ］的，读［zA］，规范写作“啊”。[①]

写字啊 xiězì［zA］　下次啊 xiàcì［zA］　老四啊 lǎosì［zA］
别撕啊 biésī［zA］　发工资啊 fāgōngzī［zA］　吃莲子啊 chīliánzǐ［zA］

为了帮助学习，“啊”的变读概括如表 5-3 所示：

表 5-3　“啊”的变读规律

条件	读音	写法
韵腹或韵尾是 a、o、e、i、ü	ya	呀
韵腹或韵尾是 u	wa	哇
韵尾是 n	na	哪
韵尾是 ng	nga	啊
韵母是 -i［ʅ］、er	ra	啊
韵母是 -i［ɿ］	［zA］	啊

三、“啊”的音变（注意读音与写法）

再从家乡放到祖国最需要的地方去啊！
然而，火光啊……毕竟……
心底轻声呼喊：家乡的桥啊，我梦中的桥！
它便敞开美丽的歌喉，唱啊唱，嘤嘤有韵，宛如春水淙淙。
是啊，我们有自己的祖国，小鸟也有它的归宿，人和动物都是一样啊。
在它看来，这狗是多么庞大的怪物啊！
说明你很正直善良，且有批评不良行为的勇气，应该奖励你啊！
我砸的不是坏人，而是自己的同学啊。
女友一个温馨的字条……这都是千金难买的幸福啊。
天啊，我竟忘了你的勇气。

① ［zA］也就是 ra 中声母的平舌读法。

第三节 音变方音辨正训练

音变主要问题：
- 上声后面的轻声发音不好
- 次轻声发音不准确
- 儿化发音不规范

第一组 上声 + 轻声

【温馨提示】

在轻声词中大家对阴平、阳平和去声后面的轻声发音比较准确，而上声后面的轻声是一个轻短的阴平，两类轻声有明显的差异。但是，上声后面的轻声容易读成阴平或者接近阴平，要抓住轻短阴平的特点，不仅发音时间要很短，而且音高也要降低，降低音高是发好上声后面轻声的关键。

【发音训练】

1．“上声／非上声 + 轻声”比较练习

（1）上声 + 轻声。

饼子 bǐngzi　鬼子 guǐzi　脑子 nǎozi　剪子 jiǎnzi
婶子 shěnzi　领子 lǐngzi　嫂子 sǎozi　椅子 yǐzi

（2）非上声（阴平、阳平、去声）+ 轻声。

单子 dānzi　拍子 pāizi　杯子 bēizi　虱子 shīzi
挑子 tiāozi　狮子 shīzi　疯子 fēngzi　钩子 gōuzi
绳子 shéngzi　绸子 chóuzi　翎子 língzi　蚊子 wénzi
钳子 qiánzi　盒子 hézi　盘子 pánzi　笛子 dízi
袖子 xiùzi　袜子 wàzi　被子 bèizi　调子 diàozi
贩子 fànzi　带子 dàizi　架子 jiàzi　柚子 yòuzi

2．由阳平、上声和去声构成的轻声比较练习

（1）阳平构成的轻声。

骨头 gǔtou ~ 骨头 gǔtōu *[①]　老婆 lǎopo ~ 老婆 lǎopō *
老实 lǎoshi ~ 老实 lǎoshī *　老爷 lǎoye ~ 老爷 lǎoyē *

① 带 * 号的为错误的拼音，仅仅是为了对比练习。后面同此者不再说明。

脊梁 jǐliang ~ 脊梁 jǐliāng ＊
养活 yǎnghuo ~ 养活 yǎnghuō ＊

(2) 上声构成的轻声。

耳朵 ěrduo ~ 耳朵 ěrduō ＊
姐姐 jiějie ~ 姐姐 jiějiē ＊
嫂子 sǎozi ~ 嫂子 sǎozī ＊
小伙 xiǎohuo ~ 小伙 xiǎohuō ＊
打点 dǎdian ~ 打点 dǎdiān ＊
马虎 mǎhu ~ 马虎 mǎhū ＊

(3) 去声构成的轻声。

本事 běnshi ~ 本事 běnshī ＊
打扮 dǎban ~ 打扮 dǎbān ＊
打算 dǎsuan ~ 打算 dǎsuān ＊
晚上 wǎnshang ~ 晚上 wǎnshāng ＊
口袋 kǒudai ~ 口袋 kǒudāi ＊
买卖 mǎimai ~ 买卖 mǎimāi ＊

3. 由阴平构成的轻声比较练习

尾巴 wěiba ~ 尾巴 wěibā ＊
委屈 wěiqu ~ 委屈 wěiqū ＊
祖宗 zǔzong ~ 祖宗 zǔzōng ＊
比方 bǐfang ~ 比方 bǐfāng ＊
补丁 bǔding ~ 补丁 bǔdīng ＊
打发 dǎfa ~ 打发 dǎfā ＊

第二组 次轻声

【温馨提示】

轻声原调消失，音色模糊，听不出原调，次轻声音节还保持着原调的调型，只是音高降低一些，音长缩短一些，这就是轻声和次轻声的区别。另外，轻声的调值取决于它前面汉字的声调，声调不同，其调值也就不同，次轻声不受此影响，它有独立的声调，只是声调弱化了。次轻声不好把握，这里主要通过同原调、轻声的比较来体会次轻声的发音特点。

【发音训练】

1. 次轻声比较练习

提拔 tíbá ＊ ~ 提拔 tí · bá ~ 提拔 tíba ＊
荷包 hébāo ＊ ~ 荷包 hé · bāo ~ 荷包 hébao ＊
褒贬 bāobiǎn ＊ ~ 褒贬 bāo · biǎn ~ 褒贬 bāobian ＊
前边 qiánbiān ＊ ~ 前边 qián · biān ~ 前边 qiánbian ＊
上边 shàngbiān ＊ ~ 上边 shàng · biān ~ 上边 shàngbian ＊
宽敞 kuānchǎng ＊ ~ 宽敞 kuān · chǎng ~ 宽敞 kuānchang ＊
早晨 zǎochén ＊ ~ 早晨 zǎo · chén ~ 早晨 zǎochen ＊
报酬 bàochóu ＊ ~ 报酬 bào · chóu ~ 报酬 bàochou ＊
长处 chángchù ＊ ~ 长处 cháng · chù ~ 长处 chángchu ＊
牌坊 páifāng ＊ ~ 牌坊 pái · fāng ~ 牌坊 páifang ＊

花费 huāfèi * ~ 花费 huā · fèi ~ 花费 huāfei *

成分 chéngfèn * ~ 成分 chéng · fèn ~ 成分 chéngfen *

2. **次轻声练习**

过去 guò · qù	固执 gù · zhí	价钱 jià · qián	舍不得 shě · bù · dé
错误 cuò · wù	过来 guò · lái	起来 qǐ · lái	成分 chéng · fèn
感激 gǎn · jī	容易 róng · yì	遇见 yù · jiàn	玻璃 bō · lí
了不起 liǎo · bùqǐ	小姐 xiǎo · jiě	回来 huí · lái	身份 shēn · fèn
机会 jī · huì	已经 yǐ · jīng	熟悉 shú · xī	母亲 mǔ · qīn
心里 xīn · lǐ	聪明 cōng · míng	夫人 fū · rén	懂得 dǒng · dé
上去 shàng · qù	下来 xià · lái	愿意 yuàn · yì	葡萄糖 pú · táotáng
报酬 bào · chóu	对不起 duì · bùqǐ	白天 bái · tiān	那里 nà · lǐ
葡萄 pú · táo	老鼠 lǎo · shǔ	逻辑 luó · jí	菩萨 pú · sà
上面 shàng · miàn	情绪 qíng · xù	早晨 zǎo · chén	烟囱 yān · cōng

第三组　儿化

【温馨提示】

北方地区基本上都有儿化音，但是，南方的一些地区，尤其是东南地区缺乏儿化音，这些地区的人不会发儿化音，也发不好儿化音。儿化音是建立在卷舌音 er 的基础上的，平舌音（z、c、s）、翘舌音（zh、ch、sh、r）和卷舌音的舌头形状是逐渐变化的，舌头平放、上翘、后卷，我们可以利用这个特点来辅助练习儿化音，体会舌头逐渐后卷的过程。

【发音训练】

1. **基本音节比较练习**

za ~ zha ~ zhar	ca ~ cha ~ char	sa ~ sha ~ shar
zi ~ zhi ~ zhir	ci ~ chi ~ chir	si ~ shi ~ shir
zai ~ zhai ~ zhair	cai ~ chai ~ chair	sai ~ shai ~ shair
zu ~ zhu ~ zhur	cu ~ chu ~ chur	su ~ shu ~ shur
zao ~ zhao ~ zhaor	cao ~ chao ~ chaor	sao ~ shao ~ shaor
zuo ~ zhuo ~ zhuor	cuo ~ chuo ~ chuor	suo ~ shuo ~ shuor
zou ~ zhou ~ zhour	cou ~ chou ~ chour	sou ~ shou ~ shour

2. **儿化练习**

火锅儿 huǒguōr	棉球儿 miánqiúr	小偷儿 xiǎotōur
火苗儿 huǒmiáor	没谱儿 méipǔr	打嗝儿 dǎgér

眼镜儿 yǎnjìngr　送信儿 sòngxìnr　冰棍儿 bīnggùnr
跑腿儿 pǎotuǐr　半截儿 bànjiér　夹缝儿 jiāfèngr
走神儿 zǒushénr　摸黑儿 mōhēir　杂院儿 záyuànr
落款儿 luòkuǎnr　牙刷儿 yáshuār　拉链儿 lāliànr
掉价儿 diàojiàr　香肠儿 xiāngchángr　快板儿 kuàibǎnr
加塞儿 jiāsāir　板擦儿 bǎncār　模特儿 mótèr
小说儿 xiǎoshuōr　老头儿 lǎotóur　包干儿 bāogānr
把门儿 bǎménr　打盹儿 dǎdǔnr　饭馆儿 fànguǎnr
哥们儿 gēmenr　好玩儿 hǎowánr　聊天儿 liáotiānr
门洞儿 méndòngr　纳闷儿 nàmènr　嗓门儿 sǎngménr
心眼儿 xīnyǎnr　一点儿 yīdiǎnr　小丑儿 xiǎochóur

【绕口令训练】

进了门儿，倒杯水儿，喝了两口儿运运气儿，顺手拿起小唱本儿，唱了一曲儿又一曲儿，练完嗓子练嘴皮儿。绕口令儿，练字音儿，还有单弦儿牌子曲儿，小快板儿大鼓词儿，越说越唱越带劲儿。

第四节　汉字音变识别训练

第一组　汉字音变识别与记忆

音变部分中变调和语气词“啊”变读的规律性很强，不需要死记硬背，掌握好它们的规则即可，但是，哪些词是轻声词、次轻声词和儿化词却难以分清楚。轻声词、次轻声词有一点儿规律，但是更多的是没有规律的，只是习惯读轻声和次轻声，这些都需要记忆。

儿化词按照规范是有“儿”作为标记的，也就是说，凡是儿化词都要加注“儿”给予提示，不需要记忆，例如圆圈儿。但是绝大多数作者不了解哪些词是儿化词，即使使用了儿化词也没有加注标记“儿”，所以儿化词也必须记忆。[①]

有规律的轻声和次轻声如下：

① 词尾“儿”不完全都是儿化词的标记，儿化词中的“儿”没有实在的词汇意义，只是起到提示儿化的作用，非儿化词中的“儿”有实在的词汇意义，例如“婴儿”中的“儿”有实在的词汇意义，表示小孩子的意思，不是标记，要单独读出。

1. **轻声词规则**[1]

(1) 结构助词"的、地、得"和动态助词"着、了、过"要求读轻声。

卖菜的 màicàide　迅速地 xùnsùde　睡得香 shuìdexiāng
别望着 biéwàngzhe　他去了 tāqùle　爸来过 bàláiguo

(2) 语气词"吗、吧、啊、呢、嘛"等要求读轻声。

回家吗 huíjiāma　上来吧 shàngláiba　很好嘛 hěnhǎoma
作业呢 zuòyène　他来啦 tāláile

(3) 部分重叠词的后一音节要求读轻声。

猩猩 xīngxing　姥姥 lǎolao　饽饽 bōbo　奶奶 nǎinai
舅舅 jiùjiu　娃娃 wāwa　爸爸 bàba　妹妹 mèimei
谢谢 xièxie　看看 kànkan　坐坐 zuòzuo　听听 tīngting

(4) 后缀"子、头"和表示复数的"们"要求读轻声。

夹子 jiāzi　宅子 zháizi　扣子 kòuzi　曲子 qǔzi
舌头 shétou　里头 lǐtou　念头 niàntou　跟头 gēntou
人们 rénmen　你们 nǐmen　我们 wǒmen　咱们 zánmen

(5) 大部分的轻声词语是没有规律的，需要单独记忆。

云彩 yúncai　收成 shōucheng　应酬 yìngchou　清楚 qīngchu
棒槌 bàngchui　溜达 liūda　疙瘩 gēda　动弹 dòngtan
行当 hángdang　念叨 niàndao　厚道 hòudao　懒得 lǎnde
头发 tóufa　街坊 jiēfang　作坊 zuòfang　提防 dīfang

2. **次轻声词规则**

(1) 双音节趋向动词后一音节要求读次轻声。

进来 jìn · lái　上来 shàng · lái　起来 qǐ · lái　回来 huí · lái
回去 huí · qù　进去 jìn · qù　下去 xià · qù　出去 chū · qù

(2) 单音节趋向动词作补语要求读次轻声。

向前走去 zǒu · qù　汽车驶过了这个村庄 shǐ · guò

(3) 部分表示方位的词或语素要求读次轻声。

轮船上 lúnchuán · shàng　地下 dì · xià　心里 xīn · lǐ　那里 nà · lǐ
荒草里 huāngcǎo · lǐ　后边 hòu · biān　里边 lǐ · biān　前面 qián · miàn

(4) "一"嵌在重叠动词中间，"一"要求读次轻声。

听一听 tīng · yītīng　写一写 xiě · yīxiě　瞧一瞧 qiáo · yīqiáo
看一看 kàn · yīkàn　跑一跑 pǎo · yīpǎo　说一说 shuō · yīshuō

---

① 很多书还讲了其他一些规则，但是那些词语现在一般读次轻声。

(5)“不”嵌在重叠动词或形容词中间，夹在动词与补语的中间，“不”变读次轻声。

卖不卖 mài · bùmài　红不红 hóng · bùhóng　看不见 kàn · bùjiàn
来不来 lái · bùlái　去不去 qù · bùqù　吃不完 chī · bùwán

(6) 大部分的次轻声词语是没有规律的，需要单独记忆。

机会 jī · huì　服侍 fú · shì　拉拢 lā · lǒng　牢骚 láo · sāo
玫瑰 méi · guī　熟悉 shú · xī　工人 gōng · rén　荒唐 huāng · táng
泼辣 pō · là　态度 tài · dù　容易 róng · yì　冷清 lěng · qīng
情形 qíng · xíng　嘱咐 zhǔ · fù　妻子 qī · zǐ　修行 xiū · xíng

第二组　思考与练习

(1) 指出下列轻声词语。

打扮　阳光　火候　那么　运气
方式　叔叔　簸箕　莲子　耳朵
位置　明亮　地球　记号　电子
岁数　喇嘛　消息　功夫　门口
疙瘩　得到　蘑菇　门道　老婆
不在　骆驼　人们　裁缝　爱情
打算　事情　提防　婆家　少爷
技术　太太　床头　爷爷　稀罕
胳膊　婆婆　衣服　裂缝　耽搁
应酬　效果　经过　建筑　将就

(2) 指出下列次轻声词语。

笼罩　腰带　报复　客人　接触
花费　马上　氧气　难处　照应
恍惚　应该　走开　和气　得罪
本钱　提拔　摆布　微笑　褒贬
耐心　任务　排场　味道　心里
成长　气氛　回去　道理　书记
喷嚏　主义　摆设　过去　愿意
显得　照顾　世界　丰富　忌讳
好处　诚实　阅读　会计　多少
记得　轻巧　荷包　使得　水塘

(3) 指出下列儿化词语[①]。

画卷　媳妇　水边　没谱　纽扣
笔杆　名牌　有数　跑腿　衣服
唱歌　蛋清　脚印　拉链　老本
琵琶　地面　找茬　火罐　线轴
大伙　打嗝　模特　露馅　童心
在哪　走神　绝着　鞋带　蜜枣
黑板　火苗　玉石　酒盅　皇帝
灯泡　小熊　有劲　赶趟　心意
工人　足球　茶馆　眼光　老师
面条　壶盖　后跟　小丑　挨个

第五节　音变模拟训练

(1) 指出下列多音节词语的音变情况并朗读[②]。

军种　改变　葡萄　瓜分　帐篷
蒙受　奇怪　狂风　予以　旦角儿
叵测　优美　笔直　孪生　洽谈
骚乱　筷子　柔软　寻找　拔尖儿
黑枣　值得　履行　帮工　粮食
费劲　采取　汹涌　吵嘴　别处
着想　说明　锻炼　混纺　风景
滚动　花色　纽扣　司机　标准化
假定　小麦　那么　格言　而且
劝告　词素　勇敢　决斗　因地制宜

(2) 指出下列短文的各种音变情况并朗读。

一天，爸爸下班回到家已经很晚了，他很累也有点儿烦，他发现五岁的儿子靠在门旁正等着他。

“爸，我可以问您一个问题吗？”

---

① 按照规范儿化词应有“儿”标记，为了练习特省去了标记。

② 普通话水平测试第一题（读单音节字词）不涉及音变问题，所以这里只是模拟第二题（读多音节词语）和第三题（朗读短文）而设计的训练。

“什么问题?”“爸，您一小时可以赚多少钱?”“这与你无关，你为什么问这个问题?”父亲生气地说。

“我只是想知道，请告诉我，您一小时赚多少钱?”小孩儿哀求道。“假如你一定要知道的话，我一小时赚二十美金。”

“哦，”小孩儿低下了头，接着又说，“爸，可以借我十美金吗?”父亲发怒了:“如果你只是要借钱去买毫无意义的玩具的话，给我回到你的房间睡觉去。好好想想为什么你会那么自私。我每天辛苦工作，没时间和你玩儿小孩子的游戏。”

小孩儿默默地回到自己的房间关上门。

父亲坐下来还在生气。后来，他平静下来了。心想他可能对孩子太凶了——或许孩子真的很想买什么东西，再说他平时很少要过钱。

父亲走进孩子的房间：“你睡了吗?”“爸，还没有，我还醒着。”孩子回答。

“我刚才可能对你太凶了，”父亲说，“我不应该发那么大的火儿——这是你要的十美金。”“爸，谢谢您。”孩子高兴地从枕头下拿出一些被弄皱的钞票，慢慢地数着。

“为什么你已经有钱了还要?”父亲不解地问。

“因为原来不够，但现在凑够了。”孩子回答，“爸，我现在有‖二十美金了，我可以向您买一个小时的时间吗?明天请早一点儿回家——我想和您一起吃晚餐。”

节选自唐继柳编译《二十美金的价值》

附录一　普通话水平测试用轻声词语表

爱人	àiren	饼子	bǐngzi	锤子	chuízi
案子	ànzi	拨弄	bōnong	刺猬	cìwei
巴掌	bāzhang	脖子	bózi	凑合	còuhe
把子	bǎzi	簸箕	bòji	村子	cūnzi
把子	bàzi	补丁	bǔding	耷拉	dāla
爸爸	bàba	不由得	bùyóude	答应	dāying
白净	báijing	不在乎	bùzàihu	打扮	dǎban
班子	bānzi	步子	bùzi	打点	dǎdian
板子	bǎnzi	部分	bùfen	打发	dǎfa
帮手	bāngshou	财主	cáizhu	打量	dǎliang
梆子	bāngzi	裁缝	cáifeng	打算	dǎsuan
膀子	bǎngzi	苍蝇	cāngying	打听	dǎting
棒槌	bàngchui	差事	chāishi	大方	dàfang
棒子	bàngzi	柴火	cháihuo	大爷	dàye
包袱	bāofu	肠子	chángzi	大夫	dàifu
包涵	bāohan	厂子	chǎngzi	带子	dàizi
包子	bāozi	场子	chǎngzi	袋子	dàizi
豹子	bàozi	车子	chēzi	单子	dānzi
杯子	bēizi	称呼	chēnghu	耽搁	dānge
被子	bèizi	池子	chízi	耽误	dānwu
本事	běnshi	尺子	chǐzi	胆子	dǎnzi
本子	běnzi	虫子	chóngzi	担子	dànzi
鼻子	bízi	绸子	chóuzi	刀子	dāozi
比方	bǐfang	除了	chúle	道士	dàoshi
鞭子	biānzi	锄头	chútou	稻子	dàozi
扁担	biǎndan	畜生	chùsheng	灯笼	dēnglong
辫子	biànzi	窗户	chuānghu	凳子	dèngzi
别扭	bièniu	窗子	chuāngzi	提防	dīfang
笛子	dízi	风筝	fēngzheng	骨头	gǔtou

（续上表）

底子	dǐzi	疯子	fēngzi	故事	gùshi
地道	dìdao	福气	fúqi	寡妇	guǎfu
地方	dìfang	斧子	fǔzi	褂子	guàzi
弟弟	dìdi	盖子	gàizi	怪物	guàiwu
弟兄	dìxiong	甘蔗	gānzhe	关系	guānxi
点心	diǎnxin	杆子	gānzi	官司	guānsi
调子	diàozi	杆子	gǎnzi	罐头	guàntou
钉子	dīngzi	干事	gànshi	罐子	guànzi
东家	dōngjia	杠子	gàngzi	规矩	guīju
东西	dōngxi	高粱	gāoliang	闺女	guīnü
动静	dòngjing	膏药	gāoyao	鬼子	guǐzi
动弹	dòngtan	稿子	gǎozi	柜子	guìzi
豆腐	dòufu	告诉	gàosu	棍子	gùnzi
豆子	dòuzi	疙瘩	gēda	锅子	guōzi
嘟囔	dūnang	哥哥	gēge	果子	guǒzi
肚子	dǔzi	胳膊	gēbo	蛤蟆	háma
肚子	dùzi	鸽子	gēzi	孩子	háizi
缎子	duànzi	格子	gézi	含糊	hánhu
队伍	duìwu	个子	gèzi	汉子	hànzi
对付	duìfu	根子	gēnzi	行当	hángdang
对头	duìtou	跟头	gēntou	合同	hétong
多么	duōme	工夫	gōngfu	和尚	héshang
蛾子	ézi	弓子	gōngzi	核桃	hétao
儿子	érzi	公公	gōnggong	盒子	hézi
耳朵	ěrduo	功夫	gōngfu	红火	hónghuo
贩子	fànzi	钩子	gōuzi	猴子	hóuzi
房子	fángzi	姑姑	gūgu	后头	hòutou
废物	fèiwu	姑娘	gūniang	厚道	hòudao
份子	fènzi	谷子	gǔzi	狐狸	húli
胡萝卜	húluóbo	姐夫	jiěfu	老头子	lǎotóuzi
胡琴	húqin	姐姐	jiějie	老爷	lǎoye

（续上表）

糊涂	hútu	戒指	jièzhi	老子	lǎozi
护士	hùshi	金子	jīnzi	姥姥	lǎolao
皇上	huángshang	精神	jīngshen	累赘	léizhui
幌子	huǎngzi	镜子	jìngzi	篱笆	líba
活泼	huópo	舅舅	jiùjiu	里头	lǐtou
火候	huǒhou	橘子	júzi	力气	lìqi
伙计	huǒji	句子	jùzi	厉害	lìhai
机灵	jīling	卷子	juànzi	利落	lìluo
脊梁	jǐliang	咳嗽	késou	利索	lìsuo
记号	jìhao	客气	kèqi	例子	lìzi
记性	jìxing	空子	kòngzi	栗子	lìzi
夹子	jiāzi	口袋	kǒudai	痢疾	lìji
家伙	jiāhuo	口子	kǒuzi	连累	liánlei
架势	jiàshi	扣子	kòuzi	帘子	liánzi
架子	jiàzi	窟窿	kūlong	凉快	liángkuai
嫁妆	jiàzhuang	裤子	kùzi	粮食	liángshi
尖子	jiānzi	快活	kuàihuo	两口子	liǎngkǒuzi
茧子	jiǎnzi	筷子	kuàizi	料子	liàozi
剪子	jiǎnzi	框子	kuàngzi	林子	línzi
见识	jiànshi	阔气	kuòqi	翎子	língzi
毽子	jiànzi	喇叭	lǎba	领子	lǐngzi
将就	jiāngjiu	喇嘛	lǎma	溜达	liūda
交情	jiāoqing	篮子	lánzi	聋子	lóngzi
饺子	jiǎozi	懒得	lǎnde	笼子	lóngzi
叫唤	jiàohuan	浪头	làngtou	炉子	lúzi
轿子	jiàozi	老婆	lǎopo	路子	lùzi
结实	jiēshi	老实	lǎoshi	轮子	lúnzi
街坊	jiēfang	老太太	lǎotàitai	萝卜	luóbo
骡子	luózi	那么	nàme	便宜	piányi
骆驼	luòtuo	奶奶	nǎinai	骗子	piànzi
妈妈	māma	难为	nánwei	票子	piàozi

（续上表）

麻烦	máfan	脑袋	nǎodài	漂亮	piàoliang
麻利	máli	脑子	nǎozi	瓶子	píngzi
麻子	mázi	能耐	néngnai	婆家	pójia
马虎	mǎhu	你们	nǐmen	婆婆	pópo
码头	mǎtou	念叨	niàndao	铺盖	pūgai
买卖	mǎimai	念头	niàntou	欺负	qīfu
麦子	màizi	娘家	niángjia	旗子	qízi
馒头	mántou	镊子	nièzi	前头	qiántou
忙活	mánghuo	奴才	núcai	钳子	qiánzi
冒失	màoshi	女婿	nǚxu	茄子	qiézi
帽子	màozi	暖和	nuǎnhuo	亲戚	qīnqi
眉毛	méimao	疟疾	nüèji	勤快	qínkuai
媒人	méiren	拍子	pāizi	清楚	qīngchu
妹妹	mèimei	牌楼	páilou	亲家	qìngjia
门道	méndao	牌子	páizi	曲子	qǔzi
眯缝	mīfeng	盘算	pánsuan	圈子	quānzi
迷糊	míhu	盘子	pánzi	拳头	quántou
面子	miànzi	胖子	pàngzi	裙子	qúnzi
苗条	miáotiao	狍子	páozi	热闹	rènao
苗头	miáotou	盆子	pénzi	人家	rénjia
名堂	míngtang	朋友	péngyou	人们	rénmen
名字	míngzi	棚子	péngzi	认识	rènshi
明白	míngbai	脾气	píqi	日子	rìzi
模糊	móhu	皮子	pízi	褥子	rùzi
蘑菇	mógu	痞子	pǐzi	塞子	sāizi
木匠	mùjiang	屁股	pìgu	嗓子	sǎngzi
木头	mùtou	片子	piānzi	嫂子	sǎozi
扫帚	sàozhou	世故	shìgu	挑子	tiāozi
沙子	shāzi	似的	shìde	条子	tiáozi
傻子	shǎzi	事情	shìqing	跳蚤	tiàozao
扇子	shànzi	柿子	shìzi	铁匠	tiějiang

（续上表）

商量	shāngliang	收成	shōucheng	亭子	tíngzi
晌午	shǎngwu	收拾	shōushi	头发	tóufa
上司	shàngsi	首饰	shǒushi	头子	tóuzi
上头	shàngtou	叔叔	shūshu	兔子	tùzi
烧饼	shāobing	梳子	shūzi	妥当	tuǒdang
勺子	sháozi	舒服	shūfu	唾沫	tuòmo
少爷	shàoye	舒坦	shūtan	挖苦	wāku
哨子	shàozi	疏忽	shūhu	娃娃	wáwa
舌头	shétou	爽快	shuǎngkuai	袜子	wàzi
身子	shēnzi	思量	sīliang	晚上	wǎnshang
什么	shénme	算计	suànji	尾巴	wěiba
婶子	shěnzi	岁数	suìshu	委屈	wěiqu
生意	shēngyi	孙子	sūnzi	为了	wèile
牲口	shēngkou	他们	tāmen	位置	wèizhi
绳子	shéngzi	它们	tāmen	位子	wèizi
师父	shīfu	她们	tāmen	蚊子	wénzi
师傅	shīfu	台子	táizi	稳当	wěndang
虱子	shīzi	太太	tàitai	我们	wǒmen
狮子	shīzi	摊子	tānzi	屋子	wūzi
石匠	shíjiang	坛子	tánzi	稀罕	xīhan
石榴	shíliu	毯子	tǎnzi	席子	xízi
石头	shítou	桃子	táozi	媳妇	xífu
时候	shíhou	特务	tèwu	喜欢	xǐhuan
实在	shízai	梯子	tīzi	瞎子	xiāzi
拾掇	shíduo	蹄子	tízi	匣子	xiázi
使唤	shǐhuan	挑剔	tiāoti	下巴	xiàba
吓唬	xiàhu	眼睛	yǎnjing	扎实	zhāshi
先生	xiānsheng	燕子	yànzi	眨巴	zhǎba
乡下	xiāngxia	秧歌	yāngge	栅栏	zhàlan
箱子	xiāngzi	养活	yǎnghuo	宅子	zháizi
相声	xiàngsheng	样子	yàngzi	寨子	zhàizi

（续上表）

消息	xiāoxi	吆喝	yāohe	张罗	zhāngluo
小伙子	xiǎohuǒzi	妖精	yāojing	丈夫	zhàngfu
小气	xiǎoqi	钥匙	yàoshi	帐篷	zhàngpeng
小子	xiǎozi	椰子	yēzi	丈人	zhàngren
笑话	xiàohua	爷爷	yéye	帐子	zhàngzi
谢谢	xièxie	叶子	yèzi	招呼	zhāohu
心思	xīnsi	一辈子	yībèizi	招牌	zhāopai
星星	xīngxing	衣服	yīfu	折腾	zhēteng
猩猩	xīngxing	衣裳	yīshang	这个	zhège
行李	xíngli	椅子	yǐzi	这么	zhème
性子	xìngzi	意思	yìsi	枕头	zhěntou
兄弟	xiōngdi	银子	yínzi	芝麻	zhīma
休息	xiūxi	影子	yǐngzi	知识	zhīshi
秀才	xiùcai	应酬	yìngchou	侄子	zhízi
秀气	xiùqi	柚子	yòuzi	指甲	zhǐjia（zhījia）
袖子	xiùzi	冤枉	yuānwang	指头	zhǐtou（zhítou）
靴子	xuēzi	院子	yuànzi	种子	zhǒngzi
学生	xuésheng	月饼	yuèbing	珠子	zhūzi
学问	xuéwen	月亮	yuèliang	竹子	zhúzi
丫头	yātou	云彩	yúncai	主意	zhǔyi（zhúyi）
鸭子	yāzi	运气	yùnqi	主子	zhǔzi
衙门	yámen	在乎	zàihu	柱子	zhùzi
哑巴	yǎba	咱们	zánmen	爪子	zhuǎzi
胭脂	yānzhi	早上	zǎoshang	转悠	zhuànyou
烟筒	yāntong	怎么	zěnme	庄稼	zhuāngjia
庄子	zhuāngzi	桌子	zhuōzi	祖宗	zǔzong
壮实	zhuàngshi	字号	zìhao	嘴巴	zuǐba
状元	zhuàngyuan	自在	zìzai	作坊	zuōfang
锥子	zhuīzi	粽子	zòngzi	琢磨	zhuómo

附录二 普通话水平测试用次轻声词语表

表一		反正	fǎn · zhèng	机器人	jī · qìrén
白天	bái · tiān	费用	fèi · yòng	记得	jì · dé
报酬	bào · chóu	分量	fèn · liàng	家具	jiā · jù
报复	bào · fù	夫人	fū · rén	价钱	jià · qián
别人	bié · rén	父亲	fù · qīn	讲究	jiǎng · jiū
玻璃	bō · li	干净	gān · jìng	进来	jìn · lái
差不多	chà · bùduō	感激	gǎn · jī	进去	jìn · qù
长处	cháng · chù	跟前	gēn · qián	觉得	jué · dé
成分	chéng · fèn	工人	gōng · rén	看见	kàn · jiàn
诚实	chéng · shí	公平	gōng · píng	客人	kè · rén
出来	chū · lái	固执	gù · zhí	会计	kuài · jì
出去	chū · qù	过来	guò · lái	困难	kùn · nán
刺激	cì · jī	过去	guò · qù	来不及	lái · bùjí
聪明	cōng · míng	好处	hǎo · chù	老人家	lǎo · rén · jiā
错误	cuò · wù	喉咙	hóu · lóng	老鼠	lǎo · shǔ
答复	dá · fù	后边	hòu · biān	里边	lǐ · biān
大人	dà · rén	后面	hòu · miàn	里面	lǐ · miàn
道理	dào · lǐ	花费	huā · fèi	力量	lì · liàng
底下	dǐ · xià	回来	huí · lái	了不起	liǎo · bùqǐ
地下	dì · xià	回去	huí · qù	邻居	lín · jū
懂得	dǒng · dé	活动	huó · dòng	逻辑	luó · jí
对不起	duì · bùqǐ	机会	jī · huì	毛病	máo · bìng
多少	duō · shǎo	机器	jī · qì	没有	méi · yǒu
棉花	mián · huā	太阳	tài · yáng	早晨	zǎo · chén
摸索	mō · suǒ	态度	tài · dù	照顾	zhào · gù
母亲	mǔ · qīn	听见	tīng · jiàn	折磨	zhé · mó
哪里	nǎ · lǐ	痛快	tòng · kuài	这里	zhè · lǐ
那里	nà · lǐ	外边	wài · biān	知道	zhī · dào
佩服	pèi · fú	外面	wài · miàn	值得	zhí · dé
菩萨	pú · sà	味道	wèi · dào	主人	zhǔ · rén

（续上表）

葡萄	pú · táo	西瓜	xī · guā	嘱咐	zhǔ · fù
葡萄糖	pú · táotáng	下边	xià · biān	表二	
妻子	qī · zǐ	下来	xià · lái	把手	bǎ · shǒu
起来	qǐ · lái	下面	xià · miàn	摆布	bǎi · bù
气氛	qì · fēn	下去	xià · qù	摆弄	bǎi · nòng
前边	qián · biān	显得	xiǎn · dé	摆设	bǎi · shè
前面	qián · miàn	想法	xiǎng · fǎ	褒贬	bāo · biǎn
情形	qíng · xíng	小姐	xiǎo · jiě	报应	bào · yìng
情绪	qíng · xù	小心	xiǎo · xīn	抱怨	bào · yuàn
任务	rèn · wù	晓得	xiǎo · dé	北边	běi · biān
容易	róng · yì	心里	xīn · lǐ	本钱	běn · qián
上边	shàng · biān	新鲜	xīn · xiān	鼻涕	bí · tì
上来	shàng · lái	烟囱	yān · cōng	别致	bié · zhì
上面	shàng · miàn	摇晃	yáo · huàng	残疾	cán · jí
上去	shàng · qù	夜里	yè · lǐ	吃不消	chī · bùxiāo
舍不得	shě · bù · dé	已经	yǐ · jīng	尺寸	chǐ · cùn
身份	shēn · fèn	意见	yì · jiàn	抽屉	chōu · tì
神气	shén · qì	意识	yì · shí	搭讪	dā · shàn
使得	shǐ · dé	因为	yīn · wèi	大不了	dà · bùliǎo
势力	shì · lì	应付	yìng · fù	当铺	dàng · pù
书记	shū · jì	右边	yòu · biān	得罪	dé · zuì
熟悉	shú · xī	遇见	yù · jiàn	底细	dǐ · xì
说法	shuō · fǎ	愿意	yuàn · yì	点拨	diǎn · bō
惦记	diàn · jì	祸害	huò · hài	难处	nán · chù
东边	dōng · biān	忌讳	jì · huì	念物	niàn · wù
短处	duǎn · chù	缰绳	jiāng · shéng	挪动	nuó · dòng
翻腾	fān · téng	禁不住	jīn · bùzhù	排场	pái · chǎng
分寸	fēn · cùn	近视	jìn · shì	牌坊	pái · fāng
风水	fēng · shuǐ	看不起	kàn · bùqǐ	喷嚏	pēn · tì
凤凰	fèng · huáng	考究	kǎo · jiū	碰见	pèng · jiàn
扶手	fú · shǒu	靠不住	kào · bùzhù	琵琶	pí · pá
服侍	fú · shì	苦头	kǔ · tóu	篇幅	piān · fú

（续上表）

斧头	fǔ · tóu	宽敞	kuān · chǎng	撇开	piē · kāi
干粮	gān · liáng	魁梧	kuí · wú	泼辣	pō · là
告示	gào · shì	拉拢	lā · lǒng	破绽	pò · zhàn
格式	gé · shì	牢骚	láo · sāo	魄力	pò · lì
工钱	gōng · qián	冷不防	lěng · bùfáng	葡萄酒	pú · táojiǔ
公道	gōng · dào	冷清	lěng · qīng	敲打	qiāo · dǎ
功劳	gōng · láo	理事	lǐ · shì	瞧见	qiáo · jiàn
恭维	gōng · wéi	了不得	liǎo · bù · dé	俏皮	qiào · pí
勾当	gòu · dàng	伶俐	líng · lì	亲事	qīn · shì
估量	gū · liáng	琉璃	liú · lí	轻巧	qīng · qiǎo
害处	hài · chù	露水	lù · shuǐ	去处	qù · chù
行家	háng · jiā	埋伏	mái · fú	洒脱	sǎ · tuō
和气	hé · qì	卖弄	mài · nòng	神仙	shén · xiān
荷包	hé · bāo	玫瑰	méi · guī	生日	shēng · rì
滑稽	huá · jī	眉目	méi · mù	尸首	shī · shǒu
荒唐	huāng · táng	门面	mén · miàn	手巾	shǒu · jīn
黄瓜	huáng · guā	免得	miǎn · dé	算盘	suàn · pán
恍惚	huǎng · hū	牡丹	mǔ · dān	孙女	sūn · nǚ
晦气	huì · qì	南边	nán · biān	提拔	tí · bá
火气	huǒ · qì	南瓜	nán · guā	体谅	tǐ · liàng
伙食	huǒ · shí	南面	nán · miàn	体面	tǐ · miàn
替换	tì · huàn	益处	yì · chù	阵势	zhèn · shì
通融	tōng · róng	樱桃	yīng · táo	证人	zhèng · rén
透亮	tòu · liàng	右面	yòu · miàn	侄女	zhí · nǚ
徒弟	tú · dì	鸳鸯	yuān · yāng	指头	zhǐ · tou
喜鹊	xǐ · què	月季	yuè · jì	志气	zhì · qì
薪水	xīn · shuǐ	匀称	yún · chèn	周到	zhōu · dào
修行	xiū · xíng	糟蹋	zāo · tà	住处	zhù · chù
妖怪	yāo · guài	渣滓	zhā · zǐ	左面	zuǒ · miàn
义气	yì · qì	照应	zhào · yìng		

附录三　普通话水平测试用儿化词语表

刀把儿	dāobàr	栅栏儿	zhàlanr	拉链儿	lāliànr
号码儿	hàomǎr	包干儿	bāogānr	冒尖儿	màojiānr
戏法儿	xìfǎr	笔杆儿	bǐgǎnr	坎肩儿	kǎnjiānr
在哪儿	zàinǎr	门槛儿	ménkǎnr	牙签儿	yáqiānr
找茬儿	zhǎochár	药方儿	yàofāngr	露馅儿	lòuxiànr
打杂儿	dǎzár	赶趟儿	gǎntàngr	心眼儿	xīnyǎnr
板擦儿	bǎncār	香肠儿	xiāngchángr	鼻梁儿	bíliángr
名牌儿	míngpáir	瓜瓤儿	guārángr	透亮儿	tòuliàngr
鞋带儿	xiédàir	掉价儿	diàojiàr	花样儿	huāyàngr
壶盖儿	húgàir	一下儿	yīxiàr	脑瓜儿	nǎoguār
小孩儿	xiǎoháir	豆芽儿	dòuyár	大褂儿	dàguàr
加塞儿	jiāsāir	小辫儿	xiǎobiànr	麻花儿	máhuār
快板儿	kuàibǎnr	照片儿	zhàopiānr	笑话儿	xiàohuar
老伴儿	lǎobànr	扇面儿	shànmiànr	牙刷儿	yáshuār
蒜瓣儿	suànbànr	差点儿	chàdiǎnr	一块儿	yīkuàir
脸盘儿	liǎnpánr	一点儿	yīdiǎnr	茶馆儿	cháguǎnr
脸蛋儿	liǎndànr	雨点儿	yǔdiǎnr	饭馆儿	fànguǎnr
收摊儿	shōutānr	聊天儿	liáotiānr	火罐儿	huǒguànr
落款儿	luòkuǎnr	杏仁儿	xìngrénr	针鼻儿	zhēnbír
打转儿	dǎzhuànr	刀刃儿	dāorènr	垫底儿	diàndǐr
拐弯儿	guǎiwānr	钢镚儿	gāngbèngr	肚脐儿	dùqír
好玩儿	hǎowánr	夹缝儿	jiāfèngr	玩意儿	wányìr
大腕儿	dàwànr	脖颈儿	bógěngr	有劲儿	yǒujìnr
蛋黄儿	dànhuángr	提成儿	tíchéngr	送信儿	sòngxìnr
打晃儿	dǎhuàngr	半截儿	bànjiér	脚印儿	jiǎoyìnr
天窗儿	tiānchuāngr	小鞋儿	xiǎoxiér	花瓶儿	huāpíngr
烟卷儿	yānjuǎnr	旦角儿	dànjuér	打鸣儿	dǎmíngr
手绢儿	shǒujuànr	主角儿	zhǔjuér	图钉儿	túdīngr
出圈儿	chūquānr	跑腿儿	pǎotuǐr	门铃儿	ménlíngr
包圆儿	bāoyuánr	一会儿	yīhuìr	眼镜儿	yǎnjìngr

（续上表）

人缘儿	rényuánr	耳垂儿	ěrchuír	蛋清儿	dànqīngr
绕远儿	ràoyuǎnr	墨水儿	mòshuǐr	火星儿	huǒxīngr
杂院儿	záyuànr	围嘴儿	wéizuǐr	人影儿	rényǐngr
刀背儿	dāobèir	走味儿	zǒuwèir	毛驴儿	máolǘr
摸黑儿	mōhēir	打盹儿	dǎdǔnr	小曲儿	xiǎoqǔr
老本儿	lǎoběnr	胖墩儿	pàngdūnr	痰盂儿	tányúr
花盆儿	huāpénr	砂轮儿	shālúnr	合群儿	héqúnr
嗓门儿	sǎngménr	冰棍儿	bīnggùnr	模特儿	mótèr
把门儿	bǎménr	没准儿	méizhǔnr	逗乐儿	dòulèr
哥们儿	gēmenr	开春儿	kāichūnr	唱歌儿	chànggēr
纳闷儿	nàmènr	小瓮儿	xiǎowèngr	挨个儿	āigèr
后跟儿	hòugēnr	瓜子儿	guāzǐr	打嗝儿	dǎgér
高跟儿鞋	gāogēnrxié	石子儿	shízǐr	饭盒儿	fànhér
别针儿	biézhēnr	没词儿	méicír	在这儿	zàizhèr
一阵儿	yīzhènr	挑刺儿	tiāocìr	碎步儿	suìbùr
走神儿	zǒushénr	墨汁儿	mòzhīr	没谱儿	méipǔr
大婶儿	dàshěnr	锯齿儿	jùchǐr	儿媳妇儿	érxífur
小人儿书	xiǎorénrshū	记事儿	jìshìr	梨核儿	líhúr
泪珠儿	lèizhūr	口罩儿	kǒuzhàor	纽扣儿	niǔkòur
有数儿	yǒushùr	绝着儿	juézhāor	线轴儿	xiànzhóur
果冻儿	guǒdòngr	口哨儿	kǒushàor	小丑儿	xiǎochǒur
门洞儿	méndòngr	蜜枣儿	mìzǎor	加油儿	jiāyóur
胡同儿	hútòngr	鱼漂儿	yúpiāor	顶牛儿	dǐngniúr
抽空儿	chōukòngr	火苗儿	huǒmiáor	抓阄儿	zhuājiūr
酒盅儿	jiǔzhōngr	跑调儿	pǎodiàor	棉球儿	miánqiúr
小葱儿	xiǎocōngr	面条儿	miàntiáor	火锅儿	huǒguōr
小熊儿	xiǎoxióngr	豆角儿	dòujiǎor	做活儿	zuòhuór
红包儿	hóngbāor	开窍儿	kāiqiàor	大伙儿	dàhuǒr
灯泡儿	dēngpàor	衣兜儿	yīdōur	邮戳儿	yóuchuōr
半道儿	bàndàor	老头儿	lǎotóur	小说儿	xiǎoshuōr
手套儿	shǒutàor	年头儿	niántóur	被窝儿	bèiwōr
跳高儿	tiàogāor	小偷儿	xiǎotōur	耳膜儿	ěrmór
叫好儿	jiàohǎor	门口儿	ménkǒur	粉末儿	fěnmòr

第六章 普通话综合训练

第一节 诗词训练

夜雨寄北

李商隐

君问归期未有期，巴山夜雨涨秋池。
何当共剪西窗烛，却话巴山夜雨时。

泊秦淮

杜 牧

烟笼寒水月笼沙，夜泊秦淮近酒家。
商女不知亡国恨，隔江犹唱后庭花。

望庐山瀑布

李 白

日照香炉生紫烟，遥看瀑布挂前川。
飞流直下三千尺，疑是银河落九天。

凉州词

王之涣

黄河远上白云间，一片孤城万仞山。
羌笛何须怨杨柳，春风不度玉门关。

清 明

杜 牧

清明时节雨纷纷，路上行人欲断魂。
借问酒家何处有？牧童遥指杏花村。

题西林壁

苏 轼

横看成岭侧成峰，远近高低各不同。
不识庐山真面目，只缘身在此山中。

竹枝词

刘禹锡

杨柳青青江水平，闻郎江上唱歌声。
东边日出西边雨，道是无晴却有晴。

登鹳雀楼

王之涣

白日依山尽，黄河入海流。
欲穷千里目，更上一层楼。

黄鹤楼送孟浩然之广陵

李 白

故人西辞黄鹤楼，烟花三月下扬州。
孤帆远影碧空尽，唯见长江天际流。

雨 巷

戴望舒

撑着油纸伞，独自
彷徨在悠长，悠长
又寂寥的雨巷，
我希望逢着
一个丁香一样地
结着愁怨的姑娘。
她是有
丁香一样的颜色，
丁香一样的芬芳，
丁香一样的忧愁，
在雨中哀怨，
哀怨又彷徨；
她彷徨在这寂寥的雨巷，
撑着油纸伞
像我一样，
像我一样地
默默彳亍着，
冷漠，凄清，又惆怅。
她静默地走近
走近，又投出
太息一般的眼光，
她飘过
像梦一般地，
像梦一般地凄婉迷茫。
像梦中飘过
一枝丁香地，
我身旁飘过这女郎；
她静默地远了，远了，
到了颓圮的篱墙，
走尽这雨巷。
在雨的哀曲里，
消了她的颜色，
散了她的芬芳，
消散了，甚至她的
太息般的眼光，
丁香般的惆怅。
撑着油纸伞，独自
彷徨在悠长，悠长
又寂寥的雨巷，
我希望飘过
一个丁香一样地
结着愁怨的姑娘。

致橡树

舒　婷

我如果爱你——
绝不像攀援的凌霄花，
借你的高枝炫耀自己；
我如果爱你——
绝不学痴情的鸟儿，
为绿荫重复单调的歌曲；
也不止像泉源，
常年送来清凉的慰藉；
也不止像险峰，
增加你的高度，衬托你的威仪。
甚至日光。
甚至春雨。
不，这些都还不够！
我必须是你近旁的一株木棉，
作为树的形象和你站在一起。
根，紧握在地下，
叶，相触在云里。
每一阵风过，
我们都互相致意，
但没有人
听懂我们的言语。
你有你的铜枝铁干，
像刀，像剑，
也像戟，
我有我的红硕花朵，
像沉重的叹息，
又像英勇的火炬，
我们分担寒潮、风雷、霹雳；
我们共享雾霭、流岚、虹霓，
仿佛永远分离，
却又终身相依，
这才是伟大的爱情，
坚贞就在这里：
爱——
不仅爱你伟岸的身躯，
也爱你坚持的位置，足下的土地。

第二节　短文训练

（1）姥姥出生在一个富裕的家庭，从小是被当成小姐养的，自然练得一手好针线活和其他的细工活，比如剪纸等。只是后来嫁给了我的穷姥爷，才不得不放下手中绣花针走向田间地头，男子一样地干活，再加上当时的社会环境，她的巧手只能用来缝补旧衣服了。所以，在我小时候的记忆中根本不知道姥姥会剪纸，只知道她的衣服做得很好，引得好多人夸赞。

初知姥姥会剪纸是十年前的事。当时人们的生活一天天好起来，又有了闲暇可以做些消遣的东西了。恰时表妹在家办了个幼儿园，乡里物质少，正愁不知怎样表示对优秀儿童的奖励，姥姥一时心起，说我做大红花给他们吧，以前都是奖大红花的。就这样，她老人家又拿起了记忆中的技艺，做出了好看的大红花，又不知怎么地剪出了漂亮的窗花，……

节选自《姥姥的剪纸》

（2）故乡的风筝时节，是春二月，倘听到沙沙的风轮声，仰头便能看见一个淡墨色的蟹风筝或嫩蓝色的蜈蚣风筝。还有寂寞的瓦片风筝，没有风轮，又放得很低，伶仃地显出憔悴可怜模样。但此时地上的杨柳已经发芽，早的山桃也多吐蕾，和孩子们的天上的点缀相照应，打成一片春日的温和。我现在在哪里呢？四面都还是严冬的肃杀，而久经诀别的故乡的久经逝去的春天，却就在这天空中荡漾了。

但我是向来不爱放风筝的，不但不爱，并且嫌恶它，因为我以为这是没出息孩子所做的玩意。和我相反的是我的小兄弟，他那时大概十岁内外罢，多病，瘦得不堪，然而最喜欢风筝，自己买不起，我又不许放，他只得张着小嘴，呆看着空中出神，有时至于小半日。远处的蟹风筝突然落下来了，……

节选自《风筝》

（3）母亲本不愿出来的。她老了，身体不好，走远一点就觉得很累。我说，正因为如此，才应该多走走。母亲信服地点点头，便去拿外套。她现在很听我的话，就像我小时候很听她的话一样。

天气很好。今年的春天来得太迟，太迟了，有一些老人挺不住。但是春天总算来了。我的母亲又熬过了一个严冬。

这南方初春的田野，大块小块的新绿随意地铺着，有的浓，有的淡；树上的嫩芽也密了；田里的冬水也咕咕地起着水泡。这一切都使人想着一样东西：生命。

我和母亲走在前面，我的妻子和儿子走在后面。小家伙突然叫起来：“前面也是妈妈和儿子，后面也是妈妈和儿子。”我们都笑了。

后来发生了分歧：母亲要走大路，大路平顺；我的儿子要走小路，小路有意思。不过，一切都取决于我。

节选自《散步》

（4）故乡靠海，八月是台风季节。桂花一开，母亲就开始担心了：“可别来台风啊！”母亲每天都要在前后院子走一回，嘴里念着：“只要不来台风，我就可以收几大箩。送一箩给胡家老爷爷，送一箩给毛家老婆婆，他们两家糕饼做得多。”

桂花盛开的时候，不说香飘十里，至少前后十几家邻居，没有不浸在桂花香里的。桂花成熟时，就应当“摇”。摇下来的桂花，朵朵完整、新鲜。如果让它开过，落在泥土里，尤其是被风雨吹浇，比摇下来的香味就差多了。

摇花对我来说是件大事。所以，我总是缠着母亲问：“妈，怎么还不摇桂

花呢?”母亲说:“还早呢,花开的时间太短,摇不下来的。”可是母亲一看天上布满阴云,就知道要来台风了,赶紧叫大家提前摇桂花。这下,我可乐了,……

节选自《桂花雨》

(5)周总理在第一次“文代”大会上作了报告。《人民文学》杂志要发表这个报告,由我把记录稿作了整理,送给总理审阅。

这一天,总理办公室通知我去中南海政务院。我走进总理的办公室。那是一间高大的宫殿式的房子,室内陈设极其简单,一张不大的写字台,两把小转椅,一盏台灯,如此而已。总理见了我,指着写字台上一尺来高的一叠文件,说:“我今晚上要批这些文件。你们送来的稿子,我放在最后。你到隔壁值班室去睡一觉,到时候叫你。”

我就到值班室去睡了。不知到了什么时候,值班室的同志把我叫醒。他对我说:“总理叫你去。”我立刻起来,揉揉蒙眬的睡眼,走进总理的办公室。总理招呼我坐在他的写字台对面,要我陪他审阅我整理的记录稿。他一句一句地审阅,……

节选自《一夜的工作》

(6)天旱的时候,这条小溪就会干涸。村民平时靠它来灌溉田园,清洗衣物,点缀风景。有时,它只有细细的流泉,从石头缝里穿过。我和一群六七岁的小朋友,最喜欢扒开石头,寻找小鱼、小虾、小螃蟹,我们并不是捉来吃,而是养在玻璃瓶里玩儿。

一条小小的木桥,横跨在溪上。我喜欢过桥,更高兴把采来的野花丢在桥下,让流水把它们送到远方。

我的家离小桥很近,走路五六分钟就到了。沿着溪岸向东行,还有一座长石桥,那是通到茶山去的。我曾经随着采茶女上山摘过茶叶,我喜欢欣赏茶树下面紫色的野花和黄色的野菌。至今一看到茶树,脑海里立刻会浮现出当时的情景来。

我爱我的老家,那是我出生的地方。我家只有几间矮小的平房,我出生的那间卧室,光线很暗,地面潮湿,……

节选自《小桥流水人家》

(7)沉重的脚步声踏在楼梯上清晰可闻。到第二层的时候,他稍稍停留。随后他走进门来了。一个身高五英尺左右的人,两肩极宽阔,仿佛要挑起整个生命的重荷及命运的担子，而他给人明显的印象就是他能担负得起。

这一天他身上的衣服是淡蓝色的，胸前的纽扣是黄色的，里面一件纯白的背心，所有这些看上去都已经显得十分陈旧，甚至是不整洁的。上衣的背后似乎还拖着什么东西。据女佣解释，那拖在衣服后面的是一副助听器，可是早已失效了。

他无视屋内的人，一直走向那只巨熊一样蹲伏着的大钢琴旁边，习惯地坐下来，拿起一支笔。人们可以看见他那只有力的大手。

客人带着好像敬畏又好像怜惜的神情，默不作声地望着他。他的脸上呈现出悲剧，一张含蓄了许多愁苦和力量的脸。

节选自《音乐巨人贝多芬》

(8) 过了一会儿，斑羚群渐渐安静下来，所有的眼光集中在一只身材特别高大、毛色深棕油光水滑的公斑羚身上，似乎在等候这只公斑羚拿出使整个种群能免遭灭绝的好办法来。毫无疑问，这只公斑羚是这群斑羚的头羊，它头上的角像两把镰刀。镰刀头羊神态庄重地沿着悬崖巡视了一圈，抬头仰望雨后湛蓝的苍穹，悲哀地叫了数声，表示自己也无能为力。

斑羚群又骚动起来。这时，被雨洗得一尘不染的天空突然出现一道彩虹，一头连着伤心崖，另一头飞越山涧，连着对面那座山峰，就像突然间架起了一座美丽的天桥。斑羚们凝望着彩虹，有一头灰黑色的母斑羚举步向彩虹走去，神情恍惚，似乎已进入了某种幻觉状态。也许，它们确实因为神经高度紧张而误以为那道虚幻的彩虹是一座实实在在的桥，……

节选自《斑羚飞渡》

(9) 田老师给一年级上课了。他先把这首诗念一遍，又连起来讲一遍，然后，编出一段故事，娓娓动听地讲起来。我还记得故事的大意是这样的：

一个小孩子，牵着妈妈的衣襟儿去姥姥家，一口气走了二三里地。路过一个小村子，只有四五户人家，正在做午饭，家家冒炊烟。娘儿俩走累了，看见路边有六七座亭子，就走进一座亭子里去歇歇脚。亭子外边，花开得很茂盛，小孩子伸出小手指念叨着："……八枝，九枝，十枝。"他越看越喜欢，想折下一枝来。妈妈拦住了他，说："你折一枝，他折一枝，后边歇脚的人就看不到花儿了。"后来，这儿的花越开越多，数也数不过来，变成了一座大花园。

我听得入了迷，恍如身临其境。田老师的声音戛然而止，我却仍在发呆，直到三年级的大学兄捅了我一下，……

节选自《师恩难忘》

（10）三亚在海南岛的最南端，被蓝透了的海水围着，洋溢着浓浓的热带风情。蓝蓝的天与蓝蓝的海融成一体，低翔的白鸥掠过蓝蓝的海面，真让人担心洁白的翅尖会被海水染蓝了。挺拔俊秀的椰子树，不时在海风中摇曳着碧玉般的树冠。海滩上玉屑银末般的细沙，金灿灿亮闪闪的，软软地暖暖地搔着人们的脚板，谁都想捏一捏，团一团，将它揉成韧韧的面。

活跃了一天的太阳，依旧像一个快乐的孩童。它歪着红扑扑的脸蛋，毫无倦态，潇潇洒洒地从身上抖落下赤朱丹彤，在大海上溅出无数夺目的亮点。于是，天和海都被它的笑颜感染了，金红一色，热烈一片。

时光悄悄地溜走，暑气跟着阵阵海风徐徐地远离。夕阳也渐渐收敛了光芒，变得温和起来，像一只光焰柔和的大红灯笼，……

节选自《三亚落日》

第三节　国家普通话水平测试模拟训练

第一组　试卷注意事项

为了帮助大家更好地考试，考出好成绩，相关试题说明如下：

1. **读单音节字词**

镇　痣　杨　申　嘭　嘣　旬　犬　声　供（供给）
秦　习　砣　索　私　恰　操　润　凰　曾（曾孙）
餐　乳　铝　莫　涮　甩　鸥　病　涩　缶
虐　惹　密　涌　能　框　乖　话　吵　刘
桨　刁　俊　频　自　啊　灾　倦　跳　俩
日　刘　近　荫　渠　幅　不　次　瞥　闷（苦闷）
额　贵　庄　挎　街　尝　舜　屯　伟　时
翻　二　猜　熔　斩　腻　防　翔　拿　洒
瓶　胸　池　关　舔　跃　口　页　害　德
聊　亏　段　握　拨　面　零　黑　奥　杂

本题很少涉及多音字，但是若有多音字，会加注括号提示，要按照该字括号内的词语读音。例如闷，读 mēn、mèn，“苦闷”中读 mèn，所以这里的“闷”要读 mèn。

本题如果某个字词读得不好或者错误，可以马上重读，但是只能重读一次，以第二次读音评分。如果重读字词太多，可能时间不够，注意时间的把握。

2. **读多音节词语题**

本题主要是双音节词语，但是有时也会出现三音节、四音节词语，但是总音节数仍是 100 个。

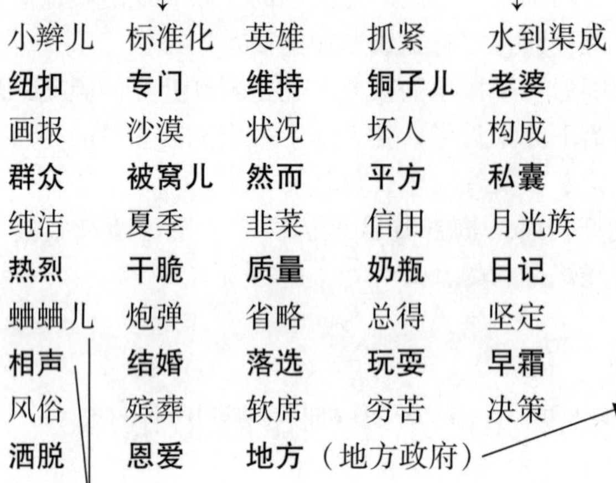

小辫儿	标准化	英雄	抓紧	水到渠成
纽扣	**专门**	**维持**	**铜子儿**	**老婆**
画报	沙漠	状况	坏人	构成
群众	**被窝儿**	**然而**	**平方**	**私囊**
纯洁	夏季	韭菜	信用	月光族
热烈	**干脆**	**质量**	**奶瓶**	**日记**
蛐蛐儿	炮弹	省略	总得	坚定
相声	**结婚**	**落选**	**玩耍**	**早霜**
风俗	殡葬	软席	穷苦	决策
洒脱	**恩爱**	**地方**（地方政府）		

有的多音节词语有不同的读音及不同的含义，这种情况很少涉及，但是若出现，会加注括号提示，要按照该词括号内的含义读音。例如地方，读 dìfang，地点义；读 dìfāng，则是与中央相对的概念。这里应读 dìfāng。

本题儿化词语有标记，轻声词语无标记，需要记住常见的轻声词语。

本题如果某个词语读得不好或者错误，也可以马上重读，但是只能重读一次，以第二次读音评分。如果重读词语太多，可能时间不够，注意时间的把握。

3. **朗读短文**

本题不允许重读、漏字、增字，如出现，均算错误。

他们由天上看到山上，便不知不觉地想起：明天也许就是春天了吧？这样的温暖，今天夜里山草也许就绿起来了吧？就是这点儿幻想不能一时实现，他们也并不着急，因为这样慈善的冬天，干什么还希望别的呢！

最妙的是下点儿小雪呀。看吧，山上的矮松越发的青黑，树尖上……

儿化有标记

儿化无标记

本题要小心轻声（包括次轻声）与儿化，需要读轻声的词语较多，儿化词有的有“儿”标记，有的没有标记，但是拼音有“r”标记，所以大家要参照拼音弄清楚这些问题。

电脑屏幕读到这里结束，刚好 400 个音节（字），书面上的结束符号是“‖”：树尖上‖顶着一髻儿白花，好像日本看护妇。

4．命题说话

（1）说话题目只是提示说话内容范围，只要讲的内容与此有关即可，不需要像写高考作文那么讲究。

（2）本题必须说够三分钟，也就是电脑屏幕录音条停止滑动，否则会根据时间差额酌情扣分。

（3）说话必须连贯，不间断地说，不得重复语句，中途不能中断讲话，否则会酌情扣分。

第二组　国家普通话水平测试模拟试卷

第一套

1．读单音节字词（100个音节，共10分，限时3.5分钟），请横向朗读

哑　铸　染　亭　后　挽　敬　疮　游　乖
仲　君　凑　稳　掐　酱　椰　铂　峰　账
焦　碰　暖　扑　龙　碍　离　鸟　瘸　密
承　滨　盒　专　此　艘　雪　肥　薰　硫
宣　表　嫡　迁　套　滇　砌　藻　刷　坏
虽　滚　杂　倦　垦　屈　所　惯　实　扯
栽　额　屡　弓　拿　物　粉　葵　躺　肉
铁　日　帆　萌　寡　猫　窘　内　雄　伞
蛙　葬　夸　戴　罗　并　摧　狂　饱　魄
而　沈　贤　润　麻　养　盘　自　您　虎

2．读多音节词语（100个音节，共20分，限时2.5分钟），请横向朗读

勾画　刚才　松软　半截　穷人　吵嘴　乒乓球
少女　篡夺　牛顿　沉默　富翁　傻子　持续
佛像　被窝儿　全部　乳汁　对照　家伙　灭亡
连绵　小腿　原则　外国　戏法儿　侵略　咏叹调
愉快　撒谎　下来　昆虫　意思　声明　患者
未曾　感慨　老头儿　群体　红娘　觉得　排演
赞美　运输　抓紧　儿童　症状　机灵　昂首

3．朗读短文（400个音节，共30分，限时4分钟）

高兴，这是一种具体的被看得到摸得着的事物所唤起的情绪。它是心理的，更是生理的。它容易来也容易去，谁也不应该对它视而不见失之交臂，谁也不应该总是做那些使自己不高兴也使旁人不高兴的事。让我们说一件最容易做也最令人高兴的事吧，尊重你自己，也尊重别人，这是每一个人的权利，我

还要说这是每一个人的义务。

快乐，它是一种富有概括性的生存状态、工作状态。它几乎是先验的，它来自生命本身的活力，来自宇宙、地球和人间的吸引，它是世界的丰富、绚丽、阔大、悠久的体现。快乐还是一种力量，是埋在地下的根脉。消灭一个人的快乐比挖掘掉一棵大树的根要难得多。

欢欣，这是一种青春的、诗意的情感。它来自面向着未来伸开双臂奔跑的冲力，它来自一种轻松而又神秘、朦胧而又隐秘的激动，它是激情即将到来的预兆，它又是大雨过后的比下雨还要美妙得多也久远得多的回味……

喜悦，它是一种带有形而上色彩的修养和境界。与其说它是一种情绪，不如说它是一种智慧、一种超拔、一种悲天悯人的宽容和理解、一种饱经沧桑的充实和自信、一种光明的理性、一种坚定……

4. 命题说话（请在下列话题中任选一个，共40分，限时3分钟）

（1）我喜欢的节日

（2）我喜爱的动物（或植物）

第二套

1. 读单音节字词（100个音节，共10分，限时3.5分钟），请横向朗读

哲 洽 许 滕 缓 昂 翻 容 选 闻
悦 围 波 信 铭 欧 测 敷 闰 巢
字 披 翁 辆 申 按 捐 旗 黑 咬
瞥 贺 失 广 晒 兵 卦 拔 君 仍
胸 撞 非 眸 葬 昭 览 脱 嫩 所
德 柳 砚 甩 豹 壤 凑 坑 绞 崔
我 初 蔽 匀 铝 枪 柴 搭 穷 董
池 款 杂 此 艘 粉 阔 您 镁 帘
械 搞 堤 捡 魂 躺 瘸 蛀 游 蠢
固 浓 钾 酸 莫 捧 队 耍 踹 儿

2. 读多音节词语（100个音节，共20分，限时2.5分钟），请横向朗读

国王 今日 虐待 花瓶儿 难怪 产品
掉头 遭受 露馅儿 人群 压力 材料
窘迫 亏损 翱翔 永远 一辈子 佛典
沙尘 存在 请求 累赘 发愣 外面
酒盅儿 似乎 怎么 赔偿 勘察 妨碍
辨别 调整 少女 做活儿 安全 霓虹灯

疯狂　　从而　　入学　　夸奖　　回去　　篡夺
秧歌　　夏季　　钢铁　　通讯　　敏感　　不速之客

3. **朗读短文（400 个音节，共 30 分，限时 4 分钟）**

在浩瀚无垠的沙漠里，有一片美丽的绿洲，绿洲里藏着一颗闪光的珍珠。这颗珍珠就是敦煌莫高窟。它坐落在我国甘肃省敦煌市三危山和鸣沙山的怀抱中。

鸣沙山东麓是平均高度为十七米的崖壁。在一千六百多米长的崖壁上，凿有大小洞窟七百余个，形成了规模宏伟的石窟群。其中四百九十二个洞窟中，共有彩色塑像两千一百余尊，各种壁画共四万五千多平方米。莫高窟是我国古代无数艺术匠师留给人类的珍贵文化遗产。

莫高窟的彩塑，每一尊都是一件精美的艺术品。最大的有九层楼那么高，最小的还不如一个手掌大。这些彩塑个性鲜明，神态各异。有慈眉善目的菩萨，有威风凛凛的天王，还有强壮勇猛的力士……

莫高窟壁画的内容丰富多彩，有的是描绘古代劳动人民打猎、捕鱼、耕田、收割的情景，有的是描绘人们奏乐、舞蹈、演杂技的场面，还有的是描绘大自然的美丽风光。其中最引人注目的是飞天。壁画上的飞天，有的臂挎花篮，采摘鲜花；有的反弹琵琶，轻拨银弦；有的倒悬身子，自天而降；有的彩带飘拂，漫天遨游；有的舒展着双臂，翩翩起舞。看着这些精美动人的壁画，就像走进了……

4. **命题说话（请在下列话题中任选一个，共 40 分，限时 3 分钟）**

（1）我喜爱的职业

（2）购物（消费）的感受

第三套

1. **读单音节字词（100 个音节，共 10 分，限时 3.5 分钟），请横向朗读**

楼　癣　膘　坡　踹　衰　拽　惹　夭　滑
痫　赐　拦　锤　刚　女　捉　软　托　甲
荒　美　到　涌　各　护　尊　傻　迷　决
饵　贷　吻　瞥　矮　嘶　泅　缰　鳞　腕
襟　藻　攻　靶　错　蛙　润　室　萃　齐
叫　晌　蹦　宵　涮　考　灭　牛　瞪　通
运　授　踩　第　申　香　原　姓　口　腌
菱　盼　茶　反　贼　缅　凸　穗　雨　甘
矿　痣　肠　份　悬　债　擎　脑　棒　衡

溯　拼　撰　俯　穷　睁　瘸　腿　河　俩

2. 读多音节词语（100 个音节，共 20 分，限时 2.5 分钟），请横向朗读

广播	呕吐	现代	丢人	下班	儿童
贺词	哪会儿	沙漠	福分	个头儿	病菌
猜测	拾掇	制造	信心	涉外	准保
缺点	赔款	肉瘤	愉快	虽然	恩爱
傀儡	拔尖儿	文雅	相公	旅游	岳母
司令	描述	内行	选举	边界	劈叉
蝈蝈儿	水平	利用	挂钩	一切	厂子
远征	双方	计算	成就	群岛	小说
嘲弄	讲话				

3. 朗读短文（400 个音节，共 30 分，限时 4 分钟）

三百多年前，建筑设计师莱伊恩受命设计了英国温泽市政府大厅。他运用工程力学的知识，依据自己多年的实践，巧妙地设计了只用一根柱子支撑的大厅天花板。一年以后，市政府权威人士进行工程验收时，却说只用一根柱子支撑天花板太危险，要求莱伊恩再多加几根柱子。

莱伊恩自信只要一根坚固的柱子足以保证大厅安全，他的“固执”惹恼了市政官员，险些被送上法庭。他非常苦恼，坚持自己原先的主张吧，市政官员肯定会另找人修改设计；不坚持吧，又有悖自己为人的准则。矛盾了很长一段时间，莱伊恩终于想出了一条妙计，他在大厅里增加了四根柱子，不过这些柱子并未与天花板接触，只不过是装装样子。

三百多年过去了，这个秘密始终没有被人发现。直到前两年，市政府准备修缮大厅的天花板，才发现莱伊恩当年的“弄虚作假”。消息传出后，世界各国的建筑专家和游客云集，当地政府对此也不加掩饰，在新世纪到来之际，特意将大厅作为一个旅游景点对外开放，旨在引导人们崇尚和相信科学。

作为一名建筑师，莱伊恩并不是最出色的。但作为一个人，他无疑非常伟大，这种……

4. 命题说话（请在下列话题中任选一个，共 40 分，限时 3 分钟）

（1）童年的记忆

（2）我的业余生活

第四套

1. **读单音节字词**（100个音节，共10分，限时3.5分钟），请横向朗读

贼　列　枕　次　聋　饼　日　谨　裙　绢
值　冯　炯　咸　呆　卤　僧　扭　肾　抓
盆　战　耳　基　丑　凝　免　外　穷　陋
春　昂　喘　滨　娘　方　购　仍　睡　跟
环　浮　擦　快　滑　渺　疆　台　醒　秘
坑　善　允　逛　甩　照　拨　叠　翁　床
舜　肿　俗　膀　牌　骚　雪　批　洒　锌
瑞　锅　垒　休　谈　目　犬　榻　窝　举
纵　黑　瘸　掏　挪　惹　贝　哑　奏　席
掐　榆　餐　字　考　编　滚　叼　法　破

2. **读多音节词语**（100个音节，共20分，限时2.5分钟），请横向朗读

倘使　苍翠　强求　蒙古包　从而　粉末儿　旋转
情怀　合同　财产　手脚　灭亡　起飞　跨越
挂念　佛经　高傲　柴火　亏损　犯罪　决议
耽误　增加　作用　难怪　少女　个体　上下
危害　荒谬　斥责　撇开　砂轮儿　原料　东欧
侵略　大多数　思想　本子　状况　柔软　训练
药品　政党　蒜瓣儿　定律　英雄　人均　没谱儿

3. **朗读短文**（400个音节，共30分，限时4分钟）

其实你在很久以前并不喜欢牡丹，因为它总被人作为富贵膜拜。后来你目睹了一次牡丹的落花，你相信所有的人都会为之感动：一阵清风徐来，妖艳鲜嫩的盛期牡丹忽然整朵整朵地坠落，铺撒一地绚丽的花瓣。那花瓣落地时依然鲜艳夺目，如同一只奉上祭坛的大鸟脱落的羽毛，低吟着壮烈的悲歌离去。

牡丹没有花谢花败之时，要么烁于枝头，要么归于泥土，它跨越萎顿和衰老，由青春而死亡，由美丽而消遁。它虽美却不吝惜生命，即使告别也要展示给人最后一次的惊心动魄。

所以在这阴冷的四月里，奇迹不会发生。任凭游人扫兴和诅咒，牡丹依然安之若素。它不苟且、不俯就、不妥协、不媚俗，甘愿自己冷落自己。它遵循自己的花期自己的规律，它有权利为自己选择每年一度的盛大节日。它为什么不拒绝寒冷？

天南海北的看花人，依然络绎不绝地涌入洛阳城。人们不会因牡丹的拒绝而拒绝它的美。如果它再被贬谪十次，也许它就会繁衍出十个洛阳牡丹城。

于是你在无言的遗憾中感悟到，富贵与高贵只是一字之差。同人一样，花儿也是有灵性的，更有品位之高低。品位这东西为气为魂为……

4．**命题说话（请在下列话题中任选一个，共40分，限时3分钟）**

（1）我的成长之路

（2）谈谈美食

第五套

1．**读单音节字词（100个音节，共10分，限时3.5分钟），请横向朗读**

粗 昂 栽 远 摧 彼 鳞 汞 灼 睁
嘴 墙 软 框 沉 辣 寒 法 怪 纱
馆 日 而 酱 缫 库 堆 绢 普 迈
吃 话 停 月 许 铜 讽 燃 桑 条
炯 膘 咒 稳 釉 焚 艘 让 兵 螺
钾 涡 要 客 乃 掂 楼 字 兜 仗
雅 胸 米 瞪 蕊 趋 扯 休 找 伴
陶 双 醇 跟 特 瓜 群 摔 砍 害
吴 遣 末 您 怯 北 居 型 裂 诀
纳 巡 短 磁 匹 脓 颇 傲 黑 彭

2．**读多音节词语（100个音节，共20分，限时2.5分钟），请横向朗读**

暗中 航空 名牌儿 亏损 作战 凉快 全身
未曾 指南针 完美 恰当 佛学 均匀 博士
相似 挫折 台子 喷洒 提高 宣传 小翁儿
热闹 黄鼠狼 穷尽 解剖 定额 扭转 外面
挎包 规律 拼凑 叫好儿 侵略 遵守 妇女
低洼 大伙儿 丢人 婴儿 撇开 冷水 繁荣
眼睛 广场 综合 费用 天下 出其不意

3．**朗读短文（400个音节，共30分，限时4分钟）**

我们家的后园有半亩空地，母亲说：“让它荒着怪可惜的，你们那么爱吃花生，就开辟出来种花生吧。”我们姐弟几个都很高兴，买种，翻地，播种，浇水，没过几个月，居然收获了。

母亲说：“今晚我们过一个收获节，请你们父亲也来尝尝我们的新花生，好不好？”我们都说好。母亲把花生做成了好几样食品，还吩咐就在后园的茅亭里过这个节。

晚上天色不太好，可是父亲也来了，实在很难得。

父亲说："你们爱吃花生吗?"

我们争着答应："爱!"

"谁能把花生的好处说出来?"

姐姐说："花生的味美。"

哥哥说："花生可以榨油。"

我说："花生的价钱便宜，谁都可以买来吃，都喜欢吃。这就是它的好处。"

父亲说："花生的好处很多，有一样最可贵：它的果实埋在地里，不像桃子、石榴、苹果那样，把鲜红嫩绿的果实高高地挂在枝头上，使人一见就生爱慕之心。你们看它矮矮地长在地上，等到成熟了，也不能立刻分辨出来它有没有果实，必须挖出来才知道。"

我们都说是，母亲也点点头。

父亲接下去说："所以你们要像花生，它虽然不好看，可是很有用，不是外表好看而没有实用的东西。"

我说："那么，人要做有用的人，不要做只讲体面，而对别人没有好处的人了。"……

4．命题说话（请在下列话题中任选一个，共40分，限时3分钟）

（1）我的愿望（或理想）

（2）谈谈个人修养

附录一　普通话水平测试用多音字表

阿	ā 阿姨；ē 阿谀	朝	cháo 朝向；zhāo 朝阳
挨	āi 挨家；ái 挨饿	车	chē 汽车；jū（象棋棋子之一）
熬	āo 熬心；áo 熬药	称	chèn 称心；chēng 称呼
拗	ào 拗口；niù 执拗	澄	chéng 澄清；dèng 澄沙
扒	bā 扒车；pá 扒手	冲	chōng 冲刺；chòng 冲床
把	bǎ 把柄；bà 刀把儿	仇	chóu 仇恨；Qiú（姓氏）
膀	bǎng 肩膀；pāng 膀肿；páng 膀胱	臭	chòu 口臭；xiù 乳臭未干
磅	bàng 磅秤；páng 磅礴	处	chǔ 处理；chù 害处
堡	bǎo 堡垒；pù 五里堡	揣	chuāi 揣紧；chuǎi 揣度
背	bēi 背负；bèi 脊背	传	chuán 传达；zhuàn 自传
奔	bēn 奔跑；bèn 投奔	创	chuāng 创伤；chuàng 创办
绷	bēng 绷带；běng 绷脸；bèng 绷直	撮	cuō 撮合；zuǒ 一撮胡子
辟	bì 辟邪；pì 开辟	答	dā 答应；dá 回答
便	biàn 方便；pián 便宜	打	dá（量词）；dǎ 打架
别	bié 分别；biè 别扭	大	dà 大小；dài 大夫
剥	bāo 剥皮；bō 剥夺	待	dāi 待一会儿；dài 对待
泊	bó 停泊；pō 湖泊	逮	dǎi 逮老鼠；dài 逮捕
薄	báo 薄饼；bó 刻薄；bò 薄荷	单	dān 单干；chán 单于
簸	bǒ 颠簸；bò 簸箕	担	dān 担待；dàn 担子
参	cān 参加；shēn 人参	弹	dàn 子弹；tán 弹簧
藏	cáng 躲藏；zàng 宝藏	当	dāng 当代；dàng 妥当
叉	chā 交叉；chǎ 叉着腿	倒	dǎo 倒闭；dào 倒影
杈	chā（一种农具）；chà 树杈	得	dé 得到；děi 总得
差	chā 差别；chà 差点儿；chāi 出差	的	dí 的确；dì 目的
禅	chán 口头禅；shàn 禅让	调	diào 调度；tiáo 调节
颤	chàn 颤动；zhàn 颤栗	钉	dīng 钉子；dìng 钉扣子
长	cháng 长处；zhǎng 生长	都	dōu 都要；dū 首都
场	cháng 场院；chǎng 农场	斗	dǒu 斗胆；dòu 斗争

（续上表）

肚	dǔ 鱼肚；dù 肚量	侯	hóu 王侯；hòu（地名）
度	dù 尺度；duó 揣度	华	huá 中华；huà 华山
囤	dùn 粮食囤；tún 囤积	划	huá 划拳；huà 计划
垛	duǒ 垛子；duò 麦垛	还	hái 还是；huán 返还
恶	è 恶毒；wù 厌恶	晃	huǎng 晃眼；huàng 晃动
发	fā 出发；fà 头发	会	huì 会议；kuài 会计
分	fēn 分别；fèn 充分	混	hún 混蛋；hùn 混合
缝	féng 缝补；fèng 缝隙	豁	huō 豁口；huò 豁达
佛	fó 佛教；fú 仿佛	几	jī 茶几；jǐ 几何
服	fú 佩服；fù 一服药	纪	Jǐ（姓氏）；jì 纪律
干	gān 干涉；gàn 干部	济	jǐ 济南；jì 经济
杆	gān 杆子；gǎn 杠杆	夹	jiā 夹层；jiá 夹袄
岗	gāng 山岗；gǎng 岗位	贾	gǔ 商贾；Jiǎ（姓氏）
膏	gāo 唇膏；gào 膏墨	假	jiǎ 真假；jià 假期
葛	gé 葛藤；Gě（姓氏）	间	jiān 时间；jiàn 间断
给	gěi 拿给；jǐ 供给	监	jiān 监控；jiàn 国子监
更	gēng 变更；gèng 更加	将	jiāng 将要；jiàng 大将
供	gōng 供稿；gòng 口供	降	jiàng 降落；xiáng 投降
勾	gōu 勾引；gòu 勾当	角	jiǎo 角落；jué 角色
观	guān 观察；guàn 道观	剿	chāo 剿说；jiǎo 剿灭
冠	guān 桂冠；guàn 冠军	教	jiāo 教书；jiào 教育
好	hǎo 美好；hào 喜好	结	jiē 结实；jié 团结
号	háo 号叫；hào 符号	解	jiě 解放；jiè 押解；Xiè（姓氏）
喝	hē 吃喝；hè 喝彩	尽	jǐn 尽管；jìn 尽力
和	hé 和平；hè 应和；hú 和牌；huó 和面；huò 搅和	劲	jìn 费劲；jìng 劲敌
		禁	jīn 禁受；jìn 禁止
核	hé 核心；hú 桃核儿	颈	gěng 脖颈儿；jǐng 颈部
荷	hé 荷花；hè 荷重	卷	juǎn 卷尺；juàn 试卷
横	héng 横向；hèng 蛮横	觉	jiào 睡觉；jué 觉悟
哄	hōng 哄抢；hǒng 哄骗；hòng 起哄	倔	jué 倔强；juè 倔脾气

（续上表）

嚼	jiáo 嚼舌；jué 咀嚼	模	mó 模型；mú 模样
卡	kǎ 卡片；qiǎ 关卡	磨	mó 折磨；mò 电磨
看	kān 看护；kàn 看见	抹	mā 抹布；mǒ 抹杀；mò 转弯抹角
壳	ké 蛋壳；qiào 地壳	难	nán 困难；nàn 灾难
空	kōng 领空；kòng 填空	泥	ní 水泥；nì 拘泥
拉	lā 拉扯；lá 手被拉了个口子	宁	níng 安宁；nìng 宁可
乐	lè 快乐；yuè 音乐	拧	níng 拧毛巾；nǐng 说拧了；nìng 脾气拧
勒	lè 勒令；lēi 把包儿勒紧		
累	léi 累赘；lěi 累计；lèi 劳累	耙	bà 钉齿耙；pá 钉耙
擂	léi 擂了一拳；lèi 擂台	刨	bào 刨床；páo 刨坑
俩	liǎ 咱俩；liǎng 伎俩	炮	bāo 炮羊肉；páo 炮制；pào 炮弹
凉	liáng 凉快；liàng 把开水凉一下	泡	pāo 眼泡；pào 泡菜
量	liáng 量具；liàng 数量	劈	pī 劈脸；pǐ 劈腿
撩	liāo 撩裙子；liáo 撩逗	片	piān 照片儿；piàn 片面
燎	liáo 燎原；liǎo 烧燎	漂	piāo 漂流；piǎo 漂洗；piào 漂亮
令	lǐng 量词，五令白纸；lìng 命令	撇	piē 撇开；piě 笔画，一撇
溜	liū 溜冰；liù 溜嗓子	屏	bǐng 屏气；píng 荧屏
蹓	liū 蹓走；liù 蹓大街	仆	pū 前仆后继；pú 仆人
笼	lóng 蒸笼；lǒng 笼统	铺	pū 铺张；pù 店铺
搂	lōu 搂钱；lǒu 搂抱	朴	Piáo（姓氏）；pǔ 朴素
露	lòu 露一手；lù 暴露	呛	qiāng 吃呛了；qiàng 油烟呛人
陆	liù（六的大写）；lù 大陆	强	jiàng 倔强；qiáng 强大；qiǎng 强迫
率	lǜ 效率；shuài 率领	悄	qiāo 悄悄；qiǎo 悄然
绿	lù 绿林好汉；lǜ 绿色	翘	qiáo 翘首；qiào 翘尾巴
捋	luō 捋起袖子；lǚ 捋胡子	切	qiē 切割；qiè 切实
落	là 落下；lào 落价；luò 滚落	茄	jiā 雪茄；qié 茄子
蔓	màn 蔓草；wàn 藤蔓	亲	qīn 亲切；qìng 亲家
没	méi 没有；mò 淹没	曲	qū 弯曲；qǔ 歌曲
闷	mēn 闷热；mèn 烦闷	圈	juān 圈在家里；juàn 圈养；quān 圆圈儿
蒙	mēng 蒙骗；méng 蒙蔽；měng 蒙古		

（续上表）

任	Rén（姓氏）；rèn 任务	同	tóng 同学；tòng 胡同
撒	sā 撒谎；sǎ 撒种	吐	tǔ 吐气；tù 呕吐
塞	sāi 耳塞；sài 塞外；sè 堵塞	拓	tà 拓印；tuò 开拓
散	sǎn 散文；sàn 散步	为	wéi 为人；wèi 为了
丧	sāng 守丧；sàng 丧失	系	jì 系鞋带儿；xì 系统
臊	sāo 腥臊；sào 害臊	吓	hè 恐吓；xià 惊吓
扫	sǎo 扫地；sào 扫把	纤	qiàn 纤夫；xiān 纤维
色	sè 色彩；shǎi 掉色儿	鲜	xiān 新鲜；xiǎn 鲜见
刹	chà 刹那；shā 刹车	相	xiāng 相互；xiàng 首相
煞	shā 煞尾；shà 凶煞	巷	hàng 巷道；xiàng 巷战
杉	shā 杉木；shān 水杉	削	xiāo 削铅笔；xuē 剥削
扇	shān 扇耳光；shàn 风扇	肖	Xiāo（姓氏）；xiào 肖像
上	shǎng 上声；shàng 上来	校	jiào 校对；xiào 学校
少	shǎo 多少；shào 少年	兴	xīng 兴起 ；xìng 高兴
舍	shě 割舍；shè 宿舍	行	háng 银行；xíng 行走
省	shěng 省心；xǐng 反省	畜	chù 牲畜；xù 畜牧
盛	chéng 盛饭；shèng 强盛	旋	xuán 回旋；xuàn 旋风
什	shén 什么；shí 什锦	血	xiě 出血；xuè 血液
石	dàn 一石米；shí 石材	咽	yān 咽喉；yàn 咽气；yè 哽咽
熟	shóu 饭熟了；shú 熟悉	燕	Yān 姓氏；yàn 燕子
数	shǔ 数落；shù 数学	要	yāo 要求；yào 需要
谁	shéi（口语）；shuí（书面语）	掖	yē 把书掖在怀里；yè 扶掖
似	shì 似的；sì 相似	殷	yān 殷红；yīn 殷切
宿	sù 宿舍；xiǔ 住了一宿；xiù 星宿	饮	yǐn 饮食；yìn 饮牲口
遂	suí 半身不遂；suì 未遂	应	yīng 应许；yìng 感应
苔	tāi 舌苔；tái 苔藓	佣	yōng 雇佣；yòng 佣金
提	dī 提防；tí 提高	予	yú 予取予求；yǔ 授予
挑	tiāo 挑选；tiǎo 挑拨	与	yǔ 与其；yù 参与
帖	tiē 妥帖；tiě 请帖；tiè 字帖	约	yāo（用秤称）；yuē 约定
通	tōng 通知；tòng 打了一通	晕	yūn 晕倒；yùn 晕车

（续上表）

载	zǎi 记载；zài 超载	只	zhī 船只；zhǐ 只有
攒	cuán 攒动；zǎn 积攒	中	zhōng 中间；zhòng 中看
脏	zāng 脏话；zàng 内脏	种	zhǒng 人种；zhòng 种植
择	zé 选择；zhái 择菜	重	chóng 重复；zhòng 重量
曾	céng 曾经；zēng 曾祖	属	shǔ 家属；zhǔ 属望
扎	zā 包扎；zhā 扎营；zhá 挣扎	爪	zhǎo 爪牙；zhuǎ 爪子
轧	yà 轧马路；zhá 轧钢	转	zhuǎn 转移；zhuàn 打转
炸	zhá 炸酱面；zhà 爆炸	幢	chuáng 石幢；zhuàng 一幢楼
占	zhān 占卜；zhàn 占领	着	zhāo 着数；zháo 着急；zhuó 着落
涨	zhǎng 高涨；zhàng 头昏脑涨	琢	zhuó 雕琢；zuó 琢磨
折	shé 折本；zhē 折腾；zhé 折射	仔	zǎi 肥仔；zǐ 仔细
挣	zhēng 挣扎；zhèng 挣钱	钻	zuān 刁钻；zuàn 钻石
正	zhēng 正月；zhèng 正式	作	zuō 作坊；zuò 作业
症	zhēng 症结；zhèng 症状		

附录二　普通话水平测试用难读误读字词表

皑 ái	蔼 ǎi	隘 ài	黯 àn
盎 àng	凹 āo	遨 áo	翱 áo
鳌 áo	坳 ào	拗 ào	厄 è
鄂 è	愕 è	萼 è	遏 è
漪 yī	倚 yǐ	屹 yì	呓 yì
诣 yì	翌 yì	裔 yì	熠 yì
湮 yān	筵 yán	檐 yán	俨 yǎn
衍 yǎn	佯 yáng	疡 yáng	吆 yāo
肴 yáo	舀 yǎo	噎 yē	曳 yè
垠 yín	龈 yín	荫 yìn	壅 yōng
臃 yōng	甬 yǒng	酉 yǒu	黝 yǒu
柚 yòu	釉 yòu	芜 wú	梧 wú
剜 wān	宛 wǎn	惘 wǎng	桅 wéi
苇 wěi	紊 wěn	淤 yū	臾 yú
隅 yú	腴 yú	虞 yú	舆 yú
驭 yù	垣 yuán	苑 yuàn	陨 yǔn
蕴 yùn	拔 bá	掰 bāi	蚌 bàng
谤 bàng	孢 bāo	鲍 bào	蹦 bèng
婢 bì	痹 bì	膘 biāo	憋 biē
鳖 biē	瘪 biě	摈 bìn	鬓 bìn
禀 bǐng	摒 bìng	钵 bō	箔 bó
埠 bù	璨 càn	糙 cāo	蹭 cèng
蹿 cuān	篡 cuàn	啐 cuì	淬 cuì
皴 cūn	搓 cuō	茬 chá	潺 chán
掣 chè	嗤 chī	侈 chǐ	炽 chì
啻 chì	舂 chōng	刍 chú	搐 chù
踹 chuài	喘 chuǎn	啜 chuò	绰 chuò
耷 dā	怠 dài	玳 dài	疸 dǎn

（续上表）

惮 dàn	裆 dāng	悼 dào	嫡 dí
貂 diāo	窦 dòu	犊 dú	笃 dǔ
盹 dǔn	沌 dùn	踱 duó	剁 duò
掇 duo	梵 fàn	吠 fèi	酚 fēn
焚 fén	孵 fū	匐 fú	擀 gǎn
赣 gàn	镐 gǎo	羹 gēng	篝 gōu
垢 gòu	辜 gū	梏 gù	锢 gù
胱 guāng	犷 guǎng	皈 guī	埚 guō
蚶 hān	鼾 hān	郝 hǎo	劾 hé
阂 hé	褐 hè	壑 hè	豢 huàn
恍 huǎng	洄 huí	卉 huì	喙 huì
畸 jī	羁 jī	汲 jí	棘 jí
辑 jí	瘠 jí	戟 jǐ	麂 jǐ
暨 jì	髻 jì	荚 jiá	拣 jiǎn
睑 jiǎn	毽 jiàn	腱 jiàn	酱 jiàng
犟 jiàng	窖 jiào	秸 jiē	烬 jìn
噤 jìn	茎 jīng	胫 jìng	炯 jiǒng
窘 jiǒng	揪 jiū	灸 jiǔ	韭 jiǔ
臼 jiù	厩 jiù	驹 jū	橘 jú
咀 jǔ	沮 jǔ	遽 jù	眷 juàn
撅 juē	厥 jué	獗 jué	蕨 jué
攫 jué	咯 kǎ	龛 kān	瞰 kàn
扛 káng	瞌 kē	磕 kē	抠 kōu
脍 kuài	筐 kuāng	框 kuàng	眶 kuàng
窥 kuī	魁 kuí	傀 kuí	匮 kuì
坤 kūn	徕 lái	睐 lài	婪 lán
斓 lán	儡 lěi	愣 lèng	栗 lì
砾 lì	蛎 lì	踉 liàng	嘹 liáo
撂 liào	咧 liě	赁 lìn	躏 lìn
伶 líng	羚 líng	翎 líng	聆 líng

（续上表）

绺 liǔ	咙 lóng	篓 lǒu	戮 lù
麓 lù	抡 lūn	捋 luō	摞 luò
榈 lǘ	霾 mái	鳗 mán	螨 mǎn
蟒 mǎng	髦 máo	卯 mǎo	猕 mí
谧 mì	眠 mián	缅 miǎn	藐 miǎo
谬 miù	蓦 mò	眸 móu	牡 mǔ
氖 nǎi	馁 něi	溺 nì	腻 nì
蔫 niān	黏 nián	捻 niǎn	撵 niǎn
碾 niǎn	廿 niàn	袅 niǎo	啮 niè
孽 niè	蘖 niè	磐 pán	毗 pí
媲 pì	匍 pú	沏 qī	栖 qī
戚 qī	歧 qí	崎 qí	畦 qí
鳍 qí	绮 qǐ	砌 qì	掐 qiā
虔 qián	钳 qián	黔 qián	嵌 qiàn
锵 qiāng	跷 qiāo	锹 qiāo	撬 qiào
鞘 qiào	惬 qiè	沁 qìn	擎 qíng
罄 qìng	穹 qióng	鳅 qiū	酋 qiú
裘 qiú	祛 qū	蛆 qū	蜷 quán
瘸 qué	阙 què	榷 què	饶 ráo
绕 rào	刃 rèn	纫 rèn	妊 rèn
韧 rèn	任 rèn	蠕 rú	褥 rù
蕊 ruǐ	瑟 sè	伺 sì	祀 sì
俟 sì	嗣 sì	怂 sǒng	悚 sǒng
酥 sū	稣 sū	粟 sù	绥 suí
髓 suǐ	穗 suì	唆 suō	蓑 suō
霎 shà	擅 shàn	赡 shàn	赦 shè
娠 shēn	渗 shèn	蜃 shèn	虱 shī
侍 shì	柿 shì	嗜 shì	噬 shì
螫 shì	倏 shū	赎 shú	庶 shù
吮 shǔn	烁 shuò	獭 tǎ	榻 tà

（续上表）

踏 tà	蹋 tà	坍 tān	绦 tāo
萄 táo	滕 téng	剔 tī	屉 tì
剃 tì	嚏 tì	佟 tóng	筒 tǒng
颓 tuí	蜕 tuì	褪 tuì	豚 tún
唾 tuò	唏 xī	犀 xī	晳 xī
曦 xī	铣 xǐ	隙 xì	暇 xiá
锨 xiān	涎 xián	衔 xián	羡 xiàn
霰 xiàn	镶 xiāng	饷 xiǎng	嚣 xiāo
啸 xiào	楔 xiē	屑 xiè	亵 xiè
蟹 xiè	馨 xīn	戌 xū	嘘 xū
絮 xù	暄 xuān	炫 xuàn	绚 xuàn
眩 xuàn	谑 xuè	熏 xūn	薰 xūn
峋 xún	崽 zǎi	蚤 zao	啧 zé
仄 zè	姊 zǐ	渍 zì	鬃 zōng
揍 zòu	诅 zǔ	攥 zuàn	渣 zhā
楂 zhā	乍 zhà	栅 zhà	绽 zhàn
蘸 zhàn	沼 zhǎo	肇 zhào	蜇 zhé
辄 zhé	辙 zhé	褶 zhě	蔗 zhè
砧 zhēn	斟 zhēn	臻 zhēn	诊 zhěn
疹 zhěn	炙 zhì	峙 zhì	挚 zhì
桎 zhì	盅 zhōng	冢 zhǒng	仲 zhòng
肘 zhǒu	咒 zhòu	皱 zhòu	骤 zhòu
瞩 zhǔ	伫 zhù	贮 zhù	蛀 zhù
拽 zhuài	撰 zhuàn	篆 zhuàn	椎 zhuī
锥 zhuī	缀 zhuì	赘 zhuì	啄 zhuó

附录　普通话水平测试用话题与朗读作品

附录一　普通话水平测试用话题

说明：

1. 30 则话题供普通话水平测试第四项——命题说话测试使用。

2. 30 则话题仅是对话题范围的规定，并不规定话题的具体内容。话题如下：

（1）我的愿望（或理想）
（2）我的学习生活
（3）我尊敬的人
（4）我喜爱的动物（或植物）
（5）童年的记忆
（6）我喜爱的职业
（7）难忘的旅行
（8）我的朋友
（9）我喜爱的文学（或其他）艺术形式
（10）谈谈卫生与健康
（11）我的业余生活
（12）我喜欢的季节（或天气）
（13）学习普通话的体会
（14）谈谈服饰
（15）我的假日生活
（16）我的成长之路
（17）谈谈科技发展与社会生活
（18）我知道的风俗
（19）我和体育
（20）我的家乡（或熟悉的地方）
（21）谈谈美食
（22）我喜欢的节日

（23）我所在的集体（学校、机关、公司等）
（24）谈谈社会公德（或职业道德）
（25）谈谈个人修养
（26）我喜欢的明星（或其他知名人士）
（27）我喜爱的书刊
（28）谈谈对环境保护的认识
（29）我向往的地方
（30）购物（消费）的感受

附录二　普通话水平测试用朗读作品

说明：

1. 60 篇朗读作品供普通话水平测试第三项——朗读短文测试使用。为适应测试需要，必要时对原作品作了部分更动。

2. 朗读作品的顺序，按篇名的汉语拼音字母顺序排列。

3. 每篇作品均采用汉字和汉语拼音对照的方式编排。

4. 每篇作品均在第 400 个音节后用“‖”标注。

5. 为适应朗读的需要，作品中的数字一律采用汉字的书写方式书写，如：“1998 年”写作“一九九八年”，“23%”写作“百分之二十三”。

6. 加注的汉语拼音原则依据《汉语拼音正词法基本规则》拼写。

7. 注音一般只标本调，不标变调。

8. 作品中的必读轻声音节，拼写不标调号。一般轻读，间或重读的音节，拼音加注调号，并在拼音前加圆点提示，如：“因为”，拼音写作“yīn · wèi”，“差不多”，拼音写作“chà · bùduō”。

9. 作品中的儿化音节分两种情况。第一是书面上加“儿”，拼音上在基本形式后加 r，如：“小孩儿”，拼音写作“xiǎoháir”；第二是书面上没有加“儿”，但口语里一般儿化的音节，拼音上也在基本形式后加 r，如：“胡同”，拼音写作“hútòngr”。

【温馨提示】

为了便于读者熟悉朗读作品的拼音，本书拼音与汉字采用上下对照排版。

Zuòpǐn Hào
作品 1 号

Nà shì lìzhēng - shàngyóu de yī zhǒng shù bǐzhí de gàn bǐzhí de zhī Tā de
那是力争上游的一种树，笔直的干，笔直的枝。它的
gàn ne tōngcháng shì zhàng bǎ gāo xiàngshì jiā yǐ réngōng shìde yī zhàng yǐnèi
干呢，通常是丈把高，像是加以人工似的，一丈以内，
juéwú pángzhī tā suǒyǒu de yāzhī ne yīlǜ xiàngshàng érqiě jǐnjǐn kàolǒng yě
绝无旁枝；它所有的丫枝呢，一律向上，而且紧紧靠拢，也
xiàngshì jiāyǐ réngōng shìde chéngwéi yī shù juéwú héng xié yì chū tā de
像是加以人工似的，成为一束，绝无横斜逸出；它的
kuāndà de yèzi yě shì piànpiàn xiàngshàng jīhū méi · yǒu xiéshēng de gèng bùyòng
宽大的叶子也是片片向上，几乎没有斜生的，更不用

shuō dàochuí le tā de pí guānghuá ér yǒu yínsè de yùnquān wēiwēi fànchū
说倒垂了；它的皮，光滑而有银色的晕圈，微微泛出
dànqīngsè Zhè shì suī zài běifāng de fēngxuě de yāpò xià què bǎochí zhe juéjiàng tǐnglì de
淡青色。这是虽在北方的风雪的压迫下却保持着倔强挺立的
yī zhǒng shù Nǎpà zhǐyǒu wǎn lái cūxì ba tā què nǔlì xiàng shàng fāzhǎn gāo
一种树！哪怕只有碗来粗细罢，它却努力向上发展，高
dào zhàng xǔ liǎng zhàng cāntiānsǒnglì bùzhé-bùnáo duìkàng zhe xīběifēng
到丈许，两丈，参天耸立，不折不挠，对抗着西北风。

Zhè jiùshì báiyángshù xīběi jí pǔtōng de yī zhǒng shù rán'ér jué bù shì píngfán
这就是白杨树，西北极普通的一种树，然而决不是平凡
de shù
的树！

Tā méi·yǒu pósuō de zītài méi·yǒu qūqū pánxuán de qiúzhī yěxǔ nǐ yào
它没有婆娑的姿态，没有屈曲盘旋的虬枝，也许你要
shuō tā bù měilì rúguǒ měi shì zhuān zhǐ pósuō huò héng xié yì chū
说它不美丽，——如果美是专指“婆娑”或“横斜逸出”
zhī lèi ér yán nàme báiyángshù suàn·bù·dé shù zhōng de hǎo nǚzǐ dànshì tā què
之类而言，那么，白杨树算不得树中的好女子；但是它却
shì wěi'àn zhèngzhí pǔzhì yánsù yě bù quēfá wēnhé gèng bùyòng tí tā de
是伟岸，正直，朴质，严肃，也不缺乏温和，更不用提它的
jiānqiáng bùqū yǔ tǐngbá tā shì shù zhōng de wěizhàngfū Dāng nǐ zài jīxuě chū róng de
坚强不屈与挺拔，它是树中的伟丈夫！当你在积雪初融的
gāoyuán·shàng zǒuguò kàn·jiàn píngtǎn de dàdì·shàng àorán tǐnglì zhème yī zhū huò yī pái
高原上走过，看见平坦的大地上傲然挺立这么一株或一排
báiyángshù nándào nǐ jiù zhǐ jué·dé shù zhǐshì shù nándào nǐ jiù bù xiǎngdào tā de pǔzhì
白杨树，难道你就只觉得树只是树，难道你就不想到它的朴质，
yánsù jiānqiáng bùqū zhìshǎo yě xiàngzhēng le běifāng de nóngmín nándào nǐ jìng yī diǎnr yě
严肃，坚强不屈，至少也象征了北方的农民；难道你竟一点儿也
bù liánxiǎng dào zài díhòu de guǎngdà
不联想到，在敌后的广大‖土地上，到处有坚强不屈，就像这白杨树一样傲然挺立的守卫他们家乡的哨兵！难道你又不更远一点想到这样枝枝叶叶靠紧团结，力求上进的白杨树，宛然象征了今天在华北平原纵横决荡用血写出新中国历史的那种精神和意志。

节选自茅盾《白杨礼赞》

Zuòpǐn Hào
作品2号

Liǎng gè tónglíng de niánqīngrén tóngshí shòugù yú yī jiā diànpù bìngqiě ná tóngyàng
两个同龄的年轻人同时受雇于一家店铺，并且拿同样

de xīn · shuǐ
的薪水。

Kěshì yī duàn shíjiān hòu jiào Ānuòdé de nàge xiǎohuǒzi qīngyún zhíshàng ér
可是一段时间后，叫阿诺德的那个小伙子青云直上，而

nàge jiào Bùlǔnuò de xiǎohuǒzi què réng zài yuándì tàbù Bùlǔnuò hěn bù mǎnyì lǎobǎn
那个叫布鲁诺的小伙子却仍在原地踏步。布鲁诺很不满意老板

de bù gōngzhèng dàiyù Zhōngyú yǒu yī tiān tā dào lǎobǎn nàr fā láo · sāo le
的不公正待遇。终于有一天他到老板那儿发牢骚了。

Lǎobǎn yībiān nàixīn de tīng zhe tā de bào·yuàn yībiān zài xīn · lǐ pánsuan zhe zěnyàng
老板一边耐心地听着他的抱怨，一边在心里盘算着怎样

xiàng tā jiěshì qīngchu tā hé Ānuòdé zhījiān de chābié
向他解释清楚他和阿诺德之间的差别。

Bùlǔnuò xiānsheng Lǎobǎn kāikǒu shuōhuà le Nín xiànzài dào jíshì · shàng
“布鲁诺先生，”老板开口说话了，“您现在到集市上

qù yī xià kànkan jīntiān zǎoshang yǒu shénme mài de
去一下，看看今天早上有什么卖的。”

Bùlǔnuò cóng jíshì·shàng huí · lái xiàng lǎobǎn huìbào shuō jīnzǎo jíshì · shàng zhǐyǒu
布鲁诺从集市上回来向老板汇报说，今早集市上只有

yī gè nóngmín lā le yī chē tǔdòu zài mài
一个农民拉了一车土豆在卖。

Yǒu duō · shǎo Lǎobǎn wèn
“有多少？”老板问。

Bùlǔnuò gǎnkuài dài · shàng màozi yòu pǎodào jí · shàng ránhòu huí·lái gàosu
布鲁诺赶快戴上帽子又跑到集上，然后回来告诉

lǎobǎn yīgòng sìshí dài tǔdòu
老板一共四十袋土豆。

Jiàgé shì duō · shǎo
“价格是多少？”

Bùlǔnuò yòu dì - sān cì pǎodào jí · shàng wènlái le jiàgé
布鲁诺又第三次跑到集上问来了价格。

Hǎo ba Lǎobǎn duì tā shuō Xiànzài qǐng nín zuòdào zhè bǎ yǐzi · shàng yī jù huà
“好吧，”老板对他说，“现在请您坐到这把椅子上一句话

yě bùyào shuō kànkan Ānuòdé zěnme shuō
也不要说，看看阿诺德怎么说。”

Ānuòdé hěn kuài jiù cóng jíshì·shàng huí·lái le Xiàng lǎobǎn huìbào shuō dào xiànzài
阿诺德很快就从集市上回来了。向老板汇报说到现在

wéizhǐ zhǐyǒu yī gè nóngmín zài mài tǔdòu yīgòng sìshí kǒudai jiàgé shì duō · shǎo
为止只有一个农民在卖土豆，一共四十口袋，价格是多少

duō · shǎo　tǔdòu zhìliàng hěn bùcuò　tā dài huí· lái yī gè ràng lǎobǎn kànkan　Zhège
多少；土豆质量很不错，他带回来一个让老板看看。这个

nóngmín yī gè zhōngtóu yǐhòu hái huì nòng lái jǐ xiāng xīhóngshì　jù tā kàn jiàgé fēicháng
农民一个钟头以后还会弄来几箱西红柿，据他看价格非常

gōng · dào　Zuótiān tāmen pù zi de xīhóngshì mài de hěn kuài　kùcún yǐ · jīng bù
公道。昨天他们铺子的西红柿卖得很快，库存已经不‖多

了。他想这么便宜的西红柿，老板肯定会要进一些的，所以他不仅带回了一个西红柿做样品，而且把那个农民也带来了，他现在正在外面等回话呢。

此时老板转向了布鲁诺，说："现在您肯定知道为什么阿诺德的薪水比您高了吧！"

节选自张健鹏、胡足青主编《故事时代》中《差别》

Zuòpǐn Hào
作品3号

Wǒ chángcháng yíhàn wǒ jiā mén qián nà kuài chǒu shí　Tā hēiyǒuyǒu① de wò zài
我常常遗憾我家门前那块丑石：它黑黝黝地卧在

nà · lǐ　niú shì de múyàng　shéi yě bù zhī · dào shì shénme shíhòu liú zài zhè · lǐ
那里，牛似的模样；谁也不知道是什么时候留在这里

de　shéi yě bù qù lǐhuì tā　Zhǐshì màishōu shíjié　mén qián tānle màizi　nǎinai
的，谁也不去理会它。只是麦收时节，门前摊了麦子，奶奶

zǒngshì shuō　Zhè kuài chǒu shí　duō zhàn dìmiàn ya　chōukòng bǎ tā bānzǒu ba
总是说：这块丑石，多占地面呀，抽空把它搬走吧。

Tā bù xiàng hànbáiyù nàyàng de xìnì　kěyǐ kèzì diāohuā　yě bù xiàng dà
它不像汉白玉那样的细腻，可以刻字雕花，也不像大

qīngshí nàyàng de guānghuá　kěyǐ gōng lái huànshā chuíbù　Tā jìngjìng de wò zài
青石那样的光滑，可以供来浣纱捶布。它静静地卧在

nà · lǐ　yuàn biān de huáiyīn méi · yǒu bìfù tā　huā'ér yě bùzài zài tā shēnbiān
那里，院边的槐阴没有庇覆它，花儿也不再在它身边

shēngzhǎng　Huāngcǎo biàn fányǎn chū · lái　zhīmàn shàngxià　mànmàn de　tā jìng
生长。荒草便繁衍出来，枝蔓上下，慢慢地，它竟

xiùshàngle lǜtái　hēibān　Wǒmen zhèxiē zuò háizi de　yě tǎoyàn· qǐ tā · lái　céng
锈上了绿苔、黑斑。我们这些做孩子的，也讨厌起它来，曾

héhuǒ yào bānzǒu tā　dàn lìqi yòu bùzú　suī shíshí zhòumà tā　xiánqì tā　yě
合伙要搬走它，但力气又不足；虽时时咒骂它，嫌弃它，也

① 口语一般读 hēiyōuyōu。

wú kě-nài hé zhǐhǎo rèn tā liú zài nà• lǐ le
无可奈何，只好任它留在那里了。

Zhōng yǒu yī rì cūnzi • lǐ láile yī gè tiānwénxué jiā Tā zài wǒ jiā mén qián
终有一日，村子里来了一个天文学家。他在我家门前

lùguò tūrán fāxiàn le zhè kuài shítou yǎnguāng lìjí jiù lāzhí le Tā zài méi•yǒu
路过，突然发现了这块石头，眼光立即就拉直了。他再没有

líkāi jiù zhùle xià• lái yǐhòu yòu láile hǎoxiē rén dōu shuō zhè shì yī kuài yǔnshí cóng
离开，就住了下来；以后又来了好些人，都说这是一块陨石，从

tiān•shàng luòxià• lái yǐ •jīng yǒu èr-sānbǎi nián le shì yī jiàn liǎo• bùqǐ de dōngxi Bùjiǔ biàn
天上落下来已经有二三百年了，是一件了不起的东西。不久便

lái le chē xiǎoxīn- yìyì de jiāng tā yùnzǒu le
来了车，小心翼翼地将它运走了。

Zhè shǐ wǒmen dōu hěn jīngqí Zhè yòu guài yòu chǒu de shítou yuánlái shì
这使我们都很惊奇，这又怪又丑的石头，原来是

tiān•shàng de a Tā bǔguo tiān zài tiān•shàng fāguo rè shǎnguo guāng wǒmen
天上的啊！它补过天，在天上发过热、闪过光，我们

de xiānzǔ huòxǔ yǎngwàngguo tā tā gěile tāmen guāngmíng xiàngwǎng chōngjǐng
的先祖或许仰望过它，它给了他们光明、向往、憧憬；

ér tā luò xià• lái le zài wūtǔ • lǐ huāngcǎo• lǐ yī tǎng jiù
而它落下来了，在污土里，荒草里，一躺就‖是几百年了！

我感到自己的无知，也感到了丑石的伟大，我甚至怨恨它这么多年竟会默默地忍受着这一切！而我又立即深深地感到它那种不屈于误解、寂寞的生存的伟大。

节选自贾平凹《丑石》

Zuòpǐn Hào
作品4号

Zài Dá ruì bā suì de shíhou yǒu yī tiān tā xiǎng qù kàn diànyǐng Yīn•wèi méi•yǒu
在达瑞八岁的时候，有一天他想去看电影。因为没有

qián tā xiǎng shì xiàng bà mā yào qián háishì zìjǐ zhèngqián Zuìhòu tā xuǎnzé le
钱，他想是向爸妈要钱，还是自己挣钱。最后他选择了

hòuzhě Tā zìjǐ tiáozhì le yī zhǒng qìshuǐr xiàng guòlù de xíngrén chūshòu Kě nà shí zhèngshì
后者。他自己调制了一种汽水，向过路的行人出售。可那时正是

hánlěng de dōngtiān méi• yǒu rén mǎi zhǐyǒu liǎng gè rén lìwài tā de bàba hé māma
寒冷的冬天，没有人买，只有两个人例外——他的爸爸和妈妈。

Tā ǒurán yǒu yī gè hé fēicháng chénggōng de shāngrén tánhuà de jī •huì Dāng tā
他偶然有一个和非常成功的商人谈话的机会。当他

duì shāngrén jiǎngshù le zìjǐ de pòchǎnshǐ hòu shāngrén gěi le tā liǎng gè
对商人讲述了自己的“破产史”后，商人给了他两个
zhòngyào de jiàn yì yī shì chángshì wèi bié•rén jiějué yī gè nán tí èr shì bǎ jīng lì
重要的建议：一是尝试为别人解决一个难题；二是把精力
jí zhōng zài nǐ zhī•dào de nǐ huì de hé nǐ yōngyǒu de dōngxi •shàng
集中在你知道的、你会的和你拥有的东西上。

Zhè liǎng gè jiàn yì hěn guānjiàn Yīn•wèi duì yú yī gè bā suì de hái zi ér yán tā
这两个建议很关键。因为对于一个八岁的孩子而言，他
bù huì zuò de shìqing hěn duō Yúshì tā chuānguo dà jiē xiǎoxiàng bù tíng de sīkǎo
不会做的事情很多。于是他穿过大街小巷，不停地思考：
rénmen huì yǒu shénme nán tí tā yòu rúhé lìyòng zhège jī •huì
人们会有什么难题，他又如何利用这个机会？

Yī tiān chī zǎofàn shí fù •qīn ràng Dá ruì qù qǔ bàozhǐ Měiguó de sòngbàoyuán
一天，吃早饭时父亲让达瑞去取报纸。美国的送报员
zǒngshì bǎ bàozhǐ cóng huāyuán lí ba de yī gè tèzhì de guǎn zi • lǐ sāi jìn • lái Jiǎrú nǐ
总是把报纸从花园篱笆的一个特制的管子里塞进来。假如你
xiǎng chuānzhe shuì yī shūshū - fúfú① de chī zǎofàn hé kàn bàozhǐ jiù bìxū líkāi
想穿着睡衣舒舒服服地吃早饭和看报纸，就必须离开
wēnnuǎn de fángjiān màozhe hánfēng dào huāyuán qù qǔ Suīrán lù duǎn dàn
温暖的房间，冒着寒风，到花园去取。虽然路短，但
shífēn máfan
十分麻烦。

Dāng Dá ruì wèi fù •qīn qǔ bàozhǐ de shíhou yī gè zhǔ yi② dànshēng le Dàngtiān
当达瑞为父亲取报纸的时候，一个主意诞生了。当天
tā jiù àn xiǎng lín • jū de ménlíng duì tāmen shuō měi gè yuè zhǐ xū fù gěi tā yī
他就按响邻居的门铃，对他们说，每个月只需付给他一
měiyuán tā jiù měi tiān zǎoshang bǎ bàozhǐ sāidào tāmen de fángmén dǐ • xià Dàduōshù
美元，他就每天早上把报纸塞到他们的房门底下。大多数
rén dōu tóng yì le hěn kuài tā yǒu
人都同意了，很快他有‖了七十多个顾客。一个月后，当他拿到自己赚的钱时，觉得自己简直是飞上了天。

很快他又有了新的机会，他让他的顾客每天把垃圾袋放在门前，然后由他早上运到垃圾桶里，每个月加一美元。之后他还想出了许多孩子赚钱的办法，并把它集结成书，书名为《儿童挣钱的二百五十个主意》。为此，达瑞十二岁时就成

---

① 口语一般读 shūshu-fūfū。

② 口语一般读 zhúyi。

了畅销书作家，十五岁有了自己的谈话节目，十七岁就拥有了几百万美元。

节选自［德］博多·舍费尔《达瑞的故事》，刘志明译

Zuòpǐn Hào

作品5号

Zhè shì rùdōng yǐlái Jiāodōng Bàndǎo•shàng dì-yī cháng xuě
这是入冬以来，胶东半岛上第一场雪。

Xuě fēnfēn-yángyáng xià de hěn dà Kāishǐ hái bànzhe yīzhènr xiǎoyǔ bùjiǔ
雪纷纷扬扬，下得很大。开始还伴着一阵儿小雨，不久

jiù zhǐ jiàn dàpiàn dàpiàn de xuěhuā cóng tóngyún-mìbù de tiānkōng zhōng piāoluò xià • lái
就只见大片大片的雪花，从彤云密布的天空中飘落下来。

Dìmiàn • shàng yīhuìr jiù bái le Dōngtiān de shāncūn dàole yè• lǐ jiù wànlài-jùjì zhǐ
地面上一会儿就白了。冬天的山村，到了夜里就万籁俱寂，只

tīngde xuěhuā sùsù de bùduàn wǎng xià luò shùmù de kūzhī bèi xuě yāduàn le ǒu'ěr
听得雪花簌簌地不断往下落，树木的枯枝被雪压断了，偶尔

gēzhī yī shēng xiǎng
咯吱一声响。

Dàxuě zhěngzhěng xiàle yī yè Jīntiān zǎo•chén tiān fàngqíng le tài•yáng
大雪整整下了一夜。今天早晨，天放晴了，太阳

chū• lái le Tuīkāi mén yī kàn hē Hǎo dà de xuě a Shānchuān héliú
出来了。推开门一看，嗬！好大的雪啊！山川、河流、

shùmù fángwū quán dōu zhào•shàngle yī céng hòuhòu de xuě wànlǐ jiāngshān
树木、房屋，全都罩上了一层厚厚的雪，万里江山，

biànchéngle fěnzhuāng - yùqì de shìjiè Luòguāngle yèzi de liǔshù • shàng guàmǎnle
变成了粉妆玉砌的世界。落光了叶子的柳树上挂满了

máoróngróng liàngjīngjīng de yíntiáor ér nàxiē dōng-xià chángqīng de sōngshù hé
毛茸茸亮晶晶的银条儿；而那些冬夏常青的松树和

bǎishù•shàng zé guàmǎnle péngsōngsōng chéndiàndiàn de xuěqiúr Yī zhèn fēng
柏树上，则挂满了蓬松松沉甸甸的雪球儿。一阵风

chuīlái shùzhī qīngqīng de yáo•huàng měilì de yíntiáor hé xuěqiúr sùsù de luò
吹来，树枝轻轻地摇晃，美丽的银条儿和雪球儿簌簌地落

xià • lái yùxiè shìde xuěmòr suí fēng piāoyáng yìngzhe qīngchén de yángguāng
下来，玉屑似的雪末儿随风飘扬，映着清晨的阳光，

xiǎnchū yī dàodào wǔguāng-shísè de cǎihóng
显出一道道五光十色的彩虹。

Dàjiē •shàng de jīxuě zú yǒu yī chǐ duō shēn rén cǎi shàng• qù jiǎo dǐ •xià fāchū
大街上的积雪足有一尺多深，人踩上去，脚底下发出

gēzhī gēzhī de xiǎngshēng Yī qúnqún háizi zài xuě dì • lǐ duī xuěrénr zhì xuěqiúr
咯吱咯吱的响声。一群群孩子在雪地里堆雪人，掷雪球儿。
Nà huānlè de jiàohǎnshēng bǎ shùzhī•shàng de xuě dōu zhènluò xià• lái le
那欢乐的叫喊声，把树枝上的雪都震落下来了。

Súhuà shuō Ruìxuě zhào fēngnián Zhège huà yǒu chōngfèn de kēxué gēnjù bìng
俗话说，“瑞雪兆丰年”。这个话有充分的科学根据，并
bù shì yī jù míxìn de chéngyǔ Hándōng dàxuě kěyǐ dòngsǐ yī bùfen yuèdōng de
不是一句迷信的成语。寒冬大雪，可以冻死一部分越冬的
hàichóng rónghuà le de shuǐ shènjìn tǔcéng shēnchù yòu néng gōngyìng
害虫；融化了的水渗进土层深处，又能供应‖庄稼生长的需要。我相信这一场十分及时的大雪，一定会促进明年春季作物，尤其是小麦的丰收。有经验的老农把雪比做是“麦子的棉被”。冬天“棉被”盖得越厚，明春麦子就长得越好，所以又有这样一句谚语：“冬天麦盖三层被，来年枕着馒头睡。”

我想，这就是人们为什么把及时的大雪称为“瑞雪”的道理吧。

节选自峻青《第一场雪》

Zuòpǐn Hào
作品6号

Wǒ cháng xiǎng dúshūrén shì shìjiān xìngfú rén yīn•wèi tā chúle yōngyǒu xiànshí de
我常想读书人是世间幸福人，因为他除了拥有现实的
shìjiè zhīwài hái yōngyǒu lìng yī gè gèng wéi hàohàn yě gèng wéi fēngfù de shìjiè Xiànshí
世界之外，还拥有另一个更为浩瀚也更为丰富的世界。现实
de shìjiè shì rénrén dōu yǒu de ér hòu yī gè shìjiè què wéi dúshūrén suǒ dúyǒu Yóu cǐ
的世界是人人都有的，而后一个世界却为读书人所独有。由此
wǒ xiǎng nàxiē shīqù huò bùnéng yuèdú de rén shì duōme de bùxìng tāmen de sàngshī
我想，那些失去或不能阅读的人是多么的不幸，他们的丧失
shì bùkě bǔcháng de Shìjiān yǒu zhūduō de bù píngděng cáifù de bù píngděng quánlì
是不可补偿的。世间有诸多的不平等，财富的不平等，权力
de bù píngděng ér yuèdú nénglì de yōngyǒu huò sàngshī què tǐxiàn wéi jīngshén de bù
的不平等，而阅读能力的拥有或丧失却体现为精神的不
píngděng
平等。

Yī gè rén de yīshēng zhǐnéng jīnglì zìjǐ yōngyǒu de nà yī fèn xīnyuè nà yī fèn
一个人的一生，只能经历自己拥有的那一份欣悦，那一份
kǔnàn yěxǔ zài jiā • shàng tā qīnzì wén zhī de nà yīxiē guānyú zì shēn yǐwài de jīnglì
苦难，也许再加上他亲自闻知的那一些关于自身以外的经历
hé jīngyàn Rán'ér rénmen tōngguò yuèdú què néng jìnrù bùtóng shíkōng de zhūduō tārén
和经验。然而，人们通过阅读，却能进入不同时空的诸多他人

de shìjiè Zhèyàng jùyǒu yuèdú nénglì de rén wúxíng jiān huòdé le chāoyuè yǒuxiàn shēngmìng de
的世界。这样，具有阅读能力的人，无形间获得了超越有限生命的
wúxiàn kěnéngxìng Yuèdú bùjǐn shǐ tā duō shí le cǎo-mù-chóng-yú zhī míng érqiě kěyǐ shàngsù
无限可能性。阅读不仅使他多识了草木虫鱼之名，而且可以上溯
yuǎngǔ xià jí wèilái bǎolǎn cúnzài de yǔ fēi cúnzài de qífēng-yìsú
远古下及未来，饱览存在的与非存在的奇风异俗。

Gèng wéi zhòngyào de shì dúshū jiāhuì yú rénmen de bùjǐn shì zhīshi de
更为重要的是，读书加惠于人们的不仅是知识的
zēngguǎng érqiě hái zàiyú jīngshén de gǎnhuà yǔ táoyě Rénmen cóng dúshū xué zuò
增广，而且还在于精神的感化与陶冶。人们从读书学做
rén cóng nàxiē wǎngzhé xiānxián yǐjí dāngdài cáijùn de zhùshù zhōng xuédé tāmen de
人，从那些往哲先贤以及当代才俊的著述中学得他们的
réngé Rénmen cóng Lúnyǔ zhōng xuédé zhìhuì de sīkǎo cóng Shǐjì zhōng
人格。人们从《论语》中学得智慧的思考，从《史记》中
xuédé yánsù de lìshǐ jīngshén cóng Zhèngqì gē zhōng xuédé réngé de gānglìè cóng
学得严肃的历史精神，从《正气歌》中学得人格的刚烈，从
Mǎkèsī xuédé rénshì
马克思学得人世 ‖ 的激情，从鲁迅学得批判精神，从托尔斯泰学得道德的执着。歌德的诗句刻写着睿智的人生，拜伦的诗句呼唤着奋斗的热情。一个读书人，一个有机会拥有超乎个人生命体验的幸运人。

节选自谢冕《读书人是幸福人》

Zuòpǐn Hào
作品7号

Yì tiān bàba xiàbān huídào jiā yǐ•jīng hěn wǎn le tā hěn lèi yě yǒu diǎnr fán
一天，爸爸下班回到家已经很晚了，他很累也有点儿烦，
tā fāxiàn wǔ suì de érzi kào zài mén páng zhèng děngzhe tā
他发现五岁的儿子靠在门旁正等着他。

Bà wǒ kěyǐ wèn nín yí gè wèntí ma
“爸，我可以问您一个问题吗？”

Shénme wèntí Bà nín yì xiǎoshí kěyǐ zhuàn duō•shǎo qián Zhè yǔ nǐ
“什么问题？”“爸，您一小时可以赚多少钱？”“这与你
wúguān nǐ wèishénme wèn zhège wèntí Fù•qīn shēngqì de shuō
无关，你为什么问这个问题？”父亲生气地说。

Wǒ zhǐshì xiǎng zhī•dào qǐng gàosu wǒ nín yì xiǎoshí zhuàn duō•shǎo qián Xiǎo
“我只是想知道，请告诉我，您一小时赚多少钱？”小
háir āiqiú dào Jiǎrú nǐ yídìng yào zhī•dào de huà wǒ yì xiǎoshí zhuàn èrshí měijīn
孩儿哀求道。“假如你一定要知道的话，我一小时赚二十美金。”

Ò　Xiǎoháir dīxiàle tóu jiēzhe yòu shuō　Bà kěyǐ jiè wǒ shí měijīn
“哦，”小孩儿低下了头，接着又说，“爸，可以借我十美金
ma　Fù·qīn fānù le　Rúguǒ nǐ zhǐshì yào jiè qián qù mǎi háowú yìyì de wánjù de
吗？”父亲发怒了：“如果你只是要借钱去买毫无意义的玩具的
huà gěi wǒ huídào nǐ de fángjiān shuìjiào·qù　Hǎohǎo xiǎngxiang wèishénme nǐ huì nàme
话，给我回到你的房间睡觉去。好好想想为什么你会那么
zìsī　Wǒ měitiān xīnkǔ gōngzuò méi shíjiān hé nǐ wánr xiǎoháizi de yóuxì
自私。我每天辛苦工作，没时间和你玩儿小孩子的游戏。”

Xiǎoháir mòmò de huídào zìjǐ de fángjiān guān·shàng mén
小孩儿默默地回到自己的房间关上门。

Fù·qīn zuò xià·lái hái zài shēngqì　Hòulái tā píngjìng xià·lái le　Xīnxiǎng tā
父亲坐下来还在生气。后来，他平静下来了。心想他
kěnéng duì háizi tài xiōng le　huòxǔ háizi zhēnde hěn xiǎng mǎi shénme dōngxi　zài
可能对孩子太凶了——或许孩子真的很想买什么东西，再
shuō tā píngshí hěn shǎo yàoguo qián
说他平时很少要过钱。

Fù·qīn zǒujìn háizi de fángjiān　Nǐ shuìle ma　Bà hái méi·yǒu wǒ hái
父亲走进孩子的房间：“你睡了吗？”“爸，还没有，我还
xǐngzhe　Háizi huídá
醒着。”孩子回答。

Wǒ gāngcái kěnéng duì nǐ tài xiōng le　Fù·qīn shuō　Wǒ bù yīnggāi fā nàme
“我刚才可能对你太凶了，”父亲说，“我不应该发那么
dà de huǒr　zhè shì nǐ yào de shí měijīn　Bà xièxie nín　Háizi gāoxìng de
大的火儿——这是你要的十美金。”“爸，谢谢您。”孩子高兴地
cóng zhěntou·xià náchū yīxiē bèi nòngzhòu de chāopiào　mànmàn de shǔzhe
从枕头下拿出一些被弄皱的钞票，慢慢地数着。

Wèishénme nǐ yǐ·jīng yǒu qián le hái yào　Fù·qīn bù jiě de wèn
“为什么你已经有钱了还要？”父亲不解地问。

Yīn·wèi yuánlái bùgòu dàn xiànzài còugòu le　Háizi huídá　Bà wǒ xiànzài
“因为原来不够，但现在凑够了。”孩子回答，“爸，我现在
yǒu
有 ‖ 二十美金了，我可以向您买一个小时的时间吗？明天请早一点儿回家——我想和您一起吃晚餐。”

节选自唐继柳编译《二十美金的价值》

Zuòpǐn Hào
作品8号

Wǒ ài yuèyè dàn wǒ yě ài xīngtiān　Cóngqián zài jiāxiāng qī-bāyuè de yèwǎn zài
我爱月夜，但我也爱星天。从前在家乡七八月的夜晚在

tíngyuàn• lǐ nàliáng de shíhou wǒ zuì ài kàn tiān•shàng mìmì-mámá de fánxīng Wàngzhe
庭院里纳凉的时候，我最爱看天上密密麻麻的繁星。望着
xīngtiān wǒ jiù huì wàngjì yīqiè fǎngfú huídàole mǔ•qīn de huái• lǐ shìde
星天，我就会忘记一切，仿佛回到了母亲的怀里似的。

Sān nián qián zài Nánjīng wǒ zhù de dìfang yǒu yī dào hòumén měi wǎn wǒ dǎkāi
三年前在南京我住的地方有一道后门，每晚我打开
hòumén biàn kàn•jiàn yī gè jìngjì de yè Xià•miàn shì yī piàn càiyuán shàng•miàn shì
后门，便看见一个静寂的夜。下面是一片菜园，上面是
xīngqún mìbù de lántiān Xīngguāng zài wǒmen de ròuyǎn • lǐ suīrán wēixiǎo rán'ér tā
星群密布的蓝天。星光在我们的肉眼里虽然微小，然而它
shǐ wǒmen jué•dé guāngmíng wúchù-bùzài Nà shíhou wǒ zhèngzài dú yīxiē tiānwénxué de
使我们觉得光明无处不在。那时候我正在读一些天文学的
shū yě rènde yīxiē xīngxing hǎoxiàng tāmen jiùshì wǒ de péngyou tāmen chángcháng
书，也认得一些星星，好像它们就是我的朋友，它们常常
zài hé wǒ tánhuà yīyàng
在和我谈话一样。

Rújīn zài hǎi•shàng měi wǎn hé fánxīng xiāngduì wǒ bǎ tāmen rènde hěn shú le
如今在海上，每晚和繁星相对，我把它们认得很熟了。
Wǒ tǎng zài cāngmiàn•shàng yǎngwàng tiānkōng Shēnlánsè de tiānkōng• lǐ xuánzhe wúshù
我躺在舱面上，仰望天空。深蓝色的天空里悬着无数
bànmíng-bànmèi de xīng Chuán zài dòng xīng yě zài dòng tāmen shì zhèyàng dī zhēn
半明半昧的星。船在动，星也在动，它们是这样低，真
shì yáoyáo-yùzhuì ne Jiànjiàn de wǒ de yǎnjing móhu le wǒ hǎoxiàng kàn•jiàn wúshù
是摇摇欲坠呢！渐渐地我的眼睛模糊了，我好像看见无数
yínghuǒchóng zài wǒ de zhōuwéi fēiwǔ Hǎi•shàng de yè shì róuhé de shì jìngjì de shì
萤火虫在我的周围飞舞。海上的夜是柔和的，是静寂的，是
mènghuàn de Wǒ wàngzhe xǔduō rènshi de xīng wǒ fǎngfú kàn•jiàn tāmen zài duì wǒ
梦幻的。我望着许多认识的星，我仿佛看见它们在对我
zhǎyǎn wǒ fǎngfú tīng•jiàn tāmen zài xiǎoshēng shuōhuà Zhèshí wǒ wàngjìle yīqiè Zài
眨眼，我仿佛听见它们在小声说话。这时我忘记了一切。在
xīng de huáibào zhōng wǒ wēixiàozhe wǒ chénshuìzhe Wǒ jué•dé zìjǐ shì yī gè
星的怀抱中我微笑着，我沉睡着。我觉得自己是一个
xiǎoháizi xiànzài shuì zài mǔ • qīn de huái• lǐ le
小孩子，现在睡在母亲的怀里了。

Yǒu yī yè nàge zài Gēlúnbō shàng chuán de Yīngguórén zhǐ gěi wǒ kàn tiān•shàng de
有一夜，那个在哥伦波上船的英国人指给我看天上的

jùrén　Tā yòng shǒu zhǐzhe
巨人。他用手指着：‖那四颗明亮的星是头，下面的几颗是身子，这几颗是手，那几颗是腿和脚，还有三颗星算是腰带。经他这一番指点，我果然看清楚了那个天上的巨人。看，那个巨人还在跑呢！

节选自巴金《繁星》

Zuòpǐn　Hào
作品9号

Jiàrì dào hétān·shàng zhuànzhuan　kàn·jiàn xǔduō háizi zài fàng fēngzheng
假日到河滩上转转，看见许多孩子在放风筝。
Yīgēngēn chángcháng de yǐnxiàn　yī tóur jì zài tiān·shàng　yī tóur jì zài dì·shàng
一根根长长的引线，一头系在天上，一头系在地上，
háizi tóng fēngzheng dōu zài tiān yǔ dì zhījiān yōudàng　lián xīn yě bèi yōudàng de
孩子同风筝都在天与地之间悠荡，连心也被悠荡得
huǎnghuǎng-hūhū le　hǎoxiàng yòu huídàole tóngnián
恍恍惚惚了，好像又回到了童年。

Érshí fàng de fēngzheng　dàduō shì　zìjǐ　de zhǎngbèi huò jiārén biānzā de　jǐ gēn
儿时放的风筝，大多是自己的长辈或家人编扎的，几根
xiāo de hěn báo de miè　yòng xì shāxiàn zāchéng gè zhǒng niǎo shòu de zàoxíng　hú·shàng
削得很薄的篾，用细纱线扎成各种鸟兽的造型，糊上
xuěbái de zhǐpiàn　zài yòng cǎibǐ gōulè chū miànkǒng yǔ chìbǎng de tú'àn　Tōngcháng zā
雪白的纸片，再用彩笔勾勒出面孔与翅膀的图案。通常扎
de zuì duō de shì　lǎodiāo　měirénr　huā húdié　děng
得最多的是“老雕”“美人儿”“花蝴蝶”等。

Wǒmen jiā qiányuàn jiù yǒu wèi shūshu　shàn zā fēngzheng　yuǎnjìn-wénmíng　Tā
我们家前院就有位叔叔，擅扎风筝，远近闻名。他
zā de fēngzheng bùzhǐ tǐxíng hǎokàn　sècǎi yànlì　fàngfēi de gāo yuǎn　hái zài
扎的风筝不只体型好看，色彩艳丽，放飞得高远，还在
fēngzheng·shàng bēng yī yè yòng púwěi xiāochéng de mópiàn　jīng fēng yī chuī　fāchū
风筝上绷一叶用蒲苇削成的膜片，经风一吹，发出
wēngwēng　de shēngxiǎng　fǎngfú shì fēngzheng de gēchàng　zài lántiān·xià bō
“嗡嗡”的声响，仿佛是风筝的歌唱，在蓝天下播
yáng　gěi kāikuò de tiāndì zēngtiānle wújìn de yùnwèi　gěi chídàng de tóngxīn dàilái jǐ
扬，给开阔的天地增添了无尽的韵味，给驰荡的童心带来几
fēn fēngkuáng
分疯狂。

Wǒmen nà tiáo hútòngr de zuǒlín-yòushè de háizimen fàng de fēngzheng jīhū dōu shì
我们那条胡同的左邻右舍的孩子们放的风筝几乎都是

shūshu biānzā de Tā de fēngzheng bù mài qián shéi shàngmén qù yào jiù gěi shéi tā
叔叔编扎的。他的风筝不卖钱，谁上门去要，就给谁，他
lèyì zìjǐ tiē qián mǎi cáiliào
乐意自己贴钱买材料。

Hòulái zhèwèi shūshu qùle hǎiwài fàng fēngzheng yě jiàn yǔ háizimen yuǎn lí le
后来，这位叔叔去了海外，放风筝也渐与孩子们远离了。
Bùguò niánnián shūshu gěi jiāxiāng xiěxìn zǒng bù wàng tíqǐ érshí de fàng fēngzheng
不过年年叔叔给家乡写信，总不忘提起儿时的放风筝。
Xiānggǎng huíguī zhīhòu tā zài jiāxìn zhōng shuōdào tā zhè zhī bèi gùxiāng fàngfēi dào
香港回归之后，他在家信中说到，他这只被故乡放飞到
hǎiwài de fēngzheng jǐnguǎn piāodàng yóuyì jīng mù fēngyǔ kě nà xiàntóur yīzhí zài
海外的风筝，尽管飘荡游弋，经沐风雨，可那线头儿一直在
gùxiāng hé
故乡和 ‖ 亲人手中牵着，如今飘得太累了，也该要回归到家乡和亲人身边来了。

是的。我想，不光是叔叔，我们每个人都是风筝，在妈妈手中牵着，从小放到大，再从家乡放到祖国最需要的地方去啊！

节选自李恒瑞《风筝畅想曲》

Zuòpǐn Hào
作品10号

Bà bù dǒng·dé zěnyàng biǎodá ài shǐ wǒmen yī jiā rén róngqià xiāngchǔ de shì wǒ
爸不懂得怎样表达爱，使我们一家人融洽相处的是我
mā Tā zhǐshì měi tiān shàngbān xiàbān ér mā zé bǎ wǒmen zuòguo de cuòshì kāiliè
妈。他只是每天上班下班，而妈则把我们做过的错事开列
qīngdān ránhòu yóu tā lái zémà wǒmen
清单，然后由他来责骂我们。

Yǒu yī cì wǒ tōu le yī kuài tángguǒ tā yào wǒ bǎ tā sòng huí·qù gàosu mài táng
有一次我偷了一块糖果，他要我把它送回去，告诉卖糖
de shuō shì wǒ tōu·lái de shuō wǒ yuàn·yì tì tā chāi xiāng xiè huò zuòwéi péicháng
的说是我偷来的，说我愿意替他拆箱卸货作为赔偿。
Dàn māma què míngbai wǒ zhǐshì gè háizi
但妈妈却明白我只是个孩子。

Wǒ zài yùndòngchǎng dǎ qiūqiān diēduànle tuǐ zài qiánwǎng yīyuàn túzhōng yīzhí
我在运动场打秋千跌断了腿，在前往医院途中一直
bàozhe wǒ de shì wǒ mā Bà bǎ qìchē tíng zài jízhěnshì ménkǒu tāmen jiào tā
抱着我的，是我妈。爸把汽车停在急诊室门口，他们叫他
shǐkāi shuō nà kòngwèi shì liú gěi jǐnjí chēliàng tíngfàng de Bà tīngle biàn jiàorǎng dào
驶开，说那空位是留给紧急车辆停放的。爸听了便叫嚷道：

Nǐ yǐwéi zhè shì shénme chē　Lǚyóuchē
"你以为这是什么车？旅游车？"

Zài wǒ shēngrì huì·shàng bà zǒngshì xiǎn·dé yǒuxiē bùdà xiāngchèn　Tā zhǐshì mángyú chuī qìqiú bùzhì cānzhuō zuò záwù　Bǎchāzhe làzhú de dàngāo tuīguò·lái ràng wǒ chuī de shì wǒ mā
在我生日会上，爸总是显得有些不大相称。他只是忙于吹气球，布置餐桌，做杂务。把插着蜡烛的蛋糕推过来让我吹的，是我妈。

Wǒ fānyuè zhàoxiàngcè shí rénmen zǒngshì wèn　Nǐ bàba shì shénme yàngzi de　Tiān xiǎo·dé　Tā lǎoshì mángzhe tì bié·rén pāizhào　Mā hé wǒ xiàoróng-kějū de yīqǐ pāi de zhàopiàn duō de bùkě-shèngshǔ
我翻阅照相册时，人们总是问："你爸爸是什么样子的？"天晓得！他老是忙着替别人拍照。妈和我笑容可掬地一起拍的照片，多得不可胜数。

Wǒ jì·dé mā yǒu yī cì jiào tā jiāo wǒ qí zìxíngchē　Wǒ jiào tā bié fàngshǒu dàn tā què shuō shì yīnggāi fàngshǒu de shíhou le　Wǒ shuāidǎo zhīhòu mā pǎo guò·lái fú wǒ bà què huīshǒu yào tā zǒukāi　Wǒ dāngshí shēngqì jí le juéxīn yào gěi tā diǎnr yánsè kàn　Yúshì wǒ mǎshàng pá·shàng zìxíngchē érqiě zìjǐ qí gěi tā kàn　Tā zhǐshì wēixiào
我记得妈有一次叫他教我骑自行车。我叫他别放手，但他却说是应该放手的时候了。我摔倒之后，妈跑过来扶我，爸却挥手要她走开。我当时生气极了，决心要给他点儿颜色看。于是我马上爬上自行车，而且自己骑给他看。他只是微笑。

Wǒ niàn dàxué shí suǒyǒu de jiāxìn dōu shì mā xiě de　Tā
我念大学时，所有的家信都是妈写的。他‖除了寄支票外，还寄过一封短柬给我，说因为我不在草坪上踢足球了，所以他的草坪长得很美。

每次我打电话回家，他似乎都想跟我说话，但结果总是说："我叫你妈来接。"

我结婚时，掉眼泪的是我妈。他只是大声擤了一下鼻子，便走出房间。

我从小到大都听他说："你到哪里去？什么时候回家？汽车有没有汽油？不，不准去。"爸完全不知道怎样表达爱。除非……

会不会是他已经表达了，而我却未能察觉？

节选自［美］艾尔玛·邦贝克《父亲的爱》

Zuòpǐn Hào
作品11号

Yī gè dà wèntí yīzhí pánjù zài wǒ nǎodai• lǐ
一个大问题一直盘踞在我脑袋里：

Shìjièbēi zěnme huì yǒu rúcǐ jùdà de xīyǐnlì Chúqù zúqiú běnshēn de mèilì
世界杯怎么会有如此巨大的吸引力？除去足球本身的魅力
zhīwài hái yǒu shénme chāohūqíshàng ér gèng wěidà de dōngxi
之外，还有什么超乎其上而更伟大的东西？

Jìnlái guānkàn shìjièbēi hūrán cóngzhōng dédàole dá'àn Shì yóuyú yī zhǒng
近来观看世界杯，忽然从中得到了答案：是由于一种
wúshàng chónggāo de jīngshén qínggǎn guójiā róngyùgǎn
无上崇高的精神情感——国家荣誉感！

Dìqiú•shàng de rén dōu huì yǒu guójiā de gàiniàn dàn wèibì shíshí dōu yǒu guójiā de
地球上的人都会有国家的概念，但未必时时都有国家的
gǎnqíng Wǎngwǎng rén dào yìguó sīniàn jiāxiāng xīn huái gùguó zhè guójiā gàiniàn jiù
感情。往往人到异国，思念家乡，心怀故国，这国家概念就
biànde yǒuxuèyǒuròu àiguó zhī qíng lái de fēicháng jùtǐ Ér xiàndài shèhuì kējì
变得有血有肉，爱国之情来得非常具体。而现代社会，科技
chāngdá xìnxī kuàijié shìshì shàngwǎng shìjiè zhēnshì tài xiǎo tài xiǎo guójiā de
昌达，信息快捷，事事上网，世界真是太小太小，国家的
jièxiàn sìhū yě bù nàme qīngxī le Zàishuō zúqiú zhèngzài kuàisù shìjièhuà píngrì • lǐ
界限似乎也不那么清晰了。再说足球正在快速世界化，平日里
gè guó qiúyuán pínfán zhuǎn huì wǎnglái suíyì zhìshǐ yuèláiyuèduō de guójiā liánsài dōu
各国球员频繁转会，往来随意，致使越来越多的国家联赛都
jùyǒu guójì de yīnsù Qiúyuánmen bùlùn guójí zhǐ xiàolì yú zìjǐ de jùlèbù tāmen
具有国际的因素。球员们不论国籍，只效力于自己的俱乐部，他们
bǐ sài shí de jīqíng zhōng wánquán méi•yǒu àiguózhǔyì de yīnzǐ
比赛时的激情中完全没有爱国主义的因子。

Rán'ér dàole shìjièbēi dàsài tiānxià dàbiàn Gè guó qiúyuán dōu huíguó xiàolì
然而，到了世界杯大赛，天下大变。各国球员都回国效力，
chuān•shàng yǔ guāngróng de guóqí tóngyàng sècǎi de fúzhuāng Zài měi yī chǎng bǐsài
穿上与光荣的国旗同样色彩的服装。在每一场比赛
qián hái gāochàng guógē yǐ xuānshì duì zìjǐ zǔguó de zhì'ài yǔ zhōngchéng Yī zhǒng
前，还高唱国歌以宣誓对自己祖国的挚爱与忠诚。一种
xuèyuán qínggǎn kāishǐ zài quánshēn de xuèguǎn• lǐ ránshāo qǐ • lái érqiě lìkè rèxuè -
血缘情感开始在全身的血管里燃烧起来，而且立刻热血
fèiténg
沸腾。

Zài lìshǐ shídài guójiā jiān jīngcháng fāshēng duìkàng hǎo nán'ér róngzhuāng
在历史时代，国家间经常发生对抗，好男儿戎装

wèiguó Guójiā de róngyù wǎngwǎng xūyào yǐ zìjǐ de shēngmìng qù huàn
卫国。国家的荣誉往往需要以自己的生命去换‖取。但在和平时代，唯有这种国家之间大规模对抗性的大赛，才可以唤起那种遥远而神圣的情感，那就是：为祖国而战！

节选自冯骥才《国家荣誉感》

Zuòpǐn Hào
作品12号

Xīyáng luòshān bù jiǔ xīfāng de tiānkōng hái ránshāozhe yī piàn júhóngsè de
夕阳落山不久，西方的天空，还燃烧着一片橘红色的

wǎnxiá Dàhǎi yě bèi zhè xiáguāng rǎnchéngle hóngsè érqiě bǐ tiānkōng de jǐngsè
晚霞。大海，也被这霞光染成了红色，而且比天空的景色

gèng yào zhuàngguān Yīn•wèi tā shì huó•dòng de měidāng yīpáipái bōlàng yǒngqǐ de
更要壮观。因为它是活动的，每当一排排波浪涌起的

shíhou nà yìngzhào zài làngfēng•shàng de xiáguāng yòuhóng - yòuliàng jiǎnzhí jiù
时候，那映照在浪峰上的霞光，又红又亮，简直就

xiàng yīpiànpiàn huòhuò ránshāozhe de huǒyàn shǎnshuòzhe xiāoshī le Ér hòu•miàn
像一片片霍霍燃烧着的火焰，闪烁着，消失了。而后面

de yī pái yòu shǎnshuòzhe gǔndòngzhe yǒngle guò•lái
的一排，又闪烁着，滚动着，涌了过来。

Tiānkōng de xiáguāng jiànjiàn de dàn xià•qù le shēnhóng de yánsè biànchéngle
天空的霞光渐渐地淡下去了，深红的颜色变成了

fēihóng fēihóng yòu biànwéi qiǎnhóng Zuìhòu dāng zhè yīqiè hóngguāng dōu xiāoshīle
绯红，绯红又变为浅红。最后，当这一切红光都消失了

de shíhou nà tūrán xiǎn•dé gāo ér yuǎn le de tiānkōng zé chéngxiàn chū yī piàn
的时候，那突然显得高而远了的天空，则呈现出一片

sùmù de shénsè Zuì zǎo chūxiàn de qǐmíngxīng zài zhè lánsè de tiānmù•shàng shǎnshuò
肃穆的神色。最早出现的启明星，在这蓝色的天幕上闪烁

qǐ•lái le Tā shì nàme dà nàme liàng zhěnggè guǎngmò de tiānmù•shàng zhǐyǒu
起来了。它是那么大，那么亮，整个广漠的天幕上只有

tā zài nà•lǐ fàngshèzhe lìng rén zhùmù de guānghuī huóxiàng yī zhǎn xuánguà zài gāokōng
它在那里放射着令人注目的光辉，活像一盏悬挂在高空

de míngdēng
的明灯。

Yèsè jiā nóng cāngkōng zhōng de míngdēng yuèláiyuè duō le Ér chéngshì
夜色加浓，苍空中的“明灯”越来越多了。而城市

gè chù de zhēn de dēnghuǒ yě cìdì liàngle qǐ·lái yóuqí shì wéirào zài hǎigǎng zhōuwéi
各处的真的灯火也次第亮了起来，尤其是围绕在海港周围

shānpō·shàng de nà yī piàn dēngguāng cóng bànkōng dàoyìng zài wūlán de
山坡上的那一片灯光，从半空倒映在乌蓝的

hǎimiàn·shàng suízhe bōlàng huàngdòngzhe shǎnshuòzhe xiàng yī chuàn
海面上，随着波浪，晃动着，闪烁着，像一串

liúdòngzhe de zhēnzhū hé nà yīpiànpiàn mìbù zài cāngqióng·lǐ de xīngdǒu hùxiāng
流动着的珍珠，和那一片片密布在苍穹里的星斗互相

huīyìng shà shì hǎokàn
辉映，煞是好看。

Zài zhè yōuměi de yèsè zhōng wǒ tàzhe ruǎnmiánmián de shātān yánzhe hǎibiān
在这幽美的夜色中，我踏着软绵绵的沙滩，沿着海边，

mànmàn de xiàngqián zǒu·qù Hǎishuǐ qīngqīng de fǔmōzhe xìruǎn de shātān fāchū
慢慢地向前走去。海水，轻轻地抚摸着细软的沙滩，发出

wēnróu de
温柔的 ‖ 刷刷声。晚来的海风，清新而又凉爽。我的心里，有着说不出的兴奋和愉快。

夜风轻飘飘地吹拂着，空气中飘荡着一种大海和田禾相混合的香味儿，柔软的沙滩上还残留着白天太阳炙晒的余温。那些在各个工作岗位上劳动了一天的人们，三三两两地来到这软绵绵的沙滩上，他们浴着凉爽的海风，望着那缀满了星星的夜空，尽情地说笑，尽情地休憩。

节选自峻青《海滨仲夏夜》

Zuòpǐn Hào
作品 13 号

Shēngmìng zài hǎiyáng·lǐ dànshēng jué bù shì ǒurán de hǎiyáng de wùlǐ hé huàxué
生命在海洋里诞生绝不是偶然的，海洋的物理和化学

xìngzhì shǐ tā chéngwéi yùnyù yuánshǐ shēngmìng de yáolán
性质，使它成为孕育原始生命的摇篮。

Wǒmen zhī·dào shuǐ shì shēngwù de zhòngyào zǔchéng bùfen xǔduō dòngwù
我们知道，水是生物的重要组成部分，许多动物

zǔzhī de hánshuǐliàng zài bǎi fēn zhī bāshí yǐshàng ér yīxiē hǎiyáng shēngwù de
组织的含水量在百分之八十以上，而一些海洋生物的

hánshuǐliàng gāodá bǎi fēn zhī jiǔshíwǔ　Shuǐ shì xīnchén-dàixiè de zhòngyào méijiè
含水量 高达 百 分 之 九十五。水 是 新陈 代谢 的 重要 媒介，
méi•yǒu tā　tǐnèi de　yīxìliè　shēnglǐ hé shēngwù huàxué fǎnyìng jiù wúfǎ jìnxíng
没 有 它，体内 的 一系列 生理 和 生 物 化学 反应 就 无法 进行，
shēngmìng yě jiù tíngzhǐ　Yīncǐ　zài duǎn shíqī nèi dòngwù quē shuǐ yào bǐ quēshǎo shíwù
生 命 也就 停止。因此，在 短 时期 内 动 物 缺 水 要 比 缺 少 食物
gèngjiā wēixiǎn　Shuǐ duì jīntiān de shēngmìng shì rúcǐ zhòngyào　tā duì cuìruò de
更加 危险。水 对 今天 的 生 命 是 如此 重 要，它 对 脆弱 的
yuánshǐ shēngmìng　gèng shì jǔzú-qīngzhòng le　Shēngmìng zài hǎiyáng• lǐ dànshēng　jiù bù
原始 生 命，更 是 举足 轻重 了。生 命 在 海 洋 里 诞 生，就 不
huì yǒu quē shuǐ zhī yōu
会 有 缺 水 之 忧。

Shuǐ shì yī zhǒng liánghǎo de róngjì　Hǎiyáng zhōng hányǒu xǔduō shēngmìng suǒ
水 是 一 种 良 好 的 溶剂。海 洋 中 含有 许多 生 命 所
bìxū de wújīyán　rú lǜhuànà　lǜhuàjiǎ　tànsuānyán　línsuānyán　háiyǒu róngjiěyǎng
必需 的 无机盐，如 氯化钠、氯化钾、碳酸盐、磷酸盐，还有 溶解氧，
yuánshǐ shēngmìng kěyǐ háobù fèilì de cóngzhōng xīqǔ tā suǒ xūyào de yuánsù
原始 生 命 可以 毫不 费力地 从 中 吸取 它 所 需要 的 元素。

Shuǐ jùyǒu hěn gāo de rè róngliàng　jiāzhī hǎiyáng hàodà　rènpíng xiàjì　lièrì
水 具有 很 高 的 热 容 量，加之 海 洋 浩大，任 凭 夏季 烈日
pùshài　dōngjì hánfēng sǎodàng　tā de wēndù biànhuà què bǐjiào xiǎo　Yīncǐ　jùdà
曝晒，冬季 寒 风 扫 荡，它 的 温度 变 化 却 比 较 小。因此，巨大
de hǎiyáng jiù xiàng shì tiānrán de　wēnxiāng　shì yùnyù yuánshǐ shēngmìng de
的 海 洋 就 像 是 天然 的“温 箱”，是 孕育 原始 生 命 的
wēnchuáng
温 床。

Yángguāng suīrán wéi shēngmìng suǒ bìxū　dànshì yángguāng zhōng de zǐwàixiàn què
阳 光 虽然 为 生 命 所 必需，但是 阳 光 中 的 紫外线 却
yǒu èshā yuánshǐ shēngmìng de wēixiǎn　Shuǐ néng yǒuxiào de xīshōu zǐwàixiàn　yīn’ér
有 扼杀 原始 生 命 的 危 险。水 能 有 效 地 吸收 紫外 线，因而
yòu wèi yuánshǐ shēngmìng tígōngle tiānrán de　píngzhàng
又 为 原始 生 命 提 供了 天然 的“屏 障”。

Zhè yīqiè dōu shì yuánshǐ shēngmìng dé yǐ chǎnshēng hé fāzhǎn de bìyào tiáojiàn
这 一切 都 是 原始 生 命 得以 产 生 和 发展 的 必要 条件。‖

节选自童裳亮《海洋与生命》

Zuòpǐn　Hào
作品 14 号

Dú xiǎoxué de shíhou　wǒ de wàizǔmǔ qùshì le　Wàizǔmǔ shēngqián zuì téng’ài
读 小 学 的 时 候，我 的 外祖母 去世 了。外祖母 生 前 最 疼 爱

wǒ wǒ wúfǎ páichú zìjǐ de yōushāng měi tiān zài xuéxiào de cāochǎng·shàng yī
我，我无法排除自己的忧伤，每天在学校的操场上一
quānr yòu yī quānr de pǎozhe pǎo de lèidǎo zài dì·shàng pū zài cǎopíng·shàng
圈儿又一圈儿地跑着，跑得累倒在地上，扑在草坪上
tòngkū
痛哭。

Nà āitòng de rìzi duànduàn-xùxù de chíxùle hěn jiǔ bàba māma yě bù
那哀痛的日子，断断续续地持续了很久，爸爸妈妈也不
zhī·dào rúhé ānwèi wǒ Tāmen zhī·dào yǔqí piàn wǒ shuō wàizǔmǔ shuìzháole hái
知道如何安慰我。他们知道与其骗我说外祖母睡着了，还
bùrú duì wǒ shuō shíhuà Wàizǔmǔ yǒngyuǎn bù huì huí·lái le
不如对我说实话：外祖母永远不会回来了。

Shénme shì yǒngyuǎn bù huì huí·lái ne Wǒ wènzhe
“什么是永远不会回来呢？”我问着。

Suǒyǒu shíjiān·lǐ de shìwù dōu yǒngyuǎn bù huì huí·lái Nǐ de zuótiān
“所有时间里的事物，都永远不会回来。你的昨天
guò·qù tā jiù yǒngyuǎn biànchéng zuótiān nǐ bùnéng zài huídào zuótiān Bàba yǐqián
过去，它就永远变成昨天，你不能再回到昨天。爸爸以前
yě hé nǐ yīyàng xiǎo xiànzài yě bùnéng huídào nǐ zhème xiǎo de tóngnián le yǒu yī
也和你一样小，现在也不能回到你这么小的童年了；有一
tiān nǐ huì zhǎngdà nǐ huì xiàng wàizǔmǔ yīyàng lǎo yǒu yī tiān nǐ dùguò le nǐ de
天你会长大，你会像外祖母一样老；有一天你度过了你的
shíjiān jiù yǒngyuǎn bù huì huí·lái le Bàba shuō
时间，就永远不会回来了。”爸爸说。

Bàba děngyú gěi wǒ yī gè míyǔ zhè míyǔ bǐ kèběn·shàng de Rìlì guà zài
爸爸等于给我一个谜语，这谜语比课本上的“日历挂在
qiángbì yī tiān sī·qù yī yè shǐ wǒ xīn·lǐ zháojí hé Yī cùn guāngyīn yī cùn
墙壁，一天撕去一页，使我心里着急”和“一寸光阴一寸
jīn cùn jīn nán mǎi cùn guāngyīn hái ràng wǒ gǎndào kěpà yě bǐ zuòwénběn·shàng
金，寸金难买寸光阴”还让我感到可怕；也比作文本上
de Guāngyīn sì jiàn rìyuè rú suō gèng ràng wǒ jué·dé yǒu yī zhǒng shuō·bùchū
的“光阴似箭，日月如梭”更让我觉得有一种说不出
de zīwèi
的滋味。

Shíjiān guò de nàme fēikuài shǐ wǒ de xiǎo xīnyǎnr·lǐ bù zhǐshì zháojí háiyǒu
时间过得那么飞快，使我的小心眼儿里不只是着急，还有

bēishāng　Yǒu yī tiān wǒ fàngxué huíjiā　kàndào tài·yáng kuài luòshān le　jiù xià
悲伤。有一天我放学回家，看到太阳快落山了，就下
juéxīn shuō　Wǒ yào bǐ tài·yáng gèng kuài de huíjiā　Wǒ kuángbēn huí·qù　zhàn zài
决心说：“我要比太阳更快地回家。”我狂奔回去，站在
tíngyuàn qián chuǎnqì de shíhou　kàndào tài·yáng
庭院前喘气的时候，看到太阳‖还露着半边脸，我高兴地跳跃起来，那一天我跑赢了太阳。以后我就时常做那样的游戏，有时和太阳赛跑，有时和西北风比快，有时一个暑假才能做完的作业，我十天就做完了；那时我三年级，常常把哥哥五年级的作业拿来做。每一次比赛胜过时间，我就快乐得不知道怎么形容。

如果将来我有什么要教给我的孩子，我会告诉他：假若你一直和时间比赛，你就可以成功！

节选自（台湾）林清玄《和时间赛跑》

Zuòpǐn　Hào
作品 15 号

Sānshí niándài chū　Hú Shì zài Běijīng Dàxué rèn jiàoshòu　Jiǎngkè shí tā
三十年代初，胡适在北京大学任教授。讲课时他
chángcháng duì báihuàwén dàjiā chēngzàn　yǐnqǐ yīxiē zhǐ xǐhuan wényánwén ér bù
常常对白话文大加称赞，引起一些只喜欢文言文而不
xǐhuan báihuàwén de xuésheng de bùmǎn
喜欢白话文的学生的不满。

Yī cì　Hú Shì zhèng jiǎng de déyì de shíhou　yī wèi xìng Wèi de xuésheng tūrán
一次，胡适正讲得得意的时候，一位姓魏的学生突然
zhànle qǐ·lái　shēngqì de wèn　Hú xiānsheng　nándào shuō báihuàwén jiù háowú
站了起来，生气地问：“胡先生，难道说白话文就毫无
quēdiǎn ma　Hú Shì wēixiàozhe huídá shuō　Méi·yǒu　Nà wèi xuésheng gèngjiā
缺点吗？”胡适微笑着回答说：“没有。”那位学生更加
jīdòng le　Kěndìng yǒu　Báihuàwén fèihuà tài duō　dǎ diànbào yòng zì duō
激动了：“肯定有！白话文废话太多，打电报用字多，
huāqián duō　Hú Shì de mùguāng dùnshí biànliàng le　qīngshēng de jiěshì shuō
花钱多。”胡适的目光顿时变亮了，轻声地解释说：
Bù yīdìng ba　Qián jǐ tiān yǒu wèi péngyou gěi wǒ dǎ·lái diànbào　qǐng wǒ qù
“不一定吧！前几天有位朋友给我打来电报，请我去
zhèngfǔ bùmén gōngzuò　wǒ juédìng bù qù　jiù huídiàn jùjué le　Fùdiàn shì yòng
政府部门工作，我决定不去，就回电拒绝了。复电是用
báihuà xiě de　kànlái yě hěn shěng zì　Qǐng tóngxuémen gēnjù wǒ zhège yìsi　yòng
白话写的，看来也很省字。请同学们根据我这个意思，用

wényánwén xiě yī gè huídiàn kànkan jiūjìng shì báihuàwén shěng zì háishì wényánwén
文言文写一个回电，看看究竟是白话文省字，还是文言文

shěng zì Hú jiàoshòu gāng shuōwán tóngxuémen lìkè rènzhēn de xiěle qǐ·lái
省字？”胡教授刚说完，同学们立刻认真地写了起来。

Shíwǔ fēnzhōng guò·qù Hú Shì ràng tóngxué jǔshǒu bàogào yòng zì de shùmù
十五分钟过去，胡适让同学举手，报告用字的数目，

ránhòu tiāole yī fèn yòng zì zuì shǎo de wényán diànbàogǎo diànwén shì zhèyàng xiě de
然后挑了一份用字最少的文言电报稿，电文是这样写的：

Cáishū-xuéqiǎn kǒng nán shèngrèn bùkān cóngmìng Báihuàwén de yìsi
“才疏学浅，恐难胜任，不堪从命。”白话文的意思

shì Xuéwen bù shēn kǒngpà hěn nán dānrèn zhège gōngzuò bùnéng fúcóng ānpái
是：学问不深，恐怕很难担任这个工作，不能服从安排。

Hú Shì shuō zhè fèn xiě de quèshí bùcuò jǐn yòngle shí'èr gè zì Dàn wǒ de
胡适说，这份写得确实不错，仅用了十二个字。但我的

báihuà diànbào què zhǐ yòngle wǔ gè zì
白话电报却只用了五个字：

Gàn·bùliǎo xièxie
“干不了，谢谢！”

Hú Shì yòu jiěshì shuō Gàn·bùliǎo jiù yǒu cáishū-xuéqiǎn kǒng nán shèngrèn
胡适又解释说：“干不了”就有才疏学浅、恐难胜任

de yìsi xièxie jì
的意思；“谢谢”既‖对朋友的介绍表示感谢，又有拒绝的意思。所以，废话多不多，并不看它是文言文还是白话文，只要注意选用字词，白话文是可以比文言文更省字的。

节选自陈灼主编《实用汉语中级教程》（上）中《胡适的白话电报》

Zuòpǐn Hào
作品16号

Hěn jiǔ yǐqián zài yī gè qīhēi de qiūtiān de yèwǎn wǒ fàn zhōu zài Xībólìyà
很久以前，在一个漆黑的秋天的夜晚，我泛舟在西伯利亚

yī tiáo yīnsēnsēn de hé·shàng Chuán dào yī gè zhuǎnwān chù zhǐ jiàn qián·miàn
一条阴森森的河上。船到一个转弯处，只见前面

hēiqūqū de shānfēng xià·miàn yī xīng huǒguāng mòdì yī shǎn
黑黢黢的山峰下面一星火光蓦地一闪。

Huǒguāng yòu míng yòu liàng hǎoxiàng jiù zài yǎnqián
火光又明又亮，好像就在眼前……

Hǎo la　xiètiān-xiè dì　Wǒ gāoxìng de shuō　Mǎshàng jiù dào guòyè de
“好啦，谢天谢地！”我高兴地说，“马上就到过夜的
dìfang la
地方啦！”

Chuánfū niǔtóu cháo shēnhòu de huǒguāng wàngle yī yǎn　yòu bùyǐwéirán de
船夫扭头朝身后的火光望了一眼，又不以为然地
huá• qǐ jiǎng• lái
划起桨来。

Yuǎnzhe ne
“远着呢！”

Wǒ bù xiāngxìn tā de huà　yīn•wèi huǒguāng chōngpò ménglóng de yèsè
我不相信他的话，因为火光冲破朦胧的夜色，
míngmíng zài nàr shǎnshuò　Bùguò chuánfū shì duì de　shìshí•shàng　huǒguāng díquè
明明在那儿闪烁。不过船夫是对的，事实上，火光的确
hái yuǎnzhe ne
还远着呢。

Zhèxiē hēiyè de huǒguāng de tèdiǎn shì　qūsàn hēi'àn　shǎnshǎn fāliàng　jìn zài
这些黑夜的火光的特点是：驱散黑暗，闪闪发亮，近在
yǎnqián　lìng rén shénwǎng　Zhà yī kàn　zài huá jǐ xià jiù dào le　Qíshí què hái
眼前，令人神往。乍一看，再划几下就到了……其实却还
yuǎnzhe ne
远着呢！……

Wǒmen zài qīhēi rú mò de hé•shàng yòu huále hěn jiǔ　Yī gègè xiágǔ hé xuányá
我们在漆黑如墨的河上又划了很久。一个个峡谷和悬崖，
yíngmiàn shǐ• lái　yòu xiàng hòu yí •qù　fǎngfú xiāoshī zài mángmáng de yuǎnfāng　ér
迎面驶来，又向后移去，仿佛消失在茫茫的远方，而
huǒguāng què yīrán tíng zài qiántou　shǎnshǎn fāliàng　lìng rén shénwǎng　yīrán shì
火光却依然停在前头，闪闪发亮，令人神往——依然是
zhème jìn　yòu yīrán shì nàme yuǎn
这么近，又依然是那么远……

Xiànzài　wúlùn shì zhè tiáo bèi xuányá-qiàobì de yīnyǐng lǒngzhào de qīhēi de hé liú
现在，无论是这条被悬崖峭壁的阴影笼罩的漆黑的河流，
háishì nà yī xīng míngliàng de huǒguāng　dōu jīngcháng fúxiàn zài wǒ de nǎojì　zài zhè
还是那一星明亮的火光，都经常浮现在我的脑际，在这
yǐqián hé zài zhè yǐhòu　céng yǒu xǔduō huǒguāng　sìhū jìn zài zhǐchǐ　bù zhǐ shǐ wǒ
以前和在这以后，曾有许多火光，似乎近在咫尺，不止使我
yī rén xīnchí-shénwǎng　Kěshì shēnghuó zhī hé què réngrán zài nà yīnsēnsēn de liǎng'àn
一人心驰神往。可是生活之河却仍然在那阴森森的两岸

zhījiān liú zhe ér huǒguāng yě yījiù fēicháng yáoyuǎn Yīncǐ bìxū jiājìn
之间 流着，而 火 光 也 依旧 非常 遥 远 。因此，必须 加劲
huájiǎng
划桨……

Rán'ér huǒguāng a bìjìng bìjìng jiù
然 而，火 光 啊……毕竟……毕竟 就 ‖ 在前头……

节选自［俄］柯罗连科《火光》，张铁夫译

Zuòpǐn Hào
作品 17 号

Duìyú yī gè zài Běipíng zhùguàn de rén xiàng wǒ dōngtiān yàoshì bù guāfēng
对于一个在北平 住 惯 的人， 像 我， 冬 天 要是 不 刮 风，
biàn jué·dé shì qíjì jǐnán de dōngtiān shì méi·yǒu fēngshēng de Duìyú yī gè gāng
便 觉 得 是 奇迹；济南 的 冬 天 是 没 有 风 声 的。对于 一 个 刚
yóu Lúndūn huí·lái de rén xiàng wǒ dōngtiān yào néng kàn de jiàn rìguāng biàn jué·dé
由 伦 敦 回 来 的人， 像 我， 冬 天要 能 看 得 见 日光， 便 觉 得
shì guàishì jǐnán de dōngtiān shì xiǎngqíng de Zìrán zài rèdài de dìfang rìguāng
是 怪 事；济南 的 冬 天 是 响 晴 的。自然，在 热带 的 地方， 日光
yǒngyuǎn shì nàme dú xiǎngliàng de tiānqì fǎn yǒudiǎnr jiào rén hàipà Kěshì zài
永 远 是 那么 毒， 响 亮 的 天气， 反 有 点儿 叫 人 害怕。可是，在
běifāng de dōngtiān ér néng yǒu wēnqíng de tiānqì Jǐnán zhēn děi suàn gè bǎodì
北 方 的 冬 天，而 能 有 温 晴 的 天气，济南 真 得 算 个 宝地。

Shèruò dāndān shì yǒu yángguāng nà yě suàn·bùliǎo chūqí Qǐng bì·shàng yǎnjing
设若 单 单 是 有 阳 光 ，那 也 算 不了 出奇。请 闭 上 眼睛
xiǎng Yī gè lǎochéng yǒu shān yǒu shuǐ quán zài tiān dǐ·xià shàizhe yángguāng
想 ：一 个 老 城 ， 有 山 有 水， 全 在 天 底 下 晒 着 阳 光，
nuǎnhuo ānshì de shuìzhe zhǐ děng chūnfēng lái bǎ tāmen huànxǐng zhè shì·bù shì lǐxiǎng
暖 和 安适 地 睡 着， 只 等 春 风 来 把 它们 唤 醒， 这 是 不是 理想
de jìngjiè Xiǎoshān zhěng bǎ Jǐnán wéile gè quānr zhǐyǒu běi·biān quēzhe diǎnr kǒur
的 境界？ 小 山 整 把 济南 围了 个 圈儿，只有 北 边 缺着 点 口儿。
Zhè yī quān xiǎoshān zài dōngtiān tèbié kě'ài hǎoxiàng shì bǎ Jǐnán fàng zài yī gè xiǎo
这 一 圈 小 山 在 冬 天 特别 可爱， 好 像 是 把 济南 放 在 一 个 小
yáolán·lǐ tāmen ānjìng bù dòng de dīshēng de shuō Nǐmen fàngxīn ba zhèr
摇 篮 里，它们 安静 不 动 地 低 声 地 说 ：“你们 放 心 吧，这儿
zhǔnbǎo nuǎnhuo Zhēn de Jǐnán de rénmen zài dōngtiān shì miàn·shàng hánxiào de
准 保 暖 和 。” 真 的，济南 的 人们 在 冬 天 是 面 上 含笑 的。
Tāmen yī kàn nàxiē xiǎoshān xīnzhōng biàn jué·dé yǒule zhuóluò yǒule yīkào
他们 一 看 那些 小 山， 心 中 便 觉 得 有了 着 落， 有了 依靠。

Tāmen yóu tiān·shàng kàndào shān·shàng biàn bùzhī-bùjué de xiǎngqǐ Míngtiān yěxǔ
他们由天上看到山上，便不知不觉地想起：明天也许
jiùshì chūntiān le ba Zhèyàng de wēnnuǎn jīntiān yè·lǐ shāncǎo yěxǔ jiù lǜqǐ·lái le
就是春天了吧？这样的温暖，今天夜里山草也许就绿起来了
ba Jiùshì zhè diǎnr huànxiǎng bùnéng yīshí shíxiàn tāmen yě bìng bù zháojí yīn·wèi
吧？就是这点儿幻想不能一时实现，他们也并不着急，因为
zhèyàng císhàn de dōngtiān gànshénme hái xīwàng bié de ne
这样慈善的冬天，干什么还希望别的呢！

Zuì miào de shì xià diǎnr xiǎoxuě ya Kàn ba shān·shàng de ǎisōng yuèfā de
最妙的是下点儿小雪呀。看吧，山上的矮松越发的
qīnghēi shùjiānr·shàng
青黑，树尖儿上‖顶着一髻儿白花，好像日本看护妇。山尖儿全白了，给蓝天镶上一道银边。山坡上，有的地方雪厚点儿，有的地方草色还露着；这样，一道儿白，一道儿暗黄，给山们穿上一件带水纹儿的花衣；看着看着，这件花衣好像被风儿吹动，叫你希望看见一点更美的山的肌肤。等到快日落的时候，微黄的阳光斜射在山腰上，那点儿薄雪好像忽然害羞，微微露出点儿粉色。就是下小雪吧，济南是受不住大雪的，那些小山太秀气。

节选自老舍《济南的冬天》

Zuòpǐn Hào
作品18号

Chúnpǔ de jiāxiāng cūnbiān yǒu yī tiáo hé qūqū-wānwān hé zhōng jià yī wān
纯朴的家乡村边有一条河，曲曲弯弯，河中架一弯
shíqiáo gōng yàng de xiǎoqiáo héngkuà liǎng'àn
石桥，弓样的小桥横跨两岸。

Měi tiān bùguǎn shì jī míng xiǎo yuè rì lì zhōng tiān háishì yuèhuá xiè dì
每天，不管是鸡鸣晓月，日丽中天，还是月华泻地，
xiǎoqiáo dōu yìnxià chuànchuàn zújì sǎluò chuànchuàn hànzhū Nà shì xiāngqīn wèile
小桥都印下串串足迹，洒落串串汗珠。那是乡亲为了
zhuīqiú duōléng de xīwàng duìxiàn měihǎo de xiáxiǎng Wānwān xiǎoqiáo bùshí
追求多棱的希望，兑现美好的遐想。弯弯小桥，不时
dàngguò qīngyín-dīchàng bùshí lùchū shūxīn de xiàoróng
荡过轻吟低唱，不时露出舒心的笑容。

Yīn'ér wǒ zhìxiǎo de xīnlíng céng jiāng xīnshēng xiàngěi xiǎoqiáo Nǐ shì yī
因而，我稚小的心灵，曾将心声献给小桥：你是一
wān yínsè de xīnyuè gěi rénjiān pǔzhào guānghuī nǐ shì yī bǎ shǎnliàng de liándāo
弯银色的新月，给人间普照光辉；你是一把闪亮的镰刀，

gēyìzhe huānxiào de huāguǒ nǐ shì yī gēn huàngyōuyōu de biǎndan tiāoqǐle cǎisè de
割刈着欢笑的花果；你是一根晃悠悠的扁担，挑起了彩色的
míngtiān Ò xiǎoqiáo zǒujìn wǒ de mèng zhōng
明天！哦，小桥走进我的梦中。

Wǒ zài piāobó tāxiāng de suìyuè xīnzhōng zǒng yǒngdòngzhe gùxiāng de héshuǐ
我在飘泊他乡的岁月，心中总涌动着故乡的河水，
mèng zhōng zǒng kàndào gōng yàng de xiǎoqiáo Dāng wǒ fǎng nánjiāng tàn běiguó yǎnlián
梦中总看到弓样的小桥。当我访南疆探北国，眼帘
chuǎngjìn zuòzuò xióngwěi de chángqiáo shí wǒ de mèng biànde fēngmǎn le zēngtiānle
闯进座座雄伟的长桥时，我的梦变得丰满了，增添了
chì-chéng-huáng-lǜ-qīng-lán-zǐ
赤橙黄绿青蓝紫。

Sānshí duō nián guò·qù wǒ dàizhe mǎntóu shuānghuā huídào gùxiāng dì-yī
三十多年过去，我带着满头霜花回到故乡，第一
jǐnyào de biànshì qù kànwàng xiǎoqiáo
紧要的便是去看望小桥。

À Xiǎoqiáo ne Tā duǒ qǐ·lái le Hé zhōng yī dào chánghóng yùzhe
啊！小桥呢？它躲起来了？河中一道长虹，浴着
zhāoxiá yìyì shǎnguāng Ò xiónghún de dàqiáo chǎngkāi xiōnghuái qìchē de
朝霞熠熠闪光。哦，雄浑的大桥敞开胸怀，汽车的
hūxiào mótuō de díyīn zìxíngchē de dīnglíng hézòuzhe jìnxíng jiāoxiǎngyuè nán lái
呼啸、摩托的笛音、自行车的叮铃，合奏着进行交响乐；南来
de gāngjīn huābù běi wǎng de gānchéng jiāqín huìchū jiāoliú huānyuè tú
的钢筋、花布，北往的柑橙、家禽，绘出交流欢悦图……

À Tuìbiàn de qiáo chuándì le jiāxiāng jìnbù de xiāoxi tòulùle jiāxiāng fùyù
啊！蜕变的桥，传递了家乡进步的消息，透露了家乡富裕
de shēngyīn Shídài de chūnfēng měihǎo de zhuīqiú wǒ mòdì jìqǐ ér shí chàng
的声音。时代的春风，美好的追求，我蓦地记起儿时唱‖给小桥的歌，哦，明艳艳的太阳照耀了，芳香甜蜜的花果捧来了，五彩斑斓的岁月拉开了！

我心中涌动的河水，激荡起甜美的浪花。我仰望一碧蓝天，心底轻声呼喊：家乡的桥啊，我梦中的桥！

节选自郑莹《家乡的桥》

Zuòpǐn Hào
作品 19 号

Sānbǎi duō nián qián jiànzhù shèjìshī Láiyī'ēn shòumìng shèjìle Yīngguó Wēnzé
三百多年前，建筑设计师莱伊恩受命设计了英国温泽

shìzhèng fǔ dàtīng Tā yùnyòng gōngchéng lìxué de zhīshi yījù zìjǐ duōnián de
市政府大厅。他运用工程力学的知识，依据自己多年的
shíjiàn qiǎomiào de shèjìle zhǐ yòng yī gēn zhùzi zhīchēng de dàtīng tiānhuābǎn Yī
实践，巧妙地设计了只用一根柱子支撑的大厅天花板。一
nián yǐhòu shìzhèngfǔ quánwēi rénshì jìnxíng gōngchéng yànshōu shí què shuō zhǐ yòng yī
年以后，市政府权威人士进行工程验收时，却说只用一
gēn zhùzi zhīchēng tiānhuābǎn tài wēixiǎn yāoqiú Láiyī'ēn zài duō jiā jǐ gēn zhùzi
根柱子支撑天花板太危险，要求莱伊恩再多加几根柱子。

Láiyī'ēn zìxìn zhǐyào yī gēn jiāngù de zhùzi zúyǐ bǎozhèng dàtīng ānquán tā de
莱伊恩自信只要一根坚固的柱子足以保证大厅安全，他的
gù•zhí rěnǎole shìzhèng guānyuán xiǎnxiē bèi sòng•shàng fǎtíng Tā fēicháng kǔnǎo
“固执”惹恼了市政官员，险些被送上法庭。他非常苦恼，
jiānchí zìjǐ yuánxiān de zhǔzhāng ba shìzhèng guānyuán kěndìng huì lìng zhǎo rén xiūgǎi shèjì
坚持自己原先的主张吧，市政官员肯定会另找人修改设计；
bù jiānchí ba yòu yǒu bèi zìjǐ wéirén de zhǔnzé Máodùnle hěn cháng yīduàn shíjiān
不坚持吧，又有悖自己为人的准则。矛盾了很长一段时间，
Láiyī'ēn zhōngyú xiǎngchūle yī tiáo miàojì tā zài dàtīng • lǐ zēngjiā le sì gēn zhùzi bùguò
莱伊恩终于想出了一条妙计，他在大厅里增加了四根柱子，不过
zhèxiē zhùzi bìngwèi yǔ tiānhuābǎn jiēchù zhǐ•bùguò shì zhuāngzhuang yàngzi
这些柱子并未与天花板接触，只不过是装装样子。

Sānbǎi duō nián guò•qù le zhège mìmì shǐzhōng méi•yǒu bèi rén fāxiàn Zhídào
三百多年过去了，这个秘密始终没有被人发现。直到
qián liǎng nián shìzhèngfǔ zhǔnbèi xiūshàn dàtīng de tiānhuābǎn cái fāxiàn Láiyī'ēn
前两年，市政府准备修缮大厅的天花板，才发现莱伊恩
dāngnián de nòngxū-zuòjiǎ Xiāoxi chuánchū hòu shìjiè gè guó de jiànzhù zhuānjiā
当年的“弄虚作假”。消息传出后，世界各国的建筑专家
hé yóukè yúnjí dāngdì zhèngfǔ duìcǐ yě bù jiā yǎnshì zài xīn shìjì dàolái zhī jì
和游客云集，当地政府对此也不加掩饰，在新世纪到来之际，
tèyì jiāng dàtīng zuòwéi yī gè lǚyóu jǐngdiǎn duìwài kāifàng zhǐ zài yǐndǎo rénmen
特意将大厅作为一个旅游景点对外开放，旨在引导人们
chóngshàng hé xiāngxìn kēxué
崇尚和相信科学。

Zuòwéi yī míng jiànzhùshī Láiyī'ēn bìng bù shì zuì chūsè de Dàn zuòwéi yī gè rén
作为一名建筑师，莱伊恩并不是最出色的。但作为一个人，
tā wúyí fēicháng wěidà zhè zhǒng
他无疑非常伟大，这种‖伟大表现在他始终恪守着自己的原则，给高贵的心灵一个美丽的住所，哪怕是遭遇到最大的阻力，也要想办法抵达胜利。

节选自游宇明《坚守你的高贵》

Zuòpǐn Hào
作品20号

Zìcóng chuányán yǒu rén zài Sàwén hépàn sànbù shí wúyì fāxiànle jīnzi hòu zhè• lǐ
自从传言有人在萨文河畔散步时无意发现了金子后，这里
biàn cháng yǒu láizì sìmiàn - bāfāng de táojīnzhě Tāmen dōu xiǎng chéngwéi fùwēng
便常有来自四面八方的淘金者。他们都想成为富翁，
yú shì xúnbiànle zhěnggè héchuáng hái zài héchuáng•shàng wāchū hěn duō dàkēng
于是寻遍了整个河床，还在河床上挖出很多大坑，
xīwàng jièzhù tāmen zhǎodào gèng duō de jīnzi Díquè yǒu yīxiē rén zhǎodào le
希望借助它们找到更多的金子。的确，有一些人找到了，
dàn lìngwài yīxiē rén yīn•wèi yīwú-suǒdé ér zhǐhǎo sǎoxìng guīqù
但另外一些人因为一无所得而只好扫兴归去。

Yě yǒu bù gānxīn luòkōng de biàn zhùzhā zài zhè• lǐ jìxù xúnzhǎo
也有不甘心落空的，便驻扎在这里，继续寻找。
Bǐdé Fú léi tè jiùshì qízhōng yī yuán Tā zài héchuáng fùjìn mǎile yī kuài méi rén yào
彼得·弗雷特就是其中一员。他在河床附近买了一块没人要
de tǔdì yī gè rén mòmò de gōngzuò Tā wèile zhǎo jīnzi yǐ bǎ suǒyǒu de qián
的土地，一个人默默地工作。他为了找金子，已把所有的钱
dōu yā zài zhè kuài tǔdì•shàng Tā máitóu-kǔgànle jǐ gè yuè zhídào tǔdì quán
都押在这块土地上。他埋头苦干了几个月，直到土地全
biànchéngle kēngkeng-wāwā tā shīwàng le tā fānbiànle zhěng kuài tǔdì dàn
变成了坑坑洼洼，他失望了——他翻遍了整块土地，但
lián yīdīngdiǎnr jīnzi dōu méi kàn•jiàn
连一丁点儿金子都没看见。

Liù gè yuè hòu tā lián mǎi miànbāo de qián dōu méi•yǒu le Yúshì tā zhǔnbèi
六个月后，他连买面包的钱都没有了。于是他准备
líkāi zhèr dào biéchù qù móushēng
离开这儿到别处去谋生。

Jiù zài tā jíjiāng líqù de qián yī gè wǎnshang tiān xiàqǐle qīngpén - dàyǔ
就在他即将离去的前一个晚上，天下起了倾盆大雨，
bìngqiě yī xià jiù shì sān tiān sān yè Yǔ zhōngyú tíng le Bǐdé zǒuchū xiǎo mùwū
并且一下就是三天三夜。雨终于停了，彼得走出小木屋，
fāxiàn yǎnqián de tǔdì kàn shàng•qù hǎoxiàng hé yǐqián bù yīyàng Kēngkeng-wāwā yǐ
发现眼前的土地看上去好像和以前不一样：坑坑洼洼已
bèi dàshuǐ chōngshuā píngzhěng sōngruǎn de tǔdì • shàng zhǎngchū yī céng lǜróngróng
被大水冲刷平整，松软的土地上长出一层绿茸茸

de xiǎocǎo
的小草。

Zhè• lǐ méi zhǎodào jīnzi　Bǐdé hū yǒusuǒwù de shuō　Dànzhè tǔdì hěn féiwò　wǒ
“这里没找到金子，”彼得忽有所悟地说，“但这土地很肥沃，我

kě yǐ yòng lái zhònghuā　bìngqiě ná dào zhèn•shàng qù màigěi nàxiē fùrén　tāmen yīdìng huì mǎi
可以用来种花，并且拿到镇上去卖给那些富人，他们一定会买

xiē huā zhuāngbàn tāmen huálì de kètīng
些花装扮他们华丽的客厅。‖如果真是这样的话，那么我一定会赚许多钱，有朝一日我也会成为富人……”

于是他留了下来。彼得花了不少精力培育花苗，不久田地里长满了美丽娇艳的各色鲜花。

五年以后，彼得终于实现了他的梦想——成了一个富翁。“我是唯一的一个找到真金的人！”他时常不无骄傲地告诉别人，“别人在这儿找不到金子后便远远地离开，而我的‘金子’是在这块土地里，只有诚实的人用勤劳才能采集到。”

节选自陶猛译《金子》

Zuòpǐn　Hào
作品21号

Wǒ zài Jiānádà xuéxí qījiān yùdào guo liǎngcì mùjuān　nà qíngjǐng zhìjīn shǐ
我在加拿大学习期间遇到过两次募捐，那情景至今使

wǒ nányǐ-wànghuái
我难以忘怀。

Yī tiān　wǒ zài Wòtàihuá de jiē•shàng bèi liǎng gè nánháizi lánzhù qùlù　Tāmen
一天，我在渥太华的街上被两个男孩子拦住去路。他们

shí lái suì　chuān de zhěngzhěng-qíqí　měi rén tóu•shàng dàizhe gè zuògōng jīngqiǎo
十来岁，穿得整整齐齐，每人头上戴着个做工精巧、

sècǎi xiānyàn de zhǐ mào　shàng•miàn xiězhe　Wèi bāngzhù huàn xiǎo’ér mábì de huǒbàn
色彩鲜艳的纸帽，上面写着“为帮助患小儿麻痹的伙伴

mùjuān　Qízhōng de yī gè　bùyóu-fēnshuō jiù zuò zài xiǎodèng•shàng gěi wǒ cā•qǐ
募捐”。其中的一个，不由分说就坐在小凳上给我擦起

píxié•lái　lìng yī gè zé bīnbīn-yǒulǐ de fāwèn　Xiǎo•jiě　nín shì nǎ guó rén　Xǐhuan
皮鞋来，另一个则彬彬有礼地发问：“小姐，您是哪国人？喜欢

Wòtàihuá ma　Xiǎo•jiě　zài nǐmen guójiā yǒu méi•yǒu xiǎoháir huàn xiǎo’ér mábì　Shéi gěi
渥太华吗？”“小姐，在你们国家有没有小孩儿患小儿麻痹？谁给

tāmen yīliáofèi Yī liánchuàn de wèntí shǐ wǒ zhège yǒushēng- yǐ lái tóu yī cì zài
他们 医疗费?” 一连 串 的 问题, 使 我 这个 有 生 以来 头 一 次 在
zhòngmù-kuíkuí zhīxià ràng bié•rén cā xié de yìxiāng rén cóng jìnhū lángbèi de jiǒngtài zhōng
众 目 睽睽 之下 让 别 人 擦鞋 的 异乡 人, 从 近乎 狼狈 的 窘态 中
jiětuō chū• lái Wǒmen xiàng péngyou yīyàng liáo• qǐ tiānr • lái
解脱 出 来。我们 像 朋友 一样 聊 起天儿 来……

Jǐ gè yuè zhīhòu yě shì zài jiē •shàng Yī xiē shízì lùkǒu chù huò chēzhàn zuòzhe
几 个 月 之后 , 也 是 在 街 上 。一些 十字 路口 处 或 车站 坐着
jǐ wèi lǎorén Tāmen mǎntóu yínfà shēn chuān gè zhǒng lǎoshì jūnzhuāng
几 位 老人。 他们 满头 银发, 身 穿 各 种 老式 军 装 ,
shàng•miàn bùmǎnle dà dà-xiǎoxiǎo xíngxíng- sè sè de huīzhāng jiǎngzhāng měi rén shǒu
上 面 布满了 大大 小 小 形 形 色色 的 徽 章 、 奖 章 , 每 人 手
pěng yī dà shù xiānhuā yǒu shuǐxiān shízhú méi•guī jí jiào• bùchū míngzi de
捧 一 大 束 鲜 花 , 有 水 仙 、 石 竹 、 玫 瑰 及 叫 不出 名字 的,
yīsè xuěbái Cōngcōng guòwǎng de xíngrén fēnfēn zhǐ bù bǎ qián tóu jìn zhèxiē lǎorén
一色 雪白 。 匆 匆 过 往 的 行人 纷纷 止步, 把 钱 投进 这些 老人
shēnpáng de báisè mùxiāng nèi ránhòu xiàng tāmen wēiwēi jūgōng cóng tāmen shǒu
身 旁 的 白色 木 箱 内, 然后 向 他们 微微 鞠躬, 从 他们 手
zhōng jiēguo yī duǒ huā Wǒ kànle yīhuìr yǒu rén tóu yī -liǎng yuán yǒu rén tóu
中 接过 一 朵 花 。 我 看了 一会儿, 有 人 投 一 两 元 , 有 人 投
jǐ bǎi yuán hái yǒu rén tāochū zhīpiào tiánhǎo hòu tóu jìn mùxiāng Nàxiē lǎojūnrén háobù
几百 元 , 还 有 人 掏出 支票 填好 后 投进 木 箱 。 那些 老军人 毫不
zhùyì rénmen juān duō•shǎo qián yī zhí bù
注意 人们 捐 多 少 钱 , 一直 不 ‖ 停地向人们低声道谢。同行的朋友告诉我,这是为纪念二次大战中参战的勇士,募捐救济残废军人和烈士遗孀,每年一次;认捐的人可谓踊跃,而且秩序井然,气氛庄严。有些地方,人们还耐心地排着队。我想,这是因为他们都知道:正是这些老人们的流血牺牲换来了包括他们信仰自由在内的许许多多。

我两次把那微不足道的一点儿钱捧给他们,只想对他们说声“谢谢”。

节选自青白《捐诚》

Zuòpǐn Hào
作品22 号

Méi•yǒu yī piàn lǜyè méi•yǒu yī lǚ chuīyān méi•yǒu yī lì nítǔ méi•yǒu
没 有 一 片 绿叶 , 没 有 一 缕 炊 烟 , 没 有 一 粒 泥土 , 没 有

yī sī huāxiāng zhīyǒu shuǐ de shìjiè yún de hǎiyáng
一丝花香，只有水的世界，云的海洋。

Yī zhèn táifēng xíguò yī zhī gūdān de xiǎoniǎo wújiā-kěguī luòdào bèi juǎndào
一阵台风袭过，一只孤单的小鸟无家可归，落到被卷到
yáng·lǐ de mùbǎn·shàng chéng liú ér xià shānshān ér lái jìn le jìn
洋里的木板上，乘流而下，姗姗而来，近了，近
le
了！……

Hūrán xiǎoniǎo zhāngkāi chìbǎng zài rénmen tóudǐng pánxuánle jǐ quānr
忽然，小鸟张开翅膀，在人们头顶盘旋了几圈儿，
pūlā yī shēng luòdàole chuán·shàng Xǔ shì lèi le Háishì fāxiànle xīn
“噗啦”一声落到了船上。许是累了？还是发现了“新
dàlù Shuǐshǒu niǎn tā tā bù zǒu zhuā tā tā guāiguāi de luò zài zhǎngxīn
大陆”？水手撵它它不走，抓它，它乖乖地落在掌心。
Kě'ài de xiǎoniǎo hé shànliáng de shuǐshǒu jiéchéngle péngyou
可爱的小鸟和善良的水手结成了朋友。

Qiáo tā duō měilì jiāoqiǎo de xiǎozuǐ zhuólǐzhe lǜsè de yǔmáo yāzi yàng
瞧，它多美丽，娇巧的小嘴，啄理着绿色的羽毛，鸭子样
de biǎnjiǎo chéngxiàn chū chūncǎo de éhuáng Shuǐshǒumen bǎ tā dàidào cāng·lǐ gěi
的扁脚，呈现出春草的鹅黄。水手们把它带到舱里，给
tā dā pù ràng tā zài chuán·shàng ānjiā-luòhù měi tiān bǎ fēndào de yī
它“搭铺”，让它在船上安家落户，每天，把分到的一
sùliàotǒng dànshuǐ yúngěi tā hē bǎ cóng zǔguó dài·lái de xiānměi de yúròu fēngěi tā chī
塑料桶淡水匀给它喝，把从祖国带来的鲜美的鱼肉分给它吃，
tiāncháng-rìjiǔ xiǎoniǎo hé shuǐshǒu de gǎnqíng rìqū dǔhòu Qīngchén dāng dì-yī
天长日久，小鸟和水手的感情日趋笃厚。清晨，当第一
shù yángguāng shèjìn xiánchuāng shí tā biàn chǎngkāi měilì de gēhóu chàng a chàng
束阳光射进舷窗时，它便敞开美丽的歌喉，唱啊唱，
yīngyīng-yǒuyùn wǎnrú chūnshuǐ cóngcóng Rénlèi gěi tā yǐ shēngmìng tā háobù
嘤嘤有韵，宛如春水淙淙。人类给它以生命，它毫不
qiānlìn de bǎ zìjǐ de yìshù qīngchūn fèngxiàn gěile bǔyù tā de rén Kěnéng dōu shì
悭吝地把自己的艺术青春奉献给了哺育它的人。可能都是
zhèyàng yìshùjiāmen de qīngchūn zhǐ huì xiàngěi zūnjìng tāmen de rén
这样？艺术家们的青春只会献给尊敬他们的人。

Xiǎoniǎo gěi yuǎnháng shēnghuó méng·shàngle yī céng làngmàn sèdiào Fǎnháng shí
小鸟给远航生活蒙上了一层浪漫色调。返航时，

rénmen ài bù shìshǒu liànliàn-bù shě de xiǎng bǎ tā dàidào yìxiāng Kě xiǎoniǎo qiáocuì
人们爱不释手，恋恋不舍地想把它带到异乡。可小鸟憔悴

le gěi shuǐ bù hē Wèi ròu bù chī Yóuliàng de yǔmáo shīqù le guāngzé Shì
了，给水，不喝！喂肉，不吃！油亮的羽毛失去了光泽。是

a wǒ
啊，我‖们有自己的祖国，小鸟也有它的归宿，人和动物都是一样啊，哪儿也不如故乡好！

慈爱的水手们决定放开它，让它回到大海的摇篮去，回到蓝色的故乡去。离别前，这个大自然的朋友与水手们留影纪念。它站在许多人的头上，肩上，掌上，胳膊上，与喂养过它的人们，一起融进那蓝色的画面……

节选自王文杰《可爱的小鸟》

Zuòpǐn Hào
作品23号

Niǔyuē de dōngtiān cháng yǒu dà fēngxuě pūmiàn de xuěhuā bùdàn lìng rén nányǐ
纽约的冬天常有大风雪，扑面的雪花不但令人难以

zhēngkāi yǎnjing shènzhì hūxī dōu huì xīrù bīnglěng de xuěhuā Yǒushí qián yī tiān
睁开眼睛，甚至呼吸都会吸入冰冷的雪花。有时前一天

wǎnshang háishì yī piàn qínglǎng dì-èr tiān lākāi chuānglián què yǐ·jīng jīxuě yíng
晚上还是一片晴朗，第二天拉开窗帘，却已经积雪盈

chǐ lián mén dōu tuī·bù kāi le
尺，连门都推不开了。

Yùdào zhèyàng de qíngkuàng gōngsī shāngdiàn cháng huì tíngzhǐ shàngbān
遇到这样的情况，公司、商店常会停止上班，

xuéxiào yě tōngguò guǎngbō xuānbù tíng kè Dàn lìng rén bù jiě de shì wéiyǒu gōng lì
学校也通过广播，宣布停课。但令人不解的是，惟有公立

xiǎoxué réngrán kāifàng Zhǐ jiàn huángsè de xiàochē jiānnán de zài lùbiān jiē háizi
小学，仍然开放。只见黄色的校车，艰难地在路边接孩子，

lǎoshī zé yī dà zǎo jiù kǒuzhōng pēnzhe rèqì chǎn qù chēzi qiánhòu de jīxuě xiǎoxīn-
老师则一大早就口中喷着热气，铲去车子前后的积雪，小心

yìyì de kāichē qù xuéxiào
翼翼地开车去学校。

Jù tǒng jì shí nián lái Niǔyuē de gōnglì xiǎoxué zhǐ yīn·wèi chāojí bàofēngxuě tíngguo
据统计，十年来纽约的公立小学只因为超级暴风雪停过

qī cì kè Zhèshì duōme lìng rén jīngyà de shì Fàn de zháo zài dà·rén dōu wú xū shàngbān
七次课。这是多么令人惊讶的事。犯得着在大人都无须上班

de shíhou ràng háizi qù xuéxiào ma　Xiǎoxué de lǎoshī yě tài dǎoméi le ba
的时候 让 孩子 去 学 校 吗？ 小 学 的 老师 也 太 倒 霉 了 吧？

Yúshì　měiféng dàxuě ér xiǎoxué bù tíngkè shí　dōu yǒu jiāzhǎng dǎ diànhuà qù
于是， 每 逢 大雪 而 小 学 不 停课 时， 都 有 家长 打 电话 去
mà　Miào de shì　měi gè dǎ diànhuà de rén　fǎnyìng quán yīyàng　xiān shì
骂。 妙 的 是， 每 个 打 电 话 的 人， 反应 全 一样 —— 先 是
nùqìchōngchōng de zéwèn　ránhòu mǎnkǒu dàoqiàn　zuìhòu xiàoróng mǎnmiàn de
怒气 冲 冲 地 责问， 然后 满口 道歉， 最后 笑容 满面 地
guà•shàng diànhuà　Yuányīn shì　xuéxiào gàosu jiāzhǎng
挂 上 电话。 原因 是， 学校 告诉 家长：

Zài Niǔyuē yǒu xǔduō bǎiwàn fùwēng　dàn yě yǒu bùshǎo pínkùn de jiātíng　Hòuzhě
在 纽约 有 许多 百万 富翁， 但 也 有 不少 贫困 的 家庭。 后者
bái•tiān kāi•bù qǐ nuǎnqì　gōng•bù qǐ wǔcān　háizi de yíngyǎng quán kào xuéxiào•lǐ
白 天 开 不起 暖气， 供 不起 午餐， 孩子 的 营 养 全 靠 学校 里
miǎnfèi de zhōngfàn　shènzhì kěyǐ duō ná xiē huíjiā dàng wǎncān　Xuéxiào tíngkè yī
免费 的 中 饭， 甚至 可以 多 拿 些 回家 当 晚餐。 学校 停课 一
tiān　qióng háizi jiù shòu yī tiān dòng　ái yī tiān è　suǒyǐ lǎoshīmen nìngyuàn zìjǐ
天， 穷 孩子 就 受 一 天 冻， 挨 一 天 饿， 所以 老师 们 宁 愿 自己
kǔ yīdiǎnr　yě bù néng tíng
苦 一点儿， 也 不 能 停 ‖ 课。

或许有家长会说：何不让富裕的孩子在家里，让贫穷的孩子去学校享受暖气和营养午餐呢？

学校的答复是：我们不愿让那些穷苦的孩子感到他们是在接受救济，因为施舍的最高原则是保持受施者的尊严。

节选自（台湾）刘墉《课不能停》

Zuòpǐn Hào
作品 24 号

Shí nián　zài lìshǐ•shàng bùguò shì yī shùnjiān　Zhǐyào shāo jiā zhùyì　rénmen jiù huì
十 年， 在 历史 上 不过 是 一 瞬 间。 只要 稍 加 注意， 人们 就 会
fāxiàn　Zài zhè yī shùnjiān•lǐ　gè zhǒng shìwù dōu qiāoqiāo jīnglìle zìjǐ de qiānbiàn-wànhuà
发现：在 这一 瞬 间 里，各 种 事物 都 悄 悄 经历了 自己 的 千变 万化。

Zhè cì chóngxīn fǎng Rì　wǒ chùchù gǎndào qīnqiè hé shú•xī　yě zài xǔduō fāngmiàn
这次 重新 访 日，我 处处 感到 亲切 和 熟 悉，也 在 许多 方 面
fājuéle Rìběn de biànhuà　Jiù ná Nàiliáng de yīgè jiǎoluò lái shuō ba　wǒ chóngyóu le wèi zhī
发觉了 日本 的 变 化。就 拿 奈 良 的一个 角落 来 说 吧，我 重游 了 为之
gǎnshòu hěn shēn de Táng Zhāotísì　zài sìnèi gèchù cōngcōng zǒule yī biàn　tíngyuàn yījiù
感受 很 深 的 唐 招提寺，在 寺内 各处 匆匆 走了 一 遍，庭院 依旧，

dàn yì xiǎngbùdào hái kàndàole yīxiē xīn de dōngxi Qízhōng zhī yī jiùshì jìn jǐ nián cóng
但意想不到还看到了一些新的东西。其中之一，就是近几年从
Zhōngguó yízhí lái de yǒuyì zhīlián
中国移植来的“友谊之莲”。

Zài cúnfàng Jiànzhēn yíxiàng de nàge yuànzi • lǐ jǐ zhū Zhōngguó lián ángrán tǐnglì
在存放鉴真遗像的那个院子里，几株中国莲昂然挺立，
cuìlǜ de kuāndà héyè zhèng yíngfēng ér wǔ xiǎn • dé shífēn yúkuài Kāihuā de jìjié yǐ guò
翠绿的宽大荷叶正迎风而舞，显得十分愉快。开花的季节已过，
héhuā duǒduǒ yǐ biànwéi liánpeng léi léi Liánzǐ de yánsè zhèngzài yóu qīng zhuǎn zǐ kàn • lái
荷花朵朵已变为莲蓬累累。莲子的颜色正在由青转紫，看来
yǐ • jīng chéngshú le
已经成熟了。

Wǒ jīn • bùzhù xiǎng Yīn yǐ zhuǎnhuà wéi guǒ
我禁不住想：“因”已转化为“果”。

Zhōngguó de liánhuā kāi zài Rìběn Rìběn de yīnghuā kāi zài Zhōngguó zhè bù shì
中国的莲花开在日本，日本的樱花开在中国，这不是
ǒurán Wǒ xīwàng zhèyàng yī zhǒng shèngkuàng yánxù bù shuāi Kěnéng yǒu rén bù
偶然。我希望这样一种盛况延续不衰。可能有人不
xīnshǎng huā dàn jué bùhuì yǒu rén xīnshǎng luò zài zìjǐ miànqián de pàodàn
欣赏花，但决不会有人欣赏落在自己面前的炮弹。

Zài zhèxiē rìzi • lǐ wǒ kàndàole bùshǎo duō nián bù jiàn de lǎopéngyou yòu jiéshíle
在这些日子里，我看到了不少多年不见的老朋友，又结识了
yīxiē xīnpéngyou Dàjiā xǐhuan shèjí de huàtí zhīyī jiù shì gǔ Cháng'ān hé gǔ Nàiliáng Nà hái
一些新朋友。大家喜欢涉及的话题之一，就是古长安和古奈良。那还
yòng de zháo wènma péngyoumen miǎnhuái guòqù zhèngshì zhǔwàng wèilái Zhǔmù yú wèilái
用得着问吗，朋友们缅怀过去，正是瞩望未来。瞩目于未来
de rénmen bìjiāng huòdé wèilái
的人们必将获得未来。

Wǒ bù lìwài yě xīwàng yī gè měihǎo de wèilái
我不例外，也希望一个美好的未来。

Wèi
为‖了中日人民之间的友谊，我将不浪费今后生命的每一瞬间。

节选自严文井《莲花和樱花》

Zuòpǐn Hào
作品25号

Méiyǔtán shǎnshǎn de lǜsè zhāoyǐn zhe wǒmen wǒmen kāishǐ zhuīzhuō tā nà líhé
梅雨潭闪闪的绿色招引着我们，我们开始追捉她那离合

de shénguāng le　Jiūzhe cǎo　pānzhe luànshí　xiǎo·xīn tànshēn xià·qù　yòu jūgōng
的神光了。揪着草，攀着乱石，小心探身下去，又鞠躬

guòle yī gè shíqióngmén　biàn dàole wāngwāng yī bì de tán biān le
过了一个石穹门，便到了汪汪一碧的潭边了。

Pùbù zài jīnxiù zhījiān　dànshì wǒ de xīnzhōng yǐ méi·yǒu pùbù le　Wǒ de xīn suí
瀑布在襟袖之间，但是我的心中已没有瀑布了。我的心随

tánshuǐ de lǜ ér yáodàng　Nà zuìrén de lǜ ya　Fǎngfú yī zhāng jí dà jí dà de
潭水的绿而摇荡。那醉人的绿呀！仿佛一张极大极大的

héyè pūzhe　mǎnshì qíyì de lǜ ya　Wǒ xiǎng zhāngkāi liǎngbì bàozhù tā　dàn zhè
荷叶铺着，满是奇异的绿呀。我想张开两臂抱住她，但这

shì zěnyàng yī gè wàngxiǎng a
是怎样一个妄想啊。

Zhàn zài shuǐbiān　wàngdào nà·miàn　jūrán juézhe yǒu xiē yuǎn ne　Zhè
站在水边，望到那面，居然觉着有些远呢！这

píngpūzhe　hòujīzhe de lǜ　zhuóshí kě'ài　Tā sōngsōng de zhòuxiézhe　xiàng
平铺着、厚积着的绿，着实可爱。她松松地皱缬着，像

shàofù tuōzhe de qúnfú　tā huáhuá de míngliàngzhe　xiàng tú le　míngyóu
少妇拖着的裙幅；她滑滑地明亮着，像涂了“明油”

yī bān　yǒu jīdànqīng nàyàng ruǎn　nàyàng nèn　tā yòu bù zá xiē chénzǐ　wǎnrán yī
一般，有鸡蛋清那样软，那样嫩；她又不杂些尘滓，宛然一

kuài wēnrùn de bìyù　zhǐ qīngqīng de yī sè　dàn nǐ què kàn·bùtòu tā
块温润的碧玉，只清清的一色——但你却看不透她！

Wǒ céng jiànguo Běijīng Shíchàhǎi fúdì de lǜyáng　tuō·bùliǎo éhuáng de dǐzi
我曾见过北京什刹海拂地的绿杨，脱不了鹅黄的底子，

sìhū tài dàn le　Wǒ yòu céng jiànguo Hángzhōu Hǔpáosì jìnpáng gāojùn ér shēnmì de
似乎太淡了。我又曾见过杭州虎跑寺近旁高峻而深密的

lǜbì　cóngdiézhe wúqióng de bìcǎo yǔ lǜyè de　nà yòu sìhū tài nóng le
“绿壁”，丛叠着无穷的碧草与绿叶的，那又似乎太浓了。

Qíyú ne　Xīhú de bō tài míng le　Qínhuái Hé de yě tài àn le　Kě'ài de　wǒ
其余呢，西湖的波太明了，秦淮河的也太暗了。可爱的，我

jiāng shénme lái bǐnǐ nǐ ne　Wǒ zěnme bǐnǐ de chū ne　Dàyuē tán shì hěn shēn de
将什么来比拟你呢？我怎么比拟得出呢？大约潭是很深的，

gù néng yùnxù zhe zhèyàng qíyì de lǜ　fǎngfú wèilán de tiān róngle yī kuài zài lǐ·miàn
故能蕴蓄着这样奇异的绿；仿佛蔚蓝的天融了一块在里面

shìde　zhè cái zhèbān de xiānrùn a
似的，这才这般的鲜润啊。

Nà zuìrén de lǜ ya　Wǒ ruò néng cái nǐ yǐ wéi dài　wǒ jiāng zènggěi nà qīngyíng
那醉人的绿呀！我若能裁你以为带，我将赠给那轻盈

de
的 ‖ 舞女，她必能临风飘举了。我若能挹你以为眼，我将赠给那善歌的盲妹，她必明眸善睐了。我舍不得你，我怎舍得你呢？我用手拍着你，抚摩着你，如同一个十二三岁的小姑娘。我又掬你入口，便是吻着她了。我送你一个名字，我从此叫你“女儿绿”，好吗？

第二次到仙岩的时候，我不禁惊诧于梅雨潭的绿了。

节选自朱自清《绿》

Zuòpǐn Hào
作品 26 号

Wǒmen jiā de hòuyuán yǒu bàn mǔ kòngdì mǔ•qīn shuō Ràng tā huāngzhe guài
我们家的后园有半亩空地，母亲说：“让它荒着怪
kěxī de nǐmen nàme ài chī huāshēng jiù kāipì chū•lái zhòng huāshēng ba
可惜的，你们那么爱吃花生，就开辟出来种花生吧。”
Wǒmen jiě-dì jǐ gè dōu hěn gāoxìng mǎizhǒng fāndì bōzhǒng jiāoshuǐ méi
我们姐弟几个都很高兴，买种，翻地，播种，浇水，没
guò jǐ gè yuè jūrán shōuhuò le
过几个月，居然收获了。

Mǔ•qīn shuō Jīnwǎn wǒmen guò yī gè shōuhuòjié qǐng nǐmen fù•qīn yě lái
母亲说：“今晚我们过一个收获节，请你们父亲也来
chángchang wǒmen de xīn huāshēng hǎo•bùhǎo Wǒmen dōu shuō hǎo Mǔ•qīn bǎ
尝尝我们的新花生，好不好？”我们都说好。母亲把
huāshēng zuòchéngle hǎo jǐ yàng shípǐn hái fēn•fù jiù zài hòuyuán de máotíng•lǐ guò
花生做成了好几样食品，还吩咐就在后园的茅亭里过
zhège jié
这个节。

Wǎnshang tiānsè bù tài hǎo kěshì fù•qīn yě lái le shízài hěn nándé
晚上天色不太好，可是父亲也来了，实在很难得。

Fù•qīn shuō Nǐmen ài chī huāshēng ma
父亲说：“你们爱吃花生吗？”

Wǒmen zhēngzhe dāying Ài
我们争着答应：“爱！”

Shéi néng bǎ huāshēng de hǎo•chù shuō chū•lái
“谁能把花生的好处说出来？”

Jiějie shuō Huāshēng de wèir měi
姐姐说：“花生的味儿美。”

Gēge shuō　Huāshēng kěyǐ zhàyóu
哥哥说：“花生可以榨油。”

Wǒ shuō　Huāshēng de jià·qián piányi　shéi dōu kěyǐ mǎi·lái chī　dōu xǐhuan chī　Zhè jiù shì tā de hǎo·chù
我说：“花生的价钱便宜，谁都可以买来吃，都喜欢吃。这就是它的好处。”

Fù·qīn shuō　Huāshēng de hǎo·chù hěn duō　yǒu yī yàng zuì kěguì　Tā de guǒshí mái zài dì·lǐ　bù xiàng táozi　shíliu　píngguǒ nàyàng　bǎ xiānhóng nènlǜ de guǒshí gāogāo de guà zài zhītóu·shàng　shǐ rén yī jiàn jiù shēng àimù zhī xīn　Nǐmen kàn tā ǎi'ǎi de zhǎng zài dì·shàng　děngdào chéngshú le　yě bùnéng lìkè fēnbiàn chū·lái tā yǒu méi·yǒu guǒshí　bìxū wā chū·lái cái zhī·dào
父亲说：“花生的好处很多，有一样最可贵：它的果实埋在地里，不像桃子、石榴、苹果那样，把鲜红嫩绿的果实高高地挂在枝头上，使人一见就生爱慕之心。你们看它矮矮地长在地上，等到成熟了，也不能立刻分辨出来它有没有果实，必须挖出来才知道。”

Wǒmen dōu shuō shì　mǔ·qīn yě diǎndiǎn tóu
我们都说是，母亲也点点头。

Fùqīn jiē xià·qù shuō　Suǒyǐ nǐmen yào xiàng huāshēng　tā suīrán bù hǎokàn　kěshì hěn yǒuyòng　bù shì wàibiǎo hǎokàn ér méi·yǒu shíyòng de dōngxi
父亲接下去说：“所以你们要像花生，它虽然不好看，可是很有用，不是外表好看而没有实用的东西。”

Wǒ shuō　Nàme　rén yào zuò yǒuyòng de rén　bùyào zuò zhǐ jiǎng tǐ·miàn　ér duì bié·rén méi·yǒu hǎo·chù de rén le
我说：“那么，人要做有用的人，不要做只讲体面，而对别人没有好处的人了。” ‖

父亲说：“对。这是我对你们的希望。”

我们谈到夜深才散。花生做的食品都吃完了，父亲的话却深深地印在我的心上。

节选自许地山《落花生》

Zuòpǐn　Hào
作品 27 号

Wǒ dǎ liè guī lái　yánzhe huāyuán de línyīnlù zǒuzhe　Gǒu pǎo zài wǒ qián·biān
我打猎归来，沿着花园的林阴路走着。狗跑在我前边。

Tūrán gǒu fàngmàn jiǎobù nièzú-qiánxíng hǎoxiàng xiùdàole qián•biān yǒu shénme yěwù
突然，狗放慢脚步，蹑足潜行，好像嗅到了前边有什么野物。

Wǒ shùnzhe línyīnlù wàng•qù kàn•jiànle yī zhī zuǐ biān hái dài huángsè tóu•shàng shēngzhe róumáo de xiǎo máquè Fēng měngliè de chuīdǎzhe línyīnlù •shàng de báihuàshù máquè cóng cháo• lǐ diēluò xià• lái dāidāi de fú zài dì •shàng gūlì wúyuán de zhāngkāi liǎngzhī yǔmáo hái wèi fēngmǎn de xiǎo chìbǎng
我顺着林阴路望去，看见了一只嘴边还带黄色、头上生着柔毛的小麻雀。风猛烈地吹打着林阴路上的白桦树，麻雀从巢里跌落下来，呆呆地伏在地上，孤立无援地张开两只羽毛还未丰满的小翅膀。

Wǒ de gǒu mànmàn xiàng tā kàojìn Hūrán cóng fùjìn yī kē shù•shàng fēi•xià yī zhī hēi xiōngpú de lǎo máquè xiàng yī kē shízǐ shìde luòdào gǒu de gēn•qián Lǎo máquè quánshēn dàoshùzhe yǔmáo jīngkǒng-wànzhuàng fāchū juéwàng qīcǎn de jiàoshēng jiēzhe xiàng lòuchū yáchǐ dà zhāngzhe de gǒuzuǐ pū•qù
我的狗慢慢向它靠近。忽然，从附近一棵树上飞下一只黑胸脯的老麻雀，像一颗石子似的落到狗的跟前。老麻雀全身倒竖着羽毛，惊恐万状，发出绝望、凄惨的叫声，接着向露出牙齿、大张着的狗嘴扑去。

Lǎo máquè shì měng pū xià• lái jiùhù yòuquè de Tā yòng shēntǐ yǎnhù zhe zìjǐ de yòu' ér Dàn tā zhěnggè xiǎoxiǎo de shēntǐ yīn kǒngbù ér zhànlì zhe tā xiǎoxiǎo de shēngyīn yě biànde cūbào sīyǎ tā zài xīshēng zìjǐ
老麻雀是猛扑下来救护幼雀的。它用身体掩护着自己的幼儿……但它整个小小的身体因恐怖而战栗着，它小小的声音也变得粗暴嘶哑，它在牺牲自己！

Zài tā kànlái gǒu gāi shì duōme pángdà de guàiwu a Rán' ér tā háishì bùnéng zhàn zài zìjǐ gāogāo de ānquán de shùzhī•shàng Yī zhǒng bǐ tā de lǐzhì gèng qiángliè de lì •liàng shǐ tā cóng nàr pū•xià shēn• lái
在它看来，狗该是多么庞大的怪物啊！然而，它还是不能站在自己高高的、安全的树枝上……一种比它的理智更强烈的力量，使它从那儿扑下身来。

Wǒ de gǒu zhànzhù le xiàng hòu tuìle tuì Kànlái tā yě gǎndàole zhè zhǒng lì •liàng
我的狗站住了，向后退了退……看来，它也感到了这种力量。

Wǒ gǎnjǐn huànzhù jīnghuāng-shīcuò de gǒu　ránhòu wǒ huáizhe chóngjìng de xīnqíng
我赶紧唤住惊慌失措的狗，然后我怀着崇敬的心情，
zǒukāi le
走开了。

Shì a　qǐng bùyào jiànxiào　Wǒ chóngjìng nà zhī xiǎoxiǎo de　yīngyǒng de
是啊，请不要见笑。我崇敬那只小小的、英勇的
niǎo'·ér　wǒ chóngjìng tā nà zhǒng ài de chōngdòng hé lì·liàng
鸟儿，我崇敬它那种爱的冲动和力量。

Ài　wǒ
爱，我‖想，比死和死的恐惧更强大。只有依靠它，依靠这种爱，生命才能维持下去，发展下去。

节选自［俄］屠格涅夫《麻雀》，巴金译

Zuòpǐn　Hào
作品28号

Nà nián wǒ liù suì　Lí wǒ jiā jǐn yī jiàn zhī yáo de xiǎo shānpō páng　yǒu yī gè
那年我六岁。离我家仅一箭之遥的小山坡旁，有一个
zǎo yǐ bèi fèiqì de cǎishíchǎng　shuāngqīn cónglái bùzhǔn wǒ qù nàr　qíshí nàr
早已被废弃的采石场，双亲从来不准我去那儿，其实那儿
fēngjǐng shífēn mírén
风景十分迷人。

Yī gè xiàjì de xiàwǔ　wǒ suízhe yī qún xiǎohuǒbànr tōutōu shàng nàr qù le
一个夏季的下午，我随着一群小伙伴偷偷上那儿去了。
Jiù zài wǒmen chuānyuèle yī tiáo gūjì de xiǎolù hòu　tāmen què bǎ wǒ yī gè rén liú zài
就在我们穿越了一条孤寂的小路后，他们却把我一个人留在
yuán dì　ránhòu bēnxiàng　gèng wēixiǎn de dìdài　le
原地，然后奔向"更危险的地带"了。

Děng tāmen zǒuhòu　wǒ jīnghuāng-shīcuò de fāxiàn　zài yě zhǎo·bùdào yào huíjiā
等他们走后，我惊慌失措地发现，再也找不到要回家
de nà tiáo gūjì de xiǎodào le　Xiàng zhī wú tóu de cāngying　wǒ dàochù luàn zuān
的那条孤寂的小道了。像只无头的苍蝇，我到处乱钻，
yīkù·shàng guàmǎnle mángcì　Tài·yáng yǐ·jīng luòshān　ér cǐshí cǐkè　jiā·lǐ
衣裤上挂满了芒刺。太阳已经落山，而此时此刻，家里
yīdìng kāishǐ chī wǎncān le　shuāngqīn zhèng pànzhe wǒ huíjiā　Xiǎngzhe xiǎngzhe
一定开始吃晚餐了，双亲正盼着我回家……想着想着，
wǒ bùyóude bèi kàozhe yī kē shù　shāngxīn de wūwū dà kū qǐ·lái
我不由得背靠着一棵树，伤心地呜呜大哭起来……

Tūrán bù yuǎn chù chuán·lái le shēngshēng liǔdí Wǒ xiàng zhǎodàole jiùxīng
突然，不远处传来了声声柳笛。我像找到了救星，
jímáng xúnshēng zǒuqù Yī tiáo xiǎodào biān de shùzhuāng·shàng zuòzhe yī wèi chuīdí rén
急忙循声走去。一条小道边的树桩上坐着一位吹笛人，
shǒu·lǐ hái zhèng xiāozhe shénme Zǒujìn xì kàn tā bù jiùshì bèi dàjiā chēngwéi
手里还正削着什么。走近细看，他不就是被大家称为
xiāngbalǎor de Kǎtíng ma
“乡巴佬儿”的卡廷吗？

Nǐ hǎo xiǎojiāhuor Kǎtíng shuō Kàn tiānqì duō měi nǐ shì chū·lái
“你好，小家伙儿，”卡廷说，“看天气多美，你是出来
sànbù de ba
散步的吧？”

Wǒ qièshēngshēng de diǎndiǎn tóu dádào Wǒ yào huíjiā le
我怯生生地点点头，答道：“我要回家了。”

Qǐng nàixīn děng·shàng jǐ fēnzhōng Kǎtíng shuō Qiáo wǒ zhèngzài xiāo
“请耐心等上几分钟，”卡廷说，“瞧，我正在削
yī zhī liǔdí chà·bùduō jiù yào zuòhǎo le wángōng hòu jiù sònggěi nǐ ba
一支柳笛，差不多就要做好了，完工后就送给你吧！”

Kǎtíng biān xiāo biān bùshí bǎ shàng wèi chéngxíng de liǔdí fàng zài zuǐ·lǐ shìchuī
卡廷边削边不时把尚未成形的柳笛放在嘴里试吹
yīxià Méi guò duōjiǔ yī zhī liǔdí biàn dìdào wǒ shǒu zhōng Wǒ liǎ zài yī
一下。没过多久，一支柳笛便递到我手中。我俩在一
zhènzhèn qīngcuì yuè'ěr de díyīn
阵阵清脆悦耳的笛音‖中，踏上了归途……

当时，我心中只充满感激，而今天，当我自己也成了祖父时，却突然领悟到他用心之良苦！那天当他听到我的哭声时，便判定我一定迷了路，但他并不想在孩子面前扮演“救星”的角色，于是吹响柳笛以便让我能发现他，并跟着他走出困境！就这样，卡廷先生以乡下人的纯朴，保护了一个小男孩儿强烈的自尊。

节选自唐若水译《迷途笛音》

Zuòpǐn Hào
作品29号

Zài hàohàn wúyín de shāmò·lǐ yǒu yī piàn měilì de lǜzhōu lǜzhōu·lǐ cángzhe
在浩瀚无垠的沙漠里，有一片美丽的绿洲，绿洲里藏着
yī kē shǎnguāng de zhēnzhū Zhè kē zhēnzhū jiùshì Dūnhuáng Mògāokū Tā zuòluò zài
一颗闪光的珍珠。这颗珍珠就是敦煌莫高窟。它坐落在

wǒguó Gānsù Shěng Dūnhuáng Shì Sānwēi Shān hé Míngshā Shān de huáibào zhōng
我国甘肃 省 敦 煌 市三危 山 和 鸣 沙 山 的 怀 抱 中 。

Míngshā Shān dōnglù shì píngjūn gāodù wéi shíqī mǐ de yábì Zài yīqiān liùbǎi duō
鸣 沙 山 东麓 是 平 均 高度 为 十七 米 的 崖壁 。在 一千 六百 多
mǐ cháng de yábì •shàng záoyǒu dàxiǎodòngkū qībǎiyú gè xíngchéngle guīmó hóngwěi de
米 长 的 崖壁 上 ，凿有大小 洞 窟七百余个，形 成 了 规模 宏 伟 的
shíkūqún Qízhōng sìbǎi jiǔshí'èr gè dòngkū zhōng gòngyǒu cǎisè sùxiàng liǎngqiān yībǎi yú
石窟群。其 中 四百九十 二个 洞窟 中 ，共 有 彩色 塑像 两 千 一百 余
zūn gèzhǒng bìhuà gòng sìwàn wǔqiān duō píngfāngmǐ Mògāokū shì wǒguó gǔdài wúshù yìshù
尊，各 种 壁画 共 四万 五千 多 平 方米。莫高窟是 我国 古代 无数 艺术
jiàngshī liú gěi rénlèi de zhēnguì wénhuà yíchǎn
匠 师 留给 人类 的 珍 贵 文 化 遗 产。

Mògāokū de cǎisù měi yī zūn dōushì yī jiàn jīngměi de yìshùpǐn Zuì dà de yǒu
莫高窟 的 彩塑， 每 一 尊 都是 一 件 精美 的 艺术品 。最 大 的 有
jiǔ céng lóu nàme gāo zuì xiǎo de hái bùrú yī gè shǒuzhǎng dà Zhèxiē cǎisù gèxìng
九 层 楼 那么 高 ，最 小 的 还 不如 一 个 手 掌 大。 这些 彩塑 个性
xiānmíng shéntài - gèyì Yǒu címéi-shànmù de pú•sà yǒu wēifēng - lǐnlǐn de
鲜 明 ， 神态 各异。 有 慈眉 善目 的 菩萨 ， 有 威风 凛凛 的
tiānwáng háiyǒu qiángzhuàng yǒngměng de lìshì
天 王 ，还有 强 壮 勇 猛 的力士……

Mògāokū bìhuà de nèiróng fēngfù-duōcǎi yǒude shì miáohuì gǔdài láodòng rénmín
莫高窟 壁画 的 内容 丰富 多彩， 有的 是 描绘 古代 劳动 人民
dǎliè bǔ yú gēngtián shōugē de qíngjǐng yǒude shì miáohuì rénmen zòuyuè
打猎 、 捕鱼 、 耕 田 、 收割 的 情 景， 有的 是 描 绘 人们 奏乐、
wǔdǎo yǎn zájì de chǎngmiàn háiyǒude shì miáohuì dàzìrán de měilì fēngguāng
舞蹈 、 演 杂技 的 场 面 ， 还有的 是 描绘 大自然 的 美丽 风 光 。
Qízhōng zuì yǐnrén-zhùmù de shì fēitiān Bìhuà•shàng de fēitiān yǒude bì kuà huālán
其 中 最引人 注目 的是 飞天 。壁画 上 的飞天， 有的 臂 挎 花篮，
cǎizhāi xiānhuā yǒude fǎn tán pí•pá qīng bō yínxián yǒude dào xuán shēnzi zì
采摘 鲜 花； 有的 反 弹 琵 琶， 轻 拨 银弦； 有的 倒 悬 身子， 自
tiān ér jiàng yǒude cǎidài piāofú màntiān áoyóu yǒude shūzhǎn zhe shuāngbì
天 而 降 ； 有的 彩带 飘拂 ， 漫 天 遨游； 有的 舒展 着 双臂 ，
piānpiān- qǐ wǔ Kànzhe zhèxiē jīngměi dòngrén de bìhuà jiù xiàng zǒujìn le
翩 翩 起舞。 看着 这些 精美 动 人 的 壁画 ， 就 像 走进 了 ‖ 灿烂辉
煌的艺术殿堂。

莫高窟里还有一个面积不大的洞窟——藏经洞。洞里曾藏有我国古代的各种经卷、文书、帛画、刺绣、铜像等共六万多件。由于清朝政府腐败无能，大

量珍贵的文物被外国强盗掠走。仅存的部分经卷，现在陈列于北京故宫等处。

莫高窟是举世闻名的艺术宝库。这里的每一尊彩塑、每一幅壁画、每一件文物，都是中国古代人民智慧的结晶。

节选自小学《语文》第六册中《莫高窟》

Zuòpǐn Hào
作品30号

Qíshí nǐ zài hěn jiǔ yǐqián bìng bù xǐhuan mǔ•dān yīn•wèi tā zǒng bèi rén zuòwéi fùguì móbài Hòulái nǐ mùdǔ le yīcì mǔ•dān de luòhuā nǐ xiāngxìn suǒyǒu de rén dōu huì wéizhī gǎndòng Yī zhèn qīngfēng xú lái jiāoyàn xiānnèn de shèng qī mǔ•dān hūrán zhěngduǒ zhěngduǒ de zhuìluò pūsǎ yīdì xuànlì de huābàn Nà huābàn luòdì shí yīrán xiānyàn duómù rútóng yī zhī fèng•shàng jìtán de dàniǎo tuōluò de yǔmáo dīyínzhe zhuàngliè de bēigē líqù

其实你在很久以前并不喜欢牡丹，因为它总被人作为富贵膜拜。后来你目睹了一次牡丹的落花，你相信所有的人都会为之感动：一阵清风徐来，娇艳鲜嫩的盛期牡丹忽然整朵整朵地坠落，铺撒一地绚丽的花瓣。那花瓣落地时依然鲜艳夺目，如同一只奉上祭坛的大鸟脱落的羽毛，低吟着壮烈的悲歌离去。

Mǔ•dān méi•yǒu huāxiè-huābài zhī shí yàome shuò yú zhītóu yàome guī yú nítǔ tā kuàyuè wěidùn hé shuāilǎo yóu qīngchūn ér sǐwáng yóu měilì ér xiāodùn Tā suī měi què bù lìnxī shēngmìng jíshǐ gàobié yě yào zhǎnshì gěi rén zuìhòu yī cì de jīngxīn-dòngpò

牡丹没有花谢花败之时，要么烁于枝头，要么归于泥土，它跨越萎顿和衰老，由青春而死亡，由美丽而消遁。它虽美却不吝惜生命，即使告别也要展示给人最后一次的惊心动魄。

Suǒyǐ zài zhè yīnlěng de sìyuè•lǐ qíjì bù huì fāshēng Rènpíng yóurén sǎoxìng hé zǔzhòu mǔ•dān yīrán ānzhī-ruòsù Tā bù gǒuqiě bù fǔjiù bù tuǒxié bù mèisú gānyuàn zìjǐ lěngluò zìjǐ Tā zūnxún zìjǐ de huāqī zìjǐ de guīlǜ tā yǒu quánlì wèi zìjǐ xuǎnzé měinián yī dù de shèngdà jiérì Tā wèishénme bù jùjué hánlěng

所以在这阴冷的四月里，奇迹不会发生。任凭游人扫兴和诅咒，牡丹依然安之若素。它不苟且、不俯就、不妥协、不媚俗，甘愿自己冷落自己。它遵循自己的花期自己的规律，它有权利为自己选择每年一度的盛大节日。它为什么不拒绝寒冷？

Tiānnán-hǎiběi de kàn huā rén yīrán luòyì-bùjué de yǒngrù Luòyáng Chéng

天南海北的看花人，依然络绎不绝地涌入洛阳城。

Rénmen bù huì yīn mǔ•dān de jùjué ér jùjué tā de měi Rúguǒ tā zài bèi biǎnzhé shí
人们不会因牡丹的拒绝而拒绝它的美。如果它再被贬谪十

cì yěxǔ tā jiù huì fányǎn chū shí gè Luòyáng mǔ•dān chéng
次，也许它就会繁衍出十个洛阳牡丹城。

Yúshì nǐ zài wúyán de yíhàn zhōng gǎnwù dào fùguì yǔ gāoguì zhǐshì yī zì zhī
于是你在无言的遗憾中感悟到，富贵与高贵只是一字之

chā Tóng rén yīyàng huā'ér yě shì yǒu língxìng de gèng yǒu pǐnwèi zhī gāodī
差。同人一样，花儿也是有灵性的，更有品位之高低。

Pǐnwèi zhè dōngxi wéi qì wéi hún wéi
品位这东西为气为魂为‖筋骨为神韵，只可意会。你叹服牡丹卓尔不群之姿，方知品位是多么容易被世人忽略或是漠视的美。

节选自张抗抗《牡丹的拒绝》

Zuòpǐn Hào
作品31号

Sēnlín hányǎng shuǐyuán bǎochí shuǐtǔ fángzhǐ shuǐhàn zāihài de zuòyòng fēicháng
森林涵养水源，保持水土，防止水旱灾害的作用非常

dà Jù zhuānjiā cèsuàn yī piàn shíwàn mǔ miànjī de sēnlín xiāngdāngyú yī gè
大。据专家测算，一片十万亩面积的森林，相当于一个

liǎngbǎi wàn lìfāngmǐ de shuǐkù zhè zhèng rú nóngyàn suǒ shuō de Shān•shàng duō
两百万立方米的水库，这正如农谚所说的："山上多

zāi shù děngyú xiū shuǐkù Yǔ duō tā néng tūn yǔ shǎo tā néng tǔ
栽树，等于修水库。雨多它能吞，雨少它能吐。"

Shuōqǐ sēnlín de gōng•láo nà hái duō de hěn Tā chúle wèi rénlèi tígōng mùcái
说起森林的功劳，那还多得很。它除了为人类提供木材

jí xǔduō zhǒng shēngchǎn shēnghuó de yuánliào zhīwài zài wéihù shēngtài huánjìng
及许多种生产、生活的原料之外，在维护生态环境

fāngmiàn yě shì gōng•láo zhuózhù tā yòng lìng yī zhǒng néngtūn-néngtǔ de tèshū
方面也是功劳卓著，它用另一种"能吞能吐"的特殊

gōngnéng yùnyù le rénlèi Yīn•wèi dìqiú zài xíngchéng zhīchū dàqì zhōng de èryǎnghuàtàn
功能孕育了人类。因为地球在形成之初，大气中的二氧化碳

hánliàng hěn gāo yǎngqì hěn shǎo qìwēn yě gāo shēngwù shì nányǐ shēngcún de Dàyuē zài
含量很高，氧气很少，气温也高，生物是难以生存的。大约在

sìyì nián zhīqián lùdì cái chǎnshēng le sēnlín Sēnlín mànmàn jiāng dàqì zhōng de
四亿年之前，陆地才产生了森林。森林慢慢将大气中的

èryǎnghuàtàn xīshōu tóngshí tǔ•chū xīn•xiān yǎngqì tiáojié qìwēn Zhè cái jùbèi le rénlèi
二氧化碳吸收，同时吐出新鲜氧气，调节气温：这才具备了人类

shēngcún de tiáojiàn dìqiú •shàngcái zuìzhōng yǒule rénlèi
生存的条件，地球上才最终有了人类。

Sēnlín shì dìqiú shēngtài xìtǒng de zhǔtǐ shì dàzìrán de zǒng diàodùshì shì dìqiú de lǜsè zhī fèi Sēnlín wéihù dìqiú shēngtài huánjìng de zhè zhǒng néngtūn-néng tǔ de tèshū gōngnéng shì qítā rènhé wùtǐ dōu bùnéng qǔdài de
森林，是地球生态系统的主体，是大自然的总调度室，是地球的绿色之肺。森林维护地球生态环境的这种“能吞能吐”的特殊功能是其他任何物体都不能取代的。

Rán’ ér yóuyú dìqiú • shàng de ránshāowù zēngduō èr yǎnghuàtàn de páifàngliàng jíjù zēngjiā shǐ• dé dìqiú shēngtài huánjìng jíjù èhuà zhǔyào biǎoxiàn wéi quánqiú qìhòu biàn nuǎn shuǐfèn zhēngfā jiā kuài gǎibiànle qìliú de xúnhuán shǐ qìhòu biànhuà jiājù cóng’ ér yǐnfā rèlàng jù fēng bàoyǔ hónglào jí gānhàn
然而，由于地球上的燃烧物增多，二氧化碳的排放量急剧增加，使得地球生态环境急剧恶化，主要表现为全球气候变暖，水分蒸发加快，改变了气流的循环，使气候变化加剧，从而引发热浪、飓风、暴雨、洪涝及干旱。

Wèi le
为了‖使地球的这个“能吞能吐”的绿色之肺恢复健壮，以改善生态环境，抑制全球变暖，减少水旱等自然灾害，我们应该大力造林、护林，使每一座荒山都绿起来。

节选自《中考语文课外阅读试题精选》中《“能吞能吐”的森林》

Zuòpǐn Hào
作品32号

Péngyou jí jiāng yuǎnxíng
朋友即将远行。

Mùchūn shíjié yòu yāole jǐ wèi péngyou zài jiā xiǎojù Suīrán dōu shì jí shú de péngyou què shì zhōngnián nándé yī jiàn ǒu’ ěr diànhuà• lǐ xiāngyù yě wúfēi shì jǐ jù xúnchánghuà Yī guō xiǎomǐ xīfàn yī dié dàtóucài yī pán zì jiā niàngzhì de pàocài yī zhī xiàngkǒu mǎihuí de kǎoyā jiǎnjiǎn-dāndān bù xiàng qǐngkè dào xiàng jiārén tuánjù
暮春时节，又邀了几位朋友在家小聚。虽然都是极熟的朋友，却是终年难得一见，偶尔电话里相遇，也无非是几句寻常话。一锅小米稀饭，一碟大头菜，一盘自家酿制的泡菜，一只巷口买回的烤鸭，简简单单，不像请客，倒像家人团聚。

Qí shí yǒuqíng yě hǎo àiqíng yě hǎo jiǔ’ ér jiǔ zhī dōu huì zhuǎnhuà wéi
其实，友情也好，爱情也好，久而久之都会转化为

qīnqíng
亲情。

Shuō yě qíguài hé xīn péngyou huì tán wénxué tán zhéxué tán rénshēng dào·lǐ
说也奇怪，和新朋友会谈文学、谈哲学、谈人生道理

děngděng hé lǎo péngyou què zhǐ huà jiācháng chái-mǐ-yóu-yán xì xì-suìsuì
等等，和老朋友却只话家常，柴米油盐，细细碎碎，

zhǒngzhǒng suǒshì Hěn duō shíhou xīnlíng de qìhé yǐ·jīng bù xūyào tài duō de yányǔ
种种琐事。很多时候，心灵的契合已经不需要太多的言语

lái biǎodá
来表达。

Péngyou xīn tàngle gè tóu bùgǎn huíjiā jiàn mǔ·qīn kǒngpà jīnghài le
朋友新烫了个头，不敢回家见母亲，恐怕惊骇了

lǎo·rén·jiā què huāntiān-xǐdì lái jiàn wǒmen lǎo péngyou pō néng yǐ yī zhǒng
老人家，却欢天喜地来见我们，老朋友颇能以一种

qùwèixìng de yǎnguāng xīnshǎng zhège gǎibiàn
趣味性的眼光欣赏这个改变。

Niánshào de shíhou wǒmen chà·bùduō dōu zài wèi bié·rén ér huó wèi kǔkǒupóxīn
年少的时候，我们差不多都在为别人而活，为苦口婆心

de fùmǔ huó wèi xúnxún-shànyòu de shīzhǎng huó wèi xǔduō guānniàn xǔduō
的父母活，为循循善诱的师长活，为许多观念、许多

chuántǒng de yuēshùlì ér huó Niánsuì zhú zēng jiànjiàn zhèngtuō wàizài de xiànzhì yǔ
传统的约束力而活。年岁逐增，渐渐挣脱外在的限制与

shùfù kāishǐ dǒng·dé wèi zìjǐ huó zhào zìjǐ de fāngshì zuò yīxiē zìjǐ xǐhuan de
束缚，开始懂得为自己活，照自己的方式做一些自己喜欢的

shì bù zàihu bié·rén de pīpíng yì·jiàn bù zàihu bié·rén de dǐhuǐ liúyán zhǐ zàihu
事，不在乎别人的批评意见，不在乎别人的诋毁流言，只在乎

nà yī fèn suíxīn-suǒyù de shūtan zìran Ǒu'ěr yě nénggòu zòngróng zìjǐ fànglàng
那一份随心所欲的舒坦自然。偶尔，也能够纵容自己放浪

yīxià bìngqiě yǒu yī zhǒng èzuòjù de qièxǐ
一下，并且有一种恶作剧的窃喜。

Jiù ràng shēngmìng shùn qí zìrán shuǐdào-qúchéng ba yóurú chuāng qián de
就让生命顺其自然，水到渠成吧，犹如窗前的‖乌

桕，自生自落之间，自有一份圆融丰满的喜悦。春雨轻轻落着，没有诗，没有酒，有的只是一分相知相属的自在自得。

夜色在笑语中渐渐沉落，朋友起身告辞，没有挽留，没有送别，甚至也没有问归期。

已经过了大喜大悲的岁月，已经过了伤感流泪的年华，知道了聚散原来是这样的自然和顺理成章，懂得这点，便懂得珍惜每一次相聚的温馨，离别便也欢喜。

节选自（台湾）杏林子《朋友和其他》

Zuòpǐn Hào
作品33号

Wǒmen zài tiányě sànbù Wǒ wǒ de mǔ·qīn wǒ de qī·zǐ hé érzi
我们在田野散步：我，我的母亲，我的妻子和儿子。

Mǔ·qīn běn bùyuàn chū·lái de Tā lǎo le shēntǐ bù hǎo zǒu yuǎn yīdiǎnr jiù
母亲本不愿出来的。她老了，身体不好，走远一点儿就
jué·dé hěn lèi Wǒ shuō zhèng yīn·wèi rúcǐ cái yīnggāi duō zǒuzou Mǔ·qīn xìnfú
觉得很累。我说，正因为如此，才应该多走走。母亲信服
de diǎndiǎn tóu biàn qù ná wàitào Tā xiànzài hěn tīng wǒ de huà jiù xiàng wǒ
地点点头，便去拿外套。她现在很听我的话，就像我
xiǎoshíhou hěn tīng tā de huà yīyàng
小时候很听她的话一样。

Zhè nánfāng chūchūn de tiányě dàkuài xiǎokuài de xīnlǜ suíyì de pūzhe yǒude
这南方初春的田野，大块小块的新绿随意地铺着，有的
nóng yǒude dàn shù·shàng de nènyá yě mì le tián·lǐ de dōngshuǐ yě gūgū de
浓，有的淡，树上的嫩芽也密了，田里的冬水也咕咕地
qǐzhe shuǐpào Zhè yīqiè dōu shǐ rén xiǎngzhe yī yàng dōngxi shēngmìng
起着水泡。这一切都使人想着一样东西——生命。

Wǒ hé mǔ·qīn zǒu zài qián·miàn wǒ de qī·zǐ hé érzi zǒu zài hòu·miàn
我和母亲走在前面，我的妻子和儿子走在后面。
Xiǎojiāhuo tūrán jiào qǐ·lái Qián·miàn shì māma hé érzi hòu·miàn yě shì māma hé
小家伙突然叫起来：“前面是妈妈和儿子，后面也是妈妈和
érzi Wǒmen dōu xiào le
儿子。”我们都笑了。

Hòulái fāshēngle fēnqí Mǔ·qīn yào zǒu dàlù dàlù píngshùn wǒ de érzi
后来发生了分歧：母亲要走大路，大路平顺；我的儿子
yào zǒu xiǎolù xiǎolù yǒu yìsi Bùguò yīqiē dōu qǔjuéyú wǒ Wǒ de mǔ·qīn lǎo
要走小路，小路有意思。不过，一切都取决于我。我的母亲老
le tā zǎoyǐ xíguàn tīngcóng tā qiángzhuàng de érzi wǒ de érzi hái xiǎo tā hái
了，她早已习惯听从她强壮的儿子；我的儿子还小，他还
xíguàn tīngcóng tā gāodà de fù·qīn qī·zǐ ne zài wài·miàn tā zǒngshì tīng wǒ
习惯听从他高大的父亲；妻子呢，在外面，她总是听我

de Yīshàshí wǒ gǎndàole zérèn de zhòngdà Wǒ xiǎng zhǎo yī gè liǎngquán de
的。一霎时我感到了责任的重大。我想找一个两全的
bànfǎ zhǎo bù chū wǒ xiǎng chāisàn yī jiā rén fēnchéng liǎng lù gè dé- qí suǒ
办法，找不出；我想拆散一家人，分成两路，各得其所，
zhōng bù yuàn• yì Wǒ juédìng wěiqu érzi yīn•wèi wǒ bàntóng tā de shírì hái cháng
终不愿意。我决定委屈儿子，因为我伴同他的时日还长。
Wǒ shuō Zǒu dàlù
我说：“走大路。”

Dànshì mǔ•qīn mōmo sūn’ér de xiǎo nǎoguār biànle zhǔyi Háishì zǒu xiǎolù
但是母亲摸摸孙儿的小脑瓜儿，变了主意：“还是走小路
ba Tā de yǎn suí xiǎolù wàng• qù Nà• lǐ yǒu jīnsè de càihuā liǎng háng zhěngqí
吧。”她的眼随小路望去：那里有金色的菜花，两行整齐
de sāngshù
的桑树，‖尽头一口水波粼粼的鱼塘。“我走不过去的地方，你就背着我。”母亲对我说。

这样，我们在阳光下，向着那菜花、桑树和鱼塘走去。到了一处，我蹲下来，背起了母亲；妻子也蹲下来，背起了儿子。我和妻子都是慢慢地，稳稳地，走得很仔细，好像我背上的同她背上的加起来，就是整个世界。

节选自莫怀戚《散步》

Zuòpǐn Hào
作品34号

Dìqiú •shàng shìfǒu zhēn de cúnzài wúdǐdòng Ànshuō dìqiú shì yuán de yóu dìqiào
地球上是否真的存在“无底洞”？按说地球是圆的，由地壳、
dìmàn hé dìhé sān céng zǔchéng zhēnzhèng de wúdǐdòng shì bù yīng cúnzài de wǒmen suǒ
地幔和地核三层组成，真正的“无底洞”是不应存在的，我们所
kàndào de gèzhǒng shāndòng lièkǒu lièfèng shènzhì huǒshānkǒu yě dōu zhǐshì dìqiào
看到的各种山洞、裂口、裂缝，甚至火山口也都只是地壳
qiǎnbù de yī zhǒng xiànxiàng Rán’ér Zhōngguó yīxiē gǔjí què duō cì tídào hǎiwài yǒu gè
浅部的一种现象。然而中国一些古籍却多次提到海外有个
shēn’ào-mòcè de wúdǐdòng Shìshí•shàng dìqiú•shàng quèshí yǒu zhèyàng yī gè wúdǐdòng
深奥莫测的无底洞。事实上地球上确实有这样一个“无底洞”。

Tā wèiyú Xīlà Yàgèsī gǔchéng de hǎibīn Yóuyú bīnlín dàhǎi dà zhǎngcháo
它位于希腊亚各斯古城的海滨。由于濒临大海，大涨潮
shí xiōngyǒng de hǎishuǐ biàn huì páishān-dǎohǎi bān de yǒngrù dòngzhōng xíngchéng yī
时，汹涌的海水便会排山倒海般地涌入洞中，形成一

gǔ tuāntuān de jíliú Jù cè měi tiān liúrù dòng nèi de hǎishuǐliàng dá sānwàn duō dūn
股湍湍的急流。据测，每天流入洞内的海水量达三万多吨。

Qí guài de shì rúcǐ dàliàng de hǎishuǐ guàn rù dòngzhōng què cónglái méi•yǒu bǎ dòng guànmǎn
奇怪的是，如此大量的海水灌入洞中，却从来没有把洞灌满。

Céngyǒurénhuáiyí zhège wúdǐdòng huì•bù huì jiù xiàng shíhuīyán dìqū de lòudǒu shùjǐng
曾有人怀疑，这个“无底洞”，会不会就像石灰岩地区的漏斗、竖井、

luòshuǐdòng yī lèi de dìxíng Rán'ér cóng èrshí shìjì sānshí niándài yǐ lái rénmen jiù zuòle duō
落水洞一类的地形。然而从二十世纪三十年代以来，人们就做了多

zhǒng nǔlì qǐtú xúnzhǎo tā de chūkǒu què dōushì wǎngfèi-xīn jī
种努力企图寻找它的出口，却都是枉费心机。

Wèile jiēkāi zhège mìmì yī jiǔ wǔ bā nián Měiguó Dìlǐ Xuéhuì pàichū yī zhī
为了揭开这个秘密，一九五八年美国地理学会派出一支

kǎochádui tāmen bǎ yī zhǒng jīngjiǔ-bùbiàn de dài sè rǎnliào róngjiě zài hǎishuǐ zhōng
考察队，他们把一种经久不变的带色染料溶解在海水中，

guānchá rǎnliào shì rúhé suízhe hǎishuǐ yīqǐ chén xià•qù Jiēzhe yòu chákànle fùjìn
观察染料是如何随着海水一起沉下去。接着又察看了附近

hǎimiàn yǐjí dǎo•shàng de gè tiáo hé hú mǎnhuái xīwàng de xúnzhǎo zhè zhǒng dài
海面以及岛上的各条河、湖，满怀希望地寻找这种带

yánsè de shuǐ jiéguǒ lìng rén shīwàng Nándào shì hǎishuǐliàng tài dà bǎ yǒu sè shuǐ xīshì
颜色的水，结果令人失望。难道是海水量太大把有色水稀释

de tài dàn yǐzhì wúfǎ fāxiàn
得太淡，以致无法发现？‖

至今谁也不知道为什么这里的海水会没完没了地“漏”下去，这个“无底洞”的出口又在哪里，每天大量的海水究竟都流到哪里去了？

节选自罗伯特·罗威尔《神秘的“无底洞”》

Zuòpǐn Hào
作品35号

Wǒ zài Éguó jiàndào de jǐngwù zài méi•yǒu bǐ Tuō'ěrsītài mù gèng hóngwěi gèng
我在俄国见到的景物再没有比托尔斯泰墓更宏伟、更

gǎnrén de
感人的。

Wánquán ànzhào Tuō'ěrsītài de yuànwàng tā de fénmù chéngle shìjiān zuì měi de
完全按照托尔斯泰的愿望，他的坟墓成了世间最美的，

gěi rén yìnxiàng zuì shēnkè de fénmù Tā zhǐshì shùlín zhōng de yī gè xiǎoxiǎo de
给人印象最深刻的坟墓。它只是树林中的一个小小的

chángfāngxíng tǔqiū shàng•miàn kāimǎn xiānhuā méi•yǒu shízìjià méi•yǒu
长方形土丘，上面开满鲜花——没有十字架，没有

mùbēi méi•yǒu mùzhìmíng lián Tuō'ěrsītài zhège míngzi yě méi•yǒu
墓碑，没有墓志铭，连托尔斯泰这个名字也没有。

Zhè wèi bǐ shéi dōu gǎndào shòu zìjǐ de shēngmíng suǒ lěi de wěirén què xiàng
这位比谁都感到受自己的声名所累的伟人，却像

ǒu'ěr bèi fāxiàn de liúlànghàn bù wéi rén zhī de shìbīng bù liú míngxìng de bèi rén
偶尔被发现的流浪汉，不为人知的士兵，不留名姓地被人

máizàng le Shéi dōu kěyǐ tàjìn tā zuìhòu de ānxīdì wéi zài sìzhōu xīshū de mù
埋葬了。谁都可以踏进他最后的安息地，围在四周稀疏的木

zhàlan shì bù guānbì de bǎohù Lièfū Tuō'ěrsītài déyǐ ānxī de méi•yǒu rènhé
栅栏是不关闭的——保护列夫·托尔斯泰得以安息的没有任何

biéde dōngxi wéiyǒu rénmen de jìngyì ér tōngcháng rénmen què zǒngshì huáizhe
别的东西，惟有人们的敬意；而通常，人们却总是怀着

hàoqí qù pòhuài wěirén mùdì de níngjìng
好奇，去破坏伟人墓地的宁静。

Zhè•lǐ bīrén de pǔsù jìngù zhù rènhé yī zhǒng guānshǎng de xiánqíng bìngqiě
这里，逼人的朴素禁锢住任何一种观赏的闲情，并且

bù róngxǔ nǐ dàshēng shuōhuà Fēng'ér fǔ lín zài zhè zuò wúmíngzhě zhī mù de shùmù
不容许你大声说话。风儿俯临，在这座无名者之墓的树木

zhījiān sàsà xiǎngzhe hénuǎn de yángguāng zài féntóur xīxì dōngtiān báixuě wēnróu
之间飒飒响着，和暖的阳光在坟头嬉戏；冬天，白雪温柔

de fùgài zhè piàn yōu'àn de tǔdì Wúlùn nǐ zài xiàtiān huò dōngtiān jīngguò zhèr nǐ
地覆盖这片幽暗的土地。无论你在夏天或冬天经过这儿，你

dōu xiǎngxiàng bù dào zhège xiǎoxiǎo de lóngqǐ de chángfāngtǐ•lǐ ānfàngzhe yī wèi
都想象不到，这个小小的、隆起的长方体里安放着一位

dāngdài zuì wěidà de rénwù
当代最伟大的人物。

Rán'ér qiàqià shì zhè zuò bù liú xìngmíng de fénmù bǐ suǒyǒu wākōng xīnsi yòng
然而，恰恰是这座不留姓名的坟墓，比所有挖空心思用

dàlǐshí hé shēhuá zhuāngshì jiànzào de fénmù gèng kòurénxīnxián Zài jīntiān zhège tèshū
大理石和奢华装饰建造的坟墓更扣人心弦。在今天这个特殊

de rìzi•lǐ
的日子里，‖到他的安息地来的成百上千人中间，没有一个有勇气，哪怕仅仅从这幽暗的土丘上摘下一朵花留作纪念。人们重新感到，世界上再没有比托尔斯泰最后留下的、这座纪念碑式的朴素坟墓，更打动人心的了。

节选自［奥］茨威格《世间最美的坟墓》，张厚仁译

Zuòpǐn Hào
作品36号

Wǒguó de jiànzhù cóng gǔdài de gōngdiàn dào jìndài de yībān zhùfáng jué dà
我国的建筑，从古代的宫殿到近代的一般住房，绝大
bùfen shì duìchèn de zuǒ·biān zěnmeyàng yòu·biān zěnmeyàng Sūzhōu yuánlín kě
部分是对称的，左边怎么样，右边怎么样。苏州园林可
juébù jiǎng·jiū duìchèn hǎoxiàng gùyì bìmiǎn shìde Dōng·biān yǒule yī gè tíngzi
绝不讲究对称，好像故意避免似的。东边有了一个亭子
huòzhě yī dào huíláng xī·biān jué bù huì lái yī gè tóngyàng de tíngzi huòzhě yī dào
或者一道回廊，西边决不会来一个同样的亭子或者一道
tóngyàng de huíláng Zhè shì wèishénme Wǒ xiǎng yòng túhuà lái bǐfang duìchèn
同样的回廊。这是为什么？我想，用图画来比方，对称
de jiànzhù shì tú'ànhuà bù shì měishùhuà ér yuánlín shì měishùhuà měishùhuà
的建筑是图案画，不是美术画，而园林是美术画，美术画
yāoqiú zìrán zhī qù shì bù jiǎng·jiū duìchèn de
要求自然之趣，是不讲究对称的。

Sūzhōu yuánlín·lǐ dōu yǒu jiǎshān hé chízhǎo
苏州园林里都有假山和池沼。

Jiǎshān de duīdié kěyǐ shuō shì yī xiàng yìshù ér bùjǐn shì jìshù Huòzhě shì
假山的堆叠，可以说是一项艺术而不仅是技术。或者是
chóngluán-diézhàng huòzhě shì jǐ zuò xiǎoshān pèihézhe zhúzi huāmù quán zàihu
重峦叠嶂，或者是几座小山配合着竹子花木，全在乎
shèjìzhě hé jiàngshīmen shēngpíng duō yuèlì xiōng zhōng yǒu qiūhè cái néng shǐ
设计者和匠师们生平多阅历，胸中有丘壑，才能使
yóulǎnzhě pāndēng de shíhou wàngquè Sūzhōu chéngshì zhǐ jué·dé shēn zài shānjiān
游览者攀登的时候忘却苏州城市，只觉得身在山间。

Zhìyú chízhǎo dàduō yǐnyòng huóshuǐ Yǒuxiē yuánlín chízhǎo kuān·chǎng jiù bǎ
至于池沼，大多引用活水。有些园林池沼宽敞，就把
chízhǎo zuòwéi quán yuán de zhōngxīn qítā jǐngwù pèihézhe bùzhì Shuǐmiàn jiǎrú
池沼作为全园的中心，其他景物配合着布置。水面假如
chéng hédào múyàng wǎngwǎng ānpái qiáoliáng Jiǎrú ānpái liǎng zuò yǐshàng de
成河道模样，往往安排桥梁。假如安排两座以上的
qiáoliáng nà jiù yī zuò yī gè yàng jué bù léitóng
桥梁，那就一座一个样，决不雷同。

Chízhǎo huò hédào de biānyán hěn shǎo qì qízhěng de shí'àn zǒngshì gāodī qūqū
池沼或河道的边沿很少砌齐整的石岸，总是高低屈曲

rèn qí zìrán　Hái zài nàr　bùzhì　jǐ　kuài línglóng de shítou　huòzhě zhòng xiē huācǎo
任其自然。还在那儿布置几块玲珑的石头，或者种些花草。
Zhè yě shì wèile qǔdé cóng gègè jiǎodù kàn dōu chéng yī fú huà de xiàoguǒ　Chízhǎo• lǐ
这也是为了取得从各个角度看都成一幅画的效果。池沼里
yǎngzhe jīnyú huò gè sè lǐyú　xià-qiū jìjié héhuā huò shuìlián kāi
养着金鱼或各色鲤鱼，夏秋季节荷花或睡莲开‖放，游览者看“鱼戏莲叶间”，又是入画的一景。

节选自叶圣陶《苏州园林》

Zuòpǐn　Hào
作品37号

Yī wèi fǎng Měi Zhōngguó nǚzuòjiā　zài Niǔyuē yùdào yī wèi mài huā de lǎotàitai
一位访美中国女作家，在纽约遇到一位卖花的老太太。
Lǎotàitai chuānzhuó pòjiù　shēntǐ xūruò　dàn liǎn•shàng de shénqíng què shì nàyàng
老太太穿着破旧，身体虚弱，但脸上的神情却是那样
xiánghé xīngfèn　Nǚzuòjiā tiāole yī duǒ huā shuō　Kàn qǐ•lái　nǐ hěn gāoxìng
祥和兴奋。女作家挑了一朵花说：“看起来，你很高兴。”
Lǎotàitai miàn dài wēixiào de shuō　Shì de　yīqiè dōu zhème měihǎo　wǒ wèishénme
老太太面带微笑地说：“是的，一切都这么美好，我为什么
bù gāoxìng ne　Duì fánnǎo　nǐ dào zhēn néng kàndekāi　Nǚzuòjiā yòu shuōle
不高兴呢？”“对烦恼，你倒真能看得开。”女作家又说了
yī jù　Méi liàodào　lǎotàitai de huídá gèng lìng nǚzuòjiā dàchī-yījīng　Yēsū zài
一句。没料到，老太太的回答更令女作家大吃一惊：“耶稣在
xīngqīwǔ bèi dìng•shàng shízìjià shí　shì quán shìjiè zuì zāogāo de yī tiān　kě sān tiān
星期五被钉上十字架时，是全世界最糟糕的一天，可三天
hòu jiùshì Fùhuójié　Suǒyǐ　dāng wǒ yùdào bùxìng shí　jiù huì děngdài sān tiān
后就是复活节。所以，当我遇到不幸时，就会等待三天，
zhèyàng yīqiè jiù huīfù zhèngcháng le
这样一切就恢复正常了。”

Děngdài sān tiān　duōme fùyú zhélǐ de huàyǔ　duōme lèguān de shēnghuó
“等待三天”，多么富于哲理的话语，多么乐观的生活
fāngshì　Tā bǎ fánnǎo hé tòngkǔ pāo•xià　quánlì qù shōuhuò kuàilè
方式。它把烦恼和痛苦抛下，全力去收获快乐。

Shěn Cóngwén zài　wén-gé　qījiān　xiànrùle fēirén de jìngdì　Kě tā háobù
沈从文在“文革”期间，陷入了非人的境地。可他毫不
zàiyì　tā zài Xiánníng shí gěi tā de biǎozhí　huàjiā Huáng Yǒngyù xiě xìn shuō
在意，他在咸宁时给他的表侄、画家黄永玉写信说：

Zhè· lǐ de héhuā zhēn hǎo nǐ ruò lái Shēn xiàn kǔnàn què réng wèi héhuā de
"这里的荷花真好，你若来……"身陷苦难却仍为荷花的
shèngkāi xīnxǐ zàntàn bù yǐ zhè shì yī zhǒng qū yú chéngmíng de jìng jiè yī zhǒng
盛开欣喜赞叹不已，这是一种趋于澄明的境界，一种
kuàngdá sǎ·tuō de xiōngjīn yī zhǒng miàn lín mónàn tǎndàng cóngróng de qìdù yī
旷达洒脱的胸襟，一种面临磨难坦荡从容的气度，一
zhǒng duì shēnghuó tóngzǐ bān de rè'ài hé duì měihǎo shìwù wúxiàn xiàngwǎng de shēngmìng
种对生活童子般的热爱和对美好事物无限向往的生命
qínggǎn
情感。

Yóu cǐ-kě jiàn yǐngxiǎng yī gè rén kuàilè de yǒushí bìng bù shì kùnjìng jí
由此可见，影响一个人快乐的，有时并不是困境及
mónàn ér shì yī gè rén de xīntài Rúguǒ bǎ zìjǐ jìnpào zài jījí lèguān
磨难，而是一个人的心态。如果把自己浸泡在积极、乐观、
xiàngshàng de xīntài zhōng kuàilè bìrán huì
向上的心态中，快乐必然会‖占据你的每一天。

节选自《态度创造快乐》

Zuòpǐn Hào
作品38号

Tài Shān jí dǐng kàn rì chū lì lái bèi miáohuì chéng shífēn zhuàngguān de qíjǐng
泰山极顶看日出，历来被描绘成十分壮观的奇景。
Yǒu rén shuō Dēng Tài Shān ér kàn·bù dào rì chū jiù xiàng yī chū dàxì méi·yǒu xìyǎn
有人说：登泰山而看不到日出，就像一出大戏没有戏眼，
wèir zhōng jiū yǒudiǎnr guǎdàn
味儿终究有点儿寡淡。

Wǒ qù páshān nà tiān zhèng gǎn·shàng gè nándé de hǎotiān wàn lǐ chángkōng
我去爬山那天，正赶上个难得的好天，万里长空，
yúncaisīr dōu bù jiàn Sùcháng yānwù téngténg de shāntóu xiǎn·dé méi·mù
云彩丝儿都不见。素常，烟雾腾腾的山头，显得眉目
fēnmíng Tóngbànmen dōu xīnxǐ de shuō Míngtiān zǎo·chén zhǔn kě yǐ kàn·jiàn rì chū
分明。同伴们都欣喜地说："明天早晨准可以看见日出
le Wǒ yě shì bàozhe zhè zhǒng xiǎngtou pá·shàng shān·qù
了。"我也是抱着这种想头，爬上山去。

Yīlù cóng shānjiǎo wǎngshàng pá xì kàn shānjǐng wǒ jué·dé guà zài yǎnqián de
一路从山脚往上爬，细看山景，我觉得挂在眼前的
bù shì Wǔ Yuè dú zūn de Tài Shān què xiàng yī fú guīmó jīngrén de qīnglǜ shānshuǐhuà
不是五岳独尊的泰山，却像一幅规模惊人的青绿山水画，

cóng xià•miàn dào zhǎn kāi•lái Zài huàjuàn zhōng zuì xiān lòuchū de shì shāngēnr dǐ nà zuò
从下面倒展开来。在画卷中最先露出的是山根底那座
Míngcháo jiànzhù Dàizōngfāng mànmàn de biàn xiànchū Wángmǔchí Dǒumǔgōng
明朝建筑岱宗坊，慢慢地便现出王母池、斗母宫、
Jīngshíyù Shān shì yī céng bǐ yī céng shēn yī dié bǐ yī dié qí céngcéng-diédié
经石峪。山是一层比一层深，一叠比一叠奇，层层叠叠，
bù zhī hái huì yǒu duō shēn duō qí Wàn shān cóng zhōng shí'ér diǎnrǎnzhe jíqí
不知还会有多深多奇。万山丛中，时而点染着极其
gōngxì de rénwù Wángmǔchí páng de Lǚzǔdiàn• lǐ yǒu bùshǎo zūn míngsù sùzhe Lǚ
工细的人物。王母池旁的吕祖殿里有不少尊明塑，塑着吕
Dòngbīn děng yīxiē rén zītài shénqíng shì nàyàng yǒu shēngqì nǐ kàn le bù jīn huì
洞宾等一些人，姿态神情是那样有生气，你看了，不禁会
tuōkǒu zàntàn shuō Huó la
脱口赞叹说：“活啦。”

Huàjuàn jìxù zhǎnkāi lǜyīn sēnsēn de Bǎidòng lòumiàn bù tài jiǔ biàn láidào
画卷继续展开，绿阴森森的柏洞露面不太久，便来到
Duìsōngshān Liǎngmiàn qí fēng duìzhìzhe mǎn shānfēng dōu shì qíxíng-guàizhuàng de
对松山。两面奇峰对峙着，满山峰都是奇形怪状的
lǎosōng nián jì pà dōu yǒu shàng qiān suì le yánsè jìng nàme nóng nóng de hǎoxiàng
老松，年纪怕都有上千岁了，颜色竟那么浓，浓得好像
yào liú xià•lái shìde Láidào zhèr nǐ bùfáng quándàng yī cì huà• lǐ de xiěyì rénwù
要流下来似的。来到这儿，你不妨权当一次画里的写意人物，
zuò zài lùpáng de Duìsōngtíng• lǐ kànkan shānsè tīngting liú
坐在路旁的对松亭里，看看山色，听听流‖水和松涛。

一时间，我又觉得自己不仅是在看画卷，却又像是在零零乱乱翻着一卷历史稿本。

节选自杨朔《泰山极顶》

Zuòpǐn Hào
作品39号

Yùcái Xiǎoxué xiàozhǎng Táo Xíngzhī zài xiàoyuán kàndào xuésheng Wáng Yǒu yòng níkuài
育才小学校长陶行知在校园看到学生王友用泥块
zá zìjǐ bān•shàng de tóngxué Táo Xíngzhī dāngjí hèzhǐle tā bìng lìng tā fàngxué hòu
砸自己班上的同学，陶行知当即喝止了他，并令他放学后
dào xiàozhǎngshì qù Wúyí Táo Xíngzhī shì yào hǎohǎo jiàoyù zhège wánpí de
到校长室去。无疑，陶行知是要好好教育这个“顽皮”的
xuésheng Nàme tā shì rúhé jiàoyù de ne
学生。那么他是如何教育的呢？

Fàngxué hòu Táo Xíngzhī láidào xiàozhǎngshì Wáng Yǒu yǐ·jīng děng zài ménkǒu
放学后，陶行知来到校长室，王友已经等在门口
zhǔnbèi áixùn le Kě yī jiànmiàn Táo Xíngzhī què tāochū yī kuài tángguǒ sònggěi Wáng
准备挨训了。可一见面，陶行知却掏出一块糖果送给王
Yǒu bìng shuō Zhè shì jiǎnggěi nǐ de yīn·wèi nǐ ànshí láidào zhè·lǐ ér wǒ
友，并说：“这是奖给你的，因为你按时来到这里，而我
què chídào le Wáng Yǒu jīngyí de jiēguo tángguǒ
却迟到了。”王友惊疑地接过糖果。

Suíhòu Táo Xíngzhī yòu tāochū yī kuài tángguǒ fàngdào tā shǒu·lǐ shuō Zhè
随后，陶行知又掏出一块糖果放到他手里，说：“这
dì-èr kuài tángguǒ yě shì jiǎnggěi nǐ de yīn·wèi dāng wǒ bùràng nǐ zài dǎrén shí nǐ
第二块糖果也是奖给你的，因为当我不让你再打人时，你
lìjí jiù zhùshǒu le zhè shuōmíng nǐ hěn zūnzhòng wǒ wǒ yīnggāi jiǎng nǐ Wáng
立即就住手了，这说明你很尊重我，我应该奖你。”王
Yǒu gèng jīngyí le tā yǎnjing zhēng de dàdà de
友更惊疑了，他眼睛睁得大大的。

Táo Xíngzhī yòu tāochū dì-sān kuài tángguǒ sāidào Wáng Yǒu shǒu·lǐ shuō Wǒ
陶行知又掏出第三块糖果塞到王友手里，说：“我
diàocháguo le nǐ yòng níkuài zá nàxiē nánshēng shì yīn·wèi tāmen bù shǒu yóuxì
调查过了，你用泥块砸那些男生，是因为他们不守游戏
guīzé qīfu nǚshēng nǐ zá tāmen shuōmíng nǐ hěn zhèngzhí shànliáng qiě yǒu
规则，欺负女生；你砸他们，说明你很正直善良，且有
pīpíng bùliáng xíngwéi de yǒngqì yīnggāi jiǎnglì nǐ a Wáng Yǒu gǎndòng jí le
批评不良行为的勇气，应该奖励你啊！”王友感动极了，
tā liúzhe yǎnlèi hòuhuǐ de hǎndào Táo Táo xiàozhǎng nǐ dǎ wǒ liǎng xià ba Wǒ
他流着眼泪后悔地喊道：“陶……陶校长你打我两下吧！我
zá de bù shì huàirén ér shì zìjǐ de tóngxué a
砸的不是坏人，而是自己的同学啊……”

Táo Xíngzhī mǎnyì de xiào le tā suíjí tāochū dì-sì kuài tángguǒ dìgěi Wáng Yǒu
陶行知满意地笑了，他随即掏出第四块糖果递给王友，
shuō Wèi nǐ zhèngquè de rènshi cuò·wù wǒ zài jiǎnggěi nǐ yī kuài tángguǒ zhǐ
说：“为你正确地认识错误，我再奖给你一块糖果，只
kěxī wǒ zhǐyǒu zhè yī kuài tángguǒ le Wǒ de tángguǒ
可惜我只有这一块糖果了。我的糖果‖没有了，我看我们的
谈话也该结束了吧！”说完，就走出了校长室。

节选自《教师博览·百期精华》中《陶行知的“四块糖果”》

Zuòpǐn Hào

作品40号

Xiǎngshòu xìngfú shì xūyào xuéxí de dāng tā jíjiāng láilín de shíkè xūyào tíxǐng
享受幸福是需要学习的，当它即将来临的时刻需要提醒。
Rén kěyǐ zìrán'érrán de xuéhuì gǎnguān de xiǎnglè què wúfǎ tiānshēng de zhǎngwò
人可以自然而然地学会感官的享乐，却无法天生地掌握
xìngfú de yùnlǜ Línghún de kuàiyì tóng qìguān de shūshì xiàng yī duì luánshēng xiōngdì
幸福的韵律。灵魂的快意同器官的舒适像一对孪生兄弟，
shí'ér xiāngbàng-xiāngyī shí'ér nányuán-běizhé
时而相傍相依，时而南辕北辙。

Xìngfú shì yī zhǒng xīnlíng de zhènchàn Tā xiàng huì qīngtīng yīnyuè de ěrduo
幸福是一种心灵的震颤。它像会倾听音乐的耳朵
yīyàng xūyào bùduàn de xùnliàn
一样，需要不断地训练。

Jiǎn'éryánzhī xìngfú jiùshì méi•yǒu tòngkǔ de shíkè Tā chūxiàn de pínlǜ bìng bù
简而言之，幸福就是没有痛苦的时刻。它出现的频率并不
xiàng wǒmen xiǎngxiàng de nàyàng shǎo Rénmen chángcháng zhǐshì zài xìngfú de jīn mǎchē
像我们想象的那样少。人们常常只是在幸福的金马车
yǐ•jīng shǐ guò•qù hěn yuǎn shí cái jiǎnqǐ dì•shàng de jīn zōngmáo shuō yuánlái wǒ
已经驶过去很远时，才拣起地上的金鬃毛说，原来我
jiànguo tā
见过它。

Rénmen xǐ'ài huíwèi xìngfú de biāoběn què hūlüè tā pīzhe lù•shuǐ sànfā qīngxiāng
人们喜爱回味幸福的标本，却忽略它披着露水散发清香
de shíkè Nà shíhou wǒmen wǎngwǎng bùlǚ cōngcōng zhānqián-gùhòu bù zhī zài
的时刻。那时候我们往往步履匆匆，瞻前顾后不知在
mángzhe shénme
忙着什么。

Shì•shàng yǒu yùbào táifēng de yǒu yùbào huángzāi de yǒu yùbào wēnyì de
世上有预报台风的，有预报蝗灾的，有预报瘟疫的，
yǒu yùbào dìzhèn de Méi•yǒu rén yùbào xìngfú
有预报地震的。没有人预报幸福。

Qíshí xìngfú hé shìjiè wànwù yīyàng yǒu tā de zhēngzhào
其实幸福和世界万物一样，有它的征兆。

Xìngfú chángcháng shì ménglóng de hěn yǒu jiézhì de xiàng wǒmen pēnsǎ gānlín
幸福常常是朦胧的，很有节制地向我们喷洒甘霖。
Nǐ bùyào zǒng xīwàng hōnghōng-lièliè de xìngfú tā duōbàn zhǐshì qiāoqiāo de pūmiàn ér
你不要总希望轰轰烈烈的幸福，它多半只是悄悄地扑面而

lái　Nǐ yě bùyào qǐtú bǎ shuǐlóngtóu nǐng de gèng dài　nàyàng tā huì hěn kuài de
来。你也不要企图把水龙头拧得更大，那样它会很快地
liúshī　Nǐ xūyào jìngjìng de yǐ pínghé zhī xīn　tǐyàn tā de zhēndì
流失。你需要静静地以平和之心，体验它的真谛。

Xìngfú jué dà duōshù shì pǔsù de　Tā bù huì xiàng xìnhàodàn shìde　zài hěn gāo
幸福绝大多数是朴素的。它不会像信号弹似的，在很高
de tiān jì shǎnshuò hóngsè de guāngmáng　Tā pī zhe běnsè wài
的天际闪烁红色的光芒。它披着本色外‖衣，亲切温暖地包裹起我们。

幸福不喜欢喧嚣浮华，它常常在暗淡中降临。贫困中相濡以沫的一块糕饼，患难中心心相印的一个眼神，父亲一次粗糙的抚摸，女友一张温馨的字条……这都是千金难买的幸福啊。像一粒粒缀在旧绸子上的红宝石，在凄凉中愈发熠熠夺目。

节选自毕淑敏《提醒幸福》

Zuòpǐn　Hào
作品41号

Zài Lǐyuērènèilú de yī gè pínmínkū·lǐ　yǒu yī gè nánháizi　tā fēicháng
在里约热内卢的一个贫民窟里，有一个男孩子，他非常
xǐhuan zúqiú　kěshì yòu mǎi·bù qǐ　yúshì jiù tī sùliàohér　tī qìshuǐpíng　tī cóng
喜欢足球，可是又买不起，于是就踢塑料盒，踢汽水瓶，踢从
lājīxiāng·lǐ jiǎn lái de yēzikér　Tā zài hútòngr·lǐ tī　zài néng zhǎodào de rènhé yī piàn
垃圾箱里拣来的椰子壳。他在胡同里踢，在能找到的任何一片
kòngdì·shàng tī
空地上踢。

Yǒu yī tiān　dāng tā zài yī chù gānhé de shuǐtáng·lǐ měng tī yī gè zhū
有一天，当他在一处干涸的水塘里猛踢一个猪
pángguāng shí　bèi yī wèi zúqiú jiàoliàn kàn·jiàn le　Tā fāxiàn zhège nánháir tī de hěn
膀胱时，被一位足球教练看见了。他发现这个男孩儿踢得很
xiàng shì nàme huí shì　jiù zhǔdòng tíchū yào sònggěi tā yī gè zúqiú　Xiǎonánháir
像是那么回事，就主动提出要送给他一个足球。小男孩儿
dédào zúqiú hòu tī de gèng màijìnr le　Bùjiǔ　tā jiù néng zhǔnquè de bǎ qiú tī jìn
得到足球后踢得更卖劲儿了。不久，他就能准确地把球踢进
yuǎnchù suíyì bǎifàng de yī gè shuǐtǒng·lǐ
远处随意摆放的一个水桶里。

Shèngdàn jié dào le　háizi de māma shuō　Wǒmen méi·yǒu qián mǎi shèngdàn
圣诞节到了，孩子的妈妈说：“我们没有钱买圣诞

lǐwù sònggěi wǒmen de ēnrén jiù ràng wǒmen wèi tā qídǎo ba
礼物送给我们的恩人，就让我们为他祈祷吧。”

Xiǎonánháir gēnsuí māma qídǎo wánbì xiàng māma yàole yī bǎ chǎnzi biàn pǎole
小男孩儿跟随妈妈祈祷完毕，向妈妈要了一把铲子便跑了
chū·qù Tā láidào yī zuò biéshù qián de huāyuán·lǐ kāishǐ wā kēng
出去。他来到一座别墅前的花园里，开始挖坑。

Jiù zài tā kuài yào wāhǎo kēng de shíhou cóng biéshù·lǐ zǒuchū yī gè rén·lái
就在他快要挖好坑的时候，从别墅里走出一个人来，
wèn xiǎoháir zài gàn shénme háizi táiqǐ mǎn shì hànzhū de liǎndànr shuō
问小孩儿在干什么，孩子抬起满是汗珠的脸蛋儿，说：
Jiàoliàn Shèngdànjié dào le wǒ méi·yǒu lǐwù sònggěi nín wǒ yuàn gěi nín de
“教练，圣诞节到了，我没有礼物送给您，我愿给您的
shèngdànshù wā yī gè shùkēng
圣诞树挖一个树坑。”

Jiàoliàn bǎ xiǎonánháir cóng shùkēng·lǐ lā shàng·lái shuō wǒ jīntiān dédào le
教练把小男孩儿从树坑里拉上来，说：“我今天得到了
shìjiè·shàng zuìhǎo de lǐwù Míngtiān nǐ jiù dào wǒde xùnliànchǎng qùba
世界上最好的礼物。明天你就到我的训练场去吧。”

Sān nián hòu zhè wèi shíqī suì de nánháir zài dì-liù jiè zúqiú jǐnbiāosài·shàng dú
三年后，这位十七岁的男孩儿在第六届足球锦标赛上独
jìn èrshíyī qiú wèi Bāxī dì-yī cì pěng huíle jīnbēi Yī gè yuán
进二十一球，为巴西第一次捧回了金杯。一个原‖来不为世人所知的名字——贝利，随之传遍世界。

节选自刘燕敏《天才的造就》

Zuòpǐn Hào
作品 42 号

Jì·dé wǒ shísān suì shí hé mǔ·qīn zhù zài Fǎguó dōngnánbù de Nàisī Chéng
记得我十三岁时，和母亲住在法国东南部的耐斯城。
Mǔ·qīn méi·yǒu zhàngfu yě méi·yǒu qīnqi gòu qīngkǔ de dàn tā jīngcháng néng
母亲没有丈夫，也没有亲戚，够清苦的，但她经常能
ná·chū lìng rén chījīng de dōngxi bǎi zài wǒ miànqián Tā cónglái bù chī ròu yīzài
拿出令人吃惊的东西，摆在我面前。她从来不吃肉，一再
shuō zìjǐ shì sùshízhě Rán'ér yǒu yī tiān wǒ fāxiàn mǔ·qīn zhèng zǐxì de yòng yī
说自己是素食者。然而有一天，我发现母亲正仔细地用一
xiǎo kuàir suì miànbāo cā nà gěi wǒ jiān niúpái yòng de yóuguō Wǒ míngbaile tā chēng
小块碎面包擦那给我煎牛排用的油锅。我明白了她称

zìjǐ wéi sùshízhě de zhēnzhèng yuányīn
自己为素食者的真正原因。

Wǒ shíliù suì shí mǔ·qīn chéngle Nàisī Shì Měiméng lǚguǎn de nǚ jīnglǐ
我十六岁时，母亲成了耐斯市美蒙旅馆的女经理。
Zhèshí tā gèng mánglù le Yī tiān tā tān zài yǐzi·shàng liǎnsè cāngbái
这时，她更忙碌了。一天，她瘫在椅子上，脸色苍白，
zuǐchún fā huī Mǎshàng zhǎo lái yīshēng zuò·chū zhěnduàn Tā shèqǔ le guòduō de
嘴唇发灰。马上找来医生，做出诊断：她摄取了过多的
yídǎosù Zhídào zhèshí wǒ cái zhī·dào mǔ·qīn duōnián yīzhí duì wǒ yǐnmán de jítòng
胰岛素。直到这时我才知道母亲多年一直对我隐瞒的疾痛——
tángniàobìng
糖尿病。

Tā de tóu wāixiàng zhěntou yībiān tòngkǔ de yòng shǒu zhuānao xiōngkǒu
她的头歪向枕头一边，痛苦地用手抓挠胸口。
Chuángjià shàngfāng zé guàzhe yī méi wǒ yī jiǔ sān èr nián yíngdé Nàisī Shì shàonián
床架上方，则挂着一枚我一九三二年赢得耐斯市少年
pīngpāngqiú guànjūn de yínzhì jiǎngzhāng
乒乓球冠军的银质奖章。

À shì duì wǒ de měihǎo qiántú de chōngjǐng zhīchēngzhe tā huó xià·qù wèile
啊，是对我的美好前途的憧憬支撑着她活下去，为了
gěi tā nà huāng·táng de mèng zhìshǎo jiā yī diǎnr zhēnshí de sècǎi wǒ zhǐnéng jìxù
给她那荒唐的梦至少加一点真实的色彩，我只能继续
nǔlì yǔ shíjiān jìngzhēng zhízhì yī jiǔ sān bā nián wǒ bèi zhēng rù kōngjūn Bālí
努力，与时间竞争，直至一九三八年我被征入空军。巴黎
hěn kuài shīxiàn wǒ zhǎnzhuǎn diàodào Yīngguó Huángjiā Kōngjūn Gāng dào Yīngguó jiù
很快失陷，我辗转调到英国皇家空军。刚到英国就
jiēdào le mǔ·qīn de láixìn Zhèxiē xìn shì yóu zài Ruìshì de yī gè péngyou mìmì de
接到了母亲的来信。这些信是由在瑞士的一个朋友秘密地
zhuǎndào Lúndūn sòngdào wǒ shǒuzhōng de
转到伦敦，送到我手中的。

Xiànzài wǒ yào huíjiā le xiōngqián pèidàizhe xǐngmù de lǜ-hēi liǎng sè de jiěfàng
现在我要回家了，胸前佩戴着醒目的绿黑两色的解放
shízì shòu
十字绶 ‖ 带，上面挂着五六枚我终身难忘的勋章，肩上还佩戴着军官肩章。到达旅馆时，没有一个人跟我打招呼。原来，我母亲在三年半以前就已经离开人间了。

在她死前的几天中，她写了近二百五十封信，把这些信交给她在瑞士的朋友，请这个朋友定时寄给我。就这样，在母亲死后的三年半的时间里，我一直

从她身上吸取着力量和勇气——这使我能够继续战斗到胜利那一天。

节选自［法］罗曼·加里《我的母亲独一无二》

Zuòpǐn Hào
作品43号

Shēnghuó duìyú rènhé rén dōu fēi yì shì wǒmen bìxū yǒu jiānrèn-bùbá de
生活对于任何人都非易事，我们必须有坚韧不拔的
jīngshén Zuì yàojǐn de háishì wǒmen zìjǐ yào yǒu xìnxīn Wǒmen bìxū xiāngxìn
精神。最要紧的，还是我们自己要有信心。我们必须相信，
wǒmen duì měi yī jiàn shìqing dōu jùyǒu tiānfù de cáinéng bìngqiě wúlùn fùchū rènhé
我们对每一件事情都具有天赋的才能，并且，无论付出任何
dàijià dōu yào bǎ zhè jiàn shì wánchéng Dāng shìqing jiéshù de shíhou nǐ yào néng
代价，都要把这件事完成。当事情结束的时候，你要能
wènxīn-wúkuì de shuō Wǒ yǐ·jīng jìn wǒ suǒ néng le
问心无愧地说："我已经尽我所能了。"

Yǒu yī nián de chūntiān wǒ yīn bìng bèipò zài jiā·lǐ xiūxi shù zhōu Wǒ
有一年的春天，我因病被迫在家里休息数周。我
zhùshìzhe wǒ de nǚ'ér men suǒ yǎng de cán zhèngzài jié jiǎn zhè shǐ wǒ hěn gǎn xìngqù
注视着我的女儿们所养的蚕正在结茧，这使我很感兴趣。
Wàngzhe zhèxiē cán zhízhuó de qínfèn de gōngzuò wǒ gǎndào wǒ hé tāmen fēicháng
望着这些蚕执着地、勤奋地工作，我感到我和它们非常
xiāngsì Xiàng tāmen yīyàng wǒ zǒngshì nàixīn de bǎ zìjǐ de nǔlì jízhōng zài yī gè
相似。像它们一样，我总是耐心地把自己的努力集中在一个
mùbiāo·shàng Wǒ zhīsuǒyǐ rúcǐ huòxǔ shì yīn·wèi yǒu mǒu zhǒng lì·liàng zài biāncè
目标上。我之所以如此，或许是因为有某种力量在鞭策
zhe wǒ zhèng rú cán bèi biāncè zhe qù jié jiǎn yībān
着我——正如蚕被鞭策着去结茧一般。

Jìn wǔshí nián lái wǒ zhìlìyú kēxué yánjiū ér yánjiū jiùshì duì zhēnlǐ de
近五十年来，我致力于科学研究，而研究，就是对真理的
tàntǎo Wǒ yǒu xǔduō měihǎo kuàilè de jìyì Shàonǚ shíqī wǒ zài Bālí Dàxué gūdú
探讨。我有许多美好快乐的记忆。少女时期我在巴黎大学，孤独
de guòzhe qiúxué de suìyuè zài hòulái xiànshēn kēxué de zhěnggè shíqī wǒ zhàngfu hé
地过着求学的岁月；在后来献身科学的整个时期，我丈夫和
wǒ zhuānxīn-zhìzhì xiàng zài mènghuàn zhōng yībān zuò zài jiǎnlòu de shūfáng·lǐ jiānxīn
我专心致志，像在梦幻中一般，坐在简陋的书房里艰辛
de yánjiū hòulái wǒmen jiù zài nà·lǐ fāxiàn le léi
地研究，后来我们就在那里发现了镭。

Wǒ yǒngyuǎn zhuīqiú ānjìng de gōngzuò hé jiǎndān de jiātíng shēnghuó Wèile shíxiàn zhège lǐxiǎng wǒ jié lì bǎochí níngjìng de huánjìng yǐmiǎn shòu rénshì de gānrǎo hé shèngmíng de tuōlěi

我永远追求安静的工作和简单的家庭生活。为了实现这个理想，我竭力保持宁静的环境，以免受人事的干扰和盛名的拖累。

Wǒ shēnxìn zài kēxué fāngmiàn wǒmen yǒu duì shìyè ér bù

我深信，在科学方面我们有对事业而不 ‖ 是对财富的兴趣。我的唯一奢望是在一个自由国家中，以一个自由学者的身份从事研究工作。

我一直沉醉于世界的优美之中，我所热爱的科学也不断增加它崭新的远景。我认定科学本身就具有伟大的美。

节选自［波兰］玛丽·居里《我的信念》，剑捷译

Zuòpǐn Hào

作品 44 号

Wǒ wèishénme fēi yào jiāoshū bù kě Shì yīn•wèi wǒ xǐhuan dāng jiàoshī de shíjiān ānpáibiǎo hé shēnghuó jiézòu Qī bā jiǔ sān gè yuè gěi wǒ tígōngle jìnxíng huígù yánjiū xiězuò de liángjī bìng jiāng sānzhě yǒujī rónghé ér shànyú huígù yánjiū hé zǒngjié zhèngshì yōuxiù jiàoshī sùzhì zhōng bùkě quēshǎo de chéng•fèn

我为什么非要教书不可？是因为我喜欢当教师的时间安排表和生活节奏。七、八、九三个月给我提供了进行回顾、研究、写作的良机，并将三者有机融合，而善于回顾、研究和总结正是优秀教师素质中不可缺少的成分。

Gàn zhè háng gěile wǒ duōzhǒng-duōyàng de gānquán qù pǐncháng zhǎo yōuxiù de shūjí qù yándú dào xiàngyátǎ hé shíjì shìjiè • lǐ qù fāxiàn Jiàoxué gōngzuò gěi wǒ tígōng le jìxù xuéxí de shíjiān bǎozhèng yǐjí duōzhǒng tújìng jīyù hé tiǎozhàn

干这行给了我多种多样的“甘泉”去品尝，找优秀的书籍去研读，到“象牙塔”和实际世界里去发现。教学工作给我提供了继续学习的时间保证，以及多种途径、机遇和挑战。

Rán'ér wǒ ài zhè yī háng de zhēnzhèng yuányīn shì ài wǒ de xuésheng Xuéshengmen zài wǒ de yǎnqián chéngzhǎng biànhuà Dāng jiàoshī yìwèizhe qīnlì chuàngzào guòchéng de fāshēng qiàsì qīnshǒu fùyǔ yī tuán nítǔ yǐ

然而，我爱这一行的真正原因，是爱我的学生。学生们在我的眼前成长、变化。当教师意味着亲历“创造”过程的发生——恰似亲手赋予一团泥土以

shēngmìng méi•yǒu shénme bǐ mùdǔ tā kāishǐ hūxī gèng jīdòng rénxīn de le
生命，没有什么比目睹它开始呼吸更激动人心的了。

Quánlì wǒ yě yǒu le Wǒ yǒu quánlì qù qǐfā yòudǎo qù jīfā zhìhuì de
权利我也有了：我有权利去启发诱导，去激发智慧的
huǒhuā qù wèn fèixīn sīkǎo de wèntí qù zànyáng huídá de chángshì qù tuījiàn
火花，去问费心思考的问题，去赞扬回答的尝试，去推荐
shūjí qù zhǐdiǎn míjīn Háiyǒu shénme bié de quánlì néng yǔ zhī xiāng bǐ ne
书籍，去指点迷津。还有什么别的权利能与之相比呢？

Érqiě jiāoshū hái gěi wǒ jīnqián hé quánlì zhīwài de dōngxi nà jiù shì àixīn
而且，教书还给我金钱和权利之外的东西，那就是爱心。
Bù jǐn yǒu duì xuésheng de ài duì shūjí de ài duì zhīshi de ài háiyǒu jiàoshī cái
不仅有对学生的爱，对书籍的爱，对知识的爱，还有教师才
néng gǎnshòudào de duì tèbié xuésheng de ài Zhèxiē xuésheng yǒurú
能感受到的对“特别”学生的爱。这些学生，有如
míngwánbùlíng de níkuài yóuyú jiēshòu le lǎoshī de chì'ài cái bófā le shēngjī
冥顽不灵的泥块，由于接受了老师的炽爱才勃发了生机。

Suǒ yǐ wǒ ài jiāoshū hái yīn•wèi zài nàxiē bófā shēngjī de tèbié
所以，我爱教书，还因为，在那些勃发生机的“特别”
xué
学‖生身上，我有时发现自己和他们呼吸相通，忧乐与共。

节选自［美］彼得·基·贝得勒《我为什么当教师》

Zuòpǐn Hào
作品45号

Zhōngguó xībù wǒmen tōngcháng shì zhǐ Huáng Hé yǔ Qín Lǐng xiānglián yī xiàn yǐ
中国西部我们通常是指黄河与秦岭相连一线以
xī bāokuò xīběi hé xīnán de shí'èr gè shěng shì zìzhìqū Zhè kuài guǎngmào
西，包括西北和西南的十二个省、市、自治区。这块广袤
de tǔdì miànjī wéi wǔbǎi sìshí liù wàn píngfāng gōnglǐ zhàn guótǔ zǒng miànjī de bǎi fēn
的土地面积为五百四十六万平方公里，占国土总面积的百分
zhī wǔshíqī rénkǒu èr diǎn bā yì zhàn quánguó zǒng rénkǒu de bǎi fēn zhī èrshísān
之五十七；人口二点八亿，占全国总人口的百分之二十三。

Xī bù shì Huáxià wénmíng de yuántóu Huáxià zǔxiān de jiǎobù shì shùnzhe shuǐbiān
西部是华夏文明的源头。华夏祖先的脚步是顺着水边
zǒu de Cháng Jiāng shàngyóu chūtǔguo Yuánmóurén yáchǐ huàshí jù jīn yuē yībǎi qīshí
走的：长江上游出土过元谋人牙齿化石，距今约一百七十
wàn nián Huáng Hé zhōngyóu chūtǔguo Lántiánrén tóugàigǔ jù jīn yuē qīshí wàn nián
万年；黄河中游出土过蓝田人头盖骨，距今约七十万年。

Zhè liǎng chù gǔ rénlèi dōu bǐ jù jīn yuē wǔshí wàn nián de Běijīng yuánrén zī·gé
这两处古人类都比距今约五十万年的北京猿人资格
gènglǎo
更老。

Xībù dìqū shì Huáxià wénmíng de zhòngyào fāyuándì Qínhuáng Hànwǔ yǐhòu
西部地区是华夏文明的重要发源地。秦皇汉武以后，
dōng-xīfāng wénhuà zài zhè·lǐ jiāohuì rónghé cóng'ér yǒule sīchóu zhī lù de tuólíng
东西方文化在这里交汇融合，从而有了丝绸之路的驼铃
shēngshēng fó yuàn shēn sì de mùgǔ-chénzhōng Dūnhuáng Mògāokū shì shìjiè
声声，佛院深寺的暮鼓晨钟。敦煌莫高窟是世界
wénhuàshǐ·shàng de yī gè qíjì tā zài jìchéng Hàn Jìn yìshù chuántǒng de
文化史上的一个奇迹，它在继承汉晋艺术传统的
jīchǔ·shàng xíngchéngle zìjǐ jiānshōu-bìngxù de huīhóng qìdù zhǎnxiànchū
基础上，形成了自己兼收并蓄的恢宏气度，展现出
jīngměi-juélún de yìshù xíngshì hé bódà-jīngshēn de wénhuà nèihán Qínshǐhuáng
精美绝伦的艺术形式和博大精深的文化内涵。秦始皇
Bīngmǎyǒng Xīxià wánglíng Lóulán gǔguó Bùdálāgōng Sānxīngduī Dàzú shíkè
兵马俑、西夏王陵、楼兰古国、布达拉宫、三星堆、大足石刻
děng lìshǐ wénhuà yíchǎn tóngyàng wéi shìjiè suǒ zhǔmù chéngwéi Zhōnghuá wénhuà
等历史文化遗产，同样为世界所瞩目，成为中华文化
zhòngyào de xiàngzhēng
重要的象征。

Xībù dìqū yòu shì shǎoshù mínzú jíqí wénhuà de jícuìdì jīhū bāokuòle wǒguó
西部地区又是少数民族及其文化的集萃地，几乎包括了我国
suǒyǒu de shǎoshù mínzú Zài yīxiē piānyuǎn de shǎoshù mínzú dìqū réng bǎoliú
所有的少数民族。在一些偏远的少数民族地区，仍保留‖了一些久远时代的艺术品种，成为珍贵的“活化石”，如纳西古乐、戏曲、剪纸、刺绣、岩画等民间艺术和宗教艺术。特色鲜明、丰富多彩，犹如一个巨大的民族民间文化艺术宝库。

我们要充分重视和利用这些得天独厚的资源优势，建立良好的民族民间文化生态环境，为西部大开发作出贡献。

节选自《中考语文课外阅读试题精选》中《西部文化和西部开发》

Zuòpǐn Hào
作品46号

Gāoxìng zhè shì yī zhǒng jùtǐ de bèi kàndedào mōdezháo de shìwù suǒ huànqǐ de
高兴，这是一种具体的被看得到摸得着的事物所唤起的

qíng•xù Tā shì xīnlǐ de gèng shì shēnglǐ de Tā róng• yì lái yě róng• yì qù shéi
情绪。它是心理的，更是生理的。它容易来也容易去，谁
yě bù yīnggāi duì tā shì’ér bùjiàn shīzhījiāo bì shéi yě bù yīnggāi zǒngshì zuò nàxiē shǐ
也不应该对它视而不见失之交臂，谁也不应该总是做那些使
zìjǐ bù gāoxìng yě shǐ pángrén bù gāoxìng de shì Ràng wǒmen shuō yī jiàn zuì róng• yì
自己不高兴也使旁人不高兴的事。让我们说一件最容易
zuò yě zuì lìng rén gāoxìng de shì ba zūnzhòng nǐ zìjǐ yě zūnzhòng bié•rén zhè shì
做也最令人高兴的事吧，尊重你自己，也尊重别人，这是
měi yī gè rén de quánlì wǒ háiyào shuō zhè shì měi yī gè rén de yìwù
每一个人的权利，我还要说这是每一个人的义务。

Kuàilè tā shì yī zhǒng fùyǒu gàikuòxìng de shēngcún zhuàngtài gōngzuò
快乐，它是一种富有概括性的生存状态、工作
zhuàngtài Tā jīhū shì xiānyàn de tā láizì shēngmìng běnshēn de huólì láizì
状态。它几乎是先验的，它来自生命本身的活力，来自
yǔzhòu dìqiú hé rénjiān de xīyǐn tā shì shìjiè de fēngfù xuànlì kuòdà yōujiǔ
宇宙、地球和人间的吸引，它是世界的丰富、绚丽、阔大、悠久
de tǐxiàn Kuàilè háishì yī zhǒng lì•liàng shì mái zài dìxià de gēnmài Xiāomiè yī
的体现。快乐还是一种力量，是埋在地下的根脉。消灭一
gè rén de kuàilè bǐ wājué diào yī kē dàshù de gēn yào nán de duō
个人的快乐比挖掘掉一棵大树的根要难得多。

Huānxīn zhè shì yī zhǒng qīngchūn de shīyì de qínggǎn Tā láizì miànxiàngzhe
欢欣，这是一种青春的、诗意的情感。它来自面向着
wèilái shēnkāi shuāngbì bēnpǎo de chōnglì tā láizì yī zhǒng qīngsōng ér yòu shénmì
未来伸开双臂奔跑的冲力，它来自一种轻松而又神秘、
ménglóng ér yòu yǐnmì de jīdòng tā shì jīqíng jíjiāng dàolái de yùzhào tā yòu shì
朦胧而又隐秘的激动，它是激情即将到来的预兆，它又是
dàyǔ guòhòu de bǐ xiàyǔ háiyào měimiào de duō yě jiǔyuǎn de duō de huíwèi
大雨过后的比下雨还要美妙得多也久远得多的回味……

Xǐyuè tā shì yī zhǒng dàiyǒu xíng ér shàng sècǎi de xiūyǎng hé jìngjiè Yǔqí
喜悦，它是一种带有形而上色彩的修养和境界。与其
shuō tā shì yī zhǒng qíng•xù bùrú shuō tā shì yī zhǒng zhìhuì yī zhǒng chāobá
说它是一种情绪，不如说它是一种智慧、一种超拔、
yī zhǒng bēitiān-mǐnrén de kuānróng hé lǐjiě yī zhǒng bǎojīng-cāngsāng de chōngshí hé
一种悲天悯人的宽容和理解，一种饱经沧桑的充实和
zìxìn yī zhǒng guāngmíng de lǐxìng yī zhǒng jiāndìng
自信，一种光明的理性，一种坚定‖的成熟，一种战胜了烦恼和庸俗的清明澄澈。它是一潭清水，它是一抹朝霞，它是无边的平原，它是沉默的地平线。多一点儿、再多一点儿喜悦吧，它是翅膀，也是归巢。它是一

杯美酒，也是一朵永远开不败的莲花。

节选自王蒙《喜悦》

Zuòpǐn Hào
作品47号

Zài Wānzǎi Xiānggǎng zuì rènao de dìfang yǒu yī kē róngshù tā shì zuì guì
在湾仔，香港最热闹的地方，有一棵榕树，它是最贵
de yī kē shù bùguāng zài Xiānggǎng zài quánshìjiè dōu shì zuì guì de
的一棵树，不光在香港，在全世界，都是最贵的。

Shù huó de shù yòu bù mài hé yán qí guì Zhǐ yīn tā lǎo tā cū shì
树，活的树，又不卖何言其贵？只因它老，它粗，是
Xiānggǎng bǎinián cāngsāng de huó jiànzhèng Xiānggǎngrén bùrěn kànzhe tā bèi kǎnfá
香港百年沧桑的活见证，香港人不忍看着它被砍伐，
huòzhě bèi yízǒu biàn gēn yào zhànyòng zhè piàn shānpō de jiànzhùzhě tán tiáojiàn Kěyǐ
或者被移走，便跟要占用这片山坡的建筑者谈条件：可以
zài zhèr jiàn dàlóu gài shāngshà dàn yī bùzhǔn kǎn shù èr bùzhǔn nuó shù bìxū
在这儿建大楼盖商厦，但一不准砍树，二不准挪树，必须
bǎ tā yuándì jīngxīn yǎng qǐ·lái chéngwéi Xiānggǎng nàoshì zhōng de yī jǐng Tàigǔ
把它原地精心养起来，成为香港闹市中的一景。太古
Dàshà de jiànshèzhě zuìhòu qiānle hétong zhànyòng zhège dà shānpō jiàn háohuá shāngshà
大厦的建设者最后签了合同，占用这个大山坡建豪华商厦
de xiānjué tiáojiàn shì tóngyì bǎohù zhè kē lǎoshù
的先决条件是同意保护这棵老树。

Shù zhǎng zài bànshānpō·shàng jì huà jiāng shù xià·miàn de chéngqiān-shàngwàn dūn
树长在半山坡上，计划将树下面的成千上万吨
shānshí quánbù tāokōng qǔzǒu téngchū dìfang·lái gài lóu bǎ shù jià zài dàlóu
山石全部掏空取走，腾出地方来盖楼，把树架在大楼
shàng·miàn fǎngfú tā yuánběn shì zhǎng zài lóudǐng·shàng shìde Jiànshèzhě jiùdì zàole
上面，仿佛它原本是长在楼顶上似的。建设者就地造了
yī gè zhíjìng shíbā mǐ shēn shí mǐ de dà huāpén xiān gùdìng hǎo zhè kē lǎoshù zài
一个直径十八米、深十米的大花盆，先固定好这棵老树，再
zài dà huāpén dǐ·xià gài lóu Guāng zhè yī xiàng jiù huāle liǎngqiān sānbǎi bāshíjiǔ wàn
在大花盆底下盖楼。光这一项就花了两千三百八十九万
gǎng bì kānchēng shì zuì ánggui de bǎohù cuòshī le
港币，堪称是最昂贵的保护措施了。

Tàigǔ Dàshà luòchéng zhīhòu rénmen kěyǐ chéng gǔndòng fútī yī cì dàowèi
太古大厦落成之后，人们可以乘滚动扶梯一次到位，
láidào Tàigǔ Dàshà de dǐngcéng chū hòumén nàr shì yī piàn zìrán jǐngsè Yī kē
来到太古大厦的顶层，出后门，那儿是一片自然景色。一棵

dàshù chūxiàn zài rénmen miànqián shùgàn yǒu yī mǐ bàn cū shùguān zhíjìng zú yǒu
大树出现在人们面前，树干有一米半粗，树冠直径足有
èr shí duō mǐ dúmù-chéng lín fēicháng zhuàngguān xíngchéng yī zuò yǐ tā wéi
二十多米，独木成林，非常壮观，形成一座以它为
zhōngxīn de xiǎo gōngyuán qǔ míng jiào Róngpǔ Shù qián•miàn
中心的小公园，取名叫“榕圃”。树前面‖插着铜牌，
说明缘由。此情此景，如不看铜牌的说明，绝对想不到巨树根底下还有一座宏伟的现代大楼。

节选自舒乙《香港：最贵的一棵树》

Zuòpǐn Hào
作品48号

Wǒmen de chuán jiànjiàn de bījìn róngshù le Wǒ yǒu jī•huì kànqīng tā de zhēn
我们的船渐渐地逼近榕树了。我有机会看清它的真
miànmù Shì yī kē dàshù yǒu shǔ•bùqīng de yāzhī zhī•shàng yòu shēng gēn yǒu
面目：是一棵大树，有数不清的丫枝，枝上又生根，有
xǔduō gēn yīzhí chuídào dì•shàng shēnjìn nítǔ•lǐ Yī bùfen shùzhī chuídào shuǐmiàn
许多根一直垂到地上，伸进泥土里。一部分树枝垂到水面，
cóng yuǎnchù kàn jiùxiàng yīkē dàshù xié tǎng zài shuǐmiàn•shàng yīyàng
从远处看，就像一棵大树斜躺在水面上一样。

Xiànzài zhèngshì zhīfán-yèmào de shíjié Zhè kē róngshù hǎoxiàng zài bǎ tā de
现在正是枝繁叶茂的时节。这棵榕树好像在把它的
quánbù shēngmìnglì zhǎnshì gěi wǒmen kàn Nàme duō de lǜyè yī cù duī zài lìng yī
全部生命力展示给我们看。那么多的绿叶，一簇堆在另一
cù de shàng•miàn bù liú yīdiǎnr fèngxì Cuìlǜ de yánsè míngliàng de zài wǒmen de
簇的上面，不留一点儿缝隙。翠绿的颜色明亮地在我们的
yǎnqián shǎnyào sìhū měi yī piàn shùyè•shàng dōu yǒu yī gè xīn de shēngmìng zài
眼前闪耀，似乎每一片树叶上都有一个新的生命在
chàndòng zhè měilì de nánguó de shù
颤动，这美丽的南国的树！

Chuán zài shù•xià bóle piànkè àn•shàng hěn shī wǒmen méi•yǒu shàng•qù
船在树下泊了片刻，岸上很湿，我们没有上去。
Péngyou shuō zhè•lǐ shì niǎo de tiāntáng yǒu xǔduō niǎo zài zhè kē shù•shàng zuò
朋友说这里是“鸟的天堂”，有许多鸟在这棵树上做
wō nóngmín bùxǔ rén qù zhuō tāmen Wǒ fǎngfú tīng•jiàn jǐ zhī niǎo pū chì de
窝，农民不许人去捉它们。我仿佛听见几只鸟扑翅的

shēngyīn dànshì děngdào wǒ de yǎnjing zhùyì de kàn nà• lǐ shí wǒ què kàn•bùjiàn yī
声音，但是等到我的眼睛注意地看那里时，我却看不见一
zhī niǎo de yǐngzi Zhǐyǒu wúshù de shùgēn lì zài dì •shàng xiàng xǔduō gēn
只鸟的影子，只有无数的树根立在地上，像许多根
mùzhuāng Dì shì shī de dàgài zhǎngcháo shí héshuǐ chángcháng chōng•shàng àn•qù
木桩。地是湿的，大概涨潮时河水常常冲上岸去。
Niǎo de tiāntáng • lǐ méi•yǒu yī zhī niǎo wǒ zhèyàng xiǎngdào Chuán kāi le
“鸟的天堂”里没有一只鸟，我这样想到。船开了，
yī gè péngyou bōzhe chuán huǎnhuǎn de liúdào hé zhōngjiān qù
一个朋友拨着船，缓缓地流到河中间去。

Dì-èr tiān wǒmen huázhe chuán dào yī gè péngyou de jiāxiāng qù jiùshì nàge
第二天，我们划着船到一个朋友的家乡去，就是那个
yǒu shān yǒu tǎ de dìfang Cóng xuéxiào chūfā wǒmen yòu jīngguò nà niǎo de
有山有塔的地方。从学校出发，我们又经过那“鸟的
tiāntáng
天堂”。

Zhè yī cì shì zài zǎo•chén yángguāng zhào zài shuǐmiàn•shàng yě zhào zài
这一次是在早晨，阳光照在水面上，也照在
shùshāo•shàng Yīqiè dōu
树梢上。一切都‖显得非常光明。我们的船也在树下泊了片刻。

起初四周围非常清静。后来忽然起了一声鸟叫。我们把手一拍，便看见一只大鸟飞了起来，接着又看见第二只，第三只。我们继续拍掌，很快地这个树林就变得很热闹了。到处都是鸟声，到处都是鸟影。大的，小的，花的，黑的，有的站在枝上叫，有的飞起来，在扑翅膀。

节选自巴金《小鸟的天堂》

Zuòpǐn Hào
作品49号

Yǒu zhèyàng yī gè gùshi
有这样一个故事。

Yǒu rén wèn Shìjiè•shàng shénme dōngxi de qìlì zuì dà Huídá fēnyún de hěn
有人问：世界上什么东西的气力最大？回答纷纭得很，
yǒude shuō xiàng yǒude shuō shī yǒu rén kāi wánxiào shìde shuō Shì
有的说“象”，有的说“狮”，有人开玩笑似的说：是
Jīngāng Jīngāng yǒu duō•shǎo qìlì dāngrán dàjiā quán bù zhī•dào
“金刚”，金刚有多少气力，当然大家全不知道。

Jiéguǒ zhè yīqiè dá'àn wánquán bù duì shìjiè·shàng qìlì zuì dà de shì
结果，这一切答案完全不对，世界上气力最大的，是
zhíwù de zhǒngzi Yī lì zhǒngzi suǒ kěyǐ xiǎnxiàn chū·lái de lì jiǎnzhí shì chāoyuè
植物的种子。一粒种子所可以显现出来的力，简直是超越
yīqiè
一切。

Rén de tóugàigǔ jiéhé de fēicháng zhìmì yǔ jiāngù shēnglǐxuéjiā hé
人的头盖骨，结合得非常致密与坚固，生理学家和
jiěpōuxuézhě yòngjìn le yīqiè de fāngfǎ yào bǎ tā wánzhěng de fēn chū·lái dōu
解剖学者用尽了一切的方法，要把它完整地分出来，都
méi·yǒu zhè zhǒng lìqi Hòulái hūrán yǒu rén fāmíngle yī gè fāngfǎ jiùshì bǎ yīxiē
没有这种力气。后来忽然有人发明了一个方法，就是把一些
zhíwù de zhǒngzi fàng zài yào pōuxī de tóugàigǔ·lǐ gěi tā yǐ wēndù yǔ shīdù shǐ
植物的种子放在要剖析的头盖骨里，给它以温度与湿度，使
tā fāyá Yī fāyá zhèxiē zhǒngzi biàn yǐ kěpà de lì·liàng jiāng yīqiè jīxièlì suǒ
它发芽。一发芽，这些种子便以可怕的力量，将一切机械力所
bùnéng fēnkāi de gǔgé wánzhěng de fēnkāi le Zhíwù zhǒngzi de lì·liàng zhī dà
不能分开的骨骼，完整地分开了。植物种子的力量之大，
rúcǐ rúcǐ
如此如此。

Zhè yěxǔ tèshū le yīdiǎnr chángrén bù róng·yì lǐjiě Nàme nǐ
这，也许特殊了一点儿，常人不容易理解。那么，你
kàn·jiàn guo sǔn de chéngzhǎng ma Nǐ kàn·jiàn guo bèi yā zài wǎlì hé shíkuài xià·miàn de
看见过笋的成长吗？你看见过被压在瓦砾和石块下面的
yī kē xiǎocǎo de shēngzhǎng ma Tā wèizhe xiàngwǎng yángguāng wèizhe dáchéng tā
一颗小草的生长吗？它为着向往阳光，为着达成它
de shēng zhī yìzhì bùguǎn shàng·miàn de shíkuài rúhé zhòng shí yǔ shí zhījiān rúhé
的生之意志，不管上面的石块如何重，石与石之间如何
xiá tā bìdìng yào qūqū-zhézhé de dànshì wánqiáng-bùqū de tòudào dìmiàn
狭，它必定要曲曲折折地，但是顽强不屈地透到地面
shàng·lái Tā de gēn wǎng tǔrǎng zuān tā de yá wǎng dìmiàn tǐng zhè shì yī zhǒng
上来。它的根往土壤钻，它的芽往地面挺，这是一种
bùkě kàngjù de lì zǔzhǐ tā de shíkuài jiéguǒ yě bèi tā xiānfān yī lì zhǒngzi
不可抗拒的力，阻止它的石块，结果也被它掀翻，一粒种子
de lì·liàng zhī dà rú
的力量之大，如‖此如此。

没有一个人将小草叫做“大力士”，但是它的力量之大，的确是世界无

比。这种力是一般人看不见的生命力。只要生命存在，这种力就要显现。上面的石块，丝毫不足以阻挡。因为它是一种“长期抗战”的力；有弹性，能屈能伸的力；有韧性，不达目的不止的力。

节选自夏衍《野草》

Zuòpǐn Hào
作品50号

Yànzi qùle yǒu zài lái de shíhou yáng liǔ kū le yǒu zài qīng de shíhou
燕子去了，有再来的时候；杨柳枯了，有再青的时候；
táohuā xiè le yǒu zài kāi de shíhou Dànshì cōng · míng de nǐ gàosu wǒ
桃花谢了，有再开的时候。但是，聪明的，你告诉我，
wǒmen de rìzi wèishénme yī qù bù fùfǎn ne shì yǒu rén tōule tāmen ba Nà
我们的日子为什么一去不复返呢？——是有人偷了他们罢：那
shì shuí Yòu cáng zài héchù ne Shì tāmen zìjǐ táozǒu le ba xiànzài yòu dào le
是谁？又藏在何处呢？是他们自己逃走了罢：现在又到了
nǎ · lǐ ne
哪里呢？

Qù de jǐnguǎn qùle lái de jǐnguǎn láizhe qù lái de zhōngjiān yòu zěnyàng
去的尽管去了，来的尽管来着；去来的中间，又怎样
de cōngcōng ne Zǎoshang wǒ qǐ · lái de shí hou xiǎowū · lǐ shèjìn liǎng-sān fāng xiéxié
地匆匆呢？早上我起来的时候，小屋里射进两三方斜斜
de tài · yáng Tài · yáng tā yǒu jiǎo a qīngqīng qiāoqiāo de nuó yí le wǒ yě
的太阳。太阳他有脚啊，轻轻悄悄地挪移了；我也
mángmángrán gēnzhe xuánzhuǎn Yúshì xǐ shǒu de shíhou rìzi cóng shuǐpén · lǐ
茫茫然跟着旋转。于是——洗手的时候，日子从水盆里
guò · qù chīfàn de shíhou rìzi cóng fànwǎn · lǐ guò · qù mòmò shí biàn cóng
过去；吃饭的时候，日子从饭碗里过去；默默时，便从
níngrán de shuāngyǎn qián guò · qù Wǒ juéchá tā qù de cōngcōng le shēnchū shǒu
凝然的双眼前过去。我觉察他去的匆匆了，伸出手
zhēwǎn shí tā yòu cóng zhēwǎnzhe de shǒu biān guò · qù tiānhēi shí wǒ tǎng zài
遮挽时，他又从遮挽着的手边过去；天黑时，我躺在
chuáng · shàng tā biàn línglíng lìlì de cóng wǒ shēn · shang kuàguò cóng wǒ jiǎobiān
床上，他便伶伶俐俐地从我身上跨过，从我脚边
fēiqù le Děng wǒ zhēngkāi yǎn hé tài · yáng zàijiàn zhè suàn yòu liūzǒu le yī rì
飞去了。等我睁开眼和太阳再见，这算又溜走了一日。
Wǒ yǎnzhe miàn tànxī Dànshì xīn lái de rìzi de yǐng' · ér yòu kāishǐ zài tànxī · lǐ
我掩着面叹息。但是新来的日子的影儿又开始在叹息里
shǎnguò le
闪过了。

Zài táo qù rú fēi de rìzi · lǐ zài qiānmén-wànhù de shìjiè · lǐ de wǒ néng zuò xiē
在逃去如飞的日子里，在千门万户的世界里的我能做些
shénme ne Zhǐyǒu páihuái bà le zhǐyǒu cōngcōng bàle zài bāqiān duō rì de
什么呢？只有徘徊罢了，只有匆匆罢了；在八千多日的
cōngcōng · lǐ chú páihuái wài yòu shèng xiē shénme ne Guò · qù de rìzi rú
匆匆里，除徘徊外，又剩些什么呢？过去的日子如
qīngyān bèi wēifēng chuīsàn le rú bówù bèi chūyáng zhēngróng le wǒ liúzhe xiē
轻烟，被微风吹散了，如薄雾，被初阳蒸融了；我留着些
shénme hénjì ne wǒ hécéng liúzhe xiàng yóusī yàng de hénjì ne wǒ chìluǒluǒ lái
什么痕迹呢？我何曾留着像游丝样的痕迹呢？我赤裸裸来‖到这世界，转眼间也将赤裸裸的回去罢？但不能平的，为什么偏白白走这一遭啊？

你聪明的，告诉我，我们的日子为什么一去不复返呢？

节选自朱自清《匆匆》

Zuòpǐn Hào
作品 51 号

Yǒu gè tā bízi de xiǎonánháir yīn•wèi liǎng suì shí déguo nǎoyán zhìlì shòu
有个塌鼻子的小男孩儿，因为两岁时得过脑炎，智力受
sǔn xuéxí qǐ • lái hěn chīlì Dǎ gè bǐfang bié•rén xiě zuòwén néng xiě èr-sānbǎi
损，学习起来很吃力。打个比方，别人写作文能写二三百
zì tā què zhǐnéng xiě sān-wǔ háng Dàn jíbiàn zhèyàng de zuòwén tā tóngyàng néng
字，他却只能写三五行。但即便这样的作文，他同样能
xiě de hěn dòngrén
写得很动人。

Nà shì yī cì zuòwénkè tímù shì Yuànwàng Tā jíqí rènzhēn de xiǎngle
那是一次作文课，题目是《愿望》。他极其认真地想了
bàntiān ránhòu jí rènzhēn de xiě nà zuòwén jí duǎn Zhǐyǒu sān jù huà Wǒ yǒu
半天，然后极认真地写，那作文极短。只有三句话：我有
liǎng gè yuànwàng dì-yī gè shì māma tiāntiān xiàomīmī de kànzhe wǒ shuō Nǐ
两个愿望，第一个是，妈妈天天笑眯眯地看着我说：“你
zhēn cōng•míng Dì-èr gè shì lǎoshī tiāntiān xiàomīmī de kànzhe wǒ shuō Nǐ
真聪明。”第二个是，老师天天笑眯眯地看着我说：“你
yīdiǎnr yě bù bèn
一点儿也不笨。”

Yúshì jiùshì zhè piān zuòwén shēnshēn de dǎdòngle tā de lǎoshī nà wèi
于是，就是这篇作文，深深地打动了他的老师，那位

māma shì de lǎoshī bùjǐn gěile tā zuì gāo fēn zài bān·shàng dài gǎnqíng de lǎngdúle zhè
妈妈式的老师不仅给了他最高分，在班上带感情地朗读了这
piān zuòwén hái yībǐ-yīhuà de pīdào Nǐ hěn cōng·míng nǐ de zuòwén xiě de
篇作文，还一笔一画地批道：你很聪明，你的作文写得
fēicháng gǎnrén qǐng fàngxīn māma kěndìng huì géwài xǐhuan nǐ de lǎoshī kěndìng
非常感人，请放心，妈妈肯定会格外喜欢你的，老师肯定
huì géwài xǐhuan nǐ de dàjiā kěndìng huì géwài xǐhuan nǐ de
会格外喜欢你的，大家肯定会格外喜欢你的。

Pěngzhe zuòwénběn tā xiào le bèngbèng-tiàotiào de huíjiā le xiàng zhī
捧着作文本，他笑了，蹦蹦跳跳地回家了，像只
xǐ·què Dàn tā bìng méi·yǒu bǎ zuòwénběn nágěi māma kàn tā shì zài děngdài
喜鹊。但他并没有把作文本拿给妈妈看，他是在等待，
děngdàizhe yī gè měihǎo de shíkè
等待着一个美好的时刻。

Nàge shíkè zhōngyú dào le shì māma de shēng·rì yī gè yángguāng cànlàn
那个时刻终于到了，是妈妈的生日——一个阳光灿烂
de xīngqītiān Nà tiān tā qǐ de tèbié zǎo bǎ zuòwénběn zhuāng zài yī gè qīnshǒu
的星期天：那天，他起得特别早，把作文本装在一个亲手
zuò de měilì de dà xìnfēng·lǐ děngzhe māma xǐng·lái Māma gānggāng zhēng yǎn
做的美丽的大信封里，等着妈妈醒来。妈妈刚刚睁眼
xǐng·lái tā jiù xiàomīmī de zǒudào māma gēn·qián shuō Māma jīntiān shì nín de
醒来，他就笑眯眯地走到妈妈跟前说：“妈妈，今天是您的
shēng·rì wǒ yào
生日，我要‖送给您一件礼物。”

果然，看着这篇作文，妈妈甜甜地涌出了两行热泪，一把搂住小男孩儿，搂得很紧很紧。

是的，智力可以受损，但爱永远不会。

节选自张玉庭《一个美丽的故事》

Zuòpǐn Hào
作品52号

Xiǎoxué de shíhou yǒu yī cì wǒmen qù hǎibiān yuǎnzú māma méi·yǒu zuò
小学的时候，有一次我们去海边远足，妈妈没有做
biànfàn gěile wǒ shí kuài qián mǎi wǔcān Hǎoxiàng zǒule hěn jiǔ hěn jiǔ zhōngyú
便饭，给了我十块钱买午餐。好像走了很久，很久，终于
dào hǎibiān le dàjiā zuò xià·lái biàn chīfàn huāngliáng de hǎibiān méi·yǒu shāngdiàn
到海边了，大家坐下来便吃饭，荒凉的海边没有商店，

wǒ yī gè rén pǎodào fángfēnglín wài·miàn qù jírèn lǎoshī yào dàjiā bǎ chīshèng de
我一个人跑到防风林外面去，级任老师要大家把吃剩的

fàncài fēngěi wǒ yīdiǎnr Yǒu liǎng-sān gè nánshēng liú·xià yīdiǎnr gěi wǒ háiyǒu yī
饭菜分给我一点儿。有两三个男生留下一点儿给我，还有一

gè nǚshēng tā de mǐfàn bànle jiàngyóu hěn xiāng Wǒ chīwán de shíhou tā
个女生，她的米饭拌了酱油，很香。我吃完的时候，她

xiàomīmī de kànzhe wǒ duǎn tóufa liǎn yuányuán de
笑眯眯地看着我，短头发，脸圆圆的。

Tā de míngzi jiào Wēng Xiāngyù
她的名字叫翁香玉。

Měi tiān fàngxué de shíhou tā zǒu de shì jīngguò wǒmen jiā de yī tiáo xiǎolù
每天放学的时候，她走的是经过我们家的一条小路，

dàizhe yī wèi bǐ tā xiǎo de nánháir kěnéng shì dìdi Xiǎolù biān shì yī tiáo qīngchè
带着一位比她小的男孩儿，可能是弟弟。小路边是一条清澈

jiàn dǐ de xiǎoxī liǎngpáng zhúyīn fùgài wǒ zǒngshì yuǎnyuǎn de gēn zài tā hòu·miàn
见底的小溪，两旁竹阴覆盖，我总是远远地跟在她后面，

xiàrì de wǔhòu tèbié yánrè zǒudào bànlù tā huì tíng xià·lái ná shǒupà zài xī shuǐ·lǐ
夏日的午后特别炎热，走到半路她会停下来，拿手帕在溪水里

jìnshī wèi xiǎonánháir cā liǎn Wǒ yě zài hòu·miàn tíng xià·lái bǎ āngzāng de
浸湿，为小男孩儿擦脸。我也在后面停下来，把肮脏的

shǒupà nòngshīle cā liǎn zài yīlù yuǎnyuǎn gēnzhe tā huíjiā
手帕弄湿了擦脸，再一路远远跟着她回家。

Hòulái wǒmen jiā bāndào zhèn·shàng qù le guò jǐ nián wǒ yě shàngle zhōngxué
后来我们家搬到镇上去了，过几年我也上了中学。

Yǒu yī tiān fàngxué huíjiā zài huǒchē·shàng kàn·jiàn xiéduìmiàn yī wèi duǎn tóufa
有一天放学回家，在火车上，看见斜对面一位短头发、

yuányuán liǎn de nǚháir yī shēn sùjing de bái yī hēi qún Wǒ xiǎng tā yīdìng bù
圆圆脸的女孩儿，一身素净的白衣黑裙。我想她一定不

rènshi wǒ le Huǒchē hěn kuài dào zhàn le wǒ suízhe rénqún jǐ xiàng ménkǒu tā yě
认识我了。火车很快到站了，我随着人群挤向门口，她也

zǒujìn le jiào wǒ de míngzi Zhè shì tā dì-yī cì hé wǒ shuōhuà
走近了，叫我的名字。这是她第一次和我说话。

Tā xiàomīmī de hé wǒ yīqǐ zǒuguò yuètái Yǐhòu jiù méi·yǒu zài jiànguo
她笑眯眯的，和我一起走过月台。以后就没有再见过‖她了。

这篇文章收在我出版的《少年心事》这本书里。

书出版后半年，有一天我忽然收到出版社转来的一封信，信封上是陌生的字迹，但清楚地写着我的本名。

信里面说她看到了这篇文章心里非常激动，没想到在离开家乡，漂泊异地这么久之后，会看见自己仍然在一个人的记忆里，她自己也深深记得这其中的每一幕，只是没想到越过遥远的时空，竟然另一个人也深深记得。

节选自苦伶《永远的记忆》

Zuòpǐn Hào
作品53号

Zài fánhuá de Bālí dàjiē de lùpáng zhànzhe yī gè yīshān lánlǚ tóufa
在繁华的巴黎大街的路旁，站着一个衣衫褴褛、头发
bānbái shuāngmù shīmíng de lǎorén Tā bù xiàng qítā qǐgài nàyàng shēnshǒu xiàng
斑白、双目失明的老人。他不像其他乞丐那样伸手向
guòlù xíngrén qǐtǎo ér shì zài shēnpáng lì yī kuài mùpái shàng•miàn xiězhe Wǒ
过路行人乞讨，而是在身旁立一块木牌，上面写着：“我
shénme yě kàn•bùjiàn Jiē•shàng guòwǎng de xíngrén hěn duō kànle mùpái•shàng de
什么也看不见！”街上过往的行人很多，看了木牌上的
zì dōu wúdòngyúzhōng yǒude hái dàndàn yī xiào biàn shānshān ér qù le
字都无动于衷，有的还淡淡一笑，便姗姗而去了。

Zhè tiān zhōngwǔ Fǎguó zhùmíng shīrén Ràng Bǐhàolè yě jīngguò zhè• lǐ Tā
这天中午，法国著名诗人让·彼浩勒也经过这里。他
kànkan mùpái•shàng de zì wèn máng lǎorén Lǎo•rén•jiā jīntiān shàngwǔ yǒu rén
看看木牌上的字，问盲老人：“老人家，今天上午有人
gěi nǐ qián ma
给你钱吗？”

Máng lǎorén tànxīzhe huídá Wǒ wǒ shénme yě méi•yǒu dédào Shuōzhe
盲老人叹息着回答：“我，我什么也没有得到。”说着，
liǎn•shàng de shénqíng fēicháng bēishāng
脸上的神情非常悲伤。

Ràng Bǐhàolè tīng le náqǐ bǐ qiāoqiāo de zài nà háng zì de qián•miàn
让·彼浩勒听了，拿起笔悄悄地在那行字的前面
tiān•shàngle chūntiān dào le kěshì jǐ gè zì jiù cōngcōng de líkāi le
添上了“春天到了，可是”几个字，就匆匆地离开了。

Wǎnshang Ràng Bǐhàolè yòu jīngguò zhè• lǐ wèn nàge máng lǎorén xiàwǔ
晚上，让·彼浩勒又经过这里，问那个盲老人下午
de qíngkuàng Máng lǎorén xiàozhe huídá shuō Xiānsheng bù zhī wèishénme
的情况。盲老人笑着回答说：“先生，不知为什么，
xiàwǔ gěi wǒ qián de rén duō jí le Ràng Bǐhàolè tīng le mōzhe húzi mǎnyì
下午给我钱的人多极了！”让·彼浩勒听了，摸着胡子满意

de xiào le
地 笑 了。

Chūntiān dào le kěshì wǒ shénme yě kàn·bùjiàn Zhè fùyǒu shīyì de
“春 天 到 了，可是 我 什么 也 看 不见！”这 富有 诗意 的

yǔyán chǎnshēng zhème dà de zuòyòng jiù zàiyú tā yǒu fēicháng nónghòu de gǎnqíng
语言，产 生 这么 大 的 作 用，就 在于 它 有 非 常 浓 厚 的 感 情

sècǎi Shìde chūntiān shì měihǎo de nà lántiān báiyún nà lǜshù hónghuā nà
色彩。是的，春 天 是 美 好 的，那 蓝 天 白 云，那 绿 树 红 花，那

yīnggē-yànwǔ nà liúshuǐ rénjiā zěnme bù jiào rén táozuì ne Dàn zhè liángchén
莺 歌 燕 舞，那 流 水 人 家，怎 么 不 叫 人 陶 醉 呢？但 这 良 辰

měijǐng duìyú yī gè shuāngmù shīmíng de rén lái shuō zhǐshì yī piàn qīhēi Dāng
美 景，对 于 一 个 双 目 失 明 的 人 来 说，只 是 一 片 漆 黑。当

rénmen xiǎngdào zhège máng lǎorén yī shēng zhōng jìng lián wànzǐ-qiānhóng de chūntiān
人 们 想 到 这 个 盲 老 人，一 生 中 竟 连 万 紫 千 红 的 春 天 ‖

都不曾看到，怎能不对他产生同情之心呢？

节选自小学《语文》第六册中《语言的魅力》

Zuòpǐn Hào
作品 54 号

Yǒu yī cì Sū Dōngpō de péngyou Zhāng È názhe yī zhāng xuānzhǐ lái qiú tā xiě
有 一 次，苏 东 坡 的 朋 友 张 鹗 拿 着 一 张 宣 纸 来 求 他 写

yī fú zì érqiě xīwàng tā xiě yīdiǎnr guānyú yǎngshēng fāngmiàn de nèiróng Sū
一 幅 字，而 且 希 望 他 写 一 点 儿 关 于 养 生 方 面 的 内 容。苏

Dōngpō sīsuǒle yīhuìr diǎndiǎn tóu shuō Wǒ dédàole yī gè yǎngshēng chángshòu
东 坡 思 索 了 一 会 儿，点 点 头 说：“我 得 到 了 一 个 养 生 长 寿

gǔfāng yào zhǐyǒu sì wèi jīntiān jiù zènggěi nǐ ba Yúshì Dōngpō de lángháo
古 方，药 只 有 四 味，今 天 就 赠 给 你 吧。”于 是，东 坡 的 狼 毫

zài zhǐ·shàng huīsǎ qǐ·lái shàng·miàn xiězhe Yī yuē wú shì yǐ dàng guì èr yuē
在 纸 上 挥 洒 起 来，上 面 写 着：“一 曰 无 事 以 当 贵，二 曰

zǎo qǐn yǐ dàng fù sān yuē ān bù yǐ dàng chē sì yuē wǎn shí yǐ dàng ròu
早 寝 以 当 富，三 曰 安 步 以 当 车，四 曰 晚 食 以 当 肉。”

Zhè nǎ·lǐ yǒu yào Zhāng È yīliǎn mángrán de wèn Sū Dōngpō xiàozhe jiěshì
这 哪 里 有 药？张 鹗 一 脸 茫 然 地 问。苏 东 坡 笑 着 解 释

shuō yǎngshēng chángshòu de yàojué quán zài zhè sì jù lǐ·miàn
说，养 生 长 寿 的 要 诀，全 在 这 四 句 里 面。

Suǒwèi wú shì yǐ dàng guì shì zhǐ rén bùyào bǎ gōngmínglìlù róngrǔ guòshī
所 谓“无 事 以 当 贵”，是 指 人 不 要 把 功 名 利 禄、荣 辱 过 失

kǎolǜ de tài duō rú néng zài qíngzhì·shàng xiāosǎ dàdù suíyù'ér'ān wú shì yǐ
考虑得太多，如能在情志上潇洒大度，随遇而安，无事以
qiú zhè bǐ fùguì gèng néng shǐ rén zhōng qí tiānnián
求，这比富贵更能使人终其天年。

Zǎo qǐn yǐ dàng fù zhǐ chīhǎo chuānhǎo cáihuò chōngzú bìngfēi jiù néng
“早寝以当富”，指吃好穿好、财货充足，并非就能
shǐ nǐ chángshòu Duì lǎoniánrén lái shuō yǎngchéng liánghǎo de qǐjū xíguàn yóuqí
使你长寿。对老年人来说，养成良好的起居习惯，尤其
shì zǎo shuì zǎo qǐ bǐ huòdé rènhé cáifù gèngjiā bǎoguì
是早睡早起，比获得任何财富更加宝贵。

Ān bù yǐ dàng chē zhǐ rén bùyào guòyú jiǎngqiú ānyì zhītǐ bù láo ér
“安步以当车”，指人不要过于讲求安逸、肢体不劳，而
yīng duō yǐ bùxíng lái tìdài qímǎ chéngchē duō yùndòng cái kěyǐ qiángjiàn tǐpò
应多以步行来替代骑马乘车，多运动才可以强健体魄，
tōngchàng qìxuè
通畅气血。

Wǎn shí yǐ dàng ròu yìsi shì rén yīnggāi yòng yǐ jī fāng shí wèi bǎo xiān
“晚食以当肉”，意思是人应该用已饥方食、未饱先
zhǐ dàitì duì měiwèi jiāyáo de tānchī wú yàn Tā jìnyībù jiěshì è le yǐhòu cái
止代替对美味佳肴的贪吃无厌。他进一步解释，饿了以后才
jìnshí suīrán shì cūchá-dànfàn dàn qí xiāngtián kěkǒu huì shèngguò shānzhēn rúguǒ
进食，虽然是粗茶淡饭，但其香甜可口会胜过山珍；如果
bǎole háiyào miǎnqiǎng chī jíshǐ měiwèi jiāyáo bǎi zài yǎnqián yě nányǐ
饱了还要勉强吃，即使美味佳肴摆在眼前也难以‖下咽。

苏东坡的四味“长寿药”，实际上是强调了情志、睡眠、运动、饮食四个方面对养生长寿的重要性，这种养生观点即使在今天仍然值得借鉴。

节选自蒲昭和《赠你四味长寿药》

Zuòpǐn Hào
作品55号

Rén huózhe zuì yàojǐn de shì xúnmì dào nà piàn dàibiǎo zhe shēngmìng lǜsè hé
人活着，最要紧的是寻觅到那片代表着生命绿色和
rénlèi xīwàng de cónglín ránhòu xuǎn yī gāogāo de zhītóu zhàn zài nà·lǐ guānlǎn
人类希望的丛林，然后选一高高的枝头站在那里观览
rénshēng xiāohuà tòngkǔ yùnyù gēshēng yúyuè shìjiè
人生，消化痛苦，孕育歌声，愉悦世界！

Zhè kě zhēn shì yī zhǒng xiāosǎ de rénshēng tài·dù zhè kě zhēn shì yī zhǒng
这可真是一种潇洒的人生态度，这可真是一种

xīnjìng shuǎnglǎng de qínggǎn fēngmào
心境爽朗的情感风貌。

Zhàn zài lìshǐ de zhītóu wēixiào kě yǐ jiǎnmiǎn xǔduō fánnǎo Zài nà• lǐ nǐ
站在历史的枝头微笑，可以减免许多烦恼。在那里，你
kě yǐ cóng zhòngshēngxiàng suǒ bāohán de tián-suān-kǔ-là bǎiwèi rénshēng zhōng xúnzhǎo
可以从众生相所包含的甜酸苦辣、百味人生中寻找
nǐ zìjǐ nǐ jìngyù zhōng de nà diǎnr kǔtòng yěxǔ xiāngbǐ zhīxià zài yě nányǐ
你自己；你境遇中的那点儿苦痛，也许相比之下，再也难以
zhànjù yī xí zhī dì nǐ huì jiào róng• yì de huòdé cóng bùyuè zhōng jiětuō línghún de
占据一席之地；你会较容易地获得从不悦中解脱灵魂的
lì •liàng shǐ zhī bù zhì biàn de huīsè
力量，使之不致变得灰色。

Rén zhàn de gāo xiē bùdàn néng yǒuxìng zǎo xiē lǐnglüè dào xīwàng de shǔguāng
人站得高些，不但能有幸早些领略到希望的曙光，
hái néng yǒuxìng fāxiàn shēngmìng de lìtǐ de shīpiān Měi yī gè rén de rénshēng dōu
还能有幸发现生命的立体的诗篇。每一个人的人生，都
shì zhè shīpiān zhōng de yī gè cí yī gè jùzi huòzhě yī gè biāodiǎn Nǐ kěnéng
是这诗篇中的一个词、一个句子或者一个标点。你可能
méi•yǒu chéngwéi yī gè měilì de cí yī gè yǐnrén-zhùmù de jùzi yī gè jīngtànhào
没有成为一个美丽的词，一个引人注目的句子，一个惊叹号，
dàn nǐ yīrán shì zhè shēngmìng de lìtǐ shīpiān zhōng de yī gè yīnjié yī gè tíngdùn
但你依然是这生命的立体诗篇中的一个音节、一个停顿、
yī gè bìbùkěshǎo de zǔchéng bùfen Zhè zú yǐ shǐ nǐ fàngqì qiánxián méngshēng wèi
一个必不可少的组成部分。这足以使你放弃前嫌，萌生为
rénlèi yùnyù xīn de gēshēng de xìngzhì wèi shìjiè dài• lái gèng duō de shīyì
人类孕育新的歌声的兴致，为世界带来更多的诗意。

Zuì kěpà de rénshēng jiànjiě shì bǎ duōwéi de shēngcún tújǐng kànchéng píngmiàn
最可怕的人生见解，是把多维的生存图景看成平面。
Yīn•wèi nà píngmiàn•shàng kèxià de dàduō shì nínggù le de lìshǐ guòqù de yíjì
因为那平面上刻下的大多是凝固了的历史——过去的遗迹；
dàn huózhe de rénmen huó de què shì chōngmǎnzhe xīnshēng zhìhuì de yóu
但活着的人们，活得却是充满着新生智慧的，由‖不断逝去的“现在”组成的未来。人生不能像某些鱼类躺着游，人生也不能像某些兽类爬着走，而应该站着向前行，这才是人类应有的生存姿态。

节选自［美］本杰明·拉什《站在历史的枝头微笑》

Zuòpǐn Hào
作品56号

Zhōngguó de dì-yī dàdǎo Táiwān Shěng de zhǔdǎo Táiwān wèiyú Zhōngguó
中国的第一大岛、台湾省的主岛台湾，位于中国
dàlùjià de dōngnánfāng dìchǔ Dōng Hǎi hé Nán Hǎi zhījiān gézhe Táiwān Hǎixiá hé
大陆架的东南方，地处东海和南海之间，隔着台湾海峡和
Dàlù xiāngwàng Tiānqì qínglǎng de shíhou zhàn zài Fújiàn yánhǎi jiào gāo de dìfang
大陆相望。天气晴朗的时候，站在福建沿海较高的地方，
jiù kěyǐ yǐnyǐn-yuēyuē de wàng•jiàn dǎo•shàng de gāoshān hé yúnduǒ
就可以隐隐约约地望见岛上的高山和云朵。

Táiwān Dǎo xíngzhuàng xiácháng cóng dōng dào xī zuì kuān chù zhǐyǒu yībǎi sìshí
台湾岛形状狭长，从东到西，最宽处只有一百四十
duō gōnglǐ yóu nán zhì běi zuì cháng de dìfang yuē yǒu sānbǎi jiǔshí duō gōnglǐ
多公里；由南至北，最长的地方约有三百九十多公里。
Dìxíng xiàng yī gè fǎngzhī yòng de suōzi
地形像一个纺织用的梭子。

Táiwān Dǎo•shàng de shānmài zòngguàn nánběi zhōngjiān de Zhōngyāng Shānmài
台湾岛上的山脉纵贯南北，中间的中央山脉
yóurú quándǎo de jǐliang Xībù wéi hǎibá jìn sìqiān mǐ de Yù Shān shānmài shì
犹如全岛的脊梁。西部为海拔近四千米的玉山山脉，是
Zhōngguó dōngbù de zuì gāo fēng Quándǎo yuē yǒu sān fēn zhī yī de dìfang shì píngdì
中国东部的最高峰。全岛约有三分之一的地方是平地，
qíyú wéi shāndì Dǎonèi yǒu duàndài bān de pùbù lánbǎoshí shìde húpō sìjì
其余为山地。岛内有缎带般的瀑布，蓝宝石似的湖泊，四季
chángqīng de sēnlín hé guǒyuán zìrán jǐngsè shífēn yōuměi Xīnánbù de Ālǐ Shān hé
常青的森林和果园，自然景色十分优美。西南部的阿里山和
Rìyuè Tán Táiběi shìjiāo de Dàtúnshān fēngjǐngqū dōu shì wénmíng shìjiè de yóulǎn
日月潭，台北市郊的大屯山风景区，都是闻名世界的游览
shèngdì
胜地。

Táiwān Dǎo dìchǔ rèdài hé wēndài zhījiān sìmiàn huán hǎi yǔshuǐ chōngzú
台湾岛地处热带和温带之间，四面环海，雨水充足，
qìwēn shòudào hǎiyáng de tiáojì dōng nuǎn xià liáng sìjì rú chūn zhè gěi shuǐdào
气温受到海洋的调剂，冬暖夏凉，四季如春，这给水稻
hé guǒmù shēngzhǎng tígōngle yōuyuè de tiáojiàn Shuǐdào gānzhe zhāngnǎo shì
和果木生长提供了优越的条件。水稻、甘蔗、樟脑是
Táiwān de sānbǎo Dǎo•shàng hái shèngchǎn xiānguǒ hé yúxiā
台湾的“三宝”。岛上还盛产鲜果和鱼虾。

Táiwān Dǎo háishì yī gè wénmíng shìjiè de húdié wángguó Dǎo•shàng de
台湾岛还是一个闻名世界的“蝴蝶王国”。岛上的
húdié gòng yǒu sìbǎi duō gè pǐnzhǒng qízhōng yǒu bùshǎo shì shìjiè xīyǒu de zhēnguì
蝴蝶共有四百多个品种，其中有不少是世界稀有的珍贵
pǐnzhǒng Dǎo•shàng háiyǒu bùshǎo niǎoyǔ-huāxiāng de hú
品种。岛上还有不少鸟语花香的蝴‖蝶谷，岛上居民利用蝴蝶制作的标本和艺术品，远销许多国家。

节选自《中国的宝岛——台湾》

Zuòpǐn Hào
作品57号

Duìyú Zhōngguó de niú wǒ yǒuzhe yī zhǒng tèbié zūnjìng de gǎnqíng
对于中国的牛，我有着一种特别尊敬的感情。
Liúgěi wǒ yìnxiàng zuì shēn de yào suàn zài tiánlǒng•shàng de yī cì
留给我印象最深的，要算在田垄上的一次
xiāngyù
“相遇”。

Yī qún péngyou jiāoyóu wǒ lǐngtóu zài xiázhǎi de qiānmò•shàng zǒu zěnliào yíngmiàn
一群朋友郊游，我领头在狭窄的阡陌上走，怎料迎面
lái le jǐ tóu gēngniú xiádào róng•bùxià rén hé niú zhōng yǒu yīfāng yào rànglù Tāmen hái
来了几头耕牛，狭道容不下人和牛，终有一方要让路。它们还
méi•yǒu zǒujìn wǒmen yǐ•jīng yùjì dòu•bù•guò chùsheng kǒngpà nánmiǎn cǎidào tiándì
没有走近，我们已经预计斗不过畜牲，恐怕难免踩到田地
níshuǐ•lǐ nòngde xiéwà yòu ní yòu shī le Zhèng chíchú de shíhou dàitóu de yī tóu niú zài
泥水里，弄得鞋袜又泥又湿了。正踟蹰的时候，带头的一头牛，在
lí wǒmen bùyuǎn de dìfang tíngxià•lái tái qǐ tóu kànkan shāo chíyí yīxià jiù zìdòng zǒu•xià
离我们不远的地方停下来，抬起头看看，稍迟疑一下，就自动走下
tián qù Yī duì gēngniú quán gēnzhe tā líkāi qiānmò cóng wǒmen shēnbiān jīngguò
田去。一队耕牛，全跟着它离开阡陌，从我们身边经过。

Wǒmen dōu dāi le huíguo tóu•lái kànzhe shēnhèsè de niúduì zài lù de jìntóu
我们都呆了，回过头来，看着深褐色的牛队，在路的尽头
xiāoshī hūrán jué•dé zìjǐ shòule hěn dà de ēnhuì
消失，忽然觉得自己受了很大的恩惠。

Zhōngguó de niú yǒngyuǎn chénmò de wèi rén zuòzhe chénzhòng de gōngzuò
中国的牛，永远沉默地为人做着沉重的工作。
Zài dàdì•shàng zài chénguāng huò liè rì•xià tā tuōzhe chénzhòng de lí dī tóu
在大地上，在晨光或烈日下，它拖着沉重的犁，低头

yī bù yòu yī bù tuōchūle shēnhòu yī liè yòu yī liè sōng tǔ hǎo ràng rénmen xià
一步又一步，拖出了身后一列又一列松土，好让人们下
zhǒng Děngdào mǎndì jīnhuáng huò nóngxián shíhou tā kěnéng háiděi dāndāng
种。等到满地金黄或农闲时候，它可能还得担当
bānyùn fùzhòng de gōngzuò huò zhōngrì ràozhe shímò cháo tóng yī fāngxiàng
搬运负重的工作；或终日绕着石磨，朝同一方向，
zǒu bù jìchéng de lù
走不计程的路。

Zài tā chénmò de láodòng zhōng rén biàn dédào yīng dé de shōucheng
在它沉默的劳动中，人便得到应得的收成。

Nà shíhou yě xǔ tā kěyǐ sōng yī jiān zhòngdàn zhàn zài shù•xià chī jǐ
那时候，也许，它可以松一肩重担，站在树下，吃几
kǒu nèn cǎo Ǒu' ěr yáoyao wěiba bǎibai ěrduo gǎnzǒu fēifù shēn•shàng de
口嫩草。偶尔摇摇尾巴，摆摆耳朵，赶走飞附身上的
cāngying yǐ•jīng suàn shì tā zuì xiánshì de shēnghuó le
苍蝇，已经算是它最闲适的生活了。

Zhōngguó de niú méi•yǒu chéngqún bēnpǎo de xí
中国的牛，没有成群奔跑的习‖惯，永远沉沉实实的，默默地工作，平心静气。这就是中国的牛！

节选自小思《中国的牛》

Zuòpǐn Hào
作品 58 号

Bùguǎn wǒ de mèngxiǎng néngfǒu chéngwéi shìshí shuō chū•lái zǒngshì hǎowánr de
不管我的梦想能否成为事实，说出来总是好玩儿的：

Chūntiān wǒ jiāng yào zhù zài Hángzhōu Èrshí nián qián jiùlì de èr yuè chū
春天，我将要住在杭州。二十年前，旧历的二月初，
zài Xī hú wǒ kàn•jiànle nènliǔ yǔ càihuā bìlàng yǔ cuìzhú Yóu wǒ kàndào de nà diǎnr
在西湖我看见了嫩柳与菜花，碧浪与翠竹。由我看到的那点儿
chūnguāng yǐ•jīng kěyǐ duàndìng Hángzhōu de chūntiān bìdìng huì jiào rén zhěngtiān
春光，已经可以断定，杭州的春天必定会教人整天
shēnghuó zài shī yǔ túhuà zhīzhōng Suǒyǐ chūntiān wǒ de jiā yīngdāng shì zài
生活在诗与图画之中。所以，春天我的家应当是在
Hángzhōu
杭州。

Xiàtiān wǒ xiǎng Qīngchéng Shān yīngdāng suànzuò zuì lǐxiǎng de dìfang Zài
夏天，我想青城山应当算作最理想的地方。在

nà• lǐ　wǒ suīrán zhǐ zhùguo shí tiān　kěshì tā de yōujìng yǐ shuānzhùle wǒ de xīnlíng
那里，我虽然只住过十天，可是它的幽静已拴住了我的心灵。
Zài wǒ suǒ kàn•jiànguo de shānshuǐ zhōng　zhǐyǒu zhè• lǐ méi•yǒu shǐ wǒ shīwàng　Dàochù
在我所看见过的山水中，只有这里没有使我失望。到处
dōu shì lǜ　mù zhī suǒ jí　nà piàn dàn ér guāngrùn de lǜsè dōu zài qīngqīng de
都是绿，目之所及，那片淡而光润的绿色都在轻轻地
chàndòng　fǎngfú yào liúrù kōngzhōng yǔ xīnzhōng shìde　Zhège lǜsè huì xiàng yīnyuè
颤动，仿佛要流入空中与心中似的。这个绿色会像音乐，
díqīngle xīnzhōng de wàn lǜ
涤清了心中的万虑。

Qiūtiān yīdìng yào zhù Běipíng　Tiāntáng shì shénme yàngzi　wǒ bù zhī•dào
秋天一定要住北平。天堂是什么样子，我不知道，
dànshì cóng wǒ de shēnghuó jīngyàn qù pànduàn　Běipíng zhī qiū biàn shì tiāntáng　Lùn
但是从我的生活经验去判断，北平之秋便是天堂。论
tiānqì　bù lěng bù rè　Lùn chīde　píngguǒ　lí　shìzi　zǎor　pú•táo　měi
天气，不冷不热。论吃的，苹果、梨、柿子、枣儿、葡萄，每
yàng dōu yǒu ruògān zhǒng　Lùn huācǎo　júhuā zhǒnglèi zhī duō　huā shì zhī qí
样都有若干种。论花草，菊花种类之多，花式之奇，
kěyǐ jiǎ tiānxià　Xīshān yǒu hóngyè kě jiàn　Běihǎi kěyǐ huáchuán　suīrán héhuā
可以甲天下。西山有红叶可见，北海可以划船——虽然荷花
yǐ cán　héyè kě háiyǒu yī piàn qīngxiāng　Yī-shí-zhù-xíng　zài Běipíng de qiūtiān
已残，荷叶可还有一片清香。衣食住行，在北平的秋天，
shì méi•yǒu yī xiàng bù shǐ rén mǎnyì de
是没有一项不使人满意的。

Dōngtiān　wǒ hái méi•yǒu dǎhǎo zhǔyi　Chéngdū huòzhě xiāngdāng de héshì
冬天，我还没有打好主意，成都或者相当得合适，
suīrán bìng bù zěnyàng hénuǎn　kěshì wèile shuǐxiān　sù xīn làméi　gè sè de
虽然并不怎样和暖，可是为了水仙，素心腊梅，各色的
cháhuā　fǎngfú jiù shòu yīdiǎnr hán
茶花，仿佛就受一点儿寒‖冷，也颇值得去了。昆明的花也多，而且天气比成都好，可是旧书铺与精美而便宜的小吃远不及成都那么多。好吧，就暂这么规定：冬天不住成都便住昆明吧。

在抗战中，我没能发国难财。我想，抗战结束以后，我必能阔起来。那时候，假若飞机减价，一二百元就能买一架的话，我就自备一架，择黄道吉日慢慢地飞行。

节选自老舍《住的梦》

Zuòpǐn Hào
作品59号

Wǒ bùyóude tíngzhùle jiǎobù
我不由得停住了脚步。

Cóngwèi jiànguo kāide zhèyàng shèng de téngluó zhǐ jiàn yī piàn huīhuáng de dàn zǐsè xiàng yī tiáo pùbù cóng kōngzhōng chuíxià bù jiàn qí fāduān yě bù jiàn qí zhōngjí zhǐshì shēnshēn-qiǎnqiǎn de zǐ fǎngfú zài liúdòng zài huānxiào zài bùtíng de shēngzhǎng Zǐsè de dà tiáofú·shàng fànzhe diǎndiǎn yínguāng jiù xiàng bèngjiàn de shuǐhuā Zǐxì kàn shí cái zhī nà shì měi yī duǒ zǐhuā zhōng de zuì qiǎndàn de bùfen zài hé yángguāng hùxiāng tiǎodòu
从未见过开得这样盛的藤萝，只见一片辉煌的淡紫色，像一条瀑布，从空中垂下，不见其发端，也不见其终极，只是深深浅浅的紫，仿佛在流动，在欢笑，在不停地生长。紫色的大条幅上，泛着点点银光，就像迸溅的水花。仔细看时，才知那是每一朵紫花中的最浅淡的部分，在和阳光互相挑逗。

Zhè·lǐ chúle guāngcǎi háiyǒu dàndàn de fāngxiāng Xiāngqì sìhū yě shì qiǎn zǐsè de mènghuàn yībān qīngqīng de lǒngzhàozhe wǒ Hūrán jìqǐ shí duō nián qián jiā mén wài yě céng yǒuguo yī dà zhū zǐténgluó tā yībàng yī zhū kū huái pá de hěn gāo dàn huāduǒ cónglái dōu xīluò dōng yī suì xī yī chuàn língdīng de guà zài shùshāo hǎoxiàng zài cháyán-guānsè shìtàn shénme Hòulái suǒxìng lián nà xīlíng de huāchuàn yě méi·yǒu le Yuán zhōng bié de zǐténg huājià yě dōu chāidiào gǎizhòngle guǒshù Nàshí de shuōfǎ shì huā hé shēnghuó fǔhuà yǒu shénme bìrán guānxi Wǒ céng yíhàn de xiǎng Zhè·lǐ zài kàn·bùjiàn téngluóhuā le
这里除了光彩，还有淡淡的芳香。香气似乎也是浅紫色的，梦幻一般轻轻地笼罩着我。忽然记起十多年前，家门外也曾有过一大株紫藤萝，它依傍一株枯槐爬得很高，但花朵从来都稀落，东一穗西一串伶仃地挂在树梢，好像在察颜观色，试探什么。后来索性连那稀零的花串也没有了。园中别的紫藤花架也都拆掉，改种了果树。那时的说法是，花和生活腐化有什么必然关系。我曾遗憾地想：这里再看不见藤萝花了。

Guòle zhème duō nián téngluó yòu kāihuā le érqiě kāi de zhèyàng shèng zhèyàng mì zǐsè de pùbù zhēzhùle cūzhuàng de pánqiú wòlóng bān de zhīgàn bùduàn
过了这么多年，藤萝又开花了，而且开得这样盛，这样密，紫色的瀑布遮住了粗壮的盘虬卧龙般的枝干，不断

de liúzhe　liúzhe　liúxiàng rén de　xīndǐ
地流着，流着，流向人的心底。

Huā hé rén dōu huì yùdào gèzhǒng-gèyàng de bùxìng　dànshì shēngmìng de chánghé
花和人都会遇到各种各样的不幸，但是生命的长河

shì wú zhǐjìng de　Wǒ fǔmōle　yīxià nà xiǎoxiǎo de　zǐsè　de huācāng　nà·lǐ mǎn
是无止境的。我抚摸了一下那小小的紫色的花舱，那里满

zhuāngle shēngmìng de jiǔniàng　tā zhāngmǎnle fān　zài zhè
装了生命的酒酿，它张满了帆，在这‖闪光的花的河流上航行。它是万花中的一朵，也正是由每一个一朵，组成了万花灿烂的流动的瀑布。

在这浅紫色的光辉和浅紫色的芳香中，我不觉加快了脚步。

节选自宗璞《紫藤萝瀑布》

Zuòpǐn　Hào
作品60号

Zài　yī　cì　míngrén fǎngwèn zhōng　bèi wèn　jí　shàng gè　shìjì　zuì zhòngyào de
在一次名人访问中，被问及上个世纪最重要的

fāmíng shì shénme shí　yǒu rén shuō shì diànnǎo　yǒu rén shuō shì qìchē　děngděng
发明是什么时，有人说是电脑，有人说是汽车，等等。

Dàn Xīnjiāpō de　yī wèi zhīmíng rénshì què shuō shì lěngqìjī　Tā jiěshì　rúguǒ méi·yǒu
但新加坡的一位知名人士却说是冷气机。他解释，如果没有

lěngqì　rèdài dìqū　rú　Dōngnányà guójiā　jiù bù kěnéng yǒu hěn gāo de shēngchǎnlì
冷气，热带地区如东南亚国家，就不可能有很高的生产力，

jiù　bù　kěnéng　dádào　jīntiān　de　shēnghuó　shuǐzhǔn　Tā　de　huídá　shíshì-qiúshì
就不可能达到今天的生活水准。他的回答实事求是，

yǒu lǐ -yǒujù
有理有据。

Kàn le　shàngshù bàodào　wǒ　tūfā　qí　xiǎng　Wèishénme méi·yǒu　jìzhě　wèn
看了上述报道，我突发奇想：为什么没有记者问：

Èrshí　shìjì　zuì　zāogāo　de　fāmíng　shì　shénme　Qíshí　èr líng líng èr　nián　shíyuè
“二十世纪最糟糕的发明是什么？”其实二〇〇二年十月

zhōngxún　Yīngguó de　yī　jiā　bàozhǐ jiù píngchūle　rénlèi　zuì zāogāo de　fāmíng　Huò
中旬，英国的一家报纸就评出了“人类最糟糕的发明”。获

cǐ　shūróng　de　jiùshì　rénmen měitiān dàliàng shǐyòng de　sùliàodài
此“殊荣”的，就是人们每天大量使用的塑料袋。

Dànshēng yú shàng gè shìjì sānshí niándài de sùliàodài qí jiāzú bāokuò yòng
诞生于上个世纪三十年代的塑料袋，其家族包括用
sùliào zhìchéng de kuàicān fànhé bāozhuāngzhǐ cān yòng bēi pán yǐnliàopíng
塑料制成的快餐饭盒、包装纸、餐用杯盘、饮料瓶、
suānnǎibēi xuěgāobēi děngděng Zhèxiē fèiqìwù xíngchéng de lājī shùliàng duō
酸奶杯、雪糕杯，等等。这些废弃物形成的垃圾，数量多、
tǐjī dà zhòngliàng qīng bù jiàngjiě gěi zhìlǐ gōngzuò dàilái hěn duō jìshù nántí
体积大、重量轻、不降解，给治理工作带来很多技术难题
hé shèhuì wèntí
和社会问题。

Bǐrú sànluò zài tiánjiān lùbiān jí cǎocóng zhōng de sùliào cānhé yī dàn bèi
比如，散落在田间、路边及草丛中的塑料餐盒，一旦被
shēngchù tūnshí jiù huì wēijí jiànkāng shènzhì dǎozhì sǐwáng Tiánmái fèiqì sùliàodài
牲畜吞食，就会危及健康甚至导致死亡。填埋废弃塑料袋、
sùliào cānhé de tǔdì bùnéng shēngzhǎng zhuāngjia hé shùmù zàochéng tǔdì bǎnjié
塑料餐盒的土地，不能生长庄稼和树木，造成土地板结，
ér fénshāo chǔlǐ zhèxiē sùliào lājī zé huì shìfàng chū duō zhǒng huàxué yǒudú qìtǐ
而焚烧处理这些塑料垃圾，则会释放出多种化学有毒气体，
qízhōng yī zhǒng chēngwéi èr'èyīng de huàhéwù dúxìng jí dà
其中一种称为二噁英的化合物，毒性极大。

Cǐwài zài shēngchǎn sùliàodài sùliào cānhé de
此外，在生产塑料袋、塑料餐盒的‖过程中使用的氟利昂，对人体免疫系统和生态环境造成的破坏也极为严重。

节选自林光如《最糟糕的发明》

参考文献

[1] 中国社会科学院语言研究所词典编辑室．现代汉语词典．7 版．北京：商务印书馆，2016.

[2] 杜青．普通话语音学教程．3 版．北京：中国广播影视出版社，2018.

[3] 普通话培训与测试研究中心．普通话水平测试专用教材．北京：中国政法大学出版社，2018.

[4] 国家语言文字工作委员会培训测试中心．普通话水平测试实施纲要．北京：商务印书馆，2019.

[5] 宋欣桥．普通话语音训练教程．3 版．北京：商务印书馆，2017.

[6] 黄伯荣，廖序东．现代汉语：上册．增订6 版．北京：高等教育出版社，2017.

[7] 普通话水平测试研究中心．普通话水平测试实用教材．北京：中译出版社，2017.

[8] 王浩瑜．跟我说普通话．北京：中国国际广播出版社，2016.

[9] 张舸，黎意．普通话水平测试教程．北京：北京师范大学出版社，2016.

[10] 唐余俊．普通话水平测试（PCS）应试指导．2 版．广州：暨南大学出版社，2015.

[11] 贾毅，钟妍，叔翼健．普通话语音与科学发声训练教程．北京：中国传媒大学出版社，2015.

[12] 杨泳江．普通话训练．重庆：西南师范大学出版社，2015.

[13] 张颖炜．普通话口语训练教程．南京：南京大学出版社，2015.

[14] 普通话培训与测试研究中心．普通话等级考试教程．北京：北京理工大学出版社，2015.

[15] 普通话培训与测试研究中心．普通话水平测试专用教材．北京：北京理工大学出版社，2015.

[16] 中公教育普通话水平测试研究中心．普通话水平测试专用教材．北京：世界图书出版公司，2015.

[17] 周华银，伍艺．普通话教程．重庆：西南交通大学出版社，2014.

[18] 王岩平，王炜．普通话语音理论与实践．重庆：重庆大学出版社，2014.

[19] 王晖．普通话水平测试阐要．北京：商务印书馆，2013.

[20] 林焘，王理嘉．语音学教程．北京：北京大学出版社，2013.

[21] 马显彬．普通话基础教程．广州：暨南大学出版社，2013.

[22] 杨朏，马寅春．计算机辅助普通话水平测试指南．北京：中国科学技术大学出版社，2012.

[23] 刘广徽，金晓达．汉语普通话语音图解课本：学生用书．北京：北京语言大学出版社，2011.

[24] 刘惠琼．普通话水平计算机辅助测试教程．广州：暨南大学出版社，2011.

[25] 马显彬．普通话训练教程．2 版．广州：暨南大学出版社，2011.

[26] 马显彬．现代汉语专题教程．北京：中国人民大学出版社，2010.

[27] 刘玖占．普通话训练与测试教程．北京：人民出版社，2009.

[28] 马显彬．普通话水平测试手册．广州：暨南大学出版社，2007.

[29] 崔振华，孙汉萍．普通话水平测试应试教程．长沙：湖南师范大学出版社，2005.

[30] 萧涵．实用普通话．北京：中国国际广播出版社，2005.

[31] 杨缵仁．普通话．重庆：重庆大学出版社，2005.

[32] 邢捍国．普通话培训测试教程．北京：北京大学出版社，2005.

[33]《新时期推广普通话方略研究》课题组．推广普通话文件资料汇编．北京：中国经济出版社，2005.

[34] 彭红．普通话水平测试应试指导．上海：上海辞书出版社，2004.

[35] 吴弘毅．普通话语音和播音发声．北京：北京广播学院出版社，2002.

[36] 浙江省语言文字工作委员会．普通话培训测试指南．杭州：浙江大学出版社，2002.

[37] 段晓平．普通话水平测试训练教程．杭州：浙江大学出版社，2002.

[38] 姚喜双，刘海燕．普通话水平测试指南．北京：中国广播电视出版社，2001.

［39］《普通话水平测试指导》编写组．普通话水平测试指导．广州：广东经济出版社，2001.

［40］马显彬．普通话水平测试纲要．广州：暨南大学出版社，2001.

［41］马显彬．普通话水平测试训练教程．广州：暨南大学出版社，2001.

［42］仁崇芬．普通话训练教程．重庆：西南师范大学出版社，2000.

［43］曾毓美．普通话水平测试达标教程．长沙：湖南大学出版社，2000.

［44］马显彬．普通话基础．广州：暨南大学出版社，2000.

［45］马显彬．普通话教程．广州：暨南大学出版社，2001.

［46］徐世荣．普通话语音常识．北京：语文出版社，1999.

［47］上海市普通话培训测试中心．普通话水平测试手册．上海：上海教育出版社，1998.

［48］钱维亚，游小微．普通话语音教程．杭州：杭州出版社，1998.

［49］陈井基，廖武．实用普通话教程．广州：新世纪出版社，1998.

［50］《普通话水平测试应试训练教程》编写组．普通话水平测试应试训练教程．长沙：湖南师范大学出版社，1998.

［51］颜逸明．普通话水平测试指要．上海：华东师范大学出版社，1995.

［52］吴洁敏．新编普通话教程．杭州：浙江大学出版社，1995.

［53］重庆市语言文字工作委员会办公室．普通话训练与测试．北京：语文出版社，1994.

［54］王增辉．普通话正音速成手册．成都：成都科技大学出版社，1993.

［55］戴梅芳．普通话水平测试指南．北京：语文出版社，1993.

［56］戴伟．普通话实用教程．成都：成都科技大学出版社，1993.

［57］胡灵荪，陈碧加，张国华．普通话教程．上海：华东师范大学出版社，1991.

［58］翟时雨．普通话教程．成都：四川民族出版社，1989.